U0839297

2018 年山东省科协重大委托课题
山东省高等学校优秀青年创新团队发展计划

山东省重点产业人才创新发展报告

李海波　主编

山东大学出版社

图书在版编目(CIP)数据

山东省重点产业人才创新发展报告/李海波主编. —
济南:山东大学出版社,2019.11
ISBN 978-7-5607-6533-4

Ⅰ. ①山… Ⅱ. ①李… Ⅲ. ①产业-人才培养-研究
报告-山东 Ⅳ. ①F269.275.2

中国版本图书馆 CIP 数据核字(2020)第 004779 号

策划编辑 徐翔
责任编辑 徐翔
封面设计 张荔

出版发行 山东大学出版社
社　　址 山东省济南市山大南路 20 号
邮政编码 250100
发行热线 (0531)88363008
经　　销 新华书店
印　　刷 山东新华印务有限公司
规　　格 787 毫米×1092 毫米 1/16
　　　　 24 印张 580 千字
版　　次 2019 年 11 月第 1 版
印　　次 2019 年 11 月第 1 次印刷
定　　价 168.00 元

版权所有 侵权必究

山东省重点产业人才发展报告
课题组

一、课题领导组成员

组　　长　王春秋

执行组长　纪洪波

副 组 长　秦维强　于洪文

成　　员　葛玉芝　袁慎庆　尹希友　周世文　赵书平　刘利印
　　　　　陈晓岩　蒋克华　张善合　王　岩　吴希峰

二、总课题组成员

负责人　李海波

成　员　汝绪伟　李　钊　尹丽春　陈　娜　高　婷　李文强
　　　　纪宗华

三、各子课题研究组

高端装备产业子课题组

负责人　林江海

成　员　夏玉海　何　华　李海清

新一代信息技术产业子课题组

负责人　刘培德

成　员　朱友芹　袁东风　高　旸　孙　伟　王艳利　胡聪聪
　　　　张　俭　朱彦同

能源原材料产业子课题组

负责人　陈　岩

成　员　杜婷婷　辛公明　王　湛　程　旭　叶宇轩　周林林

海洋产业子课题组

负责人　鲍洪彤

成　员　倪国江　孙吉亭

医养健康产业子课题组

负责人　张　林

成　员　赵小刚　吕涌涛　刘　伟　宋开兰　张红雨　周　鹏
周成超　周庆博　郭　媛　熊飞扬　岳冬丽　张晓宁

化工产业子课题组

负责人　刘宝胜

成　员　田　胜　张　彤　郭文艳

现代农业产业子课题组

负责人　张希军

成　员　孙彩虹　廉　军　张　颖　姚慧敏　陈业兵　刘　晓
赵文祥　张　宇　刘　振

大数据分析子课题组

负责人　郭　涛

成　员　徐加涛　王绍兰　刘　佳　孔海生

前 言

全球新一轮科技革命和产业变革正在孕育发展中，这与我国加快转变经济发展方式形成历史性交汇。新形势下，各国之间综合国力竞争亦日益趋激烈，人才在社会经济与发展中的作用和地位日益突出。国家综合国力的竞争实质上是人才之间的竞争，谁拥有更多更优的人才，谁就掌握了经济与社会发展的主动权。党的十九大报告指出："人才是实现民族振兴、赢得国际竞争主动的战略资源。"习近平总书记多次在不同会议上强调，建设社会主义现代化强国，发展是第一要务，创新是第一动力，人才是第一资源；并强调要加快实施人才强国战略，确立人才引领发展的战略地位。这也充分说明了人才对于提升国家综合实力的紧迫性和重要性。

近年来，山东省委、省政府高度重视人才事业发展，深入实施人才优先发展战略，不断强化创新人才支撑，通过完善人才培养机制，创新人才引进模式，强化人才激励政策，着力推动人才结构战略性调整。实行更加积极开放有效的人才政策，加快构建国内领先的人才制度体系，认真打好培养、吸引、留住、用好人才的组合拳，加快建设人才强省，推进实现数量型人口红利向质量型人才红利转变。省委、省政府深入贯彻中央领导视察山东重要讲话及重要指示批示精神，科学把握发展大势和省情实际，做出了加快推进新旧动能转换重大工程，积极创建国家新旧动能转换综合试验区的重大战略部署。在2017年中共山东省第十一次党代会上，省委明确提出，"把加快新旧动能转换作为统领经济发展的重大工程，培育壮大新动能，改造提升传统动能，推动经济保持中高速增长，产业迈向中高端水平"。2018年1月，国务院正式批复山东新旧动能转换综合试验区建设总体方案。2018年2月，省委、省政府召开了山东省全面展开新旧动能转换重大工程动员大会，省委书记刘家义指出："要实行更加积极有效的政策，优化人才发展环境，把国内外顶尖人才往山东引、往山东拉。"为了做好人才支撑新旧动能转换工作，省委、省政府出台专门意见和政策措施，强调要牢固树立人才第一资源的理念，充分发挥人才对新旧动能转换的支撑引领作用，以人才优势打造创新优势、产业优势、发展优势。可以说，人才支撑对于加快山东新旧动能转换，实现创新发展、持续发展、领先发展至关重要。

建设新旧动能转换综合试验区，是山东的重大机遇，也是中央对山东的新要求。山东围绕新旧动能转换重大工程实施加强统筹规划与部署，重点聚焦"十强"产业，通过做优做强"十强产业"，着力建设现代产业体系，推动经济高质量发展。一方面，扩容倍增新兴产业，大力发展新一代信息技术、高端装备、新能源新材料、现代海洋、医养健康等五大新兴产业；另一方面，改造提升传统产业，培育高端化工、现代高效农业、文化创意、精品旅游、现代金融服务等五大优势产业。在此背景下，由省科协组织领导，依托山东软科学研究会、省高层次人才发展促进会联合省机械、医学、信息、化工、海洋、农业、能源以及大数据研究等相关领域学会力量，组建了近100位省内各领域知名专家组成的联合科研团队，组织开展了《山东省重点产业人才发展报告》研究工作。

该报告紧紧围绕服务山东新旧动能转换重大工程实施，紧扣山东省新旧动能转换规划中产业发展方向，瞄准山东省新旧动能转换综合试验区建设方案中提出的高端装备制造、高端化工、信息产业、能源原材料、海洋经济、现代农业、医养健康等重点产业，首先深入调研，逐步理清了山东省产业创新发展现状、人才资源现状与需求；然后采用德尔菲法、专家咨询法、科学计量学、大数据分析、知识图谱等技术方法与手段，通过大数据分析和科学论证，辨识出重点产业技术创新方向、产业人才地理分布情况；最后提出了产业人才未来发展的相关对策建议。报告立足每个重点产业发展实际，从科技、产业、人才的角度开展了全方位分析，对于推动以科技、人才支撑全省新旧动能转换具有重大意义，可为推动山东省重点产业发展，实现精准化招才引智，以人才提升产业层次水平提供科学决策依据与重要参考。

本报告是山东省实现人才支撑、服务山东省新旧动能转换重大工程的智库研究新探索，是科协打造山东省科技智库体系的新尝试。本报告学习借鉴了我省各部门单位以及各学会/协会的资料、报告，在此深表感谢。希望本书的出版及后续系列研究成果，能为山东省科学制定相关产业人才政策及引才目录，实现精准引才提供决策参考依据，为全力支撑全省新旧动能转换提供强有力的智库支撑。同时期待科技界和同行专家对本报告提出宝贵意见与建议。

山东省科协主席　唐启升

2019年1月

目　录

报告一

山东省高端装备产业人才发展

负责人　林江海
成　员　夏玉海　何　华　李海清

一、高端装备产业发展情况

（一）产业总体情况

1. 高端装备成为产业转型升级重要引擎

高端装备制造业是生产制造高技术、高附加值先进工业设备的行业，是以高新技术为引领，处于价值链高端和产业链核心环节，决定着整个产业链综合竞争力的战略性新兴产业，是新旧动能转换的核心领域和推动工业转型升级的重要引擎。山东省是装备工业大省，截至 2017 年底，全省装备制造业规模以上企业 12 594 家，实现主营业务收入 42 443.8 亿元，占全省工业的 28.3%，增加值增长 11.0%，对工业增长的贡献率达到 45%，其中，高端装备产业主营业务收入达到 1 万亿元，居全国第三位。海洋工程装备、轨道交通装备技术水平全国领先，智能制造装备不断取得新突破，高端服务器、电力装备技术水平和产业规模均居全国前列。工业机器人、城市轨道车辆、服务器、新能源汽车等高技术产品产量分别增长 60.7%、80.2%、16.3%、300%。拥有一批优势产业领域和品牌企业，企业创新能力不断提高，2017 年建成国家级企业技术中心 45 家，骨干企业研发投入占主营业务收入比重达到 3%。

2. 新旧动能转换为高端装备发展提供重大机遇

2018 年 1 月，国务院批复《山东省新旧动能转换综合试验区建设总体方案》，省委省政府制定了《山东省新旧动能转换重大工程实施规划》，将高端装备制造业列为新旧动能转换“十强”产业之一，对山东省装备制造业转型升级具有重要意义，为高端装备产业的发展提供了重大历史机遇。2018 年 10 月，省政府发布《山东省高端装备制造业发展规划（2018～2025 年）》，提出聚焦重点领域，实施“七大工程”，建设一批高水平技术创新平台，突破一批达到国际先进水平的重大技术装备，培育一批具有较强市场竞争力的创新型企业和品牌，打造一批全国领先、世界知名的特色产业集群，努力将高端装备制造业发展成为推动全省新旧动能转换的强大动力和制造强省的重要支柱。

当前，山东省正在推进实施新旧动能转换重大工程，提出通过新技术、新产业、新业态、新模式，实现产业智慧化、智慧产业化、跨界融合化、品牌高端化。新旧动能转换是装备制造业实现由大到强的必由之路。通过传统装备产业转型升级，加速传统动能向新动能转换，在巩固传统装备规模优势基础上，促进高端装备产业不断成长壮大。加快数控机床、机器人、增材制造、轨道交通、新能源汽车、航空装备等新兴产业的发展，将显著提升山东省高端装备产业的自主创新能力和核心竞争力，为实现全省经济高质量发展提供有力支撑。

3. 各地市积极制定产业政策，促进高端装备集聚发展

济南市实施《济南市十大千亿产业振兴计划》，打造一批装备制造小巨人企业，形成一批高端装备制造企业集团，建设智能制造与高端装备产业聚集区；实施泉城“5150”引才倍增计划等政策，建设“济南智能制造人才智库”，为济南高端装备制造发展引进智力资源。青岛市《关于加快轨道交通装备产业发展的意见》，规划建设即墨通用航空产业园、规划胶州通航产业园，重点发展轨道交通装备产业、智能制造装备、航空装备。潍坊市围绕构建“1669”现代产业体系，加快培育六大战略性新兴产业，改造提升六大传统优势产业，通过组织实施一批产业链项目和特色园区建设，打造特色鲜明、核心竞争力强的国内知名制造产业基地。为全省高端装备产业发展起到引领作用。

（二）山东省高端装备产业基础现状及特点

1. 高端装备产业总体实力位居国内前列

山东省高端装备产业规模较大、门类齐全，主营业务收入、利税等主要指标连续多年位居全国前列。截至2017年，主营收入过100亿的高端装备制造企业达到15家，有9家企业入围中国企业500强，占全省的18.4%，17家企业入围省单项冠军示范企业，占全省的77.3%。有6家企业入围2017年“中国500最具价值品牌”，15家企业被评为“国家制造业单项冠军”。潍柴动力、济南二机床、中集来福士、青岛四方机车、新华医疗设备、杰瑞集团、山东电力设备、中国重汽、中通客车等一大批企业成为中国高端装备制造业的名牌。青岛四方的高速动车组约占全国60%，城轨地铁约占全国25%。豪迈科技、景津压滤、开泰抛丸、金麒麟、盛瑞传动等一批“专、精、特、新”中小企业成为国际知名的隐形冠军。

2. 一批重点骨干企业引领产业创新发展

济南二机床集团有限公司自主研制的全伺服高速自动冲压线打破国外技术垄断，冲压技术达到世界先进水平，先后为美国福特公司提供了9条大型高速冲压线；康平纳集团研发的“筒子纱数字化自动染色成套技术与装备”和盛瑞传动的“前置前驱8档自动变速器(8AT)研发及产业化”先后荣获国家科技进步一等奖；南车青岛四方机车车辆公司是国家高速列车研发制造基地、高档铁路客车主导设计制造企业、国内地铁轻轨车辆的定点生产厂家和国家轨道交通装备产品的重要出口基地，研制生产的“和谐号”CRH2型动车组获得铁道部科技进步一等奖，青藏铁路高原客车获得铁道部科技进步二等奖；济南轨道交通装备公司先后开发制造了十多个系列货车新产品，其自主研发设计的低重心罐车和活动棚棚车顺利通过铁道部技术鉴定，已形成批量化生产能力；山东科瑞石油装备有限公司产品涵盖钻修井装备、油气增产作业装备、压缩机装备、井口井控设备、页岩油气开发勘探装备、天然气生产处理模块装备、LNG生产模块、采油设备、深海油气开采装备等产品门类，广泛应用于80多个国家和地区的油气田生产；胜利油田高原石油装备

有限责任公司的石油装备产品涵盖常规油气装备、页岩油气装备、海洋油气装备、高端油气工程服务等，其中皮带抽油机、钢质连续抽油杆、连续油管作业设备、高压柱塞泵、非常规油气压裂装备等 9 项产品和技术位居世界先进水平；杰瑞集团自主研发制造了全球单机功率最大的压裂设备，是我国成为继美国、俄罗斯之后，世界上第三个拥有涡轮压裂装备的国家。烟台中集来福士公司是我国海洋工程装备行业的领军企业，深水半潜式平台占全国的 80%。以烟台来福士、蓬莱巨涛、海洋石油工程（青岛）、中航威海船工厂、青岛北船重工、山东海洋仪器研究所等为依托，多功能自升式钻井平台、半潜式钻井平台、固定式桩基平台、移动平台、海水淡化设备等及相关配套产品具有较强市场竞争力。

3. 与国内发达省份相比仍存在一定差距

近年来，国内发达省、市、区把高端装备作为重点产业加大推进力度。北京市凭借其丰富的人才、科研与教育资源，成为全国高端装备制造业的研发中心和科研成果转化基地。天津市的航空部件制造、轨道交通、海洋工程装备发展快速，上海市以 C 919 大飞机项目为核心成为国内民用航空装备科研和制造重点基地。江苏的海洋工程装备、航空航天、轨道交通发达，浙江的轨道交通和数控机床产业发展迅速。广东高端装备制造业主要分布在广州、深圳、珠海和江门等地，珠海建设珠海航空产业园，大力发展通用航空制造、维修及运营服务产业。广州、深圳建设国家级数控系统等工业软件技术研究开发平台，大力支持工业机器人等智能制造装备的研发与生产。湖南以株洲和太原为中心成为我国轨道交通装备的重要制造基地。四川、重庆、陕西形成了航空、卫星、轨道交通装备和机床等产业的集聚区。辽宁数控机床、航空装备、轨道交通、海洋工程装备基础雄厚，河北重点发展轨道交通和海洋工程装备等。国内高端装备制造产业正形成新的竞争格局。

与广东、江苏等装备产业强省相比，山东省高端装备产业仍存在一定差距。存在高端装备占比不高，电子信息装备占比较低，核心系统及关键零部件受制于人，高端装备布局分散，重复建设和同质化竞争严重，高端人才缺乏等短板。打造高端装备产业和产业集群任重道远。

（三）产业集聚发展情况

经过多年发展，山东省高端装备制造业已形成较为完善的产业配套体系，产业集聚能力显著增强。截至目前，山东省共认定山东省高端装备制造产业基地（园区）49 个。济南、枣庄的高档数控机床，济南、青岛的轨道交通装备，青岛、烟台、威海的海洋工程装备与高技术船舶，潍坊的现代农机和动力装备，东营的石油装备，烟台核电装备，泰安的智能成套生产线，济南、泰安高端输变电装备等产业集群已具有相当规模。其中，东营石油装备规模占全省的 70%左右，占全国的 40%左右。山东省部分高端装备产业基地（园区）详情如表 1.1.1 所示。

表 1.1.1　　山东省部分高端装备产业基地(园区)

序号	主导产业	所在地	备注
1	数控机床及轨道交通装备	济南	基地
2	船舶及海洋工程装备	烟台	基地
3	动力机械及关键部件	潍坊	基地
4	医疗器械及石化装备	淄博	基地
5	石油及页岩气装备	东营	基地
6	工程机械及高端装备基础件	临沂	园区
7	通用航空	滨州	园区
8	工程机械	济宁	园区
9	高端农业装备及零部件	潍坊	园区
10	节能环保装备	德州	园区

(数据来源:高端装备产业子课题组调研整理所得)

1. 高档数控机床及机器人

截至 2017 年底,山东省机床工具行业规模以上企业有 110 多家,研发了一批高端整机装备,形成了较为完整的产业体系,创新服务能力显著增强,产业集聚形成了济南、枣庄中小数控机床等产业集群,2017 年主营业务收入约 1 500 亿元。在双臂高速自动生产线、高精度高速五轴联动加工中心、高柔性伺服冲压成形机床、大型数控径轴向碾环机、超大型数控船用卷板机、大功率厚板激光切割机和三维数控激光切割机、铸件砂型近净成形成套装备、智能自动化数控深孔加工机床等高端机床产品研发制造方面不断取得突破,正逐步向高速、高效、高智能化技术方向发展,中高端数控机床占比达到 50%以上。

工业机器人产业化速度加快,全省机器人制造企业 63 家,系统集成企业 30 家,关键零部件企业 16 家,产业体系不断完善。码垛机器人、移动搬运机器人、焊接机器人、喷浆机器人、电力巡检机器人已实现产业化,关键核心功能部件研发不断取得进展。鲁能智能变电站智能巡检机器人获得首届“中国优秀工业设计奖”金奖、中国专利奖外观设计金奖;试金时代集团六自由度 3 千克搬运、装配机器人、80 千克搬运与码垛机器人实现了产业化。青岛国际机器人产业园已培育 15 家机器人制造企业和 10 家系统集成企业,同时吸引了日本安川等国际知名公司入驻,机器人产业链不断完善,产业规模不断扩大。

2. 轨道交通装备

轨道交通装备是山东省的优势新兴产业,南车青岛四方机车车辆公司是国家高速列车研发制造基地、高档铁路客车设计制造企业、国内地铁轻轨车辆的定点生产厂家和国家轨道交通装备产品的重要出口基地,研制生产的“和谐号”CRH2 型动车组获得铁道部科技进步一等奖,青藏铁路高原客车获得铁道部科技进步二等奖。济南轨道交通装备公司先后开发制造了十多个系列货车新产品,其自主研发设计的低重心罐车和活动棚棚车顺利通过铁道部技术鉴定,已形成批量化生产能力。依托南车青岛四方机车车辆公司、青岛四方庞巴迪铁路运输装备公司等企业集聚，青岛已形成机车车辆产业集群。开发的高速动车组、高档客运列车、高端城市轨道列车质量水平不断提高，轻量化车体技术、高速转向架技术、牵引控制技术等核心技术的研究和应用，成为具有国际先进水平的轨道交通装备生产基地。

3. 新能源汽车

新能源汽车的快速发展带动了上下游产业投资，包括基础材料、关键零部件、制造装备等产业链的关键环节，同时带动了"新能源＋智能"等新能源汽车全产业链融合发展。2017 年全省共生产新能源汽车 14.05 万辆，占全国 18%左右，成为新能源汽车生产大省；中通客车成为全国第二大新能源客车生产企业，产量约占国内市场份额的 12%，2017 年主营业务收入约为 1 000 亿元。全省充换电站突破千座，充电桩数量近两万个。但与北京、上海、广东等发达省份相比，产业结构和产品质量水平有待于进一步提高。

4. 石油装备

山东省是全国主要的石油装备生产、展销、出口基地，石油装备产业基础好、企业集中度高，总产值占全国同行业的 1/3 以上。以东营科瑞控股集团、胜利高原公司等企业为重点，在石油及页岩气开采用高端钻机、大型压裂车组、固井成套设备、连续油管作业设备等重点产品领域，成为我国重要的高端油气钻采和测录井装备生产基地。

东营市的石油装备制造企业已发展到 800 多家，其中，全国石油装备制造十强企业 3 家。集研发、制造、服务及贸易于一体的胜利工业园，行业链不断延伸，涵盖了石油勘探、钻井、采油、管道运输、地面工程各类专用设备、工具及配件和石油工程技术服务等各个领域。拥有孚瑞特、科瑞集团、胜动集团、高原机械等一批国内外知名的石油装备制造企业。

山东科瑞石油装备有限公司产品涵盖钻修井装备、油气增产作业装备、压缩机装备、井口井控设备、页岩油气开发勘探装备、天然气生产处理模块装备、LNG 生产模块、采油设备、深海油气开采装备等产品门类，广泛应用于 80 多个国家和地区的油气田生产。

胜利油田高原石油装备有限责任公司的石油装备产品涵盖常规油气装备、页岩油气装备、海洋油气装备、高端油气工程服务等，其中皮带抽油机、钢质连续抽油杆、连续油管作业设备、高压柱塞泵、非常规油气压裂装备等 9 项产品和技术位居世界先进水平。

烟台中集来福士公司是我国海洋工程装备行业的领军企业，深水半潜式平台占全国的 80%。以烟台来福士、蓬莱巨涛、海洋石油工程（青岛）、中航威海船工厂、青岛北船重工、山东海洋仪器研究所等为依托，海工装备及高技术船舶具有较强市场竞争力。

5. 智能制造装备

当前，美国、德国、日本等国家智能生产线、智能检测检验设备等均居世界领先地位。我国经过多年发展，在自动化成套装备等领域已实现突破。山东省在自动化成套生产线开发生产方面积累了一定基础，智能制造新模式应用走在全国前列，2017 年主营业务收入约为 1 500 亿元。智能制造装备加快发展，济南二机床集团、山大华天、浪潮集团、青岛海尔、软控集团等企业发挥在高端数控装备、智能制造方面的优势，为汽车、食品、纺织、医药、化工、轻工、冶金等传统产业领域的数字化、智能化提供了装备支撑。

二、高端装备产业技术创新发展情况

(一)产业技术创新发展水平情况

重点骨干企业研发投入占销售收入的比重达到3%以上,在高端装备领域取得突破。济南二机床每年研发投入达5%,研制的"大型快速数控全自动冲压生产线"获国家科技进步二等奖;南车四方机车车辆公司时速250公里动车组高速转向架及应用项目获2009年国家科学技术科技进步一等奖。盛瑞传动有限公司研发投入达到9%,前置前驱8挡自动变速器获得国家专利金奖,"前置前驱8档自动变速器(8AT)研发及产业化"项目荣获2016年国家科技进步一等奖;雷沃重工通过整合全球资源,突破大型拖拉机"动力换挡"技术、雷沃谷神GN70智能收割机、无人驾驶拖拉机投放市场;豪迈集团是为国际轮胎行业提供模具的高端装备制造企业,每年研发投入都在5%以上,国际市场占有率从2013年的8%跃升至20%,位居世界第一;泰安康平纳公司研发的"筒子纱数字化自动染色成套技术与装备",荣获国家科技进步一等奖,提高生产效率10%~15%,节约用工70%以上;青岛科创智能装备公司自主开发研制成功六轴机器人达到国际先进水平,开发的"彩板外壳流水线"达到国内领先水平;海尔机器人有限公司与哈尔滨工业大学联合研发出注塑机器人、家庭服务机器人和应用工程设计系统,注塑机械手已形成适用于20~4 000吨注塑机的4大系列近50余种产品。高端装备制造业产品设计、制造水平、成套能力都有较大提高。烟台杰瑞自主研发制造的压裂设备,打破了油气开采史上单机最高输出水功率记录,使我国成为继美国、俄罗斯之后,世界上第三个拥有涡轮压裂装备的国家。烟台来福士公司10万吨载重浮式生产储油船(FPSO)及半潜式钻井平台均达到国际先进水平等。

相对发达省市,山东省企业创新能力有待提高。截至2016年底,山东高新技术企业的总数为4 692家,广东省则达到了19 857家。同时,人才和技术市场发育不足,科研成果转化率不高。

(二)产业创新研发平台情况

1. 高端装备创新平台建设取得新突破

中共山东省委、山东省政府高度重视科技创新引领作用,不断加强科技投入,在相关领域培育建设了一批科技创新平台,包括重点实验室、行业技术中心、工程技术中心、企业技术中心等等，为促进新旧动能转换、经济提质增效提供技术创新支撑。拥有山东省机械装备行业技术中心、山东省数控机床行业技术中心等行业创新平台，成为全省高端装备产业人才的聚集高地。研发了一批高水平科技成果，康平纳集团研发的“筒子纱数字化自动染色成套技术与装备”和盛瑞传动的“前置前驱8档自动变速器（8AT）研发及产业化”先后荣获国家科技进步一等奖，全省高端装备产业科技创新水平有了新的提高。同时依托高校、院所和重点企业建设了一批公共创新服务平台。山东省高端装备产业部分综合性创新平台的详细情况见表1.2.1。

表1.2.1　　高端装备产业部分综合性创新平台

编号	创新平台名称	依托单位	所属地区/部门	研发重点
1	高效洁净机械制造教育部重点实验室	山东大学	教育部	绿色制造
2	精密制造技术与装备省高校重点实验室	山东大学	教育部	精密制造
3	山东省高效切削加工工程技术研究中心	山东大学	教育部	高效加工
4	山东省智能制造创新中心	山东省机械设计研究院	省直	智能装备
5	山东省机械装备行业技术中心 山东省数控机床行业技术中心	山东省机械设计研究院	省直	高端装备
6	石油石化新型装备与技术教育部工程研究中心	中国石油大学（华东）	教育部	石油装备
7	新能源研究所	齐鲁工业大学（山东省科学院）	教育厅	能源技术
8	激光研究所	齐鲁工业大学（山东省科学院）	教育厅	激光技术
9	自动化研究所	齐鲁工业大学（山东省科学院）	教育厅	自动化
10	山东省车辆工程技术研究中心	山东理工大学	教育厅	新能源汽车
11	山东省精密模具重点实验室	山东理工大学	教育厅	精密模具
12	山东省数字化设计制造工程技术研究中心	山东理工大学	教育厅	数字化制造
13	山东省智能制造与控制系统工程技术研究中心	山东大学	教育部	智能系统

续表

编号	创新平台名称	依托单位	所属地区/部门	研发重点
14	国家级企业技术中心	济南铸造锻压机械研究所	国机集团	专用装备
15	浙江大学山东工业技术研究院	浙江大学山东工业技术研究院	枣庄	工业工程
16	山东省高性能医疗器械创新中心	威高集团有限公司	威海	医疗装备
17	山东省机器人及智能制造研究院	歌尔集团有限公司	潍坊	机器人应用
18	飞行器雷达天线罩专业化研究所	济南特种结构研究所	济南	航空雷达
19	国家海洋监测设备工程技术研究中心 国家海洋仪器装备国际联合研究中心	山东省科学院海洋仪器仪表研究所	青岛	海洋仪器装备
20	国家级企业技术中心	济南二机床集团	济南	高档数控机床
21	国家级企业技术中心	中车四方股份公司	青岛	轨道交通装备
22	省级企业技术中心	山东国金新能源汽车研究院	淄博	新能源汽车
23	国家级企业技术中心	中通客车公司	德州	新能源汽车
24	山东科瑞石油工程技术研究院	山东科瑞集团	东营	油气装备
25	国家采油装备工程技术研究中心	胜利油田高原石油装备有限公司	东营	石油装备

（数据来源：高端装备产业子课题组调研整理所得）

2. 部分国家级企业技术中心

截至2017年，装备制造业拥有国家级企业技术中心61家，其中高端装备企业45家；省级企业技术中心658家，分别占全省工业总数的34.1%和36.6%。全省高端装备制造业80%以上的大中型企业建立了研发机构。

(1)济南二机床集团技术中心。1994年被认定为“国家级技术中心”。下设机械压力机研究所、数控金切机床研究所、自动化研究所、信息研究所4个研究所，机床实验室、理化计量试验实、焊接试验室、铸造实验室、电气实验室5个试验室，拥有试验设备仪器上百台(套)，具有自主知识产权的核心技术与核心产品，主导产品与世界最前沿技术保持同步。其中享受国务院政府特贴12人，省突出贡献中青年专家5人，济南市拔尖人才25人，青年学术技术带头人15人。

(2)中车四方股份公司技术中心。拥有高速列车系统集成国家工程实验室、国家高速动车组总成工程技术研究中心、国家级技术中心、博士后科研工作站和经国家实验室认可的检测试验中心，形成了完整的产品设计、试验验证、检测体系。构建了国际先进的高速动车组、城市轨道交通车辆、高档铁路客车的研发技术平台，并拥有专业技术人员907人，其中中级以上643人，本科以上学历789人。已经形成了动车组、城轨地铁系列产品的研发能力，直线电机技术达到国际一流水平。铝合金车体、不锈钢车体、转向架、系统集成、防火、RAMS设计等方面形成了领先的创新能力。

(3)山东国金新能源汽车研究院。有新能源汽车产业泰山产业领军人才苏金河领军的创新团队。其中包括德国、日本等国际人才数十人，研发团队高级职称人才占10%以上，博士学历人员超过8%，硕士学历及以上人员超40%，本科以上学历人员占95%以上。形成以专家、科技带头人、博士和硕士为骨干，近600名具有丰富汽车设计开发经验的专业人员为基础的技术开发团队和技术创新体系。

(4)中通客车公司技术中心。拥有客车业界首个国家级实验室、国家级技术中心、博士后科研工作站，是国家"863"计划和CIMS项目示范企业之一，承担了三项国家"863"重大课题(奥运用纯电动客车整车研发项目、串联混合动力客车产品开发项目、可充电混合动力客车整车开发项目)。开展客车安全、节能以及新能源技术研究，现已获得受理专利200余项，参与制定了数十项国家标准。公司为"国家级高新技术企业""国家火炬计划重点高新技术企业""国家汽车整车出口基地企业"。

(5)山东科瑞石油工程技术研究院(山东省重点工程实验室)。依托胜利油田和中国石油大学的资源优势，汇集了一批长期从事石油勘探开发工程和研发教学的教授、专家和工程技术人员。科瑞工程院目前拥有3个研究所、6个实验室及相关软件及技术，拥有多项国际领先水平的核心技术和专有技术，是以石油工程技术为主的综合性技术研发和应用机构。拥有专家20余人，专业涵盖地质勘探、油藏描述、泡沫流体、采油工艺、井下作业、稠油防砂、压裂酸化、热采锅炉、测井、试油、经济评价等各项石油领域。

(6)胜利油田高原石油装备有限公司国家采油装备工程技术研究中心。依托胜利油田高原石油装备有限责任公司，并由中国石油大学(华东)、中国石化胜利油田分公司石油工程技术研究院协作。主要面向采油装备行业发展的国际前沿，针对采油装备行业发展的共性和关键技术，开展技术研究、产品中试和产业化转化。建有国家采油装备公共检验检测实验室，博士后科研工作站，山东省海工装备螺杆机械工程实验室，省级企业技术中心和石油装备工程技术研究中心。

3. 典型创新平台载体

典型创新服务平台如表1.2.2所示。

表1.2.2 典型创新服务平台

依托单位	创新平台名称
山东大学	精密制造技术与装备省高校重点实验室、山东省智能制造与控制系统工程技术研究中心
山东省机械设计研究院	山东省机械装备行业技术中心、山东省智能制造创新中心

续表

依托单位	创新平台名称
齐鲁工业大学(山东省科学院)	自动化研究所、激光研究所、新能源研究所
中国石油大学(华东)	石油石化新型装备与技术教育部工程研究中心
山东理工大学	山东省车辆工程技术研究中心、山东省精密模具重点实验室
中车四方股份公司	山东省轨道交通产业联盟
威高集团有限公司	山东省高性能医疗器械创新中心
济南特种结构研究所	飞行器雷达天线罩专业化研究所
山东省科学院海洋仪器仪表研究所	国家海洋监测设备工程技术研究中心、国家海洋仪器装备国际联合研究中心

(数据来源:高端装备产业子课题组调研整理所得)

三、产业人才发展情况

(一)产业人才队伍建设总体情况

截至2017年底,全省共遴选泰山学者1173名、泰山产业领军人才534名,其中9人入选两院院士,48人入选国家“万人计划”,51人获国家杰出青年科学基金资助。

2016全省首次人才资源统计结果显示,全省有专业技术人才513.7万人,技能人才504.3万人。专业技术人才中,高级占9.2%,中级占32.2%,初级占55.7%。从行业分布看,装备制造业占33.7%,公有制经济领域装备制造专业人才占21.2%,非公有制经济领域装备制造专业人才占13.5%。全省技能人才中,高级占18.0%,中级占20.9%,初级61.1%。从行业分布看,公有制经济领域装备制造技能人才占16.0%,非公有制经济领域装备制造技能人才占34.8%。

(二)高层次人才队伍建设情况

根据对山东省12个市、197家高端装备领域企业人才现状进行的专项调研,197家企业员工总数为21.61万人,其中技术人员5.022万人,技能人员总数5.81万人,分别占23.24%和26.89%。在技术人员中,正高级职称人员523人,副高级职称2 156人,中级职称8 710人,分别占技术人员的1.04%、4.29%和17.34%。在技能人员中,高级技师

3 186 人，技师 10 070 人，高级工 18 300 人，分别占技能人员的 5.49%、17.34% 和 31.52%。

根据调研以及各市反馈情况的汇总和评估，山东省规模以上装备制造企业从业人员总计 210 万左右，其中高端装备领域从业人员 50 万左右。根据本次调研数据，全省规模以上装备制造企业专业技术人员总量达到 48.8 万人以上，占全省专业技术人才的 9.5%，技能人员达到 56.4 万人，占全省技能人才的 11.2%。副高级以上人才占比 5.33%，低于全省 9.2% 的整体水平。截至 2017 年，全省评选出泰山产业领军人才 223 人，其中装备制造产业 74 人，占比 33.2%。

（三）高校院所产业人才建设情况

高端装备是跨行业、跨专业的新兴产业，涵盖机械、材料、自动化、工业工程、智能制造等多学科交叉领域。在山东省主要高校和理工类职业院校中，普遍设置机械工程、材料工程、电气自动化等专业。

对山东省 30 所重点高校初步统计，截至 2017 年，与高端装备产业密切相关的机械工程、自动控制等学科领域拥有教师 946 人，副教授 679 人，教授 528 人，其中泰山学者 31 人。近年来，通过产学研用紧密合作，高校院所和企业高端人才在山东省高端装备产业技术创新方面成效显著，为高端装备产业转型升级做出了重要贡献。

（四）具有代表性的典型人才

高端装备产业部分专家情况如表 1.3.1 所示。

表 1.3.1　高端装备产业部分专家情况

序号	姓名	单位	职务/职称	专业方向
1	李培根	华中科技大学	工程院院士	高端装备、智能制造
2	郭东明	大连理工大学	校长/工程院院士	高端装备、先进制造
3	丁汉	华东科技大学	中科院院士	高端装备
4	谭建荣	浙江大学	工程院院士	高端装备
5	罗锡文	华南农业大学	中国工程院院士	现代农业装备研发与信息化
6	单忠德	中国机械科学研究总院	副院长/研究员	高端装备、绿色制造
7	赵国群	山东大学材料工程学院	院长/教授	高端装备、材料工程
8	张承瑞	山东大学机械工程学院	教授	数控系统、智能装备
9	黄传真	山东大学机械工程学院	院长/教授	机械制造、高端装备

续表

序号	姓名	单位	职务/职称	专业方向
10	李贻斌	山东大学机器人研究中心	主任/教授	智能机器人系统
11	尚书旗	青岛农业大学	院长/教授	高端农业装备
12	曾庆良	山东科技大学	副校长/教授	高端装备
13	许崇海	齐鲁工业大学(山东省科学院)	院长/教授	先进制造、高端装备
14	汪传生	青岛科技大学	院长/教授	高端化工装备
15	昃向博	济南大学	教授	机械工程、高端装备
16	曹华军	重庆大学	主任/教授	高端装备、绿色集成
17	魏修亭	山东理工大学	副校长/教授	先进制造、高端装备
18	林江海	山东省机械设计研究院	院长/研究员	高端装备
19	李东茹	中国机械工业联合会	主任/教授	数控机床及重大装备
20	洪暹国	中国农业机械工业协会	执行副会长/研究员	农业机械政策、行业服务
21	王安麟	同济大学	教授	智能设计、工程机械、机电系统控制
22	刘成良	上海交通大学	院长/教授	高端智能装备
23	柯映林	浙江大学机械工程学院	教授	航空装备制造
24	姜风春	哈尔滨工程大学	主任/教授	增材制造技术与装备
25	仇性启	中国石油大学(华东)	教授	过程装备与控制工程
26	徐格宁	太原科技大学	原副校长	重大机械装备
27	贾庆升	中国石化胜利油田石油工程技术研究院	教授级高工	石油机械及采油工程
28	田海庆	中石化胜利石油工程公司钻井工艺研究院	海工首席专家/教授级高工	海洋工程装备研发及设计
29	曹怀祥	山东特检集团	研究员	智能测控装备
30	陈吉红	华中科技大学	教授	高端数控装备

(数据来源:山东省“十强”产业高端装备智库专家成员)

四、高端装备产业人才大数据分析

基于清华大学开发的科技情报大数据挖掘与服务系统平台(AMiner)进行产业人才大数据分析,该平台数据库基于全球主流学术数据库(Scopus,PubMed、DBLP 等)、搜索引擎以及学术期刊会议数据。其中 Scopus 是目前全球规模最大的文摘和引文数据库,涵盖了由 5 000 多家出版商出版发行的科技、医学和社会科学方面的 20 000 多种期刊,其中同行评审期刊 19 000 多种,另外还有丛书、会议录、专利及网页。PubMed 是提供生物医学方面的论文搜寻以及摘要的数据库。DBLP 数据库是计算机领域内对研究的成果以作者为核心的一个计算机类英文文献的集成数据库,包括国际期刊和会议等公开发表的论文。

根据 AMiner 科研大数据,对全国高端装备领域产业人才进行了统计,检索范围包含高档数据机床及关键功能部件、智能制造装备及机器人、轨道交通装备以及新能源汽车等 4 个子领域,对全球学者数据中属于该领域的中国学者进行了抽取,进行了地理分布、学术水平等方面的统计;并着重分析了山东省在该领域的人才地理分布、学术能力水平、人才流动等情况,并在重点数据上做了山东省与全国其他省份的对比以及省内主要城市的对比。

(一)人才地理分布

人才地理分布是根据全国范围内该领域 h 指数(h-index,是目前最受认可的评价学术成就的方法;h 代表“高引用次数”,一名科研人员的 h-index 是指他至多有 h 篇论文分别被引用了至少 h 次)排名前 1 000 学者(以下简称“TOP 1 000 学者”或“TOP 学者”)的当前单位地理位置进行统计获得的。

1. 全国高端装备高端人才(简称“TOP 人才”)省份分布

表 1.4.1 是全国高端装备领域内 h-index 排名 TOP 1 000 学者的当前单位地理位置分布排名前 10 的省份/直辖市及其人才数量。

表 1.4.1　全国高端装备 TOP 1 000 人才省份分布

省/直辖市	TOP 学者数量	TOP 学者占比
山东省	161	16.1%
北京市	157	15.7%
上海市	86	8.6%

续表

省/直辖市	TOP 学者数量	TOP 学者占比
江苏省	58	5.8%
湖南省	46	4.6%
广东省	41	4.1%
浙江省	41	4.1%
辽宁省	36	3.6%
湖北省	31	3.1%
四川省	24	2.4%
其他	319	31.9%

(数据来源:大数据分析子课题组基于 AMiner 平台数据库统计分析所得)

从全国高端装备 TOP 人才地理分布数量上看,山东省占比最高,有 161 人,占全部 1 000人的 16.1%,北京 157 人紧随其后,上海 86 人名列第三。

2. 山东高端装备 TOP 人才城市分布

全国高端装备 TOP 人才中,山东 161 人所分布的城市及数量如下表所示,前 5 个城市的占比累计超过 80%。

从表 1.4.2 可以看出:省会济南市高端装备人才分布最多,68 人,占比 42.2%;青岛市 41 人,占比 25.5%,名列第二;烟台市 12 人,占比 7.5%,名列第三。排名前 5 的城市累计占比 87.6%,可见高端装备人才在山东省内城市分布比较集中。

表 1.4.2　　全国高端装备 TOP 人才中山东人才省内城市分布

城市	TOP 学者数量	TOP 学者占比
济南市	68	42.2%
青岛市	41	25.5%
烟台市	12	7.5%
济宁市	10	6.2%
泰安市	10	6.2%
其他省内城市	20	12.4%

(数据来源:大数据分析子课题组基于 AMiner 平台数据库统计分析所得)

3. 山东高端装备 TOP 人才机构分布

山东省 161 人所在单位/机构,按照分布数量,排名前 10 的机构及人才数量如表 1.4.3 所示。

表 1.4.3　　全国高端装备 TOP 人才中山东人才机构分布

单位/机构	TOP 学者数量	TOP 学者占比
山东大学	36	22.4%
济南大学	9	5.6%
曲阜师范大学	7	4.3%
青岛大学	6	3.7%
中国海洋大学	6	3.7%
山东科技大学	6	3.7%
中国石油大学	5	3.1%
青岛大学	4	2.5%
海军航空工程学院	4	2.5%
山东省科学院	3	1.9%
其他	75	46.6%

（数据来源：大数据分析子课题组基于 AMiner 平台数据库统计分析所得）

从表 1.4.3 可以看出，机构分布其中占比最高的是山东大学，36 人，占比 22.4%，其后是济南大学 9 人、曲阜师范大学 7 人等；排名前 10 的机构累计占比 53.4%，机构分布较为分散。

（二）学术水平分析

1. 全国高端装备 TOP 人才各省 h-index 排名

学术水平分析采用 h-index 指数评价法，h-index 能够比较准确地反映一个人的学术成就，一个人的 h-index 越高，表明他的论文影响力越大。全国 TOP 人才的平均 h-index 为 10.1，将各省人才的 h-index 求均值，排名前 10 的省份及其 h-index 均值见表 1.4.4。

表 1.4.4　　全国高端装备 TOP 人才各省 h-index 水平

省/直辖市	h-index 均值
江苏省	14.6
山西省	14.0
北京市	13.3
安徽省	11.6
辽宁省	10.9
上海市	10.8
湖南省	10.2
甘肃省	9.9

续表

省/直辖市	h-index 均值
山东省	9.5
天津市	9.2

（数据来源：大数据分析子课题组基于 AMiner 平台数据库统计分析所得）

可以看出，江苏省人才水平最高，TOP 人才 h-index 均值达到 14.6，其后为山西省、北京市，山东省以 h-index 均值 9.5 排名第 9。

2. 山东高端装备学者关系网络及代表学者

学者关系网络的绘制主要是为了解山东省专家人才的关系网络及科研聚群状况。通过学者关系网可以快速找到科研专家人才之间的关系，为科研工作的组织等发掘新的方法和手段。图 1.4.1 是根据山东省高端装备 TOP 学者及他们的合作者、师生关系等绘制的学者关系网络图。图中标注姓名的学者是关系网络中关系链比较丰富、处于较为核心位置的专家学者，具体有史开泉（Kaiquan Shi）、张承慧（Chenghui Zhang）、张维海（Weihai Zhang）、刘万顺（Wanshun Liu）、王玉振（Yuzhen Wang）、刘玉田（Yutian Liu）、刘允刚（Yungang Liu）、韩学山（Xueshan Han）等学者。

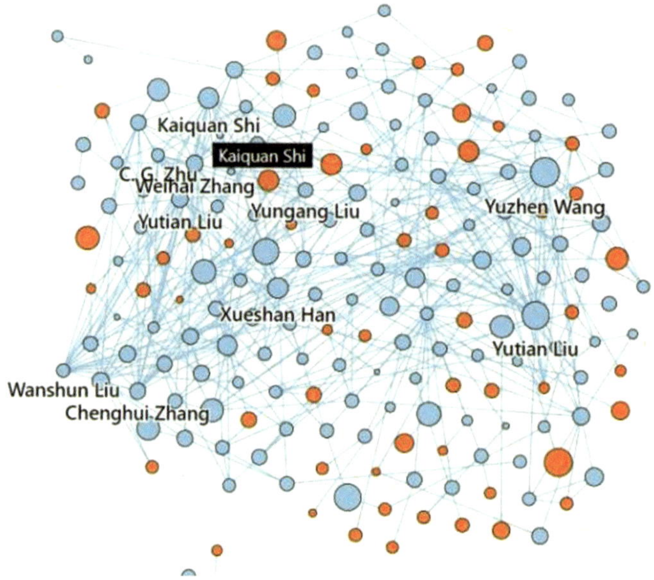

图 1.4.1 山东高端装备 TOP 人才学者关系网络

（三）人才流动分析

人才聚集可以推动一个城市的快速发展，而人才的流动是实现人才聚集的重要途径。我们选用了山东省内高端装备领域 h-index 排名 TOP 1 000 的学者作为研究对象，将其所属单位地理位置的变化进行统计和分析，每位学者迁徙一次记录一条，图 1.4.2 重点呈现了省内几大城市的人才流入、流出、流动差等情况。

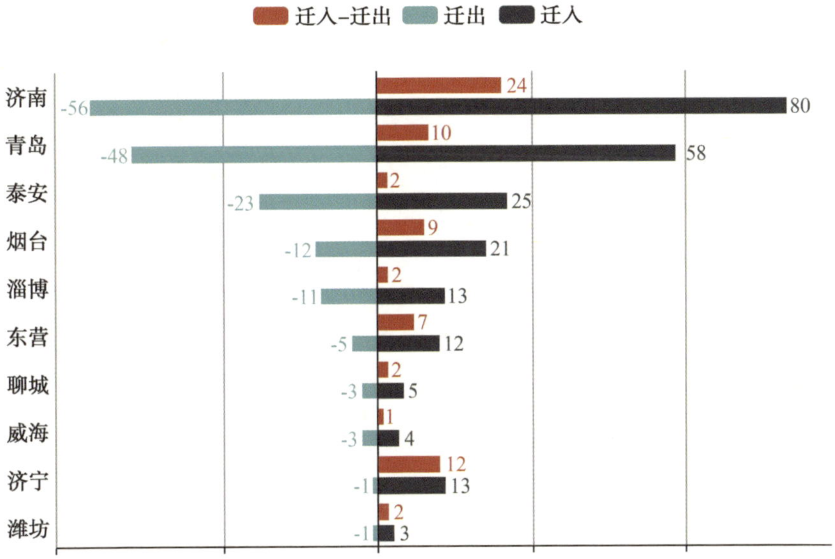

图 1.4.2　高端装备全国 TOP 1 000 学者中山东人才迁徙状况

可以看出，山东省高端装备人才流动比较大的包括济南、青岛、泰安、烟台等城市；济南、济宁、青岛、烟台、东营等市呈现较为明显的人才流入趋势，可见人才引进政策较为得力。

表 1.4.5　　高端装备全国 TOP 1 000 学者中山东学者迁徙数据

城市	迁出(单位:人次)	迁入(单位:人次)	迁入—迁出
济南	56	80	24
青岛	48	58	10
泰安	23	25	2
烟台	12	21	9
淄博	11	13	2
东营	5	12	7
聊城	3	5	2
威海	3	4	1
济宁	1	13	12
潍坊	1	3	2

(数据来源:大数据分析子课题组基于 AMiner 平台数据库统计分析所得)

(四)技术发展趋势及学者兴趣分布

1. 高端装备各子领域技术发展趋势

技术发展趋势是技术发展的源起和未来趋势的重要呈现工具。技术发展趋势是根据“全球”学术研究数据,基于该领域最具代表性的学科关键词检索得出的。趋势以河流图形式展示,每个彩色分支表示一个关键词领域,其宽度表示该关键词的研究热度,各关键词在每一年份(纵轴)的位置是按照这一时间点上所有关键词的热度高低进行排序的。

(1)高档数控机床及关键功能部件。图 1.4.3 是以“数控机床”(numerical control machine)为关键词绘制的技术发展趋势图。从图中可以看出,大气压等离子体(atmospheric pressure plasma)、机床(machine tool)、质量控制(quality control)等为近期研究热点。

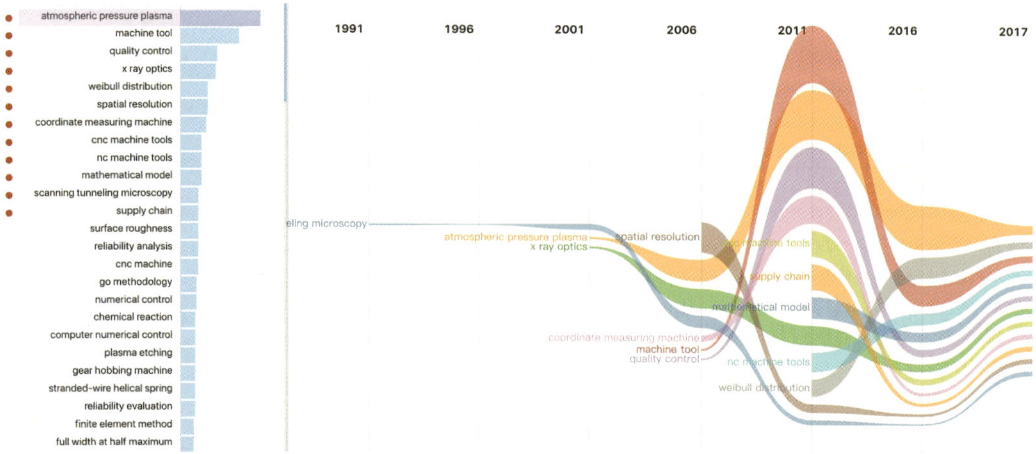

Atmospheric pressure plasma	大气压等离子体	Machine tool	机床
Quality control	质量控制	X ray optics	X 射线光学
Weibull distribution	威布尔分布	Spatial resolution	空间分辨率
Coordinate measuring machine	坐标测量机	Cnc machine tools	数控机床
Nc machine tools	数控机床	Mathematical model	数学模型
Scanning tunneling microscopy	扫描隧道显微镜	Supply chain	供应链
Surface roughness	表面粗糙度	Reliability analysis	可靠性分析
Cnc machine	数控机床	Go methodology	去方法论
Numerical control	数字控制	Chemical reaction	化学反应
Computer numerical control	电脑数控	Plasma etching	等离子蚀刻
Gear hobbing machine	滚齿机	Stranded-wire helical spring	绞线螺旋弹簧
Reliability evaluation	可靠性评估	Finite element method	有限元法
Full width at half maximum	最大半宽		

图 1.4.3　数控机床(numerical control machine)近期热点

(2)智能制造装备及机器人。图 1.4.4 是以“智能制造装备”(intelligent manufacturing equipment)为关键词绘制的技术发展趋势图。可以看出,压力传感器(pressure sensor)、薄膜(thin film)等为近期热点。

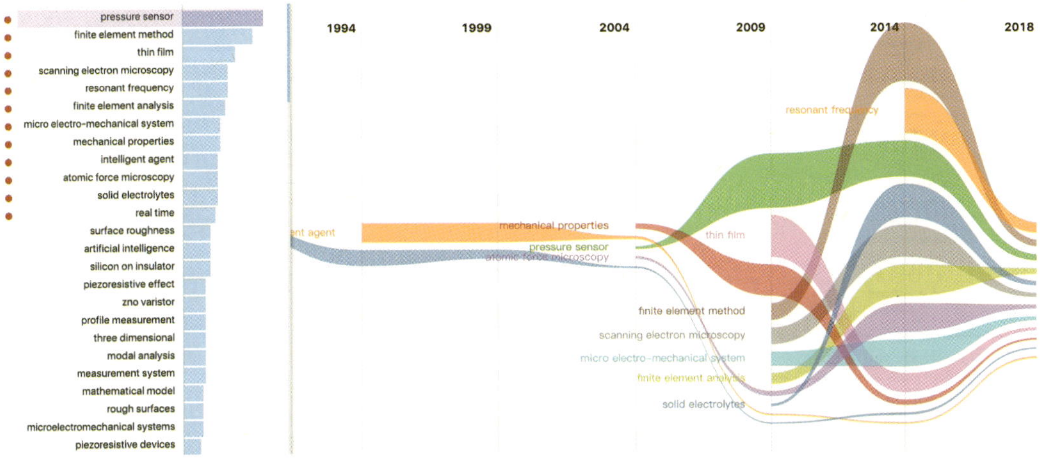

Pressure sensor	压力传感器	Finite element method	有限元法
Thin film	薄膜	Scanning electron microscopy	扫描电子显微镜
Resonant frequency	共振频率	Finite element analysis	有限元分析
Micro electro-mechanical system	微机电系统	Mechanical properties	机械性能
Intelligent agent	智能代理	Atomic force microscopy	原子力显微镜
Solid electrolytes	固体电解质	Real time	即时的
Surface roughness	表面粗糙度	Artificial intelligence	人工智能
Silicon on insulator	绝缘体上的硅	Piezoresistive effect	压阻效应
Zno varistor	Zon 压敏电阻	Profile measurement	轮廓测量
Three dimensional	三维	Modal analysis	模态分析
Measurement system	测量系统	Mathematical model	数学模型
Rough surfaces	粗糙的表面	Microelectromechanical systems	微机电系统
Piezoresistive devices	压阻装置		

图 1.4.4　智能制造装备(intelligent manufacturing equipment)近期热点

(3)轨道交通装备。图 1.4.5 是以“轨道交通”(rail transit)为关键词绘制的技术发展趋势图。可以看出,城市轨道交通(urban rail transit)、土地使用(land use)、公共交通(public transport)等为近期热点。

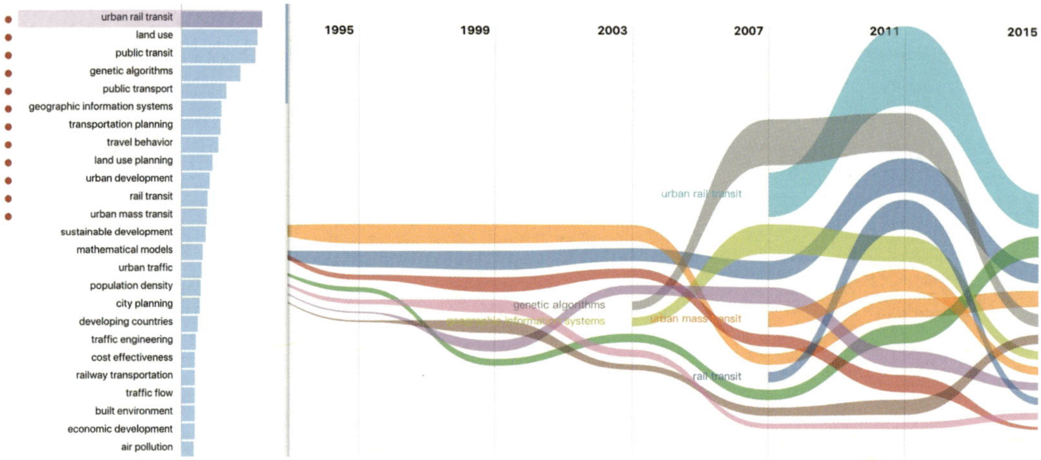

Urban rail transit	城市轨道交通	Land use	土地使用
Public transit	公共交通	Genetic algorithms	遗传算法
Public transport	公共交通	Geographic information systems	地理信息系统
Transportation planning	交通规划	Travel behavior	旅行行为
Land use planning	土地利用规划	Urban development	城市发展
Rail transit	轨道交通	Urban mass transit	城市轨道交通
Sustainable development	可持续发展	Mathematical models	数学模型
Urban traffic	城市交通	Population density	人口密度
City planning	城市规划	Developing countries	发展中国家
Traffic engineering	交通工程	Cost effectiveness	成本效益
Railway transportation	铁路运输	Traffic flow	车流量
Built environment	建设环境	Economic development	经济发展
Air pollution	空气污染		

图 1.4.5　轨道交通(rail transit) 近期热点

(4)新能源汽车。图 1.4.6 是以“纯电动汽车”[blade electric vehicle(BEV)] 为关键词绘制的技术发展趋势图。可以看出主动振动控制(active vibration control)、智慧结构(smart structure)、智能结构(intelligent structures)等为近期热点。

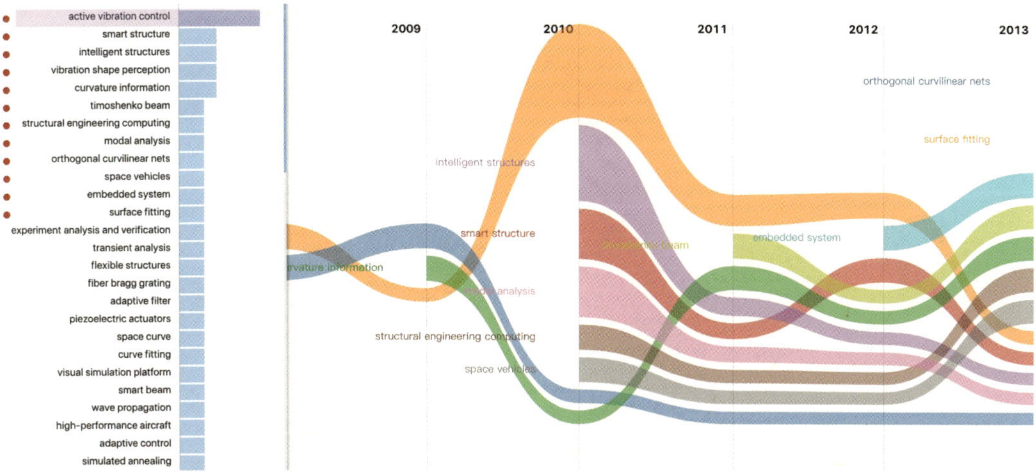

Active vibration control	主动振动控制	Smart structure	智能结构
Intelligent structures	智能结构	Vibration shape perception	振动形状感知
Curvature information	曲率信息	Timoshenko beam	铁摩辛柯梁理论
Structural engineering computing	结构工程计算	Modal analysis	模态分析
Orthogonal curvilinear nets	正交曲线网	Space vehicles	太空飞行器
Embedded system	嵌入式系统	Surface fitting	表面贴合
Experiment analysis and verification	实验分析和验证	Transient analysis	瞬态分析
Flexible structures	结构灵活	Fiber bragg grating	光纤布拉格光栅
Adaptive filter	自适应滤波器	Piezoelectric actuators	压电致动器
Space curve	空间曲线	Curve fitting	曲线拟合
Visual simulation platform	视觉模拟平台	Smart beam	智能光束
Wave propagation	波传播	High-performance aircraft	高性能飞机
Adaptive control	自适应控制	Simulated annealing	模拟退火

图 1.4.6　纯电动汽车(blade electric vehicle)近期研究热点

2. 山东高端装备 TOP 学者兴趣领域

研究兴趣的集中分布有助于我们了解学者的研究现状，AMiner 根据学者的论文、专利等研究成果，绘制学者学术画像，其中每位学者的研究兴趣不唯一。图 1.4.7 是根据山东省高端装备产业学者研究兴趣出现的高频关键词绘制的学者研究兴趣分布，研究兴趣的分布由大数据计算得出。

Control systems	控制系统	Power system	电力系统
Robust control	鲁棒控制	Stability	稳定性
Data mining	数据挖掘	simulation	模拟
Feedback	反馈	Optimization	优化处理
Neural network	神经网络	State feedback	状态反馈
Linear systems	线性系统	Uncertainty	不确定
Nonlinear systems	非线性系统		

图 1.4.7　山东省高端装备 TOP 1 000 学者兴趣领域

五、高端装备产业重点领域和技术方向

（一）高档数控机床

重点研发高速精密卧式加工中心、车铣复合加工中心、高速龙门五轴联动加工中心、精密复合数控磨床、超大型激光切割加工机床、大型数控成形冲压生产线；双摆角数控万能铣头、精密滚珠丝杠及直线导轨副、高速电主轴及驱动装置、精密数控回转工作台、伺服电机、刀库及自动换刀装置等；高端数控机床操作系统、整机数字化、智能化应用技术、数字化设计、高精度插补、动态误差补偿、智能化编程、伺服驱动技术。

发展面向机床制造业的高精度、智能化、复合化工作母机，突破高档切削、锻压、高性能数控系统，进一步提高主机产品的自主研发配套能力；瞄准航空航天、船舶制造、汽车制造等领域应用需求，开展高档五轴数控机床与关键成形装备等主机的应用研究，提高数控机床可靠性。

（二）机器人

研制一批具有深度感知、智慧决策、人机协同功能的六轴焊接机器人、六轴码垛机器人、包装机器人、双臂机器人、协作机器人、切割机器人等工业机器人；具有医疗健康、家庭服务、教育娱乐功能的服务机器人，变电站智能巡检机器人、智能康复机器人、光伏太阳能电站智能清洗机器人，重大公共安全事故应急处置、矿井、电力设施带电作业、医用、水下作业功能的特种机器人。伺服精密行星减速机、RV减速器、谐波减速器、伺服电机、控制器及控制系统、驱动器、机器人关键技术、关键零部件及系统集成技术等。

（三）新一代信息技术装备

立足山东省现有优势，重点推动高性能服务器与通信装备、集成电路及专用装备、智能终端设备、智能可穿戴设备、虚拟现实（VR）等，开发高性能、高可靠性产品，延伸产业链条，更好地满足信息安全、物联网、云计算、消费电子等市场的需求，积极扩大对外合作，促进量子通信设备、集成电路芯片制造及封装设备等短板装备实现突破。

1. 高性能服务器与通信设备

突破云计算、超级计算、高速互联、人工智能等核心技术，研发高端容错计算机、新一代云计算平台、工业互联网平台、人工智能计算平台、存储设备和工控产品、下一代网络设备和数据中心成套装备、量子保密通信等现代新兴技术与装备，建设国际一流的高性能服务器产业基地。

2. 集成电路及专用装备

自主创新与合资合作相结合，加快开发化学气相沉积（CVD）技术与设备、高密度等离子刻蚀机、物理气相沉积（PVD）分子束外延装备、分布重复投影光刻机、集成电路封装设备、光学测量设备等集成电路制造、封装、测试装备，补齐集成电路及专用装备短板。

3. 智能终端设备

加快开发面向金融、交通、医疗等行业应用的专业终端、设备和融合创新系统，做大做强智能复合机、智能打印机、智能家电、VR视听设备、智能可穿戴设备、射频识别（RFID）等智能消费终端，构建系列化、规模化、高端化产业体系，形成山东新优势。

（四）先进轨道交通装备

1. 重点开发高速动车组、高档客车、快速重载货车

满足高寒、高热、高风沙、高湿、广域等不同系列谱系化动车组，满足跨线、跨网的旅客运输提速提效需要的城际轨道交通装备，满足各个国家不同技术标准要求的多系列城

轨车辆产品谱系；铁路工程施工及养路机械装备。

2. 开发关键零部件及系统

发展转向架、动车组轮对、轮轴轴承、发动机、钩缓、减震装置、绝缘栅双极型晶体管(IGBT)器件、大功率制动装置、供电高速开关、车体及车体新材料等关键零部件；高速列车牵引控制系统、制动系统及产品、信号及综合监控与运营管理系统、列车安全运行系统、高速移动状态下、宽带无线通信系统，以及受电弓、内饰等整车配套产品。

（五）新能源汽车

开发节能环保型中高档乘用车、节能高舒适性高附加值轻量化载货汽车、豪华安全可靠型客车、高技术高安全性多功能专用车，混合动力、纯电动、燃料电池等各类新能源汽车。实现电机—传动系及控制器的一体化设计的驱动动力总成的研发，兼顾电动助力转向、电动空调、电加热系统以及电动制动系统的开发。

开发纯电动汽车用动力电池、驱动电机、电控系统、电池管理系统、混合动力汽车用动力耦合及传动装置等新能源汽车关键零部件，以及动力电池正负极、隔膜、电解质等关键材料；研发氢燃料电池产品与技术、石墨烯新材料及应用。

积极发展智能网联汽车。开发研究车载环境感知控制器、车辆智能控制与集成技术、基于网联的车载智能信息服务系统、汽车辅助驾驶系统、无人驾驶系统、新能源汽车安全运营管理系统等。

研究整车控制、驱动系统、整车轻量化等产业关键共性技术。开展融合多信息、以能量管理为核心的整车智能控制技术、高集成度的动力系统电动化等技术研发。开发电机与传动装置、逆变器集成，高集成电驱动系统专用变速器等技术。开展轻量化设计和生产等。

（六）石油装备

开展超深井钻机、压裂设备、大型压缩机、第三代大输量天然气管道装备研发。研发一体化钻井设计方法、非常规特殊井身结构、非平面齿钻头等特色技术，摆脱对进口管输装备的依赖。开展传统石油工程装备转型升级。

研发高端石油装备技术，重点发展石油钻采通用及页岩油气专用装备、全液压钻机、模块钻机等装备，以及地震仪、检波器、随钻测量测井仪、电磁地质导向仪等勘探测录装备，不断提高石油工程装备的智能化水平。

加大新技术新产品开发力度，开展多功能自升式钻井平台、半潜式钻井平台、固定式桩基平台、移动平台、海水淡化设备等石油海工装备及相关配套产品的研发应用。

(七)海洋工程装备及高技术船舶

立足山东省大力发展海洋经济的重大需求,发展海洋工程装备和高技术船舶。

1. 海洋工程装备

海洋工程装备包括深水半潜式钻井/生产平台、多功能自生式钻井平台、固定式桩基平台、浅海固定采油平台、浮式生产储卸装置、水下生产系统及水下立管等装备;海上浮式石油装备、海上后勤补给装备;海水淡化装备、天然气水合物开发装备;海洋石油钻井系统集成设计关键技术。瞄准未来海洋开发重大需求,加快开发深海矿产勘探开发、天然气水合物开采、水下油气生产系统装备、深海水下应急作业装备、大型海上构筑物安装及拆解平台(船)、海洋牧场平台、深海空间站、智能网箱、浮式电站、浮式生产储卸装置、浮式液化天然气再气化装置等。

2. 高技术船舶

高技术船舶包括绿色节能环保散货船、超大型集装箱船、大型豪华游艇和邮轮等高端主流船型;超大型半潜式运输船、深水半潜式起重铺管船、深水勘察船、深水钻井船、物探船、海洋调查船等产品的设计建造;大型船舶动力系统、电力推进装置、高端船用齿轮箱、高端船用发电设备、大型甲板机械和舱室机械、导航和自动化装置。加快推进智能船舶、生态环保船舶、极地运输船舶、高性能执法船舶、高技术远洋渔业船舶、大型 LNG 燃料动力船舶、超大型 LNG 运输船等研发和产业化。

(八)智能制造装备

以智能制造为主攻方向,推进智能制造关键技术装备、核心支撑软件、工业互联网等系统集成应用,集成开发一批重大成套装备,推进工程应用和产业化,在机器人及其关键零部件、智能制造系统集成及智能化专用成套装备等方面,形成突破,做大做强。

1. 智能制造系统

开展集计算、通信与控制于一体的信息物理系统(CPS)顶层设计,探索构建贯穿生产制造全过程和产品全生命周期,具有信息深度自感知、智慧优化自决策、精准控制自执行等特征的智能制造系统,为产业智能化升级提供自主安全可控的系统支撑。

2. 智能检测与装配装备

智能检测与装配装备包括数字化非接触精密测量、在线无损检测系统装备,可视化柔性装配装备,激光跟踪测量、柔性可重构工装的对接与装配装备,设备全生命周期健康检测诊断装备,基于大数据的在线故障诊断与分析装备,新能源汽车动力电池专用工艺装备,等等。

3. 智能物流与仓储装备

重点发展轻型高速堆垛机、超高超重型堆垛机、高速智能分拣机、智能多层穿梭车、智能化高密度存储穿梭板、高速托盘输送机等物流仓储装备，加快研发物流和仓储实时监测、管控等软件系统。

4. 增材制造(3D 打印)装备

重点研制推广使用激光、电子束、离子束及其他能源驱动的主流增材制造工艺装备。加快开发高功率光纤激光器、扫描振镜、动态聚焦镜及高性能电子枪、阵列式高精度喷嘴(头)等配套核心器件和嵌入式软件系统。突破钛合金、高强合金钢、高温合金、不锈钢镍基粉末、耐高温高强度工程塑料等增材制造专用材料。

(九)智能农业机械装备

重点发展自动化、智能化和可靠性高的主要粮食作物联合收获机和玉米青(黄)贮收获机，智能大马力拖拉机及联合整地机械，精准植保机械，主要经济作物、蔬菜、林果生产关键技术装备，畜禽规模化智能化养殖装备，秸秆收集及综合利用装备。

1. 大马力拖拉机

其主要包括：100 千瓦以上拖拉机底盘技术和智能化操控系统、总线技术，湿式离合器、动力换挡、无级变速和静液压传动系统，闭心式负载传感液压系统和电子反馈悬挂系统；排放指标达到国Ⅲ标准的高压共轨电喷发动机；应用电子控制、故障诊断、自动报警、自动停机保护等技术及产品。

2. 联合收获机

其主要包括：自走式谷物联合收割机纵轴流和高效低损脱粒分离技术及其关键零部件，实现10 千克/秒以上喂入量；自走式玉米联合收获机高速摘穗、低损苞叶剥除(脱粒)技术和茎秆回收处理技术；自走式玉米青(黄)贮收获机磁性监测自动停机控制，高性能切碎、揉搓破粒技术及关键零部件。

3. 精准植保机械

精准植保机械包括基于全球定位系统(GPS)导航和具有自动标示功能的自走式定向变量精准施药机械、高地隙立体喷施机械和宽幅高效喷杆喷雾机械。

4. 主要经济作物装备

研发主要经济作物装备，包括自走式采棉机，马铃薯、花生、大蒜种植和收获多功能一体机，蔬菜生产智能化控制系统与装备，蔬菜生长生理生态与环境信息监测系统，水肥一体化技术与控制系统，病虫害监控技术及变量施药设备，清洁收获机械，果树自动对靶精准施药技术与设备，高效低损收获技术及设备，等等。

(十)航空航天装备

发展飞机整机、功能部件、航空航天新材料和飞机改装维护等，加强通用直升机、民用小型飞机、无人机研发生产和集成技术研究，突破航空航天新材料、基础元器件、铝锂合金、钛合金、复合材料等加工成形制造核心技术、关键材料及基础零部件，推进航空航天产业研发生产和技术服务体系建设。

发展高可靠性、长寿命、环境适应性强、标准化、低成本的航空设备，重点布局小型固定翼飞机、无人直升机等整机的研发制造，加大直升机、工业级无人机等低成本航空设备关键零部件研发力度，以减速器、机身框架、飞行仪器、航空标准件的生产为重点，着力突破关键技术，提高自主化水平。

加快研发航空新材料和基础元器件，逐步掌握铝锂合金、复合材料等加工制造核心技术，加大飞机雷达罩、高性能碳纤维、航空用中厚板等材料和设备研发力度，研发先进复合材料、钛合金、高温合金的航空发动机骨干材料和工艺体系，提升配套服务能力。

积极发展液压油车、飞机牵引车、电源车、道面摩擦系数测试车、驱鸟设备等航空地面保障设备，以及用于通用航空整机维修、大修、维护、改装及雷达罩、航空仪表、螺旋桨等零部件的检修、维护、检测等设备。

六、山东省高端装备产业人才发展存在的问题及对策建议

(一)山东省高端装备产业存在的问题及对策建议

1. 高端装备产业发展存在的问题

(1)高端装备占比较低，目前山东省高端装备占制造业比重为27%，远低于发达国家40%的水平。具有国际竞争力产品和名牌产品的比重较小，部分装备产品附加价值不高。

(2)两化深度融合不够，数字化、智能化、信息化高端产品占比偏低，两化深度融合、跨界融合发展需要加快步伐。

(3)自主创新能力有待进一步提升。装备制造业企业研发投入占比偏低，只有少数大型骨干企业能达到3%。核心关键技术缺乏，如高档数控系统、高档传感器、高端液压件等高端产品仍大量进口。

(4)高层次领军人才、高技术和高技能“工匠”人才缺乏，高层次人才的成长机制和人才激励政策有待于完善。

2. 发展高端装备产业的对策建议

(1)推动装备制造向高端高质高效升级。鼓励企业积极应用自动化技术、信息技术、网络技术、数字技术改造生产线，建设数字化车间，构建智能化工厂。引导企业大力研发数字化、智能化装备产品，加大工业电子、嵌入式软件、传感器等技术在装备产品上的应

用比重，提高装备产品智能化水平，推动重大成套装备向精密化、数字化、自动化、集成化、智能化发展。

(2)进一步壮大高端装备产业规模。积极开发装备新产品、新技术。选择一批长期依赖国外进口、国内需求量大的国际先进装备，形成攻关项目目录，并由企业联合高校、科研机构共同申报并组织实施，对取得重大突破并取得显著经济社会效益的项目产品，由省财政给予支持补助。

(3)支持鼓励企业通过“一带一路”走出去。鼓励企业积极响应“一带一路”倡议，参加国外高端装备领域会展活动，积极拓展新兴市场。鼓励企业在海外建设研发中心、生产基地、分销和维护网络，通过跨境电子商务模式，实现商业模式跨越发展的同时，开发适应国际市场需求的高端装备产品。

(4)推进高端装备产业集聚。以集聚化、差异化、产业链发展为导向，开展高端装备产业集聚示范区的建设工作，支持青岛、烟台、威海的海洋工程装备与高技术船舶，济南、青岛的轨道交通装备，济南、枣庄的高档数控机床，泰安的智能成套生产线以及潍坊的农机和动力装备集群化发展。每年培育认定部分“高端装备特色产业集聚示范区”，以集聚区建设带动装备制造产业向高端化提升和高端人才向集聚区汇聚。

(5)强化人才培养和引进。完善创新人才引进、培养、使用、评价、激励政策，加快推动人才培养方式转变。支持企业与科研院所、高等院校在学科建设、人才培养等方面开展合作，促进高层次人才和高技能人才的培养和引进，为高端装备产业发展提供强有力的人才支撑。建立高端装备产业专家智库，为高端装备产业转型升级和结构调整提供政策和技术咨询。

(6)夯实高端装备产业发展基础。集中力量突破一批制约装备制造业发展的“四基”技术和关键产品。通过政策与金融支持，加速实现“四基”产业结构升级，集中资源解决核心零部件的关键技术瓶颈，打破国外技术和市场垄断，为高端装备制造业整机产业发展提供基础支持和保障。

(7)加大财政支持力度。在新旧动能转换财政资金中设立高端装备制造产业发展专项，重点支持高端装备制造产业技术研发和产业化、先进工艺推广应用、新产品的试点示范以及研发、检测、培训等行业服务平台建设等。

(8)开展国内外技术交流与合作。加强国际技术交流与合作，鼓励有条件的企业“走出去”，整合重组国外装备制造研发机构、生产企业、品牌和营销网络。加快企业战略性调整与重组，发展一批核心竞争力强、高端产品优势突出的大型企业集团。鼓励装备制造企业与上下游企业、研发机构组建战略联盟，实现优势互补，提高产业整体竞争力。

(二)山东省高端装备人才发展存在的问题及对策建议

1. 产业人才发展存在的问题

(1)高端装备产业人才总体占比低于全省平均水平。正高占比仅 1.04%，副高占比

4.29%，副高以上占比5.33%。高端人才严重缺乏，非公有制企业人才更少，部分一线实践能力较强的专业技术人员因各种原因未能通过职称评审获得相应晋升。

(2)企业高技能人才严重短缺、分布不均衡。装备制造业高技能人才(高级技师)占比5.94%，技师占比17.34%，低于全省平均水平，非国有企业低于全行业平均水平。技能人才的培养工作任重道远。

(3)人才总量和结构与高端装备产业规模不相称。人才总量占比不高，一方面说明高端装备产业人均劳动生产率高于全省平均水平，另一方面高技术、高技能人才未能脱颖而出，专业技术人才、技能人才的晋升渠道需要进一步畅通。

(4)人才队伍建设亟待加强。部分企业没有把人才成长和人才队伍建设纳入企业战略重点，未把职工"评先晋职"和"薪酬分配"紧密结合。企业培训力度不强，培训和继续教育投入不足。

2. 产业人才发展的对策建议

(1)完善专业人才职称评价方式。转变政府职能，加强职称评审的顶层设计和监管。制定人才规划，以行业、职业属性、岗位要求等为基础，建立科学合理、各有侧重的人才评价标准，并实行分类评价。完善人才评价标准，建立以能力、业绩和贡献为导向的，科学的人才评价机制。建立以业绩为依据，由品德、知识、能力等要素构成的各类人才评价指标体系。加大科技成果的应用价值在人才评价中的比重，克服唯学历、唯资历、唯论文等倾向，合力设置和使用论文等评价指标；评价主体多元化。对山东省规模大的主导产业，通过政府授权服务能力强、诚信良好的协(学)会等社会组织，在政府的监管下提供职称评定服务。发挥用人主体在职称评审中的主导作用，高校、医院、科研院所、大型企业及人才智力密集的企事业单位按照管理权限自主开展职称评审。简化职称评定流程，畅通评定渠道，加大对实践能力的考核；建立技术人才的继续教育体系。改变各类人才职称评审一评定终身的现状，通过继续教育制度设计，围绕人才成长、人才激励，逐步形成技术人才终身学习的发展路径，把继续教育作为考核人才、人才晋升的必要环节，逐步建设与国际人才对接的人才评价和人才成长体系。相应职称技术人员按评价标准和岗位要求，每年须接受一定时间的培训，不断提升专业人才的创新能力。

(2)加强技能人才的评价和激励。提高技能人才的待遇。通过政策引导，提高做出突出贡献的高技能人才的政治地位和相应待遇，营造有利于技能人才特别是高技能人才成长和发挥作用的制度环境和社会氛围。建立并提高技能岗位特别是高技能岗位工资、津贴标准；完善技能人才政策体系。进一步建立健全一线职工"培训、考核、使用、待遇"四位一体的技能人才成长机制，健全评价、考核、激励一体化的技能人才发展体系。推行校企联合培养模式，实施多形式、多层次的基地化培训，不断提高技能人才的职业素质和专业技能，积极培养新兴产业发展急需紧缺的技能应用型人才和专业技术人才。推进学历证书和职业资格证书"双证书"制度。拓宽技能人才继续教育的途径，支持高校、行业机构、企业联合培养技能人才。

(3)进一步增加青年人才评价激励措施。破除论资排辈观念，培养造就青年英才。

优先支持有较大发展潜力、有真才实学、堪当重任的优秀青年人才，加大各类科技、教育、人才工程项目对青年人才的支持力度和培训力度。

附 录

附表　　高端装备产业国内 TOP 1 000 人才名单

英文姓名	中文姓名	省(市、区)	城市	所属机构
Huijun Gao	高会军	黑龙江	哈尔滨	哈尔滨工业大学航天学院控制科学与工程
Tieniu Tan	谭铁牛	北京	北京	中国科学院自动化研究所
Lionel M. Ni	倪明选	香港	香港	香港科技大学计算机科学与工程系
Guozhong Cao	曹国忠	甘肃	兰州	兰州大学
Wenjun Zhang	张文军	上海	上海	上海交通大学
Shouyang Wang	汪寿阳	北京	北京	中国科学院数学与系统科学研究院
Shaocheng Tong	佟绍成	辽宁	锦州	辽宁工业大学
Hong Mei	梅宏	北京	北京	北京理工大学
Yangsheng Xu	徐扬生	香港	香港	香港中文大学机械及自动化工程系
Chengshan Wang	王成善	四川	成都	成都理工大学
Youxian Sun	孙优贤	浙江	杭州	浙江大学工业自动化国家工程研究中心
Hongye Su	苏宏业	浙江	杭州	浙江大学智能系统与控制研究所
Yuanqing Xia	夏元清	北京	北京	北京理工大学
Xiangning He	何湘宁	浙江	杭州	浙江大学电气工程学院
Weijia Jia	贾维嘉	上海	上海	上海交通大学
Qionghai Dai	戴琼海	北京	北京	清华信息科学与技术国家实验室(筹)自动化部
Zhaohui Wu	吴朝晖	浙江	杭州	浙江大学计算机科学与技术学院
Nanning Zheng	郑南宁	陕西	西安	西安交通大学;人工智能与机器人研究所
Guangren Duan	段广仁	黑龙江	哈尔滨	哈尔滨工业大学航天学院
Donghua Zhou	周东华	北京	北京	清华大学
Yue Wang	王越	北京	北京	北京理工大学信息与电子学院
Guodong Wang	王国栋	辽宁	沈阳	东北大学
Zhisheng Duan	段志生	北京	北京	北京大学工学院
Xinping Guan	关新平	上海	上海	上海交通大学
Xiaohong Guan	管晓宏	陕西	西安	西安交通大学电子信息工程学院

续表

英文姓名	中文姓名	省(市、区)	城市	所属机构
Changpin Li	李常品	上海	上海	上海大学理学院
Jinping Ou	欧进萍	黑龙江	哈尔滨	哈尔滨工业大学
Guangming Xie	谢广明	北京	北京	北京大学工程学院
Lihua Li	厉力华	浙江	杭州	杭州电子科技大学
Michael Yu Wang	王煜	香港	香港	香港科技大学工程学院
Guihai Chen	陈贵海	上海	上海	上海交通大学计算机系
Zhihong Guan	关治洪	湖北	武汉	华中科技大学控制科学与工程系
Xinbo Ruan	阮新波	湖北	武汉	华中科技大学
Min Wu	吴敏	湖北	武汉	中国地质大学(武汉)自动化学院
Yueting Zhuang	庄越挺	浙江	杭州	浙江大学计算机学院
Huaining Wu	吴淮宁	北京	北京	北京航空航天大学自动化科学与电气工程学院
Yibin Ying	应义斌	浙江	杭州	浙江农林大学
Lixin Ran	冉立新	浙江	杭州	浙江大学
Shihua Li	李世华	江苏	南京	东南大学自动化学院
Zengguang Hou	侯增广	北京	北京	中国科学院自动化研究所
Yunjiang Rao	饶云江	重庆	重庆	重庆大学
Hongsheng Chen	陈红胜	浙江	杭州	浙江大学信息与电子工程学学院
Naiqi Wu	伍乃骐	广东	广州	广东工业大学机电工程学院
Minyi Guo	过敏意	上海	上海	上海交通大学计算机科学与工程系
Xi Yao	姚熹	陕西	西安	西安交通大学电机工程系
Sifeng Liu	刘思峰	江苏	南京	南京航空航天大学经济与管理学院
ZhiGang Zeng	曾志刚	湖北	武汉	华中科技大学
Yiping Cui	崔一平	江苏	南京	东南大学
Baowen Xu	徐宝文	江苏	南京	南京大学计算机科学与技术系
Fushuan Wen	文福拴	浙江	杭州	浙江大学电气工程学院电机工程学系
Yusheng Xue	薛禹胜	江苏	南京	国网电力科学研究院
Shih-Chang Lee	李世昌	台湾	台北	台湾中国科学院物理研究所
Changjun Jiang	蒋昌俊	上海	上海	同济大学电子与信息工程学院
Junhao Chu	褚君浩	上海	上海	中国科学院上海技术物理研究所
Guanzhou Qiu	邱冠周	湖南	长沙	中南大学

续表

英文姓名	中文姓名	省(市、区)	城市	所属机构
Tianyou Chai	柴天佑	辽宁	沈阳	东北大学
Ziyou Gao	高自友	北京	北京	北京交通大学
Jie Zhou	周杰	北京	北京	清华大学自动化系
Yadong Jiang	蒋亚东	四川	成都	电子科技大学光电信息学院
Jinhu Lü	吕金虎	北京	北京	中国科学院数学与系统科学研究院
Yaonan Wang	王耀南	湖南	长沙	湖南大学电气与信息工程学院
Chunsheng Zhao	赵淳生	江苏	南京	南京航空航天大学精密驱动研究所
Lining Sun	孙立宁	黑龙江	哈尔滨	哈尔滨工业大学机电工程学院
Xuefeng Chen	陈雪峰	陕西	西安	西安交通大学机械工程学院
Minggao Ouyang	欧阳明高	北京	北京	清华大学汽车工程系
Jun Zhang	张军	北京	北京	北京理工大学
Yuanyuan Li	李元元	吉林	长春	吉林大学
Yonghua Song	宋永华	北京	北京	清华大学电机系
Chongqing Kang	康重庆	北京	北京	清华大学电机工程与应用电子技术系
Yiguang Hong	洪奕光	北京	北京	中国科学院数学与系统科学研究院系统科学所
Daren Yu	于达仁	黑龙江	哈尔滨	哈尔滨工业大学能源科学与工程学院
BaoLiang Lu	吕宝粮	上海	上海	上海交通大学计算机科学与工程系
Yuehui Chen	陈月辉	山东	济南	济南大学信息学院
Aiguo Song	宋爱国	江苏	南京	东南大学
Yingmin Jia	贾英民	北京	北京	北京航空航天大学自动化科学与电气工程学院
Shengwei Mei	梅生伟	北京	北京	清华大学电机工程与应用电子技术系
Ruxin Li	李儒新	上海	上海	中国科学院上海光学精密机械研究所
Hongbin Sun	孙宏斌	北京	北京	清华大学电机工程与应用电子技术系
Huazhong Yang	杨华中	北京	北京	清华大学电子工程系
Xiaofan Wang	汪小帆	上海	上海	上海交通大学自动化系
Yinfeng Xu	徐寅峰	陕西	西安	西安交通大学管理学院
Baoyong Zhang	张保勇	江苏	南京	南京理工大学自动化学院
Xi Li	李玺	浙江	杭州	浙江大学计算机科学与技术学院
Qiang Lu	卢强	北京	北京	清华大学电机工程与应用电子技术系
Guofan Jin	金国藩	北京	北京	清华大学精密仪器系

续表

英文姓名	中文姓名	省(市、区)	城市	所属机构
Yong He	何勇	湖南	长沙	中南大学信息科学与工程学院
Jinliang He	何金良	北京	北京	清华大学电机系
Hongnan Li	李宏男	辽宁	大连	大连理工大学
Xisen Wen	温熙森	湖南	长沙	国防科学技术大学
Yunhe Pan	潘云鹤	浙江	杭州	浙江大学校长办公室
Han Ding	丁汉	湖北	武汉	华中科技大学机械科学与工程学院
Dequn Zhou	周德群	江苏	南京	南京航空航天大学经济与管理学院
Yun Zou	邹云	江苏	南京	南京理工大学自动化学院
Yonghong Tan	谭永红	上海	上海	上海师范大学
An Luo	罗安	湖南	长沙	湖南大学电气与信息工程学院
Jinhu Lv	吕金虎	北京	北京	中国科学院数学与系统研究所
Jianquan Yao	姚建铨	天津	天津	天津大学现代光学仪器研究所
Luquan Ren	任露泉	吉林	长春	吉林大学
Weihua Gui	桂卫华	湖南	长沙	中南大学信息科学与工程学院控制工程研究所
Yuesheng Wang	汪越胜	北京	北京	北京交通大学
Zhanqiang Liu	刘战强	山东	济南	山东大学机械工程学院
Yiping Wang	王义平	广东	深圳	深圳大学光电工程学院
Xinyu Shao	邵新宇	湖北	武汉	华中科技大学机械科学与工程学院
Fuzhen Xuan	轩福贞	上海	上海	华东理工大学
Wensheng Yan	闫文盛	安徽	合肥	中国科学技术大学国家同步辐射实验室
Jihui Zhang	张纪会	山东	青岛	青岛大学复杂性科学研究所
Changyin Sun	孙长银	江苏	南京	东南大学自动化学院
Jianfeng Li	李剑峰	山东	济南	山东大学机械工程学院
Guojie Li	李国杰	北京	北京	中国科学院计算技术研究所
Zhengyou He	何正友	四川	成都	西南交通大学电气工程学院
Yanzhi Xia	夏延致	山东	青岛	青岛大学
Shijin Shuai	帅石金	北京	北京	清华大学汽车安全与节能国家重点实验室
Shuxiang Guo	郭书祥	北京	北京	北京理工大学
Xin Wang	王欣	辽宁	大连	大连理工大学机械工程学院
YuPing Tian	田玉平	江苏	南京	东南大学自动化学院

续表

英文姓名	中文姓名	省(市、区)	城市	所属机构
Yongming Li	李永明	辽宁	锦州	辽宁工业大学电气工程学院
Qiushi Ren	任秋实	北京	北京	北京大学工学院
Shaoyuan Li	李少远	上海	上海	上海交通大学自动化系
Lihong Huang	黄立宏	湖南	长沙	湖南大学数学与计量经济学院
Zhengjun Liu	刘正君	黑龙江	哈尔滨	哈尔滨工业大学电气工程及自动化学院
Tianmiao Wang	王田苗	北京	北京	北京航空航天大学机械工程及自动化学院机器人研究所
Desheng Jiang	姜德生	湖北	武汉	武汉理工大学,山东省科学院
Weidong Zhang	张卫东	上海	上海	上海交通大学自动化系
Jianhua Zhang	张建华	北京	北京	华北电力大学控制与计算机工程学院
Tianguang Chu	楚天广	北京	北京	北京大学工学院
Xuandong Li	李宣东	江苏	南京	南京大学计算机科学与技术系
Yongtian Wang	王涌天	北京	北京	北京理工大学光电工程系
Guodong Lu	陆国栋	浙江	杭州	浙江大学机械工程学院
Shijie Cheng	程时杰	湖北	武汉	华中科技大学
Shige Peng	彭实戈	山东	济南	山东大学数学学院
Jiancheng Fang	房建成	北京	北京	北京航空航天大学
Bingheng Lu	卢秉恒	陕西	西安	西安交通大学制造系统工程国家重点实验室
Cheng Wu	吴澄	北京	北京	清华大学自动化系
Wenhan Jiang	姜文汉	四川	成都	中国科学院光电技术研究所学术委员
Jizhen Liu	刘吉臻	北京	北京	华北电力大学
Lan Jiang	姜澜	北京	北京	北京理工大学机械与车辆学院
Feng Gao	高峰	上海	上海	上海交大机械与动力工程学院
Lijun Sun	孙立军	上海	上海	同济大学交通运输工程学院
Xinhe Xu	徐心和	辽宁	沈阳	东北大学信息科学与工程学院人工智能与机器人研究所
Jianhua Mo	莫健华	湖北	武汉	华中科技大学材料科学与工程学院
Fanwei Meng	孟凡伟	山东	曲阜	曲阜师范大学数学科学学院
Chenghui Zhang	张承慧	山东	济南	山东大学控制科学与工程学院
Kaiquan Shi	史开泉	山东	济南	山东大学数学与系统科学学院

续表

英文姓名	中文姓名	省(市、区)	城市	所属机构
Xiaofeng Jin	金晓峰	浙江	杭州	浙江大学信息与电子工程系
Fangchun Yang	杨放春	北京	北京	北京邮电大学计算机学院
Xinzhou Dong	董新洲	北京	北京	清华大学电机工程与应用电子技术系
Shuisheng Jian	简水生	北京	北京	北京交通大学
Qingquan Qian	钱清泉	四川	成都	西南交通大学
JiFeng Zhang	张纪峰	北京	北京	中国科学院数学与系统科学研究院
Wei Wang	王炜	江苏	南京	东南大学交通学院
Zuyuan He	何祖源	上海	上海	上海交通大学电信学院
Keqiang Li	李克强	北京	北京	清华大学汽车工程系
Rebing Wu	吴热冰	北京	北京	清华大学自动化系
Fei Liu	刘飞	江苏	无锡	江南大学物联网工程学院
Lijie Wen	闻立杰	北京	北京	清华大学软件学院
Weihai Zhang	张维海	山东	青岛	山东科技大学电气与自动化工程学院
Bo Wang	王博	江苏	南京	南京大学工程管理学院
Houjun Wang	王厚军	四川	成都	电子科技大学
Di Zhu	朱荻	江苏	南京	南京航空航天大学机电学院
Yirong Wu	吴一戎	北京	北京	中国科学院电子学研究所
Haibin Duan	段海滨	北京	北京	北京航空航天大学自动控制系
Li Yu	俞立	浙江	杭州	浙江工业大学
Shirong Ge	葛世荣	北京	北京	中国矿业大学
Huai Yang	杨槐	北京	北京	北京大学工学院
Yange Liu	刘艳格	天津	天津	南开大学
Zongquan Deng	邓宗全	黑龙江	哈尔滨	哈尔滨工业大学机电工程学院
Wanshun Liu	刘万顺	北京	北京	华北电力大学电气与电子工程学院
Xingjian Jing	景興建	香港	香港	香港理工大学工程学院
Zhengzhi Han	韩正之	上海	上海	上海交通大学自动化系
Yuzhen Wang	王玉振	山东	济南	山东大学控制科学与工程学院
Ling Chen	陈玲	上海	上海	同济大学环境科学与工程学院
Yutian Liu	刘玉田	山东	济南	山东大学
Zhenqiang Yao	姚振强	上海	上海	上海交通大学机械与动力工程学院

续表

英文姓名	中文姓名	省(市、区)	城市	所属机构
Hongchun Shu	束洪春	云南	昆明	昆明理工大学电力工程学院
Yigang He	何怡刚	湖北	武汉	武汉大学电气工程学院
Junping Du	杜军平	北京	北京	北京邮电大学计算机学院
Jianda Han	韩建达	天津	天津	中国科学院沈阳自动化研究所;南开大学
Fengchun Sun	孙逢春	北京	北京	北京理工大学
Lin Huang	黄琳	北京	北京	北京大学工学院
Huayong Yang	杨华勇	浙江	杭州	浙江大学机械工程学院
Xu Han	韩旭	湖南	长沙	湖南大学机械与运载工程学院
Yong Min	闵勇	北京	北京	清华大学电机工程与应用电子技术系
Minrui Fei	费敏锐	上海	上海	上海大学机电工程与自动化学院
Jianqiang Yi	易建强	北京	北京	中科院自动化所综合信息系统研究中心
Junyi Cao	曹军义	陕西	西安	西安交通大学机械工程学院
Renfa Li	李仁发	湖南	长沙	湖南大学计算机与通信学院
Jianhua Tao	陶建华	北京	北京	中国科学院自动化研究所
Guangjun Zhang	张广军	北京	北京	北京航空航天大学
Bangchun Wen	闻邦椿	辽宁	沈阳	东北大学工程机械研究所
Peigen Li	李培根	北京	北京	中国工程院
Zhouping Yin	尹周平	湖北	武汉	华中科技大学机械学院
Shenfang Yuan	袁慎芳	江苏	南京	南京航空航天大学机械结构力学及控制国家重点实验室
Shuxin Wang	王树新	天津	天津	天津大学机械学院
Zhiping Qiu	邱志平	北京	北京	北京航空航天大学
Shaosheng Zhou	周绍生	浙江	杭州	杭州电子科技大学
Chuanzhen Huang	黄传真	山东	济南	山东大学机械工程学院
Hanguang Fu	符寒光	北京	北京	北京工业大学材料学院
Zhisheng You	游志胜	四川	成都	四川大学计算机学院
Tian Huang	黄田	天津	天津	天津大学机械工程学院
Hongwei Du	杜宏伟	安徽	合肥	中国科学技术大学电子科学与技术系
Xiuchen Jiang	江秀臣	上海	上海	上海交通大学电气工程系
Xianzhong Zhou	周献中	江苏	南京	南京大学工程管理学院

续表

英文姓名	中文姓名	省(市、区)	城市	所属机构
Xueshan Han	韩学山	山东	济南	山东大学电气工程学院
Huihe Shao	邵惠鹤	上海	上海	上海交通大学自动化系
Shensheng Zhang	张申生	上海	上海	上海交通大学密西根学院
Yuting Su	苏育挺	天津	天津	天津大学电子信息工程系
Xuehai Zhou	周学海	安徽	合肥	中国科学技术大学计算机科学与技术学院
Yalou Huang	黄亚楼	天津	天津	南开大学信息技术学院
Yintang Yang	杨银堂	陕西	西安	西安电子科技大学
Dong Yue	岳东	江苏	南京	南京师范大学电气与自动化工程学院
Mingjing Tu	涂铭旌	北京	北京	中国工程院
Xiwen Luo	罗锡文	广东	广州	华南农业大学
Jin Tong	佟金	吉林	长春	吉林大学农业机械工程研究院
Weihua Zhang	张卫华	四川	成都	西南交通大学
Xingsheng Gu	顾幸生	上海	上海	华东理工大学
Kejie Li	李科杰	北京	北京	北京理工大学
Qiang Zhang	张强	北京	北京	北京理工大学
Lifeng Ma	马立丰	江苏	南京	南京理工大学自动化学院
Guohong Ma	马国红	江西	南昌	南昌大学机电工程学院
Shihong Ding	丁世宏	江苏	镇江	江苏大学
Zhihua Feng	冯志华	安徽	合肥	中国科学技术大学
Yang Yang	杨扬	广东	广州	中山大学附属第二医院
Wei Wang	王伟	辽宁	大连	大连理工大学电子信息与电气工程学部
Min Wu	吴敏	湖北	武汉	中国地质大学(武汉)自动化学院
Amy Yuexuan Wang	王跃宣	浙江	杭州	浙江大学计算机学院
Guangning Wu	吴广宁	四川	成都	西南交通大学
Hong Chen	陈虹	吉林	长春	吉林大学控制科学与工程系
Jianrong Tan	谭建荣	浙江	杭州	浙江大学 CAD&CG 国家重点实验室
Renyuan Tang	唐任远	辽宁	沈阳	沈阳工业大学(原沈阳机电学院)
Feng Qian	钱锋	上海	上海	华东理工大学
Zhen He	何桢	天津	天津	天津大学
Zhonghe Jin	金仲和	浙江	杭州	浙江大学信息科学与电子工程系

续表

英文姓名	中文姓名	省(市、区)	城市	所属机构
Changhua Hu	胡昌华	湖北	武汉	中国人民解放军火箭军指挥学院
Zhendong Sun	孙振东	北京	北京	中国科学院数学与系统科学研究院系统科学所
Ruiqi Wang	王瑞琦	上海	上海	上海大学系统生物学研究所
Qiuhong Zhao	赵秋红	北京	北京	北京航空航天大学经济管理学院
Zuhua Jiang	蒋祖华	上海	上海	上海交通大学
Lehua Qi	齐乐华	陕西	西安	西北工业大学机械工程学院
Hao Ye	叶昊	北京	北京	清华大学自动化系
Zhidong Liu	刘志东	江苏	南京	南京航空航天大学机电学院
Xiang Li	黎湘	湖南	长沙	国防科技大学电子科学与工程学院
Wuneng Zhou	周武能	上海	上海	东华大学信息科学与技术学院
Qiming Wang	王启明	北京	北京	中国科学院半导体研究所
Xun Hou	侯洵	陕西	西安	西安交通大学电子与信息工程学院
Songlin Zhuang	庄松林	上海	上海	上海理工大学光学与电子信息工程学院
You He	何友	陕西	西安	西北工业大学自动化学院
Shouhuan Zhou	周寿桓	北京	北京	中国电子科技集团公司第11研究所
Konghui Guo	郭孔辉	吉林	长春	吉林大学
Zhihua Zhong	钟志华	北京	北京	中国工程院
Shaopu Yang	杨绍普	河北	石家庄	石家庄铁道大学
Xiangpei Hu	胡祥培	辽宁	大连	大连理工大学
Jianqiang Wang	王建强	北京	北京	清华大学汽车工程系
Jun Liu	刘俊	山西	太原	中北大学
Wenming Zhang	张文明	上海	上海	上海交通大学机械与动力工程学院
Xianzhong Dai	戴先中	江苏	南京	东南大学自动化学院
Jiannong Wang	王健农	上海	上海	上海交通大学
Chunhua Yang	阳春华	湖南	长沙	中南大学
Huamin Zhou	周华民	湖北	武汉	华中科技大学
Yuqiang Wu	武玉强	山东	曲阜	曲阜师范大学工学院
Lei Yan	晏磊	北京	北京	北京大学地球与空间科学学院
Wansheng Zhao	赵万生	上海	上海	上海交通大学机械与动力工程学院
Houlei Gao	高厚磊	山东	济南	山东大学电气工程学院

续表

英文姓名	中文姓名	省(市、区)	城市	所属机构
Chunwen Li	李春文	北京	北京	清华大学自动化系控制理论与技术研究所
Xiaobing Liu	刘晓冰	辽宁	大连	大连理工大学管理学院
Chengdong Wu	吴成东	辽宁	沈阳	东北大学模式识别与智能系统国家重点学科
Yuan Zhao	赵渊	重庆	重庆	重庆大学
Gongyou Tang	唐功友	山东	青岛	中国海洋大学
Zhifeng Liu	刘志峰	安徽	合肥	合肥工业大学机械与汽车工程学院
Li Cheng	成利	香港	香港	香港理工大学工程学院
Junqing Li	李俊青	山东	济南	山东师范大学
Huaxiong Li	李华雄	江苏	南京	南京大学工程管理学院
Tianning Chen	陈天宁	陕西	西安	西安交通大学
Yunxin Wu	吴运新	上海	上海	中南大学机电工程学院
Xiang Li	黎湘	湖南	长沙	中国人民解放军国防科学技术大学
Liding Wang	王立鼎	辽宁	大连	大连理工大学
Zunqi Lin	林尊琪	上海	上海	中科院上海光机所
Wanxie Zhong	钟万勰	北京	北京	中国科学院技术科学部
Xianxiang Huang	黄先祥	湖北	武汉	中国人民解放军火箭军指挥学院
Hegao Cai	蔡鹤皋	黑龙江	哈尔滨	哈尔滨工业大学机电工程学院
Huaguang Zhang	张化光	辽宁	沈阳	东北大学
Yuwen Sun	孙玉文	辽宁	大连	大连理工大学
Ximing Sun	孙希明	辽宁	大连	大连理工大学控制科学与工程学院
Xiancheng Zhang	张显程	上海	上海	华东理工大学机械与动力工程学院
Zongxia Jiao	焦宗夏	北京	北京	北京航空航天大学
Zhaowen Zhuang	庄钊文	湖南	长沙	中国人民解放军国防科学技术大学
Tianyuan Xiao	肖田元	北京	北京	清华大学自动化系
Maoyin Chen	陈茂银	北京	北京	清华大学自动化系
Minglun Gao	高明伦	安徽	合肥	中国科学技术大学物理学院
Li Wang	王莉	北京	北京	中国矿业大学力学与土木工程学院工程管理研究所
Xingzhao Liu	刘星照	上海	上海	上海交通大学
Huade Li	李华德	北京	北京	北京科技大学
Xianlong Jin	金先龙	上海	上海	上海交通大学机械与动力工程学院

续表

英文姓名	中文姓名	省(市、区)	城市	所属机构
Tongjing Sun	孙同景	山东	济南	山东大学控制科学与工程学院
Guimin Chen	陈贵敏	陕西	西安	西安交通大学
Qi Li	李奇	江苏	南京	东南大学自动化学院
Shiyin Qin	秦世引	北京	北京	北京航空航天大学自动化学院
Weiping Peng	彭卫平	湖北	武汉	武汉大学动力与机械学院
Jianbo Su	苏剑波	上海	上海	上海交通大学
Chaohuan Hou	侯朝焕	北京	北京	中国科学院声学研究所
Chunbo Feng	冯纯伯	江苏	南京	东南大学自动化学院
Zhuangde Jiang	蒋庄德	陕西	西安	西安交通大学
Zheng You	尤政	北京	北京	清华大学机械工程学院
Ping Hu	胡平	辽宁	大连	大连理工大学汽车工程学院
Min Huang	黄敏	辽宁	沈阳	东北大学信息科学与工程学院
Qingxuan Jia	贾庆轩	北京	北京	北京邮电大学
Qixin Cao	曹其新	上海	上海	上海交通大学机械与动力工程学院机器人研究所
Qining Wang	王启宁	北京	北京	北京大学工学院
Zongji Chen	陈宗基	北京	北京	北京航空航天大学
Dongyu Liu	刘东雨	湖北	武汉	华中科技大学能源动力与机械工程学院
Guangming Dong	董广明	上海	上海	上海交通大学机械与动力工程学院
Chengjun Huang	黄成军	上海	上海	上海交通大学
Xiangjun Zhang	张向军	北京	北京	清华大学机械工程系
Zhonglai Wang	汪忠来	四川	成都	电子科技大学
Jianru Xue	薛建儒	陕西	西安	西安交通大学电子与信息工程学院
Lilong Cai	蔡李隆	香港	香港	香港科技大学工程学院
Jinwu Xu	徐金梧	北京	北京	北京科技大学机械工程学院
Yan Lin	林岩	北京	北京	北京航空航天大学自动化学院
Zhong Wang	王忠	江苏	镇江	江苏大学
Donghai Li	李东海	北京	北京	清华大学
Quanke Pan	潘全科	湖北	武汉	华中科技大学机械学院
Zhixin Jia	贾志新	北京	北京	北京科技大学
Ruimin Xu	徐锐敏	四川	成都	电子科技大学电子工程学院

续表

英文姓名	中文姓名	省(市、区)	城市	所属机构
Shuqing Wang	王树青	浙江	杭州	浙江大学信息科学与工程学院
Sikun Li	李思昆	湖南	长沙	国防科技大学计算机学院
Xiuchen Jiang	江秀臣	上海	上海	上海交通大学电气工程系
Xingsheng Gu	顾幸生	上海	上海	华东理工大学自动化研究所
Shoubao Yang	杨寿保	安徽	合肥	中国科学技术大学网络信息中心
Yuyue Du	杜玉越	山东	青岛	山东科技大学信息科学与工程学院
Lei Xie	谢磊	陕西	西安	西北工业大学计算机学院
Yixin Yin	尹怡欣	北京	北京	北京科技大学自动化学院
Weidong Chen	陈卫东	上海	上海	上海交通大学自动化系
Jigui Zhu	郏继贵	天津	天津	天津大学
Shimin Wei	魏世民	北京	北京	北京邮电大学自动化学院
Taishan Xu	徐泰山	江苏	南京	河海大学
Guangdeng Zong	宗广灯	山东	曲阜	曲阜师范大学
Nian Liu	刘念	北京	北京	华北电力大学
Xinjiang Wei	魏新江	浙江	杭州	浙江大学城市学院工程学院
Weidong Geng	耿卫东	浙江	杭州	浙江大学计算机科学与技术学院
Hanxu Sun	孙汉旭	北京	北京	北京邮电大学自动化学院
Zijie Fan	范子杰	北京	北京	清华大学汽车工程系
Xiaoshu Luo	罗晓曙	广西	桂林	广西师范大学电子工程学院
Hong Xu	徐鸿	北京	北京	华北电力大学能源动力与机械工程学院
Guohong Wang	王国宏	山东	烟台	中国烟台海军航空航天大学信息融合研究所
Feixue Wang	王飞雪	湖南	长沙	国防科技大学电子科学与工程学院
Xuebo Zhang	张雪波	天津	天津	南开大学
Ya-Zhong Luo	罗亚中	湖南	长沙	国防科技大学航天科学与工程学院
Fei Wu	吴飞	浙江	杭州	浙江大学计算机科学与技术学院
Yibin Li	李贻斌	山东	济南	山东大学
Qifeng Yu	于起峰	湖南	长沙	国防科技大学航天科学与工程学院
Yuru Xu	徐玉如	黑龙江	哈尔滨	哈尔滨工程大学海洋综合技术工程研究中心
Lieyun Ding	丁烈云	湖北	武汉	华中科技大学
Huajun Li	李华军	山东	青岛	中国海洋大学

续表

英文姓名	中文姓名	省（市、区）	城市	所属机构
Xianmin Zhang	张宪民	广东	广州	华南理工大学机械与汽车工程学院
Yixiong Feng	冯毅雄	浙江	杭州	浙江大学机械工程学院
Huiyan Chen	陈慧岩	北京	北京	北京理工大学机械与车辆学院
Faliang Chang	常发亮	山东	济南	山东大学控制科学与工程学院
Shisheng Zhong	钟诗胜	黑龙江	哈尔滨	哈尔滨工业大学机电工程学院
Xinde Li	李新德	江苏	南京	东南大学自动化学院
Ruxin Ning	宁汝新	北京	北京	北京理工大学机械与车辆工程学院
Xiushan Cai	蔡秀珊	浙江	杭州	浙江师范大学数理与信息工程学院
Hongjie He	和红杰	四川	成都	西南交通大学信息科学与技术学院
Deqing Mei	梅德庆	浙江	杭州	浙江大学机械工程学院
Xiwen Li	李锡文	湖北	武汉	华中科技大学机械科学与工程学院
Liming Ke	柯黎明	江西	南昌	南昌航空大学航空制造工程学院
Jianzhong Fu	傅建中	浙江	杭州	浙江大学机械工程学院
Shuyou Zhang	张树有	浙江	杭州	浙江大学机械工程学院
Heming Li	李和明	北京	北京	华北电力大学
Xueye Wei	魏学业	北京	北京	北京交通大学电子与信息工程学院
Xiaohan Wang	汪小憨	广东	广州	广州能源研究所
Xiangjie Liu	刘向杰	北京	北京	华北电力大学控制与计算机工程学院
Zhiyu Xiang	项志宇	浙江	杭州	浙江大学信息科学与电子工程系
Liangbi Wang	王良璧	甘肃	兰州	兰州交通大学机电工程学院
Hongwei Mo	莫宏伟	黑龙江	哈尔滨	哈尔滨工程大学自动化学院
Ge Guo	郭戈	辽宁	沈阳	东北大学
Dongyi Chen	陈东义	四川	成都	电子科技大学自动化工程学院
Haisheng Yu	于海生	山东	青岛	青岛大学自动化学院
Qihu Li	李启虎	北京	北京	中国科学院声学研究所
Shuzi Yang	杨叔子	湖北	武汉	华中科技大学
Ming Liu	刘明	北京	北京	中国科学院微电子研究所
Jinji Gao	高金吉	北京	北京	北京化工大学机电工程学院
Dequn Li	李德群	湖北	武汉	华中科技大学材料学院
Yanliang Du	杜彦良	河北	石家庄	石家庄铁道大学

续表

英文姓名	中文姓名	省(市、区)	城市	所属机构
Min Tan	谭民	北京	北京	中科院自动化所
Shilong Wang	王时龙	重庆	重庆	重庆大学机械工程学院
Jianjun Wu	吴建军	北京	北京	北京交通大学
Hongwei Zhao	赵宏伟	吉林	长春	吉林大学机械与航空航天工程学院
Baogang Wei	魏宝刚	浙江	杭州	浙江大学计算机学院
Yujiong Gu	顾煜炯	北京	北京	华北电力大学电力设备状态监测与控制教育部重点实验室
Xiaoguang Zhou	周晓光	北京	北京	北京邮电大学自动化学院
Jituo Li	李基拓	浙江	杭州	浙江大学机械工程学院
Xiumin Fan	范秀敏	上海	上海	上海交通大学机械与动力工程学院
Suhua Lou	娄素华	湖北	武汉	华中科技大学电气与电子工程学院
Shijian Zhu	朱石坚	湖北	武汉	海军工程大学
Zhonghua Qin	秦中华	北京	北京	中国科学院高能物理研究所
Xianfu Zhang	张先付	河北	秦皇岛	河北科技师范学院化学工程学院
Zhaojing Wu	吴昭景	山东	烟台	烟台大学数学与信息科学学院
Yunkai Gao	高云凯	上海	上海	同济大学汽车学院
Yueqing Yu	余跃庆	北京	北京	北京工业大学机电学院
Nan Chen	陈南	江苏	南京	东南大学机械学院
Zuohua Tian	田作华	上海	上海	上海交通大学自动化系
Zhaoyao Shi	石照耀	北京	北京	北京工业大学机械工程与应用电子技术学院
Geng Liu	刘更	陕西	西安	西北工业大学机电学院
Jihong Zhu	朱纪洪	北京	北京	清华大学计算机科学与技术系
Lijin Fang	房立金	辽宁	沈阳	东北大学机器人科学与工程学院
Daogang Peng	彭道刚	上海	上海	上海电力学院电力与自动化工程学院
Lei Dong	冬雷	北京	北京	北京理工大学自动化学院
Qingjie Jiao	焦清介	北京	北京	北京理工大学
Yingqiang Xu	徐颖强	陕西	西安	西北工业大学机电学院
BaoXiang Cao	曹宝香	山东	曲阜	曲阜师范大学信息科学与工程学院
Zhaolin Cheng	程兆林	山东	济南	山东大学数学与系统科学学院
Zilin Li	李自林	天津	天津	天津城市建设学院

续表

英文姓名	中文姓名	省(市、区)	城市	所属机构
Xiaoshu Luo	罗晓曙	广西	桂林	广西师范大学电子工程学院
Zhigang Zhao	赵志刚	山东	青岛	青岛大学计算机科学技术学院网络工程系
Guoping He	贺国平	山东	济南	山东省科学院
Liyi Li	李立毅	黑龙江	哈尔滨	哈尔滨工业大学
Shaorong Xie	谢少荣	上海	上海	上海大学机电工程与自动化学院精密机械工程系
Guiyan Jiang	姜桂艳	浙江	宁波	宁波大学海运学院
Liulin Cao	曹柳林	北京	北京	北京化工大学信息科学与技术学院
Xiaoyu Wu	伍晓宇	广东	深圳	深圳大学机电与控制工程学院
Yanjin Guan	管延锦	山东	济南	山东大学材料科学与工程学院
Shuqi Shang	尚书旗	山东	青岛	青岛农业大学机电工程学院
Shiyan Yang	杨世彦	黑龙江	哈尔滨	哈尔滨工业大学电气工程及自动化学院
Dechang Wang	王德昌	山东	青岛	青岛大学机电工程学院
Zhipeng Feng	冯志鹏	北京	北京	北京科技大学机械工程学院
Dawei Zhang	张大卫	天津	天津	天津大学机械工程学院
Guohui Tian	田国会	山东	济南	山东大学控制科学与工程学院
Xiaopeng Dong	董小鹏	福建	厦门	厦门大学电子科学与技术学院
Guoli Li	李国丽	安徽	合肥	安徽大学电气工程与自动化学院
Pingan Du	杜平安	四川	成都	电子科技大学机械与电气工程学院
Cunchen Gao	高存臣	山东	青岛	中国海洋大学数学科学学院
Jinquan Huang	黄金泉	江苏	南京	南京航空航天大学能源与动力学院
Tao Li	李涛	江苏	南京	南京航空航天大学自动化学院
Hongxing Wang	王红星	山东	烟台	中国烟台海军航空航天大学电子与信息工程系
Fengge Zhang	张凤阁	辽宁	沈阳	沈阳工业大学电气工程学院
Chunling Fan	樊春玲	山东	青岛	青岛科技大学自动化与电子工程学院
Jie Zhang	张洁	四川	成都	西南交通大学机械工程学院
Zhengjie Liu	刘正捷	辽宁	大连	大连海事大学计算机学院
Yixin Yin	尹怡欣	北京	北京	中国北京科技大学自动化学院
Zuohua Tian	田作华	上海	上海	上海交通大学自动化系
Xiaoyu Wu	伍晓宇	广东	深圳	深圳大学机电与控制工程学院
Guiyan Jiang	姜桂艳	吉林	长春	吉林大学

续表

英文姓名	中文姓名	省(市、区)	城市	所属机构
Huiqun Yu	虞慧群	上海	上海	华东理工大学计算机系
Yunzhou Zhang	张云洲	辽宁	沈阳	东北大学信息科学与工程学院
Qiuqi Ruan	阮秋琦	北京	北京	北京交通大学计算机与信息技术学院
Jun Xiao	肖俊	浙江	杭州	浙江大学计算机学院
Yingwei Zhang	张颖伟	辽宁	沈阳	东北大学信息科学与工程学院
Yulong Zhao	赵玉龙	陕西	西安	西安交通大学机械工程学院精密工程与光学测试技术研究所
Fangyu Peng	彭芳瑜	湖北	武汉	华中科技大学机械科学与工程学院
Ge Chen	陈戈	山东	青岛	中国海洋大学
Qingxue Huang	黄庆学	山西	太原	太原理工大学
Zongde Liu	刘宗德	北京	北京	华北电力大学能源动力与机械工程学院
Guohua Song	宋国华	北京	北京	北京交通大学
Jibin Zhao	赵吉宾	辽宁	沈阳	中国科学院沈阳自动化研究所
Huihua Yang	杨辉华	北京	北京	北京邮电大学自动化学院
Yibing Liu	柳亦兵	北京	北京	华北电力大学能源动力与机械工程学院
Yan Zhuang	庄严	辽宁	大连	大连理工大学控制科学与工程学院
Xibin Wang	王西彬	北京	北京	北京理工大学机械工程学院
Ji Zhao	赵继	辽宁	沈阳	东北大学机械学院
Jianguo Cao	曹建国	北京	北京	北京科技大学机械工程学院
Jian Sun	孙剑	上海	上海	同济大学交通运输工程学院
Zenghua Liu	刘增华	北京	北京	北京工业大学
Yongsheng Zhao	赵永生	河北	秦皇岛	燕山大学机械工程学院
Lingli Cui	崔玲丽	北京	北京	北京工业大学机电学院
Xindu Chen	陈新度	广东	广州	广东工业大学
Baoren Li	李宝仁	湖北	武汉	华中科技大学
Shurong Li	李树荣	北京	北京	北京邮电大学
Juntong Xi	习俊通	上海	上海	上海交通大学机械与动力工程学院
Qingliang Zeng	曾庆良	山东	青岛	山东科技大学机电学院
Wenjie Ge	葛文杰	陕西	西安	西北工业大学机电学院
Ming Chen	陈明	上海	上海	上海交通大学

续表

英文姓名	中文姓名	省(市、区)	城市	所属机构
Licai Yang	杨立才	山东	济南	山东大学控制科学与工程学院
Yongjun Tang	唐勇军	广东	广州	广东工业大学机电工程学院
Kaishu Guan	关凯书	上海	上海	华东理工大学机械与动力工程学院
Baolin Zhang	张宝琳	浙江	杭州	中国计量大学理学院
Guoqiang Xu	徐国强	北京	北京	北京航空航天大学能源与动力工程学院
Gongping Wu	吴功平	湖北	武汉	武汉大学机器人与复杂机电系统研究所
Tianshou Zhao	赵天寿	香港	香港	香港科技大学工程学院
Yimin Xia	夏毅敏	湖南	长沙	中南大学机电工程学院
Shigen Zhu	朱世根	上海	上海	东华大学机械工程学院
Weixi Zhang	张为西	浙江	温州	温州医学院
Xindu Chen	陈新度	广东	广州	广东工业大学
Yongjun Tang	唐勇军	广东	广州	广东工业大学机电工程学院
Jianguo Cao	曹建国	重庆	重庆	重庆工学院
Ji Zhao	赵继	吉林	长春	吉林大学
Xianchuan Yu	余先川	北京	北京	北京师范大学信息科学与技术学院
Linlan Liu	刘琳岚	江西	南昌	南昌航空大学息工程学院、物联网技术研究所
Yuxia Li	李玉霞	山东	青岛	山东科技大学信息与电气工程学院
Jiancheng Song	宋建成	山西	太原	太原理工大学电气与动力工程学院
Yungang Liu	刘允刚	山东	济南	山东大学控制科学与工程学院
Qingan Huang	黄庆安	江苏	南京	东南大学 MEMS 教育部重点实验室
Ying Yang	杨莹	北京	北京	北京大学力学与工程科学系
Anlong Ming	明安龙	北京	北京	北京邮电大学
Zhongguang Fu	付忠广	北京	北京	华北电力大学能源与动力工程学院
Jianhong Yang	阳建宏	北京	北京	北京科技大学机械工程学院
Chongquan Zhong	仲崇权	辽宁	大连	大连理工大学控制科学与工程学院
Shangtai Jin	金尚泰	北京	北京	北京交通大学电子信息工程学院
Yongshou Dai	戴永寿	北京	北京	中国石油大学信息与控制工程学院
Yuangong Sun	孙元功	山东	济南	济南大学数学科学学院
HeRong Gu	顾和荣	河北	秦皇岛	燕山大学电气工程及自动化系
Fengyu Zhou	周风余	山东	济南	山东大学控制科学与工程学院

续表

英文姓名	中文姓名	省(市、区)	城市	所属机构
Boqiang Shi	石博强	北京	北京	北京市海淀区学院路30号
Yulu Ma	马玉录	上海	上海	华东理工大学机械与动力工程学院
Zhigang Niu	牛志刚	山西	太原	太原理工大学机械工程学院
Ning Chen	陈宁	湖南	长沙	中南大学
Yong Wang	王勇	湖南	长沙	中南大学信息科学与工程学院
Wanhua Zhao	赵万华	陕西	西安	西安交通大学机械工程学院
Qingdong Zhang	张清东	北京	北京	北京科技大学机械工程学院
Mingyao Lin	林明耀	江苏	南京	东南大学电气工程学院
Liangyu Li	李亮玉	天津	天津	天津工业大学
Xiaohua Liu	刘晓华	山东	烟台	鲁东大学数学与统计学院
Tiezhu Zhang	张铁柱	山东	淄博	山东理工大学
Jianping Zhao	赵建平	山东	曲阜	曲阜师范大学物理工程学院
Shengjin Li	李声晋	陕西	西安	西北工业大学机电学院
Dongming Lu	鲁东明	浙江	杭州	浙江大学计算机科学与技术学院
Ranbing Yang	杨然兵	山东	青岛	青岛农业大学机电工程学院
Nanfeng Xiao	肖南峰	广东	广州	华南理工大学计算机科学与工程学院
Yanlei Zhao	赵艳雷	山东	淄博	山东理工大学电气与电子工程学院
Lizhong Shen	申立中	云南	昆明	昆明理工大学机电工程学院
Yuhua Bi	毕玉华	云南	昆明	昆明理工大学交通工程学院
Jian Wu	吴健	北京	北京	北京交通大学电气工程学院
Hong Wei Yang	杨宏伟	江苏	南京	南京理工大学理学院
Dongjie Li	李东洁	黑龙江	哈尔滨	哈尔滨理工大学自动化学院
Dianliang Wu	武殿梁	上海	上海	上海交通大学机械与动力工程学院
Xianxia Zhang	张宪霞	上海	上海	上海大学机电工程与自动化学院
Jibin Li	李继彬	云南	昆明	云南省应用数学研究所
Gaoliang Peng	彭高亮	黑龙江	哈尔滨	哈尔滨工业大学机电工程学院
Qingsheng Yang	杨庆生	北京	北京	北京科技大学
Shiqiang Lu	鲁世强	江西	南昌	南昌航空大学材料科学与工程学院
Qixin Zhu	朱其新	江苏	苏州	苏州科技学院机械工程学院
Yongqi Tang	唐勇奇	湖南	湘潭	湖南工程学院

续表

英文姓名	中文姓名	省（市、区）	城市	所属机构
Yinglong Ma	马应龙	北京	北京	华北电力大学控制与计算机工程学院
Zhiquan Feng	冯志全	山东	济南	济南大学信息科学与工程学院
Zhengcheng Duan	段正澄	湖北	武汉	华中科技大学机械科学与工程学院
Xiangdi Lin	林祥棣	四川	绵阳	西南科技大学
Zhishan Bai	白志山	上海	上海	华东理工大学机械与动力工程学院
Aijun Yan	严爱军	北京	北京	北京工业大学
Jianwu Yang	杨建武	北京	北京	北京工业大学
Decheng Wang	王德成	北京	北京	机械科学研究总院
Zhaohuang Zhang	张照煌	北京	北京	华北电力大学能源动力与机械工程学院
Qing He	何青	北京	北京	华北电力大学能源动力与机械工程学院
Weihai Chen	陈伟海	北京	北京	北京航空航天大学自动化科学与电气工程学院
Ronghu Chi	池荣虎	山东	青岛	青岛科技大学自动化与电子工程学院
Wei Huo	霍炜	山东	青岛	青岛大学机电工程学院车辆工程系
Qunjing Wang	王群京	安徽	合肥	安徽大学电气工程与自动化学院
Lingjun Li	李凌均	河南	郑州	郑州大学机械工程学院
Shoushui Wei	魏守水	山东	济南	山东大学控制科学与工程学院
Baoguang Wang	王宝光	天津	天津	天津大学精密仪器与工程学院
Yuanlan Wen	文援兰	湖南	长沙	国防科技大学航天科学与工程学院
Lida Zhu	朱立达	辽宁	沈阳	东北大学机械工程与自动化学院
Zhongxian Chi	迟忠先	辽宁	大连	大连理工大学电子与信息工程学院
Chang-Sheng Ai	艾长胜	山东	济南	济南大学机械工程学院
Dexin Gao	高德欣	山东	青岛	青岛科技大学自动化与电子工程学院
Huihui Xiao	肖蕙蕙	重庆	重庆	重庆理工大学电气与电子工程学院
Bingwei He	何炳蔚	福建	福州	福州大学机械工程与自动化学院
Wenshan Hu	胡文山	湖北	武汉	武汉大学动力与机械学院自动化系
Yihua Zheng	郑艺华	山东	青岛	青岛大学机电工程学院
Weifeng Liu	刘伟锋	北京	北京	中国石油大学信息与控制工程学院
Ping Zhu	朱萍	北京	北京	北京邮电大学理学院
Dongfeng Yuan	袁东风	山东	济南	山东大学信息科学与工程学院
Xiujuan Li	李秀娟	河南	郑州	河南工业大学电气工程学院

续表

英文姓名	中文姓名	省(市、区)	城市	所属机构
Xiaohui Zhao	赵晓晖	吉林	长春	吉林大学通信工程学院
Haijiang Liu	刘海江	上海	上海	同济大学机械与能源工程学院
Yesong Li	李叶松	湖北	武汉	华中科技大学自动化学院
Zhaojun Yang	杨兆军	吉林	长春	吉林大学机械与航空航天工程学院
Yunchu Zhang	张运楚	山东	济南	山东建筑大学信息与电气工程学院
Zhichao Hou	侯之超	北京	北京	清华大学汽车工程系
Xiaohong Wang	王孝红	山东	济南	济南大学控制科学与工程学院
Yundong Cao	曹云东	辽宁	沈阳	沈阳工业大学电气工程学院
Yadong Gong	巩亚东	辽宁	沈阳	东北大学机械工程与自动化学院
Jiang Han	韩江	安徽	合肥	合肥工业大学
Xiaojun Liu	刘小君	安徽	合肥	合肥工业大学
Guozheng Han	韩国政	山东	济南	齐鲁工业大学电气工程与自动化学院
Xiaolan Yao	姚小兰	北京	北京	北京理工大学自动化学院
Xiaohui Cui	崔晓辉	辽宁	大连	中南大学机电工程学院
Song-Jiao Shi	施颂椒	上海	上海	上海交通大学自动化系
Zhaomiao Liu	刘赵淼	北京	北京	北京工业大学机械工程与应用电子技术学院
Decheng Feng	冯德成	黑龙江	哈尔滨	哈尔滨工业大学交通科学与工程学院
Weifeng He	何卫锋	陕西	西安	西安交通大学
Hangfei Lin	林航飞	上海	上海	同济大学交通运输工程学院
Deguang Shang	尚德广	北京	北京	北京工业大学机电学院
Yanjun Fang	方彦军	湖北	武汉	武汉大学动力与机械学院
Wangcai Ding	丁旺才	甘肃	兰州	兰州交通大学机电工程学院
Haihong Huang	黄海鸿	安徽	合肥	合肥工业大学
Lan Wu	吴兰	河南	郑州	河南工业大学电气工程大学
Fazhi He	何发智	湖北	武汉	武汉大学计算机科学系
Shaobo Li	李少波	贵州	贵阳	贵州大学机械工程学院
Ming Cai	蔡铭	浙江	杭州	浙江大学计算机科学与技术学院
Lingli Yu	余伶俐	湖南	长沙	中南大学信息科学与工程学院
Jie Lian	连捷	辽宁	大连	大连理工大学控制科学与工程学院
Qingshan Liu	刘庆山	湖北	武汉	华中科技大学自动化学院

续表

英文姓名	中文姓名	省(市、区)	城市	所属机构
Kemao Zang	臧克茂	北京	北京	装甲兵工程学院
Wenqi Zhong	钟文琪	江苏	南京	东南大学能源与环境学院
Yanxun Xiang	项延训	上海	上海	华东理工大学机械与动力工程学院
Peiyong Duan	段培永	山东	济南	山东师范大学
Xiangwu Yan	颜湘武	北京	北京	华北电力大学
Shaojun Zhang	张少军	北京	北京	北京科技大学机械工程学院
Anmin Xi	郗安民	北京	北京	北京科技大学机械工程学院
Liangsheng Wu	伍良生	北京	北京	北京工业大学机电学院
Jinping Sun	孙进平	北京	北京	北京航空航天大学电子信息工程学院
Fuyi Xu	徐夫义	山东	淄博	山东理工大学数学与统计学院
Yangyang Chen	陈杨杨	江苏	南京	东南大学自动化学院
Jiwen Zhao	赵吉文	安徽	合肥	安徽大学电气工程与自动化学院
Yuangui Mei	梅元贵	甘肃	兰州	兰州交通大学高速列车空气动力学研究所
Youping Fan	樊友平	湖北	武汉	武汉大学电气工程学院
Diantong Liu	刘殿通	山东	烟台	烟台大学计算机与控制工程学院
Fangcui Jiang	蒋方翠	山东	济南	山东大学(威海)数学与统计学院
Lemiao Qiu	裘乐淼	浙江	杭州	浙江大学机械工程学院
Bingyi Zhang	张炳义	辽宁	沈阳	沈阳工业大学
Yanbin Qu	曲延滨	黑龙江	哈尔滨	哈尔滨工业大学电气工程及自动化学院
Tianqi Yang	杨天奇	广东	广州	暨南大学
Deren Chen	陈德人	浙江	杭州	浙江大学计算机科学与技术学院
Changchun Liu	刘常春	山东	济南	山东大学控制科学与工程学院
Xianghua Huang	黄向华	江苏	南京	南京航空航天大学能源与动力学院
Hong Shu	舒红	重庆	重庆	重庆大学汽车工程学院
Cheng Shao	邵诚	辽宁	大连	大连理工大学控制科学与工程学院
Heng Cao	曹恒	上海	上海	华东理工大学机械与动力工程学院
Wenxue He	何文雪	山东	青岛	青岛大学自动化与电气工程学院
Ligang Yao	姚立纲	福建	福州	福州大学机械工程与自动化学院
Xunbo Li	李迅波	四川	成都	电子科技大学
Kang Huang	黄康	安徽	合肥	合肥工业大学

续表

英文姓名	中文姓名	省(市、区)	城市	所属机构
Yuan Zou	邹渊	北京	北京	北京理工大学机械与车辆学院
Changhong Liu	刘长虹	上海	上海	华东理工大学机械与动力工程学院
Shuzheng Xu	徐淑正	北京	北京	清华大学电子工程系
Gongping Mao	毛功平	江苏	镇江	江苏大学汽车与交通工程学院
Juguang Lin	林巨广	安徽	合肥	合肥工业大学
Jianjun Meng	孟建军	甘肃	兰州	兰州交通大学机电工程学院
Haibin Wu	吴海彬	福建	福州	福州大学机械工程及自动化学院
Yan Wang	王焱	山东	济南	济南大学
Zhanji Wu	吴湛击	北京	北京	北京邮电大学信息与通信工程学院
Xindong Liu	刘新东	广东	广州	暨南大学电气信息学院
Bin Zhuo	卓斌	上海	上海	上海交通大学机械与动力学院
Fang Wang	王放	重庆	重庆	西南大学材料与能源学部材料工程系
Yuzhen Lin	林宇震	北京	北京	北京航空航天大学能源与动力工程学院
Zhongmin Jin	靳忠民	陕西	西安	西安交通大学机械工程学院
Guoding Chen	陈国定	陕西	西安	西北工业大学机电学院
Yuehong Dai	戴跃洪	四川	成都	电子科技大学航空航天学院
Hongsheng Ding	丁洪生	北京	北京	北京理工大学机械与车辆工程学院
Fei Ma	马飞	北京	北京	北京科技大学机械工程学院
Peixiang He	何培祥	重庆	重庆	西南大学工程技术学院
Guoyun Zhang	张国云	湖南	岳阳	湖南理工学院
Zhengtong Han	韩正铜	北京	北京	中国矿业大学机电工程学院
Shide Xiao	肖世德	四川	成都	西南交通大学机械工程学院
Yonghong Long	龙永红	湖南	株洲	湖南工业大学电气与信息工程学院
Yize Sun	孙以泽	上海	上海	东华大学机械工程学院
Chunjun Chen	陈春俊	四川	成都	西南交通大学
Ying Yang	杨英	辽宁	沈阳	东北大学机械工程与自动化学院
ChangYin Sun	孙长银	江苏	南京	东南大学自动化学院
Yan Zhuang	庄严	辽宁	大连	大连理工大学控制科学与工程学院
Fengjing Shao	邵峰晶	山东	青岛	青岛大学数据科学与软件工程学院
Jiwen Dong	董吉文	山东	济南	济南大学信息科学与工程学院

续表

英文姓名	中文姓名	省(市、区)	城市	所属机构
Xiangrong Tong	童向荣	山东	烟台	烟台大学计算机与控制工程学院
Zhongheng Shi	施仲衡	北京	北京	中国地下铁道设计咨询公司 北京城建设计研究总院
Jun Zhao	赵珺	辽宁	大连	大连理工大学信息与控制研究中心
Bei Peng	彭倍	四川	成都	电子科技大学机械电子工程学院
Zhiyong Geng	耿志勇	北京	北京	北京大学工学院
Jianyong Li	李建勇	北京	北京	北京交通大学
Xiangyang Xu	徐向阳	北京	北京	北航交通科学与工程学院
Yibao Chen	陈义保	山东	烟台	烟台大学机电汽车工程学院
Wenping Lei	雷文平	河南	郑州	郑州大学机械工程学院
Yuanqing Qin	秦元庆	湖北	武汉	华中科技大学自动化学院
Lunjun Chen	陈伦军	贵州	贵阳	贵州大学
Huiyuan Xiong	熊会元	广东	广州	中山大学智能工程学院
Xianyong Zhu	朱先勇	吉林	长春	吉林大学机械与航空航天工程学院
David C. C. Lam	林銓振	香港	香港	香港科技大学工程学院
Qingming Wang	王庆明	上海	上海	华东理工大学机械与动力工程学院
Yuejin Shang	商跃进	甘肃	兰州	兰州交通大学机电工程学院
Qiangde Wang	王强德	山东	曲阜	曲阜师范大学工学院
Wuquan Li	李武全	山东	烟台	鲁东大学数学与统计科学学院
Keyi Wang	王克逸	安徽	合肥	中国科学技术大学
Guohua Liu	刘国华	天津	天津	南开大学电子信息与光学工程学院
Lixin Guo	郭立新	辽宁	沈阳	东北大学机械工程与自动化学院
Gang Li	李刚	天津	天津	天津大学电气自动化与信息工程学院
Zhijian Huang	黄志坚	广东	广州	广东工业大学机电学院
Shijie Wang	王世杰	辽宁	沈阳	沈阳工业大学机械工程学
Xihua Xie	谢习华	湖南	长沙	中南大学机电工程学院
Ke Chen	陈科	安徽	合肥	合肥工业大学
Jiang Yu	余江	云南	昆明	云南大学信息学院
Yulong Huang	黄瑜珑	北京	北京	清华大学电机工程与应用电子技术系
Zhenrui Peng	彭珍瑞	甘肃	兰州	兰州交通大学机电工程学院

续表

英文姓名	中文姓名	省(市、区)	城市	所属机构
Haibo Zhang	张海波	吉林	吉林	东北电力大学机械工程学院
Jiexiong Ding	丁杰雄	四川	成都	电子科技大学
Mingting Yuan	原明亭	山东	青岛	青岛大学自动化工程学院
Junwei Gao	高军伟	山东	青岛	青岛大学自动化工程学院
Yuefa Fang	方跃法	北京	北京	北京交通大学机械电子与控制工程学院
Yinglin Wang	王英林	上海	上海	上海交通大学计算机系
Qi Jiang	蒋奇	山东	济南	山东大学控制科学与工程学院
Yonggao Jin	金永镐	吉林	延边	延边大学工学院
Guoping Li	李国平	山东	济南	济南大学机械工程学院
Peigang Jiang	姜培刚	山东	青岛	青岛理工大学
Guangyao Li	李光耀	湖南	长沙	湖南大学
Xixin Cao	曹喜信	北京	北京	北京大学
HongYong Yang	杨洪勇	山东	烟台	鲁东大学
Changlong Guan	管长龙	山东	青岛	中国海洋大学海洋与大气学院
Boyan Xu	许伯彦	山东	济南	山东建筑大学机电学院
Linjing Xiao	肖林京	山东	青岛	山东科技大学机械电子工程学院
Fuan Yao	姚福安	山东	济南	山东大学控制科学与工程学院
Qingke Yuan	袁清珂	广东	广州	广东工业大学机电工程学院
Rundang Yang	杨润党	广西	钦州	钦州学院机械与船舶海洋工程学院
Xunjing Li	李训经	上海	上海	复旦大学
Yongwei Zhu	朱永伟	江苏	扬州	扬州大学机械工程学院
Lingfeng Li	李凌丰	浙江	杭州	浙江大学机械工程学院
Xuebiao Zhu	朱学彪	湖北	武汉	武汉科技大学机械自动化学院
Jiugen Wang	汪久根	浙江	杭州	浙江大学机械工程系
Shurong Dong	董树荣	浙江	杭州	浙江大学信息与电子工程学学院
Yinke Dou	窦银科	山西	太原	太原理工大学电气与动力工程学院
Ping Guo	郭平	香港	香港	香港中文大学中文学院
Xinhai Yu	于新海	上海	上海	华东理工大学机械与动力工程学院
Zongrong Wang	王宗荣	江苏	南京	南京工程学院机械工程学院
Hongli Gao	高宏力	四川	成都	西南交通大学机械工程学院

续表

英文姓名	中文姓名	省(市、区)	城市	所属机构
Zhonghou Wang	汪中厚	上海	上海	上海理工大学机械工程学院
Xingtian Qu	曲兴田	吉林	长春	吉林大学
Lifeng Ma	马立峰	山西	太原	太原科技大学机械工程学院
Cunchen Gao	高存臣	山东	青岛	中国海洋大学数学科学学院
Zhijian Huang	黄志坚	广东	广州	广东工业大学机电学院
Qingke Yuan	袁清珂	广东	广州	广东工业大学机电工程学院
Yongqing Zheng	郑永清	山东	济南	山东大学计算机科学与技术学院
Bin Xie	谢斌	湖南	长沙	中南大学信息科学与工程学院
Chuliang Yan	闫楚良	北京	北京	北京航空航天大学航空科学与工程学院
Youmei Liu	刘友梅	湖南	株洲	株洲电力机车有限公司技术中心
Huijun Sun	孙会君	北京	北京	北京交通大学
Naigong Yu	于乃功	北京	北京	北京工业大学
Huiling Zhou	周慧玲	北京	北京	北京邮电大学自动化学院
Shouyin Lu	鲁守银	山东	济南	山东大学信息与电气工程学院
Junping Hu	胡均平	湖南	长沙	中南大学机电工程学院
Yajiang Du	杜亚江	甘肃	兰州	兰州交通大学机电工程学院
Guiqing Zhang	张桂青	山东	济南	山东建筑大学信息与电气工程学院
Yanbo Zhai	翟彦博	重庆	重庆	西南大学工程技术学院
Jiyang Dai	代冀阳	江西	南昌	南昌航空大学
Zengzhen Shao	邵增珍	山东	济南	山东师范大学信息科学与工程学院
Dunxin Bian	边敦新	山东	淄博	山东理工大学电气与电子工程学院
Xun Yue	岳训	山东	泰安	山东农业大学信息科学与工程学院
Huyin Zhang	张沪寅	湖北	武汉	武汉大学计算机学院
Shuisheng Jiang	姜水生	江西	南昌	南昌大学机电工程学院
Changbao Zheng	郑常宝	安徽	合肥	安徽大学电气工程与自动化学院
Chuntian Zhang	张春田	天津	天津	天津大学电子信息工程学院
Keliang Zhou	周克良	江西	赣州	江西理工大学电气工程与自动化学院
Zhangqing Zhu	朱张青	江苏	南京	南京大学工程管理学院
Zhipeng Shen	沈智鹏	辽宁	大连	大连海事大学
Guangtian Shi	石广田	甘肃	兰州	兰州交通大学机电工程学院

续表

英文姓名	中文姓名	省(市、区)	城市	所属机构
Xuejun Xie	解学军	山东	曲阜	曲阜师范大学工学院
Xingwei Sun	孙兴伟	辽宁	沈阳	沈阳工业大学机械工程学院
Bing Wang	王冰	上海	上海	上海交通大学自动化系
Juhua Huang	黄菊花	江西	南昌	南昌大学机电工程学院
Juan Li	李娟	山东	东营	中国石油大学(华东)计算机与通信工程学院
Yonggang Liu	刘永刚	重庆	重庆	重庆大学汽车工程学院
Shujun Fu	付树军	山东	济南	山东大学数学学院科学计算与软件研究所
Jun Ma	马君	山东	青岛	中国海洋大学
Chunhai Zhang	张春海	山东	青岛	中国海洋大学信息科学与工程学院
Weiguo Li	李维国	山东	东营	中国石油大学(华东)理学院
Tao Shen	申涛	山东	济南	济南大学控制科学与工程学院
Huanwu Sun	孙桓五	山西	太原	太原理工大学机械工程学院
Renwu Yan	闫仁武	江苏	镇江	江苏科技大学计算机学院
Peixin Zhao	赵培忻	山东	济南	山东大学管理学院
Zaojie Kong	孔造杰	天津	天津	河北工业大学
Xiangxin Kong	孔祥新	山东	曲阜	曲阜师范大学工学院
Yongguang Zhong	钟永光	山东	青岛	青岛大学商学院
Shengwen Yu	于胜文	山东	青岛	山东科技大学测绘科学与工程学院
Xuewen Rong	荣学文	山东	济南	山东大学控制科学与工程学院
Yong Cheng	程勇	山东	济南	山东大学能源与动力工程学院
Fei Han	韩飞	山东	威海	哈尔滨工业大学(威海)研究生处
Xianming Li	李现明	山东	济南	山东大学控制科学与工程学院
Wei Kang	康伟	北京	北京	中国石油大学信息与控制工程学院
Fushun Yuan	袁付顺	河南	安阳	安阳师范学院数学与统计学院
Zhigang Jiang	江志刚	湖北	武汉	武汉科技大学机械自动化学院
Shilian Wang	王世练	湖南	长沙	国防科学技术大学电子科学与工程学院
Yinghua Song	宋应华	重庆	重庆	重庆工商大学
Cunshan Zhang	张存山	山东	淄博	山东理工大学电气与电子学院
Huanxin Lai	赖焕新	上海	上海	华东理工大学机械与动力工程学院
Jinsong Kang	康劲松	上海	上海	同济大学电气工程系

续表

英文姓名	中文姓名	省(市、区)	城市	所属机构
Lijuan Yu	于立娟	吉林	长春	吉林大学机械与航空航天工程学院
Shouwen Fan	范守文	四川	成都	电子科技大学
Yongsheng Su	苏永升	上海	上海	华东理工大学机械与动力工程学院
Zhennan Han	韩振南	山西	太原	太原理工大学机械工程学院
Suxia Ma	马素霞	山西	太原	太原理工大学电气与动力工程学院
Duanqing Xu	许端清	浙江	杭州	浙江大学计算机科学与技术学院
Peisheng Li	李培生	江西	南昌	南昌大学机电工程学院
Yulong Li	李玉龙	江西	南昌	南昌大学机电工程学院
Shuxi Liu	刘述喜	重庆	重庆	重庆理工大学电气与电子工程学院
Tiehong Gao	高铁红	河北	石家庄	河北医科大学机械工程学院
Jianjun Yi	易建军	上海	上海	华东理工大学机械与动力工程学院
Yi Ning	宁祎	河南	郑州	河南工业大学电气工程学院
Jianmin Zhu	朱坚民	上海	上海	上海理工大学
Jinqiu Xiao	肖金球	江苏	苏州	苏州科技学院电子与信息工程学院
Changjiang Zheng	郑长江	江苏	南京	河海大学土木与交通工程学院
Endian Hu	虎恩典	宁夏	银川	宁夏大学机械工程学院
Baolin Li	李宝林	北京	北京	中国矿业大学机电工程学院
Jianbo Bai	白建波	江苏	南京	河海大学
Hong Zhu	朱宏	四川	成都	电子科技大学
Wei Wang	王威	北京	北京	中国科学院自动化研究所
Yanling Zhao	赵彦玲	黑龙江	哈尔滨	哈尔滨理工大学
Rongyi Cui	崔荣一	吉林	延边	延边大学工学院计算机系
Tao Liu	刘涛	辽宁	大连	大连理工大学
Liangjun Xu	许良军	北京	北京	北京邮电大学自动化学院
Xiaomin Zhu	朱晓敏	北京	北京	北京交通大学机械电子与控制工程学院
Zhonghui Luo	罗忠辉	广东	广州	广东技术师范学院
Quancheng Dong	董全成	山东	济南	济南大学
Ziqin Wang	王自勤	贵州	贵阳	贵州大学教育部现代制造技术重点实验室
Chunmei Feng	冯春梅	江苏	南京	南京师范大学电气与自动化工程学院
Zongyao Sun	孙宗耀	山东	曲阜	曲阜师范大学自动化研究所

续表

英文姓名	中文姓名	省(市、区)	城市	所属机构
Zetao Li	李泽滔	贵州	贵阳	贵州大学电气工程学院
Xin Ma	马昕	山东	济南	山东大学控制科学与工程学院
Qiqiang Li	李歧强	山东	济南	山东大学控制科学与工程学院
Guangyu Zhu	朱光宇	福建	福州	福州大学机械工程及自动化学院
Dahai Zhang	张大海	山东	济南	山东大学电气工程学院
Wengang Cheng	程文刚	北京	北京	华北电力大学
Yu Zheng	郑煜	湖南	长沙	中南大学机电工程学院
Zhibin Li	李志斌	上海	上海	上海电力学院电力与自动化工程学院
Yi Shen	沈毅	黑龙江	哈尔滨	哈尔滨工业大学
Zhi-Yong Zeng	曾志勇	云南	昆明	云南财经大学信息学院
Jiaguang Liu	刘加光	山东	烟台	烟台大学
Guili Yuan	袁桂丽	北京	北京	华北电力大学控制与计算机工程学院
Bin Yang	杨斌	辽宁	大连	大连理工大学城市学院
Fei Lu	路飞	山东	济南	山东大学控制科学与工程学院
Peijin Wang	王培进	山东	烟台	烟台大学计算机学院
Xinzhuang Dong	董心壮	山东	青岛	青岛大学
Jiuhong Ruan	阮久宏	山东	济南	山东大学机器人研究中心
Ying Sun	孙莹	山东	济南	山东大学电气工程学院
Xiaodong Hu	胡效东	山东	青岛	山东科技大学机电学院
Lixia Zhang	张丽霞	北京	北京	中国石油大学
Rui Song	宋锐	山东	济南	山东大学控制科学与工程学院
Zhili Cai	蔡志理	山东	济南	山东交通学院交通与物流工程学院
Qingfeng Cao	曹庆峰	山东	济南	山东大学工程训练中心
Shoucheng Wang	王守城	山东	青岛	青岛科技大学
Shaozhong Cao	曹少中	北京	北京	北京印刷学院信息工程学院
Jincheng Wang	王金城	辽宁	大连	大连理工大学电信学院
Wanchun Li	李万春	四川	成都	电子科技大学电子工程学院
Xiaoling Jin	金肖玲	浙江	杭州	浙江大学航空航天学院工程力学系
Xiaowen Song	宋小文	浙江	杭州	浙江大学
Jinghua Xu	徐敬华	浙江	杭州	浙江大学设计工程及自动化研究所

续表

英文姓名	中文姓名	省(市、区)	城市	所属机构
Yimin Xu	许益民	湖北	武汉	武汉科技大学机械自动化学院
Hongyan Chu	褚红燕	江苏	南京	南京师范大学能源与机械工程学院
Duanwei Shi	石端伟	湖北	武汉	武汉大学动力与机械学院
Dejun Wang	王德君	辽宁	大连	大连理工大学电子科学与技术学院
Haisong Huang	黄海松	贵州	贵阳	贵州大学机械工程学院
Xinmin Dong	董辛旻	河南	郑州	郑州大学机械工程学院
Hongqiang Sang	桑宏强	天津	天津	天津工业大学
Wen Li	李文	湖南	长沙	湖南理工学院机械工程学院
Fang Lv	吕芳	内蒙古	呼和浩特	内蒙古工业大学信息工程学院
Xuejun Zhu	朱学军	宁夏	银川	宁夏大学机械工程学院
Yutian Zhu	朱玉田	上海	上海	同济大学机械工程学院
Cong Mao	毛聪	湖南	长沙	长沙理工大学汽车与机械工程学院
Shuyu Liu	刘树郁	广东	广州	中山大学设备与实验室管理办公室
Peng He	和鹏	广东	广州	广州市疾病预防控制中心
Lijun Sun	孙丽君	河南	郑州	河南工业大学电气工程学院
Lixia Zhang	张丽霞	山东	东营	中国石油大学(华东)
Zhonghui Luo	罗忠辉	广东	广州	广东技术师范学院
Peiqiang Liu	刘培强	山东	烟台	山东工商学院计算机科学与技术学院
Xianyi Gong	宫先仪	浙江	杭州	浙江大学信电系
Zidong Wang	王子栋	江苏	南京	南京理工大学自动化学院
Jie Chen	陈杰	北京	北京	北京理工大学
Zongjiang Wang	王宗江	山东	潍坊	潍坊学院
Wenpeng Lu	鹿文鹏	山东	济南	齐鲁工业大学
Yuquan Cui	崔玉泉	山东	济南	山东大学数学学院
Nongliang Sun	孙农亮	山东	青岛	山东科技大学信息与电气工程学院
Shixu Xu	徐世许	山东	青岛	青岛大学自动化与电气工程学院
Jiancong Fan	樊建聪	山东	青岛	山东科技大学
Zongwu Hu	胡宗武	上海	上海	上海交通大学
Chun Mu Wu	吴村木	台湾	高雄	高苑科技大学机械与自动化工程系
Zhong Guo	郭忠	山东	烟台	烟台大学机电汽车工程学院

续表

英文姓名	中文姓名	省(市、区)	城市	所属机构
Ying Gao	高颖	山东	烟台	烟台大学光电学院
Ying Xi	奚鹰	上海	上海	同济大学机械与能源工程学院
Wencai Huang	黄文财	福建	厦门	厦门大学电子科学与技术学院
Zijian Zhao	赵子健	山东	济南	山东大学信息科学与工程学院
Haiyan Li	李海艳	北京	北京	中国科学院北京化学所
Wenling Zhao	赵文玲	山东	淄博	山东理工大学数学与统计学院
Jirong Wang	王继荣	山东	青岛	青岛大学机电工程学院
Fuguang Yang	杨福广	山东	济南	山东大学机器人研究中心
Gaomin Zhang	张高民	山东	东营	中国石油大学(华东)理学院
Yongqi Liu	刘永启	山东	淄博	山东理工大学交通与车辆工程学院
Dongxing Wang	王东兴	山东	烟台	烟台大学机电汽车工程学院
Zhengqiang Zhang	张正强	山东	曲阜	曲阜师范大学工学院
Chuanzeng Song	宋传增	山东	济南	山东建筑大学机电工程学院
Shuilian Zhang	张水莲	河南	郑州	解放军信息工程大学信息系统工程学院
Dan Liu	刘丹	北京	北京	电子科学技术研究院
Yongqing Wang	王永清	河北	保定	河北大学电子信息工程学院
Jianguo Yang	杨建国	上海	上海	上海交通大学机械与动力工程学院
Liqun Shen	申立群	黑龙江	哈尔滨	哈尔滨工业大学电气工程及自动化学院
LiYan Shan	单丽岩	黑龙江	哈尔滨	哈尔滨工业大学交通科学与工程学院
Jianzhong Wu	乌建中	上海	上海	同济大学机械工程学院
Shijun Ji	冀世军	吉林	长春	吉林大学机械与航空航天工程学院
Lihua Xie	谢立华	江苏	南京	南京理工大学自动化学院
Changjun Liu	刘长军	上海	上海	华东理工大学压力系统安全科学教育部重点实验室
Guohua Gao	高国华	北京	北京	北京工业大学
Haibo Yang	杨海波	北京	北京	北京科技大学机械工程学院
Ligang Cun	寸立岗	甘肃	兰州	兰州交通大学机电工程学院
Dapeng Fu	付大鹏	吉林	吉林	东北电力大学工程训练教学中心
Shirong Yan	严世榕	福建	福州	福州大学机械工程学院
Yan Bai	白焰	北京	北京	华北电力大学控制与计算机工程学院

续表

英文姓名	中文姓名	省(市、区)	城市	所属机构
Xiaojun Tan	谭晓军	广东	广州	中山大学智能工程学院
Dongmei Du	杜冬梅	北京	北京	华北电力大学能源动力与机械工程学院
Zhiwu Shang	尚志武	天津	天津	天津工业大学
Shi Jie Lin	林士杰	台湾	新竹	台湾清华大学动力机械工程学系
Xianmin Wang	王贤民	江苏	南京	南京工程学院机械工程学院
Junqing Fu	傅俊庆	湖南	长沙	长沙理工大学
Jiandong Fang	房建东	内蒙古	呼和浩特	内蒙古工业大学信息工程学院
Pingping Huang	黄平平	内蒙古	呼和浩特	内蒙古工业大学信息工程学院
Suixing Liu	刘穗星	广东	广州	广州市疾病预防控制中心
Guanggui Li	利广规	广东	广州	广州生物控制站
Jinxin Zhang	张晋昕	广东	广州	广州市疾病预防控制中心
Qin Tan	谭覃	广东	佛山	佛山市顺德区疾病预防控制中心
Qizhi Fang	方奇志	山东	青岛	中国海洋大学数学科学学院
Guangshang Zeng	曾广商	北京	北京	中国运载火箭技术研究院第 18 研究所
Renming Yang	杨仁明	山东	济南	山东交通学院信息科学与电气工程学院
Lixiang Zhang	张丽香	山西	太原	山西大学自动化系
Yahui Su	苏亚辉	安徽	合肥	安徽大学电气工程与自动化学院
Yongping Zhao	赵永平	江苏	南京	南京航空航天大学能源与动力学院
Peiyao Nie	聂培尧	山东	济南	山东财经大学计算机科学与技术学院
Erliang Han	韩尔樑	安徽	芜湖	奇瑞汽车股份有限公司
Guowei Hua	华国伟	北京	北京	北京交通大学
Xiaohui Qiu	邱晓晖	江苏	南京	南邮通信与信息工程学院
Zhengxin Hou	侯正信	天津	天津	天津大学电视与图像信息研究所
Yanhu Zhang	张彦虎	安徽	合肥	阳光电源股份有限公司
Xiangchen Hou	侯相琛	黑龙江	哈尔滨	哈尔滨工业大学交通学院
Zaixing He	何再兴	浙江	杭州	浙江大学机械工程学院
Chunlin Chen	陈春林	江苏	南京	南京大学工程管理学院
Yongbin Liu	刘永斌	安徽	合肥	安徽大学电气工程与自动化学院
Yunsen Zhou	周运森	江苏	南京	南京大学工程管理学院
Jie Huang	黄捷	江苏	南京	南京理工大学自动化学院

续表

英文姓名	中文姓名	省(市、区)	城市	所属机构
Benmei Chen	陈本美	江苏	南京	南京理工大学自动化学院
Fenglin Han	韩奉林	湖南	长沙	中南大学机电工程学院
Wensheng Xu	徐文胜	江苏	南京	南京师范大学能源与机械工程学院
Enrong Wang	王恩荣	江苏	南京	南京师范大学电气与自动化工程学院
Ning Yang	杨宁	上海	上海	上海电力学院电力与自动化工程学院
Kangjin Luo	罗康锦	香港	香港	香港科技大学工程学院
Yanchao Yin	阴艳超	云南	昆明	昆明理工大学机电工程学院
Fengshou Gu	谷丰收	山西	太原	太原理工大学机械工程学院
Tingyuan Xu	徐廷沅	香港	香港	香港科技大学工程学院
Jianguo Wang	王建国	吉林	吉林	东北电力大学
Jiaxing　Zhu	朱嘉行	香港	香港	香港理工大学工程学院
Yuguang Chen	陈渝光	重庆	重庆	重庆理工大学电气与电子工程学院
Yinan Zhao	赵宜楠	山东	威海	哈尔滨工业大学(威海)信息与电气工程学院
Dongxing Cao	曹东兴	天津	天津	河北工业大学机械工程学院
Genqun Cui	崔根群	河北	石家庄	河北医科大学机械工程学院
Chengjun Ding	丁承君	河北	石家庄	河北医科大学机械工程学院
Jianyin Fang	方建印	河南	郑州	河南工程学院理学院
Liang Zhao	赵亮	河南	郑州	河南工业大学电气工程学院
Xiaoyu Ma	马晓玉	广东	广州	暨南大学信息科学技术学院
Jianzhong Duan	段建中	宁夏	银川	宁夏大学机械工程学院
Wenjie Ding	丁文捷	宁夏	银川	宁夏大学机械工程学院
Liwei Ning	宁立伟	湖南	湘潭	湖南工程学院
Dejun Yin	殷德军	江苏	南京	南京理工大学
Jianhua Zhang	张建华	山东	济南	山东大学机械工程学院
Changyin Sun	孙长银	江苏	南京	东南大学自动化学院
Guilin Wen	文桂林	湖南	长沙	湖南大学机械与运载工程学院
Donghui Guo	郭东辉	福建	厦门	厦门大学信息科学与技术学院
Bin Guo	郭斌	陕西	西安	西北工业大学计算机学院
Jie Zhao	赵杰	黑龙江	哈尔滨	哈尔滨工业大学机电工程学院
Wenmei Dong	董韫美	北京	北京	中国科学院

续表

英文姓名	中文姓名	省(市、区)	城市	所属机构
Junfeng Wen	温俊峰	山东	烟台	烟台大学
Qirong Tang	汤奇荣	上海	上海	同济大学嘉定校区机械学院
Gang Liu	刘刚	陕西	西安	西安交通大学材料学院
Xiaojun Zhou	周晓君	湖南	长沙	中南大学信息科学与工程学院
Chao Tian	田超	安徽	合肥	中国科学技术大学
Yong Lian	连勇	上海	上海	上海交通大学微电子学院
福田敏男	福田敏男	北京	北京	北京理工大学
Zhenyu Liu	刘振宇	浙江	杭州	浙江大学机械工程学院
Jing Lin	林京	陕西	西安	西安交通大学机械学院
Qiao Hu	胡桥	陕西	西安	西安交通大学机械学院
Wenzheng Wu	吴文征	吉林	长春	吉林大学机械与航空航天工程学院
Shuping He	何舒平	安徽	合肥	安徽大学电气工程与自动化学院
Zhongzhi Hu	胡忠志	江苏	南京	南京航空航天大学能源与动力学院
Haibin Yu	于海斌	辽宁	沈阳	中国科学院沈阳自动化研究所
Xinjiang Lu	陆新江	湖南	长沙	中南大学机电工程学院
Xiaoli Wang	王晓丽	湖南	长沙	中南大学信息科学与工程学院
Chaoyang Chen	陈超洋	湖南	长沙	中南大学信息科学与工程学院
Zhelong Wang	王哲龙	辽宁	大连	大连理工大学
Lijun Wang	王立军	吉林	长春	吉林大学
Wenbin Zhang	张文斌	云南	昆明	昆明理工大学机电工程学院
Zhongnan Zhang	张仲楠	福建	厦门	厦门大学
Yingying She	佘莹莹	福建	厦门	厦门大学
Caizhi Zhang	张财志	重庆	重庆	重庆大学汽车工程学院
Yongzhang Huang	黄永章	北京	北京	华北电力大学电气与电子工程学院
Guanglin Li	李光林	重庆	重庆	西南大学工程技术学院
Peng Xu	徐鹏	重庆	重庆	重庆理工大学电气与电子工程学院
Xueliang Bian	卞学良	天津	天津	河北工业大学机械工程学院
Renxin Zhong	钟任新	广东	广州	中山大学智能工程学院
Guiliang Chen	陈贵亮	河北	石家庄	河北医科大学机械工程学院
Weibo Hu	胡伟波	天津	天津	南开大学

续表

英文姓名	中文姓名	省(市、区)	城市	所属机构
Guiling Sun	孙桂玲	天津	天津	南开大学
Shugen Ma	马书根	天津	天津	天津大学电气自动化与信息工程学院
Longyun Kang	康龙云	广东	广州	华南理工大学电力学院新能源研究中心
Ning Liu	柳宁	广东	广州	暨南大学
JiaYu Yan	颜家钰	台湾	台北	台湾大学机械系
Yingchun Liu	刘迎春	湖南	湘潭	湖南工程学院
Qi Xie	谢琪	湖南	湘潭	湖南工程学院
Peilun Zuo	左培伦	台湾	新竹	台湾清华大学动力机械工程学系
Jianghua Feng	冯江华	湖南	株洲	湖南工业大学
Guiyun Tian	田贵云	四川	成都	电子科技大学
Yunxuan Liao	廖運炫	台湾	台北	台湾大学机械系
Jianfeng Li	李剑锋	北京	北京	北京工业大学
Caizhi Zhang	张财志	吉林	长春	吉林省农业技术推广总站
Kunyuan Hu	胡琨元	辽宁	沈阳	中国科学院沈阳自动化研究所

(数据来源:大数据分析子课题组基于 AMiner 平台数据库统计分析所得)

报告二

山东省信息技术产业人才发展

负责人　高　旸
成　员　王艳利　胡聪聪　朱彦同
　　　　林华健　马晓丽　王　婷

一、山东省信息技术产业发展情况

(一)产业发展基本情况

山东省信息技术产业近年来发展势头良好,规模稳步增长,质量效益持续提升,产业布局趋于优化,竞争实力不断增强,逐步成为全省创新发展的新动力和新旧动能转换的关键力量。

2015 年,信息技术产业主营业务收入达到 1.36 万亿元,增长 12%,到 2017 年,山东省信息技术产业规模以上企业共 5 789 家,实现主营业务收入 1.42 万亿元,同比增长 8.7%,实现利润 901.68 亿元、利税 1 385.41 亿元,分别同比增长 11.3%和 10.3%,主营业务收入、利润和利税增速分别高于全省工业同期增速 1.9 个、0.3 个和 0.7 个百分点,其中软件产业实现业务收入 4 933 亿元,同比增长 14.3%。

近年来山东省新兴产业和高科技产品增长快速,全省北斗导航、云计算、数字家庭、新一代网络通信、物联网、大数据、虚拟现实等新一代信息技术产业增速保持在 20%以上;科技含量较高的服务器、液晶电视等产品均保持了 20%的快速增长态势。2017 年,软件产业占全省信息技术产业的比重为 35%,产业结构不断优化。

全省目前拥有年收入百亿以上信息技术企业 10 家(内资企业 6 家),50 亿以上企业 16 家(内资企业 10 家),10 亿以上企业近 80 家。

(二)产业发展优势特点及不足

1. 产业发展优势特点

按照工信部公布的数据,2015～2017 年,山东省信息技术产业稳步增长,主营业务收入高于上海、浙江,低于广东、江苏,连续多年居全国第三位。主要表现出如下优势特点:

(1)骨干企业竞争力不断增强。全省的服务器、平板电视、蓝牙耳机、企业资源计划(ERP)软件等一批特色产品,在国内具有较高的市场占有率。浪潮集团在 2017 年全球 X86 服务器市场位居全球第三,保持国产服务器国内市场占有率第一;潍坊歌尔股份在电声器件、VR(虚拟现实)领域等产品市场占有率居全球前列;海尔的卡奥斯工业互联网平台(COSMOPlat)是全球首家引入用户全流程参与体验的工业互联网平台;海信平板电视连续多年蝉联中国液晶电视销量冠军,激光家庭影院技术位居世界前列;中创软件连续多年荣获“中国十大创新软件企业”称号,是国内基础软件领域唯一的中间件骨干企业;华天软件拥有计算机辅助设计(三维 CAD)、产品全生命周期(PLM)软件和嵌入式软件等全线自主软件产品。

(2)创新体系日趋完善,核心竞争力显著增强。一是重视创新载体建设:成立了中国宽禁带功率半导体、集成电路设计、发光二极管(LED)、射频识别(RFID)和自主可控信息系统等多个产业联盟,积极培育认定了10家集成电路设计中心、116家软件工程技术中心、25家工程技术中心等一批创新载体;二是打造北斗产业作为创新亮点:大力推动北斗导航在交通物流、北斗授时、智慧养老等领域的推广应用,北斗导航数据中心已经建设完成并投入运行;三是加大核心、高端、基础领域创新力度:2009～2017年,山东省共承担国家“核高基”重大专项16个、国家电子发展基金项目52个,通过重大项目实施,中创软件“国产中间件参考实现及平台”,浪潮集团“安全可控通用服务器软硬件平台”“面向互联网应用的服务器核心软硬件研发”“面向大型行业应用的共性云计算基础软件平台研制与应用”等一批关键技术实现了重大突破,瀚高国产数据库已在500多个客户中推广使用,为全国、全省智慧经济、信息经济发展提供了强有力的支撑。

(3)融合发展日益深入,支撑保障能力不断增强。两化融合水平稳步提升:2017年全省信息化与工业化融合水平指数达到97,62家企业通过国家贯标试点认定,对跨界融合发展起到了重要的推动作用;智慧山东建设稳步推进:《山东省智慧园区建设与管理通用规范》地方标准逐步落实,58个“智慧园区”试点进程有序推动,促进了多种技术的融合发展;信息消费不断扩大:潍坊、淄博、济宁(含任城区)、威海(含文登区)等两批国家级信息消费试点以及22个省级信息消费试点县(市、区)建设逐步展开,有力拉动了信息技术产业的快速发展。

2. 产业发展存在的不足

山东省信息技术制造业虽然仍然保持了区域、人口和传统优势,但发展形势并不容乐观,面临着增速放缓、人才缺乏、高端产品稀缺、大项目投资偏少等问题,与江苏、四川等省市相比,山东省信息技术产业以下不足较为明显:

(1)产业影响力、带动力尚不够强。近年来,虽然全省信息技术产业规模不断扩大,居全国第三位,但与排名第一的广东、排名第二的江苏相比差距在逐步拉大。全省信息技术产业占全国的比重远低于全省工业在全国的占比。信息技术产业在全省国民经济总量构成中的比重偏低、贡献偏弱,龙头企业相对偏少,产业地位不够突出,尚未成为全省的支柱产业,总体发展水平与先进省份存在较大差距。

(2)创新能力和投入不足。据工信部统计,山东省信息技术产业领域的专利申请量不及广东的1/4和江苏的1/2,知识产权的数量和质量都有较大差距。政府在扶持信息技术产业发展专项资金和投资基金的规模上与先进省份相差较大。山东省以海尔、浪潮等电子百强企业为代表的大企业的创新能力、专利数量与国际、国内先进企业尚有较大差距。绝大多数企业的研发投入强度低于5%,高层次研发、管理人才团队缺乏等问题还比较突出。

(3)产业竞争力、效益水平有待提升。全省信息技术产业80%以上企业从事代工制造和组装加工贸易,总体上仍处于价值链中低端,产品附加值相对较低。虽然海信的液晶电视、浪潮的服务器等产品在国内具备一定优势,但其在国际市场的占有率和竞争力还有待于进一步提高。目前集成电路等高附加值的核心基础产业还相对比较薄弱,在大规模集成电路晶圆制造和液晶面板生产等高端制造领域还处于空白,存在丧失未来竞争优势的风险。山东省6家全国电子百强企业平均利润率仅为6%,盈利水平较英特尔、微软、三星、苹果等国际巨头存在较大差距。

(4)产业外向型水平有待提高。由于全省外向型企业数量相对偏少,出口产品规模小、品种少,信息技术产业出口与广东、江苏等省在对外出口总量、出口所占比重上存在较大差距,在国际市场开拓、对外开放程度、对外合作等方面,都有待进一步提高。

(三)产业发展典型企业

山东省信息技术产业总体发展向好,同时也涌现出一批在信息技术行业取得行业领先地位的企业。其中典型的企业如下:

1. 海尔集团

研发并生产全套智能家电,信息产品领域的有电视机产品、通讯终端产品(手机)、智慧家庭解决方案等,且具备一定的数字视频芯片研发能力,是全国电子百强企业。

2. 海信集团有限公司

专注电视机研发制造,布局超高清电视、激光电视的不断创新,电视机国内市场占有率第一,掌握数字视频芯片研发能力,是全国电子百强企业。

3. 浪潮集团有限公司

浪潮集团有限公司,是中国本土综合实力强大的大型互联网技术(IT)企业之一,中国领先的云计算、大数据服务商。浪潮集团旗下拥有浪潮信息、浪潮软件、浪潮国际、华光光电四家上市公司,业务涵盖云数据中心、云服务大数据、智慧城市、智慧企业四大产业群组,为全球100多个国家和地区提供IT产品和服务。在全球服务器市场占有率排名第五。

4. 鸿富泰精密电子(烟台)有限公司(台资)

富士康烟台厂,生产电子元器件、模具、电子零部件等,组装视听产品、计算机产品、游戏机产品等。2002年度起连续蝉联中国大陆出口200强企业榜首, 2005年跃居《财富》全球500强企业, 排名第371位。

5. 乐金显示(烟台)有限公司

2010年3月由世界500强企业韩国LG集团的子公司——LG显示株式会社投资设立,投资总额4.18亿美元,注册资本1.58亿美元,主要生产手机用液晶显示器系列产品,自有工厂占地面积约9.9万平方米,租用工厂占地面积约14万平方米。目前是烟台市投资规模最大的韩资企业，将发展成为LG显示株式会社在全球的中小型面板生产基地。

6. 歌尔股份有限公司

聚焦人工智能、虚拟现实等技术，研发制造虚拟现实终端应用产品（VR头盔）、智能硬件产品（智能手环等）及各类电子元器件等零部件，虚拟现实产品、智能音频产品国际领先，供应苹果等国际主流品牌，是全国电子百强企业。

7. 威海北洋电气集团股份有限公司

主营打印扫描、光纤传感、射频识别、通信和电子部件五大类产品体系。近年来，北洋集团启动业务转型升级战略，在做好电子部件和产品制造业务的同时，着力发展科技创新、信息服务业务，形成了物联网、智慧城市、云计算和电子信息创新创业投资服务四大新兴业务平台。现拥有国家级、省级以及海外企业技术中心和重点实验室共计11个，1个博士后工作站和1个院士工作站。

8. 东方电子集团有限公司

东方电子以智能电网、环保节能、物联网为三大主业，以软件及外包服务、电子制造及工程服务、民用消费品为三大辅业，是国家和山东省重点扶持的高新技术企业之一。东方电子是中国能源管理系统解决方案主要供应商之一，连续十年以上在国内电力自动化市场占有率名列前茅，产品遍及海外15个国家和地区，连续4年出口总额同行业排名第一。

9. 山东鲁鑫贵金属有限公司

以黄金深加工为主导产品，主要生产大规模集成电路封装用键合金丝、键合硅铝丝、键合铜丝、集成电路贴装用无铅焊粉、阴极黄金溅射靶材等产品，具备集成电路关键材料配套能力，是全国电子百强企业。

10. 润峰电力有限公司

研发制造太阳能光伏电池、组件、光伏发电系统工程及光伏应用产品，是全国电子百强企业。

（四）产业集聚发展情况

山东省通过大力实施“名城、名园、名企、名品”工程，加快先进产业基地、专业特色园区建设，全省信息技术产业聚集效应明显。目前，青岛、烟台和威海的信息技术制造业产业规模持续保持在全省前三位，分别占全省的28%、30%、10%，三市合计占全省的68%，也是全国重要的信息技术产品制造业基地。

目前，全省拥有4个被认定为国家新型工业化产业示范基地的信息技术产业聚集区，2个国家级软件产业园，8个信息技术产业省级新型工业化产业示范基地，22个省级信息技术产业园区，17个省级软件产业园。全省以青岛、烟台、威海为龙头，沿胶济铁路延伸，向鲁西南和鲁西北两尾翼拓展的信息技术产业协同发展格局已经基本形成。青岛的家电和通信产品，济南的软件和高端计算产品，烟台的计算机及网络产品，威海的计算机外设产品，潍坊的电声器件产品，东营的光伏产品，淄博的电子元器件产品成了各市的重要信息技术产业名片。

经过多年来的积累，山东省有多个产业聚集地达到国际先进水准。

1. 济南量子谷

2010 年初，山东省引进中国科学技术大学量子通信产业化团队，在济南组建山东量子科学技术研究院有限公司，2011 年 5 月，济南量子技术研究院正式成立。

济南量子谷主要任务包括做大做强量子科技产业发展基础等。依托量子信息科学国家实验室（筹）济南研究中心等重大创新载体，加快推进济南量子通信试验网接入国家量子保密通信“京沪干线”，加强量子通信网络试验床、城域、城际量子通信网络等基础应用网络和量子通信装备研制、产业运营平台建设。

2. 青岛国际创新产业园

青岛国际创新园为山东省和青岛市的两级重点项目。园区旨在打造一座堪称山东省品质最优的高新技术国际化智慧园区，目前二期已经进入验收阶段，年内即将投入使用。创新园二期将重点打造智慧产业、智能制造、人工智能、虚拟现实、微电子等五大产业。

3. 国家超级计算济南中心

国家超级计算济南中心（以下简称为“济南中心”）是科技部批准成立的千万亿次国家超级计算中心之一，总投资 6 亿元，建设主体为山东省计算中心（国家超级计算济南中心）。济南中心的建设成功，标志着我国已成为继美国、日本后第三个能够采用自主处理器构建千万亿次超级计算机系统的国家。2011 年 10 月，经国家权威机构测试，济南中心的神威蓝光超级计算机系统持续性能为 0.796 PFlops（PetaFlops，千万亿次浮点运算/秒），LINPACK 效率为 74.4%，性能功耗比超过 741 MFlops/W（百万次浮点运算/秒・瓦），组装密度和性能功耗比居世界先进水平，系统综合水平处于当今世界先进行列，完美实现了国家大型关键信息基础设施核心技术的“自主可控”目标。

4. 歌尔科技产业园（青岛）

歌尔科技产业项目由歌尔科技有限公司投资建设。该项目占地面积 172.58 亩，建筑面积 37 万平方米，总投资 21 亿元人民币，主要用于建设现代工业厂房和创新研发基地，是歌尔科技在虚拟现实产业化、集成电路芯片产业化、微机电系统芯片及传感器产业化、可穿戴式计算机产业化以及智能机器人产业化的重要战略布局。一期项目计划于 2018 年建设完成，二期项目计划于 2018～2020 年实施。

二、产业技术创新发展情况

（一）产业技术创新发展水平

山东省信息技术产业重点包含集成电路、应用电子与电子元器件、电子材料、高端计算机、新一代通信与网络、物联网与云计算、新型显示、高端软件等八个子产业。

1. 集成电路

近年来，山东集成电路产业不断加强技术创新，行业发展不断壮大，在存储器、集成电路设计工具、射频识别、集成电路封装测试等领域达到国内领先水平。目前全省集成电路设计生产企业超过 40 家，集成电路设计产业实现突破，封装测试业已初步形成规模，集成电路制造部分配套材料研发和生产具有一定优势，初步形成了涵盖集成电路材料以及集成电路设计、封装测试、制造的产业链条。

2. 电子材料

近年来，山东省电子材料产业一直保持较快的发展速度，从无到有，发展迅猛，主要集中在烟台、淄博、济宁等地，具有一定的聚集效应。集成电路用金丝、覆铜板、铜箔、半导体硅材料、电子陶瓷材料、磁性材料、锂电池材料等一批电子基础材料都形成了比较优势。但是，山东省的电子材料尤其是新型电子材料，和发达国家及地区相比还存在研发能力不足、产品品种少档次低等差距。

3. 高端计算机

山东省服务器与存储技术国家重点实验室落户浪潮，承担国家“高端容错计算机”研发项目，保障国家重要信息系统主机国产化。浪潮天梭 K1 高端容错计算机是浪潮依托国家 863 计划，由 460 位浪潮工程师历时 4 年，研制成功的重大项目成果。它也是中国第一台自主研发的关键应用主机。浪潮还参与研制了中国首台千万亿次超级计算机“天河一号”，并成功推动研发建设了神威蓝光千万亿计算机系统。

4. 物联网与云计算

（1）物联网产业。山东省是国内物联网产业起步较早和相对集中的地区，在技术研发、产业化、市场应用、人才资源、新产业培育等方面拥有一定的先行和集聚优势。目前山东省从事物联网产业研发、生产、应用等企业达 1 000 多家，涵盖电子信息、软件服务、物流、交通、家居、医疗等多个领域。形成了海信“信芯”、海尔解码芯片、浪潮税控收款、SiC 芯片等具有自主知识产权的核心技术。

(2)云计算产业。山东省已经建成覆盖全省的信息通信网络,拥有国家高效能服务器和存储技术国家重点实验室以及亚太地区最大的服务器生产线,高密度服务器、集装箱式数据中心样机先后研发成功。

5. 新一代通信和网络

在山东省,网络基础设施建设取得重大突破。为配合宽带融合性产品的推广,全省加紧了骨干网扩容和承载网建设,推进网络扁平化,对城域网核心汇聚层面、宽带接入网层面进行大规模的优化改造,网络结构日益清晰、设备能力逐步提高。

6. 新型显示

在市场需求和技术创新推动下,山东省新型显示技术得到迅速发展,产业链中上游技术创新与国际水平差距逐步缩小,下游整机应用系统集成技术得到跨越发展。其中,激光显示技术保持与国际同步,3D 显示技术与国际同行差距较小,有机发光显示技术和移动互联网终端显示产业发展迅速。承接国际上薄膜晶体管液晶显示和等离子体显示等主流显示技术转移步伐明显加快,开展了有机发光显示和电子纸显示等新型显示技术和产业合作。目前,具有相对优势的激光显示技术和产业均处于蓄势待发阶段,未来显示储备技术场发射显示的发展势头也较明显。

7. 高端软件

2017 年,山东省软件业规模内企业 4 272 家,全省实现软件业务收入 4 933.1 亿元,同比增长 14.3%,总量居广东(9 391 亿元,同比增长 14.2%)、江苏(9 194 亿元,同比增长 12.6%)、北京(7 198 亿元,同比增长 12.2%)之后,列全国第四位;实现利润 335.9 亿元,增长 16.1%;利税 627.5 亿元,同比增长 15.3%。总体来看,山东省软件业继续保持平稳发展态势,产业结构进一步优化,重点城市、园区、企业支撑带动能力显著。但也存在软件出口持续不振,嵌入式系统软件增速大幅低于去年同期的现象。

(二)产业创新研发平台

据不完全统计,截至 2017 年,山东省信息技术产业共有国家技术创新示范企业4 家、国家重点实验室 2 家。省重点实验室 20 家、省级示范工程技术研究中心 16 家、省级工程(技术)研究中心 13 家、软件工程技术中心 116 家。

1. 省内重点实验室

截至 2017 年,山东省在信息技术产业拥有山东大学微电子材料与器件重点实验室、山东省汽车电子技术重点实验室在内的约 20 个省级重点实验室。

(1)山东大学微电子材料与器件研究所。在原山东大学物理学院光电材料与器件研究所基础上建立的。建所以来,连续承担了“八五”“九五”国家重点科技攻关项目、国家军工配套项目,国家自然科学基金项目以及教育部和山东省各类科研项目;取得科技成果奖励 20 多项,其中“30×30 cm^2 ITO 透明导电膜”“氧化物光电薄膜研究”“电子工业替代ODS清洗剂及清洗技术研究”等为国家和省部级重要科技成果，建立起“国家电子元器件清洗技术研究推广中心”。

(2)山东省汽车电子技术重点实验室。依托山东省科学院自动化研究所。实验室成立以来，追踪国内外汽车电子科技发展前沿，深入开展应用基础性研究，获取关键技术、共性技术和拥有自主知识产权的科技成果，聚集和培养高层次科技人才，为增强全省科技综合实力和经济、社会持续协调发展提供知识储备和科技支撑。

2. 省工程(技术)研究中心

截至2017年，山东省在信息技术产业拥有省级工程技术研究中心29个，其中：示范工程技术研究中心16个，工程技术研究中心13个。

(1)省级示范工程技术研究中心(见表2.2.1)。

表2.2.1 省级示范工程技术研究中心

省级示范工程技术研究中心	依托单位	主管单位
山东省机器人与制造自动化工程技术研究中心	山东省科学院自动化研究所	
山东省云计算工程技术研究中心	山东省计算中心 (国家超级计算济南中心)	省科学院
山东省射频识别应用工程技术研究中心	山东省标准化研究院	省质量技术监督局
山东省智能制造与控制系统工程技术研究中心	山东大学	
山东省智能制造技术与应用工程技术研究中心	浪潮通用软件有限公司	济南市科技局
山东省集成电路工程技术研究中心	山东华芯半导体有限公司	济南市科技局
山东省企业移动计算工程技术研究中心	普联软件股份有限公司	济南市科技局
山东省智能照明工程技术研究中心	泰华智慧产业集团股份有限公司	济南市科技局
山东省电力电子与变频工程技术研究中心	新风光电子科技股份有限公司	济宁市科技局
山东省电子陶瓷工程技术研究中心	山东国瓷功能材料股份有限公司	东营市科技局
山东省信息应用与监测设备工程技术研究中心	威海北洋电气集团股份有限公司	威海市科技局
山东省挠性电路基材及胶膜工程技术研究中心	山东金鼎电子材料有限公司	莱芜市科技局
山东省磁电工程技术研究中心	山东省磁电工程技术研究中心	潍坊市科技局
山东省荷电膜工程技术研究中心	山东天维膜技术有限公司	潍坊市科技局
山东省防伪工程技术研究中心	山东泰宝防伪技术产品有限公司	淄博市科技局
山东省电子辐照线缆工程技术研究中心	鲁能泰山曲阜电缆有限公司	济宁市科技局
山东省射频识别应用工程技术研究中心	山东省标准化研究院	省质量技术监督局

(数据来源：新一代信息技术产业子课题组调研整理所得)

(2)省级工程技术研究中心(见表 2.2.2)。

表 2.2.2　　省级工程技术研究中心

省级工程技术研究中心	依托单位	主管单位
山东省晶体器件加工工程技术研究中心	山东大学	
山东省 CIMS 工程技术研究中心	山东大学	
山东省半导体光电子工程技术研究中心	山东大学	
山东省智能配电网工程技术研究中心	积成电子股份有限公司	济南市科技局
山东省网络应用中间件工程技术研究中心	山东中创软件工程股份有限公司	济南市科技局
山东省应用软件工程技术研究中心	山东中创软件工程股份有限公司	济南市科技局
山东省特种计算机工程技术研究中心	山东超越数控电子有限公司	济南市科技局
山东省物联网应用中间软件工程技术研究中心	山东万博科技股份有限公司	济南市科技局
山东省音视频压缩技术及网络传输工程技术研究中心	济南中维世纪科技有限公司	济南市科技局
山东省 PLM 工程技术研究中心	山东山大华天软件有限公司	济南市科技局
山东省微电子封装材料与系统集成工程技术研究中心	烟台德邦科技有限公司	烟台市科技局
山东省电声工程技术研究中心	歌尔股份有限公司	潍坊市科技局
山东省功率半导体工程技术研究中心	山东科达集团有限公司	东营市科技局

(数据来源:新一代信息技术产业子课题组调研整理所得)

3. 省工程实验室

截至 2017 年,山东省在信息技术产业拥有的省级工程实验室及主要实验室及依托单位如表 2.2.3 所示。

表 2.2.3　　省级工程实验室

省级工程实验室	依托单位
山东省智慧养老与大数据工程实验室	山东财经大学
山东省智能制造控制软件工程实验室	浪潮通用软件有限公司
山东省电子级电解铜箔工程实验室	山东金盛源电子材料有限公司
山东省通信智能终端工程实验室	山东卡尔电气股份有限公司
山东省云商务大数据工程研究中心	山东省商业集团有限公司
山东省电子线缆外包材料工程实验室	威海市泓淋电子有限公司
山东省功率半导体器件工程研究中心	淄博美林电子有限责任公司

(数据来源:依据山东省发改委网站整理所得)

4. 院士工作站

截至 2017 年,山东省信息技术产业部分院士工作站如表 2.2.4 所示。

表 2.2.4 院士工作站

院士工作站	地点
山东乾云启创信息科技股份有限公司	济南
青岛海信网络科技股份有限公司	青岛
山东国泰科技有限公司泰安	泰安
山东四维远见信息技术有限公司	潍坊
中信国安信息科技有限公司诸城分公司	潍坊
中国科学院上海技术物理研究所禹城光电传感技术应用中心	德州
山东银光科技有限公司	临沂
山东艾孚特科技有限公司	邹城
莱州市电子仪器有限公司	莱州

（数据来源：新一代信息技术产业子课题组调研整理所得）

5. 软件工程技术中心

截至 2017 年，山东省内有包括山东中创软件工程股份有限公司、浪潮集团山东通用软件有限公司、积成电子股份有限公司、山东山大鸥玛软件有限公司等在内的 116 家软件工程技术中心。

（三）典型企业研发机构

1. 海尔集团 HOPE 开放创新平台

HOPE 开放创新平台成立于 2009 年 10 月，最初是海尔集团基于“世界就是我的研发部”理念成立的开放式创新团队，经过 9 年的发展，目前已经成为海尔旗下独立的开放式创新服务平台。HOPE 开放创新平台是一个创新者聚集的生态社区，一个全球范围的庞大资源网络，也是一个支持产品创新的一站式服务平台。

2. 海信集团研究发展中心

海信集团研究发展中心是国家创新体系试点企业研发中心、国家级企业技术中心，拥有数字多媒体技术国家重点实验室、国家城市道路交通装备智能化工程技术研究中心、国家级博士后科研工作站、光电器件关键技术国家地方联合工程实验室、国家级工业设计中心，是国际科技合作基地、国家“863”计划成果产业化基地。

3. 浪潮集团国家高效能服务器和存储技术重点实验室

浪潮集团国家高效能服务器和存储技术重点实验室是中国 IT 领域唯一设在企业内的国家重点实验室。即将竣工投入使用的“高效能服务器和存储技术国家重点实验室”研发大楼总投资达 31 亿元人民币，其中设备及研发条件投入 23 亿元。

4. 歌尔股份有限公司技术中心

歌尔股份有限公司技术中心是国家企业技术中心，拥有业内优秀的研发团队和广泛的对外技术合作伙伴，与中科院声学所、清华大学、北京航空航天大学、南京大学、北京邮电大学、山东大学等多家知名科研机构和高校建立了长期战略合作伙伴关系，致力于前沿技术的基础研究和新技术、新产品的开发。

5. 威海北洋电气集团股份有限公司技术中心

威海北洋电气集团股份有限公司技术中心现拥有国家级、省级以及海外企业技术中心和重点实验室共计 11 个，1 个博士后工作站和 1 个院士工作站。现已形成了光纤传感、射频识别(RFID)、热打印头/图像传感器、专用打印机、节能照明、电子部品等六大系列近百个品种。

6. 东方电子集团有限公司

东方电子集团有限公司被认定为国家级企业技术中心、国家级软件生产企业、博士后科研工作站，拥有计算机信息集成一级资质、智能建筑设计与施工二级资质，通过了 CMMI L5、PCMM L3、ISO 9000、ISO 14001、OHSAS 18001 等认证。

三、山东省信息技术产业人才发展情况

(一)高层次人才队伍建设情况

山东省信息技术高层次人才相对比较缺乏，自 2015 年，以山东大学为代表的山东高校以及以浪潮为代表的山东信息技术企业才逐渐加大了对高层次人才的引进力度。共计引进国家海外高层次人才 4 人、泰山学者 14 人，以及一大批海外高层次人才。其具体所属单位及专业分布如表 2.3.1、表 2.3.2 所示。

表 2.3.1　山东省高层次人才队伍建设情况

姓名	所属单位	称号	方向
陈宝权	山东大学	国家万人计划领军人才	计算机应用技术
邹定国	浪潮高效能服务器与存储技术国家重点实验室	山东省泰山学者海外特聘专家、信通院第六批海外高层次人才	通信设备开发、芯片开发
徐勤卫	山东极芯电子科技有限公司	山东省泰山学者海外特聘专家、信通院引进的第五批海外高层次人才	集成电路设计 EDA 工具
阎跃鹏	济南东朔微电子有限公司	山东省泰山学者海外特聘专家、信通院引进的第七批海外高层次人才	微波射频集成电路与系统

续表

姓名	所属单位	称号	方向
吕广世	山东大学	泰山学者	密码技术与信息安全
张海霞	山东大学	泰山学者	信息科学与工程、通信网络中的跨层设计、预编码、波形成型技术
张佳华	青岛大学	中国科学院百人计划、泰山学者	图像处理与深度学习、智慧信息系统、物联观测网
郭向欣	青岛大学	泰山学者	新型电池和能量转换技术
解学军	曲阜师范大学	泰山学者	复杂系统的控制理论与应用研究
李玉霞	山东科技大学	泰山学者	控制理论及机器人技术
钟麦英	山东科技大学	泰山学者	控制系统鲁棒故障诊断理论创新及其应用研究
姜鲁华	青岛科技大学	泰山学者	(光)电催化、纳米材料、燃料电池、金属-空气电池
王晓临	山东建筑大学	泰山学者	超导和电子材料
关　欣	海军航空大学	泰山学者	信号处理、信息融合

(数据来源:山东电子学会内部资料整理所得)

表 2.3.2　　2017 年山东省泰山产业领军人才情况

姓　名	所属单位
尚世显	济南高新区齐鲁软件园发展中心
禹晓辉	济南高新区齐鲁软件园发展中心
刘　春	济南高新区齐鲁软件园发展中心
邢建平	济南高新区齐鲁软件园发展中心
李文举	济南高新技术创业服务中心
于治楼	浪潮集团有限公司
伍雁雄	青岛海信电器股份有限公司
李宗翰(Li Tsung-Han)	青岛海信电器股份有限公司
王建华	青岛鼎信通讯股份有限公司
于忠清	青岛鹏海软件有限公司
梁海山	海尔集团公司
李福生	海尔集团公司
马小航	海信集团有限公司

续表

姓　名	所属单位
宋青林	歌尔股份有限公司
邓文栋	烟台东方威思顿电气有限公司
王　林	烟台海颐软件股份有限公司
陈田安(Chen Tianan)	烟台德邦科技有限公司
薛友祥	中材高新材料股份有限公司
丛强滋	山东新北洋信息技术股份有限公司
岳小虎	山东天利和软件股份有限公司
王巍成	金运通网络支付股份有限公司

(数据来源:山东电子学会内部资料整理所得)

从代表我国科研最高水平的两院院士的数量来看,山东在引进高层次人才方面的工作还需要做出更多努力。山东省与江浙粤三省院士名单及简要对比介绍如下:

1. 山东省(2人)

王恩东:计算机专家。山东济南人,1991年毕业于清华大学,获硕士学位。现任浪潮集团首席科学家,高效能服务器和存储技术国家重点实验室主任,主机系统国家工程实验室主任,曾任"863"计划信息领域专家,中国计算机学会理事长等职。长期从事计算机系统结构设计、关键技术研究和工程实现工作,是我国服务器技术领域带头人和产业开拓者。建立了我国高端容错计算机技术体系,主持研制了我国首台32路高端容错计算机并得到广泛应用,为该领域自主创新、技术进步和产业发展做出重大贡献。

何友:信息融合专家。现为烟台海军航空工程学院院长、教授、博士生导师,海战场信息感知与融合技术军队重点实验室主任,中国航空学会信息融合分会主任委员,中国电子学会会士,IET Fellow等。长期从事信息融合理论与技术研究、工程建设与人才培养,是我国军事信息融合领域的主要开拓者之一。

2. 江苏省(4人)

韦钰(女):电子学专家。现任东南大学学习科学研究中心主任,中国电子学会副理事长等职。韦钰博士在电子学领域工作了40多年,做出了系统的和重要的贡献,特别是在发展中国生物电子学和建立分子电子学学科方面做出了开创性工作。获得了国内第一批生物组织的微波CT、超声CT、衍射CT和B/A非线性参量断层图像。她在国内建立了第一个分子与生物分子电子学实验室,创建了第一个"生物电子学"博士点。在国际上首先系统地阐明了分子器件和分子计算系统的基本特征,并率先采用分子器件分子设计的方法,受到国内外专家的高度重视。

吕建:计算机软件专家。南京大学教授。主要从事软件方法学研究,在软件基础理论与方法、网构软件方法学和新型软件平台及其应用方面取得系列成果。提出了一种具有模型裂变能力的形式化开发方法,其数据分解新机制可用于大型程序开发的复杂性控制。研究了开放环境下软件系统的范型、方法与技术等问题，提出了基于 Agent 的网构软件方法学，探索了面向 Internet 软件方法学研究的新途径。发展了开放环境下的软件协同技术，主持研制了新型软件协同平台，可为开放、动态、多变环境下应用系统的开发与运行提供支撑。

尹浩：通信网络领域专家。军事科学院系统工程研究院研究员，曾任该所总工程师、副所长。主要从事通信网络技术研究。在复杂环境通信网络理论方法研究、体系结构设计和技术应用等方面取得了多项创新性成果，主持完成多项重大型号科研项目，获国家科技进步奖一等奖 1 项、二等奖 3 项。

郑有炓：半导体材料与器件物理专家。现任南京大学物理系教授。2003 年当选为中国科学院院士。从事新型半导体异质结构材料与器件研究。在锗硅、Ⅲ族氮化物异质结构研究中，发展了生长锗硅、Ⅲ族氮化物异质结构材料的光辐射加热方法和新技术。基于锗硅、Ⅲ族氮化物极化能带工程，发展了多种新器件。提出并实现了铁电体/氮化镓、铁磁体/半导体异质结构新体系。发现锗硅合金应变诱导有序化新结构，提出新模型。揭示Ⅲ族氮化物异质结构极化、二维电子气及其相关性质。观测到碲化镉/锑化铟异质结构二维电子气及占据子带规律，开拓Ⅱ-Ⅵ/Ⅲ-Ⅴ族异质体系二维电子气研究领域。提出基于锗硅技术实现二氧化硅/硅界面量子限制硅纳米结构。

3. 浙江省（4 人）

陈纯：计算机应用专家。现为浙江大学计算机科学与技术学院教授，国家列车智能化工程技术研究中心主任，国务院学位委员会学科评议组成员。长期从事计算机应用领域的前沿研究工作，致力于将高水平的研究成果应用于轻工和纺织业的改造和提升，先后主持研制完成“计算机丝绸印染花样设计分色处理及制版自动化系统”“纺织品数码喷印系统”等多个工程系统，得到了全面推广应用；成果获国家技术发明奖二等奖 1 项，国家科技进步奖二等奖 2 项，省部级科学技术一等奖 6 项。

孙优贤：工业自动化专家。浙江大学教授，浙江大学现代控制工程研究所所长，浙江大学工业自动化国家工程研究中心主任。在现代控制工程领域取得重大研究成果。针对复杂工业系统的高度不确定性、高度非线性、高度关联性、特大纯滞后和信息不完全性等特点，创造性地提出了一整套系统建模技术、先进控制技术、在线优化技术、故障诊断技术、容错控制技术、系统集成技术和综合自动化技术，并在大型工业装置中得到成功应用，初步建立了现代控制工程的方法论体系。

吴朝晖：长期从事计算机科学与技术领域研究，在复杂服务计算和脑机融合的混合智能（Cyborg intelligence）等代表性方向取得了系统的、创造性的科技成果。吴朝晖教授在服务计算方面，提出了复杂服务计算理论模型与方法，主持研制了复杂服务计算支撑平台，产生了重大经济与社会效益。在脑机融合的混合智能方面，提出了混合智能体系结构及脑在回路的信息处理模型；发明了多种脑机间智能交互、融合增强的技术方法，主持构建了听视觉增强的大鼠机器人等原型系统，产生了重要国际影响。

杨德仁：长期从事超大规模集成电路用硅单晶材料、太阳能光伏硅材料、硅基光电子材料及器件、纳米硅及纳米半导体材料等研究工作。杨德仁教授提出了掺氮控制极大规模集成电路用直拉硅单晶微缺陷的思路，系统解决了氮关缺陷的基础科学问题，促进了其在国际上的广泛应用；提出了微量掺锗控制晶格畸变的思路，发明了微量掺锗硅晶体生长系列技术，系统解决了相关硅晶体的基础科学问题，实现了实际应用；研究了纳米硅等的制备、结构和性能，成功制备出纳米硅管等新型纳米半导体材料，为其器件研究和应用提供了材料基础。

4. 广东省(2 人)

陈国良：现任深圳大学教授。2003 年当选为中国科学院院士。主要从事并行算法，高性能计算及其应用等研究。在非数值并行算法研究方面，取得了一些国际同期最好的成果，包括分组选择网络、递归选择网络、Benes 网络选路算法、VLSI 平面嵌入算法、网络最大流算法、装箱算法的平均性能分析等。在高性能计算及其应用研究方面，提出了“并行算法—并行机结构—并行编程”一体化的研究方法，开发了自主版权的国产曙光并行机“用户开发环境”商用软件。研制了安徽省防灾减灾决策支持系统与淮河流域防洪防污调度系统，在实际应用中产生了显著的社会和经济效益。

许宁生：真空微纳电子学家。现任复旦大学校长，曾任中山大学校长。2009 年当选中国科学院院士。长期从事真空微纳电子学研究工作，主要开展了新型场发射冷阴极和真空微纳电子源阵列器件的基础研究，以及它们在功能器件上应用的探索性研究。研究了大面积金刚石及相关薄膜场发射特性和机制，发展了物理解释模型，并研究了类金刚石薄膜在真空微电子源阵列的应用。研究了纳米冷阴极场发射的应用基础问题，发展了纳米冷阴极材料可控生长及电子源阵列制作的技术，并研制出新型纳米冷阴极原理型器件。研究发展了“金属—绝缘体—金属”微结构电子发射模型和印刷型冷阴极电子源制备技术。曾获国家自然科学二等奖等多项奖励。

(二)高校院所产业人才情况

山东省内共有几十所高校开设了与信息技术产业有关的专业学科，几个省内重点高校专业设置情况如下：[①]

1. 山东大学

山东大学作为国家“211 工程”和“985 工程”重点建设的高水平大学之一，学科设置非常齐全，涉及信息技术产业的学院及其人才情况如下：

(1)山东大学信息科学与工程学院。学院现有院士 1 人，国家特聘教授 2 人，泰山学者 1 人，泰山学者海外特聘专家 2 人，享受国务院特殊津贴专家 4 人，教育部“新世纪优秀人才支持计划”获得者 2 人。其中博士生导师 20 人，教授 38 人，副教授 43 人。学院现有在校生 2 264 人，其中博士生 94 人、硕士生 351 人、本科生 1 819 人。

(2)山东大学计算机科学与技术学院。山东大学计算机科学与技术学院现拥有计算机

① 数据来源于各单位公开网站，访问日期为 2018 年 6 月。

科学与技术和软件工程两个一级学科博士学位授权点，计算机软件与理论、计算机应用技术、计算机系统结构、数字媒体技术和艺术四个博士学位授权点和电子商务与信息技术硕士点，并设有计算机科学与技术和软件工程博士后流动站。学科建设方面，学院坚持理论研究与应用研究并重，经过多年发展现已形成了人机交互与虚拟现实、软件与数据工程、智能信息处理、智能计算、大数据管理与分析、机器学习与媒体分析、信息安全与密码学、体系结构与高性能计算、计算机网络等多个研究方向。学院现有教职工160人，专任教师111人，其中博士生导师21人，教授33人、副教授57人。现有在校学生1 100余人，其中博士生130余人，硕士生410余人，本科生590余人。另有在职攻读硕士学位学生370余人。

(3)山东大学软件学院(齐鲁软件学院)。学院拥有计算机科学与技术一级学科博士点，并设有计算机科学与技术博士后流动站，目前有博士生导师16名，教授28人，副教授34人，具有博士学位的50%以上，形成了人机交互与虚拟现实、数据库及应用、密码学与信息安全等一批优势研究方向。43名专职教师是软件学院师资队伍的核心。其中有教授11人，副教授18人，博士生导师6人，50%以上具有企业背景。17名专职实验教师中有高级工程师4人，工程师8人。积极开展引进国外优秀教师资源的建设工作，目前聘任的外籍专家30人，其中客座教授9人，课程教师6人。

2. 中国海洋大学

中国海洋大学信息科学与工程学院下设物理系、电子工程系、计算机科学与技术系、海洋技术系和信息工程中心五个单位。学院有教职员工214人，其中博士生导师29人、教授39人、副教授、高级工程师和高级实验师75人，拥有博士学位的教职工142人，占教职工总数的63%。教师系列153人，其中135人拥有博士学位，占比为88%。具有海外学习和工作经历的教师占专任教师的一半以上。

3. 中国石油大学(华东)

中国石油大学(华东)计算机与通信工程学院已设立30多年，目前设有计算机技术与资源信息工程二级博士点，计算机科学与技术、软件工程、信息与通信工程3个硕士学位授权一级学科，以及计算机技术、软件工程、电子与通信工程3个工程硕士授权领域。

现有教职工120人，其中教授16人，副教授51人，具有博士学位人员50人，半年以上出国访学经历教师21人。学院目前在读本科学生1 500余名，研究生220余名。

4. 山东科技大学

计算机科学与工程学院下设5个系、1个实验中心和3个办公室。有教职工100人，专任教师82人，其中教授15人，博士生导师16人(含院外导师)，副教授35人，获得博士学位的有52人，已形成一支学历层次高、年龄结构合理、发展潜力较大的师资队伍。著名计算机科学家杨芙清院士担任学院名誉院长，聘请天津大学姚建铨院士等国内外知名专家为特聘教授和兼职教授。

为充分比较山东省与苏浙粤等省份在信息技术人才方面的差距，我们将山东省高校和苏、浙、粤高校在信息产业专业设置、师资、人才培养(本硕博招生毕业人数)等情况进行比较，如表2.3.3所示。

表 2.3.3　　山东省部分高校和苏、浙、粤高校在信息产业相关项的比较

省份	高校	信息技术相关专业设置	师　资	人才培养
山东省	山东大学	信息科学与工程学院、计算机科学与技术学院和软件学院等三个学院下属系及研究所	信息科学与工程学院有院士1人，国家特聘教授2人，泰山学者1人，泰山学者海外特聘专家2人，享受国务院特殊津贴专家4人，教育部"新世纪优秀人才支持计划"获得者2人。其中博士生导师20人，教授38人，副教授43人。计算机科学与技术学院有教职工160人，专任教师111人，其中博士生导师21人，教授33人、副教授57人。	信息科学与工程学院在校生2 264人，其中博士生94人、硕士生351人、本科生1 819人。计算机科学与技术学院博士生130余人，硕士生410余人，本科生590余人。另有在职攻读硕士学位学生370余人。
	中国海洋大学	信息科学与工程学院	教职员工214人，其中博士生导师29人、教授39人、副教授、高级工程师和高级实验师75人。	学院有全日制在校本科生2 073人，硕士研究生800人，博士研究生203人。
	中国石油大学	计算机与通信工程学院	现有教职工120人，其中教授16人，副教授51人，具有博士学位人员50人。	本科学生1 500余名，研究生220余名。
	山东科技大学	计算机科学与工程学院	计算机科学与工程学院有教职工100人，专任教师82人，其中教授15人，博士生导师16人(含院外导师)，副教授35人。电子通信与物理学院现有教职工101名，专任教师90名，其中双聘院士1名，教授14名(包括7名博士生导师)，副教授25人、高级实验师3人、高级工程师1人。	计算机科学与工程学院现有在校生近2 500人，其中本科生2 160人，研究生326人，另有在职工程硕士近300人。
	青岛大学	电子信息学院	学院拥有一支结构合理、充满活力和富有创新意识的高水平教师队伍。学院现有教职工59人，其中：专任教师51人，泰山学者1人，山东省杰出青年基金获得者1人，山东省教学名师1人，全国模范教师1人，山东省优秀研究生指导教师1人，青岛市劳动模范1人，1个校级教学团队。博士生导师1人，硕士生导师13人，教授8人，副高职称16人，博士35人(1人在读)。具有海外留学经历15人，另有外聘中国工程院院士1人，外聘硕士生导师1人。所有教师均承担本科生教学任务。	学院在校本科生1 033名，硕士研究生43名。
	青岛科技大学	信息科学技术学院	学院现有教职工114人，其中，教授11人，副教授45人，讲师47人，具有博士学位46人，硕士导师38人。 自动化与电子工程学院现有教师111名。其中，双聘院士1人，"泰山学者"特聘教授2人，"泰山学者海外特聘专家"1人，特聘教授1名，教授14名，博士生导师、硕士生导师40余名。	学院现有全日制硕士研究生100余人，全日制本科生2 000余人，专科生600余人。在校本科生2 400余人，研究生130余人。

续表

省份	高校	信息技术相关专业设置	师资	人才培养
山东省	济南大学	信息科学与工程学院	现有教职员工148人，其中专任教师120人。	目前在读本科学生2 428人，研究生138人。
	青岛理工大学	通信与电子工程学院、计算机工程学院	通信与电子工程学院现有教职工35人，其中教授4人，副教授15人。 计算机工程学院共有教职工67人，其中教授10人，副教授19人，博士12人，硕士导师16人。	通信与电子工程学院在校学生860人。计算机工程学院在校本科生1 362人，研究生50人。
	烟台大学	计算机与控制工程学院、光电信息科学技术学院	计算机与控制工程学院现有教职工95人，专任教师77人，其中教授13人，副教授30人，博士后、博士40人，在读博士3人，兼职教授5人。 光电信息科学技术学院有教职工115人，其中专职教师92人，实验人员13人。教授14人，副教授37人。	计算机与控制工程学院普通本科、卓越工程师、服务外包等多类学生，共计2 000余人。光电信息科学技术学院在校本科生、硕士研究生2 341人。
	山东理工大学	计算机科学与技术学院	学院现有教职工130人，其中教授11人，副教授52人。	在校本科生2 900余人，全日制研究生68人。
江苏省	南京大学	电子科学与工程学院下设电子工程系、微电子与光电子学系、信息电子学系、通信工程系等；软件学院；计算机科学与技术系	电子科学与工程学院师资力量雄厚，135位教师中，有中国科学院院士郑有炓教授和吴培亨教授，以及中国工程院院士张光义教授和贲德教授（双聘）。学院拥有国家“海外高层次人才引进计划”入选者5名、青年海外高层次人才引进计划入选者4名、“国家高层次人才特殊支持计划”（万人计划）入选者3名，讲座教授1名，国家杰出青年基金获得者7名，教育部新世纪人才计划入选者10名。计算机科学与技术系目前该系在职教职工111人，其中教授27人（含博士生导师24人），副教授、高级工程师31人。师资队伍中，有中国科学院院士1人，国家有突出贡献的中青年专家3人，国家杰出青年科学基金获得者5人，教育部跨（新）世纪人才计划入选者9人。	电子科学与工程学院近几年，每年招收全日制本科生200名左右，硕士和博士研究生80名左右，接受博士后研究人员10人左右。包括专科和“成教”学生在内，在校学生总数已达到2 000人。计算机及软件工程学院在校生也达到2 000余人。

续表

省份	高校	信息技术相关专业设置	师　资	人才培养
江苏省	东南大学	电子科学与工程学院、信息科学工程学院、微电子学院、计算机科学与工程学院	电子科学与工程学院共有教职员工(含脱产博士后)171 人,专任教师 115 人,其中教授(研究员)43 人,副教授(副研究员)51 人,博士生导师 39 人,硕士生导师 74 人。享受政府特殊津贴专家 6 人,国家杰出青年科学基金获得者 3 人,“海外高层次人才引进计划”1 人,“万人计划”—青年拔尖人才 1 人,国家“973”项目首席科学家 1 人,国家重点研发计划专家 3 人,国家“863”重大专项专家组组长及成员 3 人,国家原总装备部专家组成员 2 人,国家工信部专家组成员 1 人,新世纪“百千万人才工程”国家级人选 2 人,教育部新世纪人才 9 人。 信息科学与工程学院教职员工 220 余人,其中,专任教师 189 人,教授/研究员 61 人,副教授/副研究员 88 人。现有中国工程院院士 1 人、国家“973/863”首席专家 4 人、国家杰出青年基金获得者 7 人、IEEE Fellow 7 人、国家“万人计划”科技创新领军人才 2 人、国家“万人计划”青年拔尖人才 1 人、国家百千万人才工程人选者 6 人、国家级突出贡献中青年专家 6 人、国家教学名师 1 人、国家优秀青年基金获得者 4 人。 微电子学院拥有集成电路人才培养的雄厚师资队伍。其中:博士生导师 38 人,教授 67 人,副教授 58 人;中国工程院院士 1 人,国家“863”计划专项专家 5 人。 计算机科学与工程学院现有教职工 120 余人,其中,教育部跨世纪、新世纪人才 7 人。	本科毕业生在国内外继续攻读研究生的比率持续在 50%以上。 信息科学与工程学院现有各类全日制在校生 2 500 余人,其中本科生 1 100 余人,硕士研究生 980 余人,博士研究生 360 余人,留学生 20 余人。

续表

省份	高校	信息技术相关专业设置	师资	人才培养
江苏省	江苏大学	电气工程信息学院	现有教职工 152 人,专任教师 122 人,其中博士生导师 20 余人,教授 30 余人,副教授等高级职称教师 70 余人。拥有国家百千万人才工程人选、享受国务院特殊津贴专家、全国"五一劳动奖章"获得者、国家有突出贡献中青年专家、国家优秀青年基金获得者、全国优秀博士学位论文提名奖获得者等近 10 人;拥有江苏省教学名师、江苏省劳动模范、江苏省有突出贡献中青年专家、江苏省特聘教授、江苏省"333"工程领军人才、江苏省"333"中青年科学技术带头人、江苏省"青蓝工程"中青年学术带头人、江苏省"青蓝工程"优秀骨干教师、江苏省"六大人才高峰"资助获得者等近30 人。	在院学生 2 200 余人,其中博士生和硕士生 500 余人,本科生近 1 700 人。
	南京航空航天大学	电子信息工程学院、计算机科学与技术学院	电子信息工程学院有专任教师 81 人。其中院士 2 人,正高级职称 22 人,副高级职称 41 人,具有博士学位教师 64 人;计算机科学与技术学院有教职工近百人,其中教授、博士生导师 20 余人,副教授 40 余人。学院现有青年拔尖人才 1 人,优青 1 人。	在校生(本科、研究生、博士、留学生)共计 3 600 余人。
	南京理工大学	电子工程与光电技术学院、计算机科学与工程学院	电子工程与光电技术学院现有在职教职员工 227 人,其中正高职称 47 人、副高职称 66 人、中级职称 79 人、博士生导师 23 人、硕士生导师 112 人,(双聘)院士 2 人,国家"海外高层次人才引进计划"专家 2 人,国家杰出青年科学基金获得者 2 人,中国青年女科学家奖获得者 1 人,国家级新世纪百千万人才 3 人,教育部"新世纪优秀人才支持计划"获得者 4 人。 计算机科学与工程学院现有教职工 145 人,其中博士生导师 33 人,正高 37 人,副高 51 人,专任教师 130 人,国家杰出青年基金和国家万人计划获得者杨建;同时具有国家万人计划、国家优秀青年基金获得者和"973"首席青年科学家唐金辉教授、拥有教育部新世纪人才1 人。	学院在册各类学生 4 700 人,其中博士研究生 180 人、硕士研究生 1 500 余人、本科生 2 510 人,工程硕士 500 余人。 计算机科学与工程学院在校本科生 1 300 余人,研究生 720 人,工程硕士 500 余人及博士后 20 余人。

续表

省份	高校	信息技术相关专业设置	师资	人才培养
江苏省	苏州大学	电子信息学院、计算机科学与技术学院	电子信息学院在职教职工 112 人，专任教师 89 人，教授 16 人、副教授 49 人，博士生导师 12 人、硕士生导师 30 余人，“973”青年科学家 1 人，国家优青2 人。	电子信息学院现有全日制本科生 1 296 人，硕士、博士研究生近 400 人。
	河海大学	计算机与信息学院	学院现有教职工 140 人，具有高级职称的教师 62 人，博士生导师 26 人。	目前在校本科生 1 400 多人，全日制硕士研究生 600 余人，工程硕士 300 余人，博士研究生 150 余人。
浙江省	浙江大学	信息与电子工程学院、计算机学院、软件学院	信息与电子工程学院现有教职工 175 名，其中教授及研究员 58 名。教师中有中国工程院院士 1 人、求是特聘教授 3 人、国家杰出青年基金获得者 2 人、国家青年拔尖人才 2 人、国家优秀青年基金获得者 1 人、教育部新世纪优秀人才支持计划入选者 9 人。 计算机学院师资力量雄厚，拥有中国工程院院士潘云鹤、邬江兴(双聘院士)、陈纯，中国科学院院士吴朝晖，国家“万人计划”入选者 5 人，浙江省特级专家 3 人，国家杰出青年基金获得者 6 人。	
广东省	中山大学	电子与信息工程学院、数据科学与计算机学院	电子与信息工程学院现有教授 36 人、副教授 30 人。 数据科学与计算机学院有专职师资 124 人。	
	华南理工大学	电子信息学院、计算机科学与工程学院	电子信息学院现有教职工 162 人，其中教师 114 人。国家级教学名师 1 人，国家杰出青年基金获得者 1 人，国家优秀青年基金获得者 2 人，珠江学者 2 人，广东省教学名师 1 人，教育部新(跨)世纪人才 7 人。教师队伍中有正教授 36 人，副教授 46 人。 计算机科学与工程学院现有教职工 111 人，其中专任教师 84 人，包括教授 30 人，副教授 41 人。师资队伍中国家自然科学基金杰出青年基金获得者 1 人、国家万人计划科技创新领军人才 1 人。	

续表

省份	高校	信息技术 相关专业设置	师　资	人才培养
广东省	暨南大学	信息科学技术学院	学院现有教职工 209 人，其中正高 41 名，副高 75 名，136 人具有博士学位。近年来，学院引进广东省领军人才、美国工程院院士李凯教授当选中国工程院外籍院士；翁健教授入选 2017 年“珠江学者”特聘教授，同时荣获“2017 年国家网络安全优秀教师奖”“2017 年全国大学生信息安全优秀指导教师”荣誉称号。	在读全日制本科生 1 440 人，在读硕士研究生 387 人。

（数据来源：各高校网站，截至 2018 年 6 月）

（三）优秀典型人才情况

本部分以山东省院士、泰山学者、杰出青年、齐鲁青年学者、泰山产业领军人才等荣誉称号获得者为主要统计口径。

1. 王恩东

中国工程院院士、浪潮集团首席科学家。国家“863”计划先进计算主题专家、“973”项目“云计算基础应用研究”首席科学家，被授予国务院特殊津贴专家、百千万人才工程国家级人选、万人计划科技创新领军人才、国家特支计划科技创新领军人才等荣誉称号。

2. 成秀珍

泰山学者。曲阜师范大学海外泰山学者特聘专家，美国乔治·华盛顿大学计算机系终身正教授，IEEE Fellow，在无线网络算法设计与无线网络安全等领域均取得了一系列开拓性研究成果，已发表高水平论文、专著 200 余篇（部），包括 SCI 期刊论文 100 余篇，INFOCOM、MobiCom、ICDCS 等计算机领域顶级会议发表论文 60 余篇；谷歌学术引用 7 600 次，最佳论文奖 6 次，得到国际学术界极高的评价。先后担任 7 个国际学术期刊编委，100 余次学术会议主席或程序委员，多次获特殊贡献和杰出服务奖。是国际学术会议 WASA 的创办者，经过 10 年努力，WASA 已得到国际同行广泛认可。2004 年，获得 NSF Career 奖，并担任 NSF 全职/兼职项目主任共计两年半（2006～2008）。

3. 刘帅

山东大学齐鲁青年学者特聘教授，山东大学杰出青年人才。山东大学材料学院 2015 级博士研究生，师从边秀房教授。发表 SCI 论文 8 篇，第一作者论文影响因子单篇最高 25.4，IF 总和 49.6。曾获山东省研究生优秀科技创新成果一等奖、山东大学优秀成果二等奖、山东大学创新创业活动优秀个人等荣誉，主要研究方向为去合金化技术在大规模制备高性能电池电极材料上的应用。他将传统铸造工艺与新能源结合研发的高性能锂/钠电池负极材料已经取得专利授权，对于提高电池电量、降低电池价格乃至普及电动汽车以减少尾气排放都具有重大的意义，具有良好的产业化前景。

4. 聂礼强

齐鲁青年学者。2009 年 6 月从西安交通大学获本科学位，同年 8 月赴新加坡国立大学读博士，并于 2013 年 10 月获得博士学位。2016 年入选山东大学“齐鲁青年学者”项目，并于 2016 年 12 月全职加入山东大学计算机科学与技术学院，任教授、博士生导师。聂礼强博士主要从事多媒体计算和信息检索方面的研究，在多媒体问答、基于问答的健康计算、以及跨社交媒体分析等方面的研究具有特色和优势，取得了多项具有国际影响力的创新性成果。聂博士近五年在国际重要学术期刊和会议发表论文近 80 篇，其中在 CCF A 类和 IEEE/ACM 汇刊上发表 40 余篇，截至 2017 年 2 月，谷歌学者（Google Scholar）引用 800 余次。这些成果受到学术界和工业界的关注。

5. 陈宝权

国家“万人计划”领军人才。研究领域为计算机图形学与可视化，主要研究方向为基于车载移动激光扫描的大规模城市场景三维建模及海量数据可视化，入选“973”项目“城市大数据计算理论与方法”首席科学家。在 ACM SIGGRAPH、IEEE VIS、ACM TOG 等国际会议和刊物发表论文 100 余篇。现任 ACM Transactions on Graphics（TOG）编委，并多次任图形与可视化领域几乎所有重要国际会议的 PC 成员；现任 SIGGRAPH ASIA 2014 会议主席、SIGGRAPH ASIA 指导委员会委员、和 IEEE VIS 指导委员会委员；曾任 IEEE 可视化会议 2005 年主席和 2004 年程序委员会主席。获 2003 美国 NSF CAREER Award，2005 年 IEEE 可视化国际会议最佳论文奖；2008 年入选中科院“百人计划”；2010 年获国家杰出青年科学基金资助；2013 年入选国家“百千万人才”工程计划和“中青年领军人才”，2014 年获得“中国计算机图形学大会杰出奖”。

6. 梁海山

泰山产业领军人才。高级工程师，博士研究生。1988 年加入青岛电冰箱总厂。历任海尔电冰箱总厂企管办主任，海尔电冰箱股份有限公司质量部长，海尔集团认证中心干部处处长，海尔空调器有限公司总经理，海尔集团物流本部长，海尔集团公司副总裁、海尔家居本部长，海尔集团公司副总裁、海尔冰箱本部长，海尔集团公司高级副总裁、海尔白电集团总裁、海尔集团轮值总裁。2016 年 12 月，任海尔集团公司执行总裁。

7. 马小航

泰山产业领军人才。2005 年 10 月获得澳大利亚亚拉筹拨大学计算机科学系博士学位，2013 年 9 月进入海信集团博士后科研工作站从事博士后研究工作。现担任海信集团 Jamdeo 加拿大有限公司总经理。主要负责智能终端产品操作系统的软件架构设计，带领软件设计团队先后推出了 3 代智能电视产品，完成了智能电视操作系统的设计和开发，解决智能电视开发所面临的各种困难，包括硬件平台适配，应用软件快速移植，统一的人机交互界面等。实现智能应用的迅速上线等。其在国际期刊杂志上共发表学术论文10篇，其中SCI检索3篇，EI检索5篇，本人拥有6项发明专利。所带领的团队已经申请了超过50余项专利。

8. 于治楼

泰山产业领军人才。本科毕业于浙江大学，中国软件行业协会嵌入系统分会副理事长，国家信息技术产业部“十一五”计划和2020年中长期规划计算机领域专家组成员，国务院特殊津贴专家、山东省突出贡献中青年专家、山东省劳动模范、济南市专业技术拔尖人才、工业和信息化部软件与集成电路促进中心(CSIP)云计算研究中心专家、中国嵌入式系统十大杰出青年、国家科技奖励会议评审专家，浪潮集团博士后导师。

9. 丛强滋

泰山产业领军人才。1986年7月毕业于北京工业大学半导体物理与器件专业，获得高级管理人员工商管理硕士。现任山东新北洋信息技术股份有限公司董事长。2015年丛强滋被授予国家“有突出贡献的中青年专家”荣誉称号，成为首次获此殊荣的威海专家。2002年荣获“山东省青年科技奖”。2004年荣获“国务院特殊津贴专家”称号。2004年荣获“山东省有突出贡献的中青年专家”称号。2008年荣获“第十六届山东省十大杰出青年企业家”称号。2011年荣获“泰山学者特聘专家”称号。2015年丛强滋被授予国家“有突出贡献的中青年专家”荣誉称号。

四、信息技术产业人才大数据分析

基于清华大学开发的AMiner平台进行产业人才大数据分析，该平台数据库基于全球主流学术数据库(Scopus，PubMed、DBLP等)、搜索引擎以及学术期刊会议数据。其中Scopus是目前全球规模最大的文摘和引文数据库，涵盖了由5 000多家出版商出版发行的科技、医学和社会科学方面的20 000多种期刊，其中同行评审期刊19 000多种，另外还有丛书、会议录、专利及网页。PubMed为提供生物医学方面的论文搜寻以及摘要的数据库。DBLP数据库是计算机领域内对研究的成果以作者为核心的一个计算机类英文文献的集成数据库，包括国际期刊和会议等公开发表的论文。

根据AMiner科研大数据，对全国信息技术产业人才进行了统计，检索范围包含大数据与云计算、集成电路、虚拟现实等3个子领域，对全球学者数据中属于该领域的中国学者进行了抽取，进行了地理分布、学术水平等方面的统计；并着重分析了山东省在该领域的人才地理分布、学术能力水平、人才流动等情况。

(一)人才地理分布

人才地理分布是根据全国范围内该领域h-index(h-index是目前最受认可的评价学

术成就的方法。h代表“高引用次数”，一名科研人员的h指数是指他至多有h篇论文分别被引用了至少h次）排名TOP 1 000学者（以下简称“TOP学者”）的当前单位地理位置进行统计的，可以看出，信息技术TOP 1 000人才分布主要集中在北京市，约占全国的23.8%；其次为江苏省，占比6.9%；山东位列第17，分布人数较少。具体数据如表2.4.1所示。

表2.4.1　全国信息技术产业TOP学者省份分布

排名	省/直辖市	TOP学者数量	TOP学者占比
1	北京	238	23.8%
2	江苏	69	6.9%
3	上海	64	6.4%
5	广东	42	4.2%
6	浙江	39	3.9%
17	山东	7	0.7%

（数据来源：大数据分析子课题组基于AMiner平台数据库统计分析所得）

（二）学术水平分析

根据全国信息技术产业领域内，各省学者h-index平均值的高低进行排序。全国信息技术产业领域h-index平均值为26.4，上海人数占比远低于北京，但h-index均值排第一，为29.4；北京次之，为27.7；但由于山东省人才较少，相对h-index较高，排名比较靠前。具体数据如表2.4.2所示。

表2.4.2　全国信息技术产业TOP 1 000人才各省h-index水平

排名	省份	h-index平均值
1	上海	29.4
2	北京	27.7
3	江苏	27.5
5	山东	25.5
9	广东	24.6
16	浙江	23.3

（数据来源：大数据分析子课题组基于AMiner平台数据库统计分析所得）

（三）人才迁徙分析

我们选用山东省内该领域 h-index 排名 TOP 学者所属单位地理位置的变化进行的统计，每位学者一次迁徙记录一条。如图 2.4.1 所示，山东信息技术产业在青岛、济南、泰安、烟台、东营等市呈现出人才流入的现象，可见这些城市的人才引进政策运行效果相对较好。淄博有人才流失的现象。潍坊、滨州等市信息技术产业人才较少，流动也较为乏力。

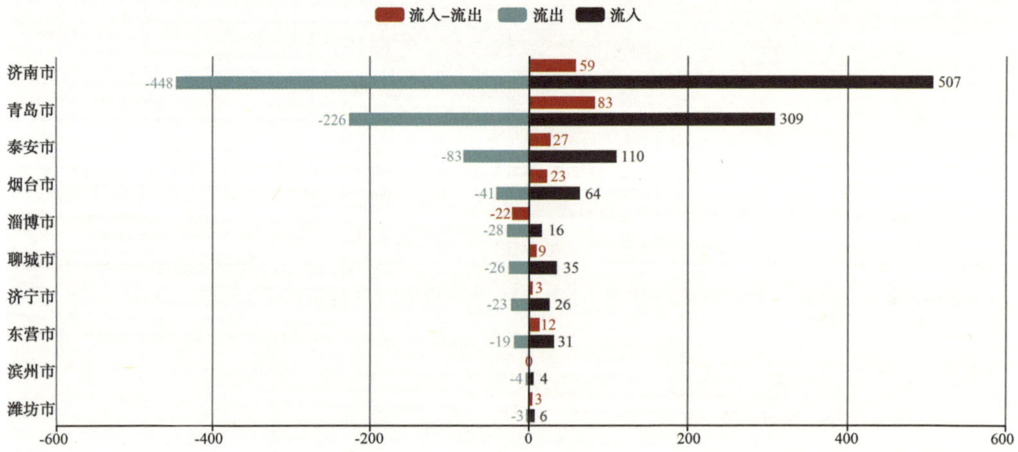

图 2.4.1 信息技术产业全国 TOP 学者中山东人才迁徙状况

TOP 学者中山东学者迁徙数据如表 2.4.3 所示。

表 2.4.3 信息技术产业全国 TOP 学者中山东学者迁徙数据

城市	迁出(单位:人次)	迁入(单位:人次)	迁入—迁出
济南	448	507	59
青岛	226	309	83
泰安	83	110	27
烟台	41	64	23
淄博	28	6	—22
东营	26	35	9
聊城	23	26	3
威海	19	31	12
济宁	4	4	0
潍坊	3	6	3

（数据来源:大数据分析子课题组基于 AMiner 平台数据库统计分析所得）

（四）学者关系网络

学者关系网络的绘制主要是为了解山东省专家人才的关系网络及科研聚群状况。通过学者关系网可以快速找到科研专家人才之间的关系，为科研工作的组织等发掘新的方法和手段。图 2.4.2 是根据山东省信息技术产业 TOP 学者及他们的合作者、师生关系等绘制的学者关系网络图。图中标注姓名的学者是关系网络中关系链比较丰富、处于较为核心位置的专家学者。包括李新国（Xinguo Li）、查爱梅（Aimer Zha）、易义龙（Yilong Yi）、梁云（Yun Liang）、郝晓敏（Xiaomin He）、陈兵（Bing Chen）等。

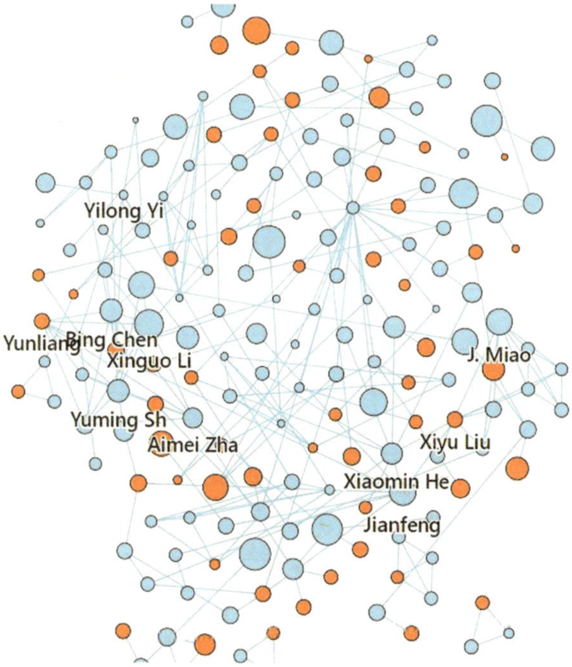

图 2.4.2　山东省信息技术产业 TOP 学者关系网络

（五）技术发展趋势

技术发展趋势是技术发展的源起和未来趋势的重要呈现工具。技术发展趋势是根据“全球”学术研究数据，基于该领域最具代表性的学科关键词检索得出。趋势以河流图形式展示，每个彩色分支表示一个关键词领域，其宽度表示该关键词的研究热度，各关键词在每一年份（纵轴）的位置是按照这一时间点上所有关键词的热度高低进行排序的。图 2.4.3 是以“大数据”（big data）为关键词绘制的技术发展趋势图，云计算（cloud computing）、网格计算（grid computing）、遗传算法（genetic algorithm）都是近期的研究热点。

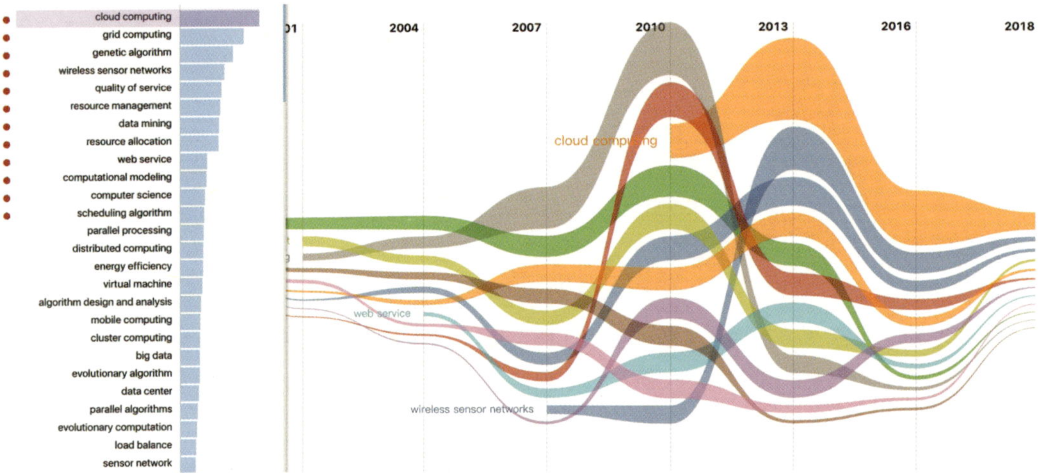

Cloud computing	云计算	Grid computing	网格计算
Genetic algorithm	遗传算法	Wireless sensor networks	无线传感器网络
Quality of service	服务质量	Resource management	资源管理
Data mining	数据挖掘	Resource allocation	资源分配
Web service	网络服务	Computational modeling	计算建模
Computer science	计算机科学	Scheduling algorithm	调度算法
Parallel processing	并行处理	Distributed computing	分布式计算
Energy efficiency	能量效率	Virtual machine	虚拟计算机
Algorithm design and analysis	算法设计与分析	Mobile computing	移动计算机处理
Cluster computing	聚群计算	Big data	大数据
Evolutionary algorithm	进化算法	Data center	数据中心
Parallel algorithms	并行算法	Evolutionary computation	进化计算
Load balance	负载平衡	Sensor network	传感器网络

图 2.4.3 “大数据”技术发展趋势及近期研究热点图

(六)研究兴趣分布

研究兴趣的集中分布有助于我们了解学者的研究现状，AMiner 根据学者的论文、专利等研究成果，绘制学者学术画像，其中每位学者的研究兴趣不唯一。图 2.4.4 根据山东省信息技术产业学者研究兴趣出现的高频关键词绘制，研究兴趣的分布由大数据计算得出，仅供参考。

Satisfiability	可满足性	Genetic algorithms	遗产算法
New method	新思路	Neural network	神经网络
Algorithms	算法	Date mining	数据挖掘
Image segmentation	图像分割	Clustering	聚类
Classification	分类	Real time	实时
Simulation	模拟	Internet	网络
Accuracy	精度	Support vector machines	支持向量机
Mathematical model	数学模型		

图 2.4.4　山东省信息技术产业 TOP 学者兴趣领域

五、山东省信息产业人才队伍建设存在的主要问题

党的十八大以来，党中央高度重视人才工作，全国各地围绕实施创新驱动发展战略，纷纷调整人才发展战略，扩大人才政策开放度，尤其是广东、江苏、浙江等省份，紧跟国际人才流动大势，着力加强人才发展综合环境建设，人才制度优势和竞争力明显提升。

从山东省看，人才发展还不能完全适应经济社会发展的新要求，一些突出矛盾和瓶颈制约亟待破解：人才优先发展理念树立得不牢固，人才发展投入不足，内生动力不强；人才管理体制不顺、权责不清，用人主体自主权落实不到位；人才政策开放度不高，人才流动存在不少障碍；人才结构布局不够合理，高层次人才特别是创新创业领军人才短缺，西部地区和基层人才严重不足。

《中国区域创新能力评价报告 2017》显示，我国已有上海、北京、天津、江苏、广东和浙江 6 个地区基本进入创新型地区，成为我国创新发展最好的地区。与这些先进地区相比，山东省正处于从投资驱动向创新驱动转变的阶段，整体创新能力还有一定的差距，特别是山东省信息产业高端人才队伍建设方面还存在不少问题，主要表现在：

（一）集聚高层次创新人才载体比较薄弱

高校、科研院所、大企业是引进人才、开展创新的重要途径。由于历史原因，山东省大院大所比较少，高层次的创新平台特别是公共服务平台建设相对滞后，科技资源分布不均匀，吸引科技资源的平台不多。

（二）科技投入与科技人才资源不相匹配

从世界主要创新型国家看，R&D 投入人均在 10 万美元以上，美国人均 15 万美元，瑞士 22 万美元。近年来，山东科技经费投入和科技人力资源投入虽有大幅度提高，但是与发达国家相比，科技活动人员人均科技活动经费差距仍然相当大。

（三）自主创新能力不强

山东省区域创新能力位居全国第 6 位，低于江苏、广东、北京、上海、浙江。山东省两院院士，低于江苏、广东、北京和上海；科技人才总量不足，特别是高层次科技创新人才数量少。从工业企业科技人力投入看，山东省规模以上企业 R&D 人员全时当量、发明专利、新产品开发成果产业化率均低于江苏、广东、北京和上海。

（四）高端人才激励机制不够健全

山东省在科技人才引进和培养方面，政策缺乏系统和衔接，各地已经出台的一些政策也没有很好落实，与先进省市相比有很大的差距。上海市相对别的省市来说具有很大的人才优势，在人才吸引方面抢先领跑，已出台了《上海领军人才队伍建设实施办法》。江苏省打破常规实施高层次创业创新人才引进计划，并设立专项资金，每年从海内外引进 100 名左右高层次创业创新人才。此外，促进科技人才领军团队和创新人才机制尚不完善。山东省大部分企业的科技人员尽管有较高的工资，但技术要素分配的机制尚未形成，始终摆脱不了高级打工者的身份，挫伤了科技工作者的积极性。对人才的继续教育方面尚不完善。

六、加强山东省信息产业发展及人才队伍建设的建议

（一）实施创新能力提升工程

加大投入力度，探索“政产学研金服用”新机制新模式，制定重点领域瓶颈清单，组织实施重点领域“一揽子”突破计划。集中力量在核心电子元器件、高端通用芯片、基础支撑软件、关键基础材料等重点领域的核心关键技术、先进基础工艺进行突破，联合攻关集成电路、传感器和显示等领域的新材料新工艺，打造国内先进的信息技术产业体系。

重点发展北斗导航、虚拟现实、人工智能、云计算、智慧健康等新兴领域，围绕新兴产业链进行创新链培育，提高体系化创新能力，突破位置定位、智能传感、虚拟现实建模仿真等新技术，加快推进产业化步伐，不断推动示范项目建设进度，打造一批新兴特色产业集群。

以企业为创新主体和主导，面向人工智能、人机交互、量子通信、软件定义等信息技术领域的基础前沿性技术、共性关键技术，超前谋划布局，集中优势资源，加大科技攻关，开展原始创新和集成创新，夯实基础技术储备，抢占新一代信息技术发展的新高地。

重点围绕“核高基”、大数据、云计算、北斗导航和信息基础设施等关键领域，通过引进外资、央地合作、自筹资金等多种举措，着力推进一批投资规模大、技术含量高、对产业发展拉动提升明显的重大项目。

（二）发展格局优化工程

以骨干企业为核心，统筹基础研发、自主创新、产业发展与应用部署，补足大规模集成电路制造和平板显示等关键缺失短板，建设和完善集成电路、云计算、大数据、高端软件、虚拟现实、物联网、智能硬件等一批关键产业链，支持开源软件发展，加强各环节协调互动，打造硬件、软件、内容、服务一体的全产业生态，不断提高产品附加值，加速产业向价值链高端延伸。

发挥龙头企业的引领带动作用，建立以大企业为中心，中小企业分工协作的企业体系，支持特色产业集群建设，形成资源集中、分工细化、合作高效的产业形态。

利用政策、人才、资金等优势，打造一批具备差异化特色的各市信息技术产品“名片”，扶持建设一批信息技术产业领域的国家新型工业化产业示范基地、省级信息产业基

地园区和大数据、软件产业园区(聚集区)。

(三)创新体系建设工程

突破高端计算设备前沿技术,推进具有自主知识产权的大型服务器海量存储等云计算基础设备、终端设备产业化,保持山东省高端存储的龙头地位。

依托骨干和特色优势企业,在集成电路、北斗导航、太阳能光伏、锂离子电池、智慧健康、电子材料、高端软件等重点领域培育认定一批信息技术创新中心,建设一批创新实验室,开展关键共性技术研发和示范试点应用。

支持发展团体标准,结合云计算、大数据、物联网等新一代信息技术,推动人工智能、软件定义、智能硬件、智慧家庭、虚拟现实、物联网等创新技术的标准化,加快构建以产业化为导向的信息技术标准体系。

(四)跨界融合发展工程

以智能制造为突破口,推广智能工厂和智能制造模式,加快信息技术与制造技术、装备和产品融合渗透,推动制造业全面提升智能化水平。

依托互联网平台,大力发展众创、众包、众扶、众筹,充分运用“互联网+”促进新技术、新产品、新业态和新模式的发展,推动互联网和经济社会融合发展。

加快企业内外网技术改造和建设部署,推动建设低时延、高可靠、广覆盖的工业互联网基础设施。加强工业互联网平台培育,推动大中小企业全产业链和全生态圈的数据开放和共享。加快工业互联网创新中心和示范基地建设,支持和推广一批创新应用试点示范项目,打造全国一流的工业互联网产业集群。

(五)开放格局打造工程

积极融入“一带一路”建设,按照国家战略部署,支持相关企业参与沿线国家和地区重点信息化项目建设。鼓励信息技术企业与国际优势企业进行共同研发,参与国际标准制定,支持企业国际化运营,建立健全全球研发、生产和营销体系。

加大招商引资力度,推动引资与引技、引智相结合,优化利用外资结构,引导外资从加工制造向研发、产品、服务等高端环节开展的合资合作,不断提升技术储备,推出具备高附加值的新产品,提高全省信息产业与全球产业同步发展水平。

(六)实施六项创新人才工程

围绕培养造就一批高端信息产业科技创新人才,实现高端信息产业创新型人才在山东省企业的有效集聚，建议启动实施六项创新人才工程。

1. 信息产业科技创新人才培养工程

依托集成电路、基础电子、高端软件、新一代通信网络、北斗卫星导航、虚拟现实、智能硬件、大数据、云计算、物联网等重大项目，培养50名高技术研发和创新人才；依托专项产业发展基金，重点支持100个高水平创新团队；依托高校、科研院所重点实验室和骨干企业，重点引进和培养100名创新型专家和技术带头人。

建立以政府奖励为导向、社会奖励和用人单位奖励为主体的激励机制。以政府特殊津贴等人才奖励制度为依托，对有重大科技创新成果和有重大突出贡献的信息产业创新人才给予奖励。以公共服务平台为依托，建立信息技术创新人才培养体系，制定信息技术创新人才培养标准。以信息产业重大专项、重大工程为创新载体，引导专业技术人才在创新活动中提出新理论、新技术，推进创新团队建设。搭建国际交流合作平台，支持专业技术人才出国留学和开展前沿技术、标准等学术交流，鼓励专业技术人才在国际组织、国际产业联盟等任职或承担相关工作任务，推动信息产业专业技术人员职业资格国际互认。

2. 企业经营管理人才素质提升工程

着眼于信息产业企业提高现代化经营管理能力和国际化水平的需要，培养一批兼具专业背景和国际先进管理经验的优秀企业经营管理人才队伍。到2020年，力争拥有一批企业规模和效益在国外同行业企业中处于领先地位的董事长、总经理等高层次经营管理者。

实施"走出去"战略，选择国外著名大学商学院和世界500强企业作为学习培训基地，分层别类组织经营管理人才赴海外交流学习，提高战略管理和跨国经营能力。积极引进海外优秀管理人才回国就业、创业。加强对优秀企业家及企业核心团队进行宣传，积极营造有利于优秀企业家成长、发展和脱颖而出的环境。

3. 信息产业专业技术人才继续教育工程

根据信息产业结构调整和产业升级的需要，结合企事业单位对人才知识更新的要求，开展信息产业继续教育工程，每年培训2万人次骨干专业技术人才。

依托信息产业重点项目和重点工程，有针对性、有计划地培训相关领域的专业技术人才，推进项目、资金、人才培养的一体化建设。在软件、集成电路、电子元器件及设备、通信工程、信息安全、电子政务、电子商务等重点领域，每年举办一定数量的高级研修班和学术技术交流论坛。鼓励各企事业单位根据本单位实际需求，开展专项技术知识更新培训和岗位培训。

4. 信息产业高技能人才培养工程

加强高技能人才队伍建设，到2020年，力争使高技能人才在技能劳动者中所占的比重提高1～2个百分点。以职业技能鉴定带动技能人才培训，到2020年，完成50万名技能型人才的鉴定工作。

整合现有教育培训资源，进一步发挥职业院校的作用，加快培养后备高技能人才，积极探索在实践中学习成才的有效途径。鼓励地方政府结合当地信息产业布局,通过财政投入等多种方式,建设一批信息技术公共实训基地。开展高技能领军人才和行业技术能手评选工作,每年遴选 3 名高技能领军人才和 50 名行业技术能手。不断提高高技能人才的经济待遇和社会地位,鼓励地方政府和企业对做出突出贡献的高技能人才给予表彰和奖励。

5. 信息产业紧缺人才培养工程

实施信息产业紧缺人才培养工程,加强集成电路、软件、新一代宽带无线移动通信、互联网和信息安全等领域急需紧缺人才培养,到 2020 年,新增 5 000 名集成电路设计人才,5 000 名新一代宽带无线通信、下一代互联网和网络信息安全人才,5 万名软件高级人才。

建立紧缺人才供需信息发布平台,调研跟踪企业用人需求,定期发布行业急需紧缺人才专业和数量,对紧缺人才供需进行动态管理。鼓励依托新型工业化示范基地、软件园区,建立和完善紧缺人才培养平台,以校企合作、订单培养、专项培训等形式,多渠道培养重点领域紧缺人才,为产业发展储备急需应用型人才。

6. 软件服务业领军人才培养工程

围绕服务"两化融合"、培育发展战略性新兴产业、做大做强软件服务业的需求,面向云计算、移动互联网和物联网等新兴领域,努力培养一批具有世界水平、引领技术和产业发展的创新型高端专业人才和复合型人才。到 2020 年,重点培养 200 名具备高端软件架构设计研发能力、精通现代企业经营管理和资本运作的领军人才。

依托信息服务业示范基地创建,加快建设领军人才培养基地,营造有利于领军人才脱颖而出的良好环境。以大型骨干企业为主体,构建高等院校、骨干企业、科研院所和社会培训机构相互补充的人才培养体系。每年确定一批在软件和信息服务业领域具有重大发展潜力的人才作为培养对象,制定考核目标,建立评估机制。优先支持领军人才参加项目管理和技术团队。

附　录

附表　　信息技术产业国内 TOP 200 人才名单

姓名	省(市、区)	城市	所属机构
周志华	江苏	南京	南京大学计算机科学与技术系
高文	北京	北京	北京大学数字媒体研究所
谭铁牛	北京	北京	中国科学院自动化研究所
谢幸	北京	北京	微软亚洲研究院

续表

姓名	省(市、区)	城市	所属机构
刘云浩	北京	北京	清华大学软件学院
王飞跃	北京	北京	中国科学院大学
李航	北京	北京	华为技术
华先胜	北京	北京	阿里云
张磊	北京	北京	微软研究
张长水	北京	北京	清华大学自动化系
朱文武	北京	北京	清华大学计算机科学系
山世光	北京	北京	中国科学院计算所
张亚勤	北京	北京	百度
郑宇	北京	北京	京东
梅宏	北京	北京	北京理工大学
唐杰	北京	北京	清华大学计算机科学与技术系
何炳生	江苏	南京	南京大学
胡事民	北京	北京	清华大学计算机科学与技术系
汪萌	安徽	合肥	合肥工业大学计算机与信息学院
陈纯	浙江	杭州	浙江大学计算机学院
张良培	湖北	武汉	武汉大学
梅涛	北京	北京	京东 AI 研究
曹军威	北京	北京	清华大学信息技术研究院
黄继武	广东	广州	深圳大学信息工程学院
金海	湖北	武汉	华中科技大学计算机学院、济南大学名誉教授
卜佳俊	浙江	杭州	浙江大学计算机学院
胡卫明	北京	北京	中国科学院自动化研究所
陈积明	浙江	杭州	浙江大学控制系工业控制研究所
戴琼海	北京	北京	清华信息科学与技术国家实验室自动化部
卢汉清	北京	北京	中国科学院自动化研究所模式识别国家重点实验室
刘成林	北京	北京	北京中科院自动化所模式识别国家重点实验室
曹珍富	上海	上海	上海交通大学
王蕴红	北京	北京	北京航空航天大学计算机学院
刘文印	广东	广州	广东工业大学计算机学院

续表

姓名	省(市、区)	城市	所属机构
杨晓春	辽宁	沈阳	东北大学信息科学与工程学院
王建勇	北京	北京	清华大学计算机科学与技术系
林宙辰	北京	北京	北京大学机器感知与智能教育部重点实验室
李国良	北京	北京	清华大学
黄庆明	北京	北京	中国科学院大学计算机学院
李树涛	湖南	长沙	湖南大学研究生院院长
冯建华	北京	北京	清华大学计算机科学与技术系教授
吴枫	安徽	合肥	中国科学技术大学信息科学技术学院执行院长
雷震	北京	北京	模式识别国家实验室
管晓宏	陕西	西安	西安交通大学电子信息工程学院
范平志	四川	成都	西南交通大学
陈贵海	上海	上海	上海交通大学计算机系
卢湖川	辽宁	大连	大连理工大学信息与通信工程学院
梁吉业	山西	太原	山西大学计算机与信息技术学院
赵德斌	黑龙江	哈尔滨	哈尔滨工业大学计算机系
杨健	北京	北京	清华大学电子工程系
李明禄	上海	上海	上海交通大学计算机系
查红彬	北京	北京	北京大学科学技术学院副院长
高西奇	江苏	南京	东南大学信息科学与工程学院
庄越挺	浙江	杭州	浙江大学计算机学院
孙哲南	北京	北京	中国科学院自动化研究所
吴建平	北京	北京	清华大学计算机科学与技术系
俞能海	安徽	合肥	中国科学技术大学信息处理中心
牛志升	北京	北京	清华大学电子工程系
史忠植	北京	北京	中科院计算技术研究所
薛向阳	上海	上海	复旦大学数据科学学院
孟小峰	北京	北京	人民大学信息学院
刘青山	江苏	南京	南京信息工程大学信控院
朱浩瑾	上海	上海	上海交通大学计算机科学与工程系
许健平	台湾	新竹	台湾清华大学

续表

姓名	省(市、区)	城市	所属机构
侯增广	北京	北京	中国科学院自动化研究所
过敏意	上海	上海	上海交通大学计算机科学与技术系
张路	北京	北京	北京大学信息学院
高跃	北京	北京	清华大学
张新鹏	上海	上海	上海大学通信与信息工程学院
陈信希	台湾	新北	台湾大学资讯工程学系
余乐安	北京	北京	北京化工大学
李厚强	安徽	合肥	中国科学技术大学信息科学技术学院电子工程与信息科学系
王新兵	上海	上海	上海交通大学电子工程系
曾志刚	湖北	武汉	华中科技大学
白翔	湖北	武汉	华中科技大学电子与信息工程系
杨义先	北京	北京	北京邮电大学信息安全中心
蔡志鹏	北京	北京	清华大学机械工程系
杨士强	北京	北京	清华大学计算机科学与技术系
黄凯奇	北京	北京	中国科学院自动化研究所
冯登国	北京	北京	中国科学院软件研究所
马华东	北京	北京	北京邮电大学网络技术研究院
李丹	北京	北京	清华大学计算机科学与技术系
刘文予	湖北	武汉	华中科技大学电子与信息工程系
廖胜才	北京	北京	中国科学院自动化研究所
王占山	上海	上海	同济大学物理系
孙茂松	北京	北京	清华大学计算机科学与技术系
蒋昌俊	上海	上海	东华大学
白晓颖	北京	北京	清华大学计算机科学与技术系
王国胤	重庆	重庆	重庆邮电大学计算机科学与技术学院
郑伟诗	广东	广州	中山大学信息科学与技术学院
高自友	北京	北京	北京交通大学
洪伟	江苏	南京	东南大学信息科学与工程学院
王建民	北京	北京	清华大学软件学院
周水庚	上海	上海	复旦大学计算机科学技术学院

续表

姓名	省(市、区)	城市	所属机构
马思伟	北京	北京	北京大学机器感知与智能实验室
唐小虎	四川	成都	西南交通大学信息网络中心
尤肖虎	江苏	南京	东南大学
许胤龙	安徽	合肥	中国科技大学计算机科学与技术学院
黄刘生	安徽	合肥	中国科学技术大学计算机科学与技术学院
任丰原	北京	北京	清华大学计算机科学与技术系网络研究所
向世明	北京	北京	中科院自动化研究所
彭木根	北京	北京	北京邮电大学电信工程学院
黄欣沂	福建	福州	福建师范大学数学与计算机科学学院
李光耀	湖南	长沙	湖南大学
曹志刚	北京	北京	清华大学电子工程系
梁金玲	江苏	南京	东南大学
陈恩红	安徽	合肥	中国科技大学计算机科学与技术学院
蒋洪波	湖北	武汉	华中科技大学电子信息与通信学院
李勇	北京	北京	清华大学电子工程系
钱宇华	山西	太原	山西大学计算机科学与技术学院
张铮	北京	北京	微软亚洲研究院
金连文	广东	广州	华南理工大学
刘斯	北京	北京	中国科学院信息工程研究所
袁烨	湖北	武汉	华中科技大学
周世东	北京	北京	清华大学电子工程系
葛渭高	北京	北京	北京理工大学
李舟军	北京	北京	北京航空航天大学计算机学院
彭群生	浙江	杭州	浙江大学 CAD/CG 国家重点实验室
蒋树强	北京	北京	中国科学院计算技术研究所
何道敬	浙江	杭州	华东师范大学计算机科学与软件工程学院
周立柱	北京	北京	清华大学计算机科学与技术系
王国军	湖南	长沙	中南大学信息科学与工程学院
徐勇	广东	深圳	哈尔滨工业大学(深圳)计算机科学与技术学院
翟广涛	上海	上海	上海交通大学电子工程系

续表

姓名	省(市、区)	城市	所属机构
宋明黎	浙江	杭州	浙江大学计算机科学与技术学院
艾海舟	北京	北京	清华大学计算机科学与技术系
周成虎	北京	北京	中国科学院地理科学与资源研究所
杨华中	北京	北京	清华大学电子工程系
黄居仁	北京	北京	中国科学院计算机语言学研究所
陈明宇	北京	北京	中国科学院计算机技术研究所
李锦涛	北京	北京	中国科学院计算技术研究所
陆桑璐	江苏	南京	南京大学计算机科学与技术系
郭宗明	北京	北京	北京大学计算机科学技术研究所
邓志鸿	北京	北京	北京大学信息科学技术学院
赫然	北京	北京	中国科学院自动化研究所
贾云得	北京	北京	北京理工大学计算机学院
陈益强	北京	北京	中国科学院计算技术研究所
黄铁军	北京	北京	北京大学信息科学技术学院数字媒体研究所
白中治	北京	北京	中国科学院数学与系统科学研究院
张少霆	四川	成都	电子科技大学
宋阳秋	香港	香港	香港科技大学
彭海朋	北京	北京	北京邮电大学网络与交换技术国家重点实验室信息安全中心
伍前红	北京	北京	北京航空航天大学电子信息工程学院
洪先龙	北京	北京	清华大学计算机科学与技术系
吕金虎	北京	北京	中国科学院数学与系统研究所
崔勇	北京	北京	清华大学计算机科学与技术系
潘云鹤	浙江	杭州	浙江大学计算机学院
赵耀	北京	北京	北京交通大学信息科学研究所
何震宇	广东	深圳	哈尔滨工业大学(深圳)计算机科学与技术学院
陈敏	湖北	武汉	华中科技大学计算机学院
马少平	北京	北京	清华大学计算机科学与技术系
程明明	天津	天津	南开大学
丁晓青	北京	北京	清华大学电子工程系
孙富春	北京	北京	清华大学计算机科学与技术系

续表

姓名	省（市、区）	城市	所属机构
庞彦伟	天津	天津	天津大学
李爱群	江苏	南京	南京邮电大学
佘振苏	北京	北京	北京大学
张宏科	北京	北京	下一代互联基础设施国家工程实验室
秦涛	北京	北京	微软亚洲研究院
金德鹏	北京	北京	清华大学电子工程系
陈克非	浙江	杭州	杭州师范大学理学系
徐恪	北京	北京	清华大学计算机系
金小刚	浙江	杭州	浙江大学计算机学院，CAD&CG 国家重点实验室
陈海波	上海	上海	上海交通大学软件学院
郭嘉丰	北京	北京	中国科学院网络数据科学与技术重点实验室
张兆翔	北京	北京	中国科学院自动化所
万小军	北京	北京	北京大学
刘利刚	安徽	合肥	中国科技大学数学科学学院
张瑞峰	台湾	台北	台湾情报大学计算机科学与信息工程系
郭华东	北京	北京	中国科学院对地观测与数字地球科学中心
袁亚湘	北京	北京	中国科学院数学与系统科学研究院
隆克平	北京	北京	北京科技大学计算机与通信工程学院
顾明	北京	北京	清华大学软件学院
金石	江苏	南京	东南大学移动通信国家重点实验室
徐光祐	北京	北京	清华大学计算机系人机交互与媒体集成研究所
张铭志	广东	汕头	汕头大学
韩永楷	台湾	新竹	台湾清华大学
刘永进	北京	北京	清华大学计算机科学与技术系
孙哲南	北京	北京	中国科学院自动化研究所
刘挺	黑龙江	哈尔滨	哈尔滨工业大学
周明	北京	北京	微软亚洲研究院
高洪俊	江苏	南京	南京师范大学数学与计算机科学学院
杨健	北京	北京	清华大学电子工程系
李明镜	北京	北京	微软亚洲研究院

续表

姓名	省(市、区)	城市	所属机构
马维英	北京	北京	今日头条
陈正	北京	北京	微软亚洲研究院
焦秉立	北京	北京	北京大学信息科学技术学院
沈国斌	北京	北京	微软亚洲研究院
孙宏民	台湾	新竹	台湾清华大学
陈炳宇	台湾	台北	台湾大学计算机科学与信息工程
李健兴	台湾	台南	台南大学
许永真	台湾	台北	台湾大学
马颂德	北京	北京	模式识别国家重点实验室
谭焜	上海	上海	华为中央软件院
徐力行	台湾	新竹	台湾交通大学
张朝阳	浙江	杭州	浙江大学
余官定	浙江	杭州	浙江大学信息与通信工程研究所
田金文	湖北	武汉	华中科技大学
朱祖勍	安徽	合肥	中国科学技术大学
王水花	江苏	南京	南京师范大学计算机科学与技术学院

(数据来源:大数据分析子课题组基于 AMiner 平台数据库整理所得)

报告三

山东省能源原材料产业人才发展报告

负责人　陈　岩

成　员　杜婷婷　杜文静　辛公明

王　湛　程　旭　叶宇轩

周林林

一、能源原材料产业发展情况

根据《山东新旧动能转换综合试验区建设总体方案》中提出“大力发展新能源汽车和汽车电控技术，做大做强石墨烯、碳纤维等新材料产业”的基本要求，课题组对当前国内和山东省内石墨烯和燃料电池产业发展情况做了深入的调查研究。

（一）产业基本情况

1. 石墨烯产业发展基本情况

2008 年，美国 IBM 公司成功开发出了第一个石墨烯晶体管，标志着石墨烯从基础研究开始跨入应用技术研发，也预示着石墨烯产业的到来。

石墨烯产业化大致分为四个阶段，分别为实验研究阶段、早期产业化阶段、产业化快速成长阶段和产业化成熟阶段，如表 3.1.1 所示。参考硅材料、碳纤维等发展历程，虽经过十多年的发展，石墨烯产业仍处于产业化突破前期，并正从实验室阶段向早期产业化阶段迈进。

表 3.1.1　　石墨烯产业化发展进程

实验室研究阶段（2004～2013 年）	早期产业化阶段（2013～2015 年）	产业化快速成长阶段（2015～2020 年）	产业化成熟阶段（2021～2035 年）
实验室产品研发：如晶体管、调制器、分子传感器、手机触摸屏、量子传感器、石墨烯锂电池、石墨烯超级电池等	低端产品及产业化：如石墨烯锂电池导电添加剂、石墨烯功能化涂料、石墨烯导热膜等	中高端产品及产业化：如石墨烯超级电容、石墨烯触摸屏、电子器件导电电极等	高端产品产业化：如石墨烯太赫兹检测器、生物传感器、海水淡化滤膜、激光发射器等
特点：研究石墨烯各种性质、探索可应用领域	特点：以石墨烯对传统材料的替代应用为主，市场较小，下游需求开始打开，但石墨烯制备技术尚不成熟	特点：石墨烯作为优质材料的特性显现，产品下游需求迅速打开，产业迅猛发展	特点：高端新型石墨烯产品走向市场化，石墨烯产业规模达到万亿美元级别

（数据来源：能源原材料产业子课题组基于文献整理所得）

在石墨烯的产业链中，石墨烯及相关材料可分为上游产品、中游产品和下游产品（见表 3.1.2）。上游产品中以单层、双层或多层石墨烯为主，受限于化学物理惰性和较强的分子间范德华力，制备技术决定了原材料产量、性能和价格。中游产品以石墨烯粉体和石墨烯薄膜为主，是石墨烯下游产品研发的主要原材料，具有重要的应用价值。石墨烯粉体由1～10层不等的石墨烯微片构成，多采用还原氧化法制备，该技术相对成熟，但产品缺陷较多且制备过程中易造成污染，从某种程度上限制了其快速发展。石墨烯粉体为石墨烯原料的低端产品，已初步实现产业化，但规模小，技术含量不高，附加值较低。石墨烯薄膜是原料中的高端产品，通常为1～4层，多用化学气相沉积法制备。由于这种方法工艺复杂，制备条件要求较高，工业化生产难度大，尚不适宜规模化生产，且短时间内无法实现产业化。下游产品则是以石墨烯粉体和石墨烯薄膜为原材料，通过添加成分或替代材料形成具有特殊性能或改善性能的新材料。其中石墨烯粉体在新材料与能源领域应用广泛，具体包括防腐涂料、散热材料、电学材料、功能增强材料以及用于超级电容器、锂离子电池、燃料电池、太阳能电池、储氢等复合物制备。而石墨烯薄膜多应用于电子、环境及医药领域，具体应用包括触摸屏、电子元器件、传感器材料，金属污染土壤修复、海水淡化、雾霾预警以及用于靶向药物输运、催化载体等。

表 3.1.2　　石墨烯产业链及产业化问题

产品类型	主要产品	关键技术	产业化问题
上游产品	石墨烯	制备方法，分散技术、产品质量、产量及成本控制等	产量、质量、价格之间的矛盾
中游产品	石墨片粉体		技术趋于成熟，产品缺陷较多，制备过程中易造成污染
	石墨烯薄膜		工业化生产起点高，制备技术难度大，限于实验室制备
下游产品	新材料领域	防腐涂料、散热材料、电学材料、功能增强材料的制备与应用技术	中上游产品产能过剩，下游产品研发不足，供需不平衡；产品研发多处于实验室阶段，产业化有待发展
	能源领域	用于超级电容器、锂离子电池、燃料电池、太阳能电池、储氢等复合物制备、工作机理与应用技术	
	电子领域	触摸屏、电子元器件、传感器材料等制备、工作机理与应用技术	
	环境领域	金属污染土壤修复、海水淡化、雾霾预警等制备、工作机理与应用技术	
	医药领域	靶向药物输运、催化载体等制备、工作机理与应用技术	

（数据来源：能源原材料产业子课题组基于文献整理所得）

2. 燃料电池产业发展基本情况

我国非常重视氢燃料电池产业的发展,《“十三五”战略性新兴产业发展规划》《能源技术革命创新行动计划(2016～2030 年)》《中国制造 2025》都将氢燃料电池技术确定为重要的内容。在政策支持下,随着相关技术发展,氢燃料电池商业化进程加快,氢燃料电池相关产业迅速崛起。

(1)氢燃料电池企业数量快速增长。最早的企业是上海神力科技和新源动力,分别成立于 1998 年、2001 年,是目前中国氢燃料电池技术研发和产业化的领先者。如图 3.1.1 所示,从 2001 年开始,我国企业数量开始大幅度增加,2016～2017 年 9 月,不到 2 年的时间增长近 75%,氢燃料电池相关行业已经进入了一个快速增长期。同时,多家上市企业(东岳集团、南孚、三爱富等)进入该产业,市场前景可期。

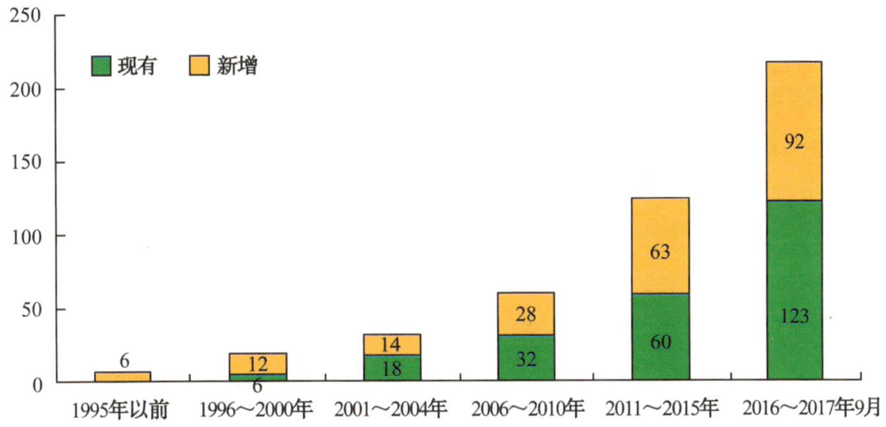

图 3.1.1　各时间段内氢燃料电池相关企业数量(个)

(2)我国多省份均有相关企业布局。如图 3.1.2 所示,截至 2017 年 9 月,我国有 215 家注册企业直接从事氢燃料电池相关业务。江苏地区氢燃料电池企业最多,有 51 家,占全国近 1/4,其次是上海、北京、广东、辽宁和浙江等地。总体来看,东部地区企业数量最多,发展最快。

(3)产业链趋于完善。国内相关企业快速布局氢燃料电池产业,虽然部分环节如增湿器、氢循环装置等仍然缺乏相关企业,但是产业链聚集的速度正不断加快,并趋于完善,如表 3.1.3 所示。

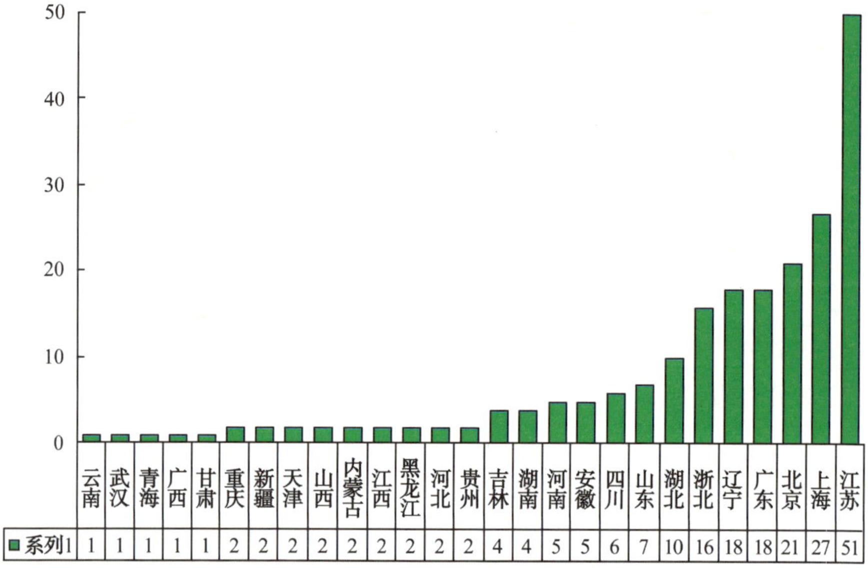

图 3.1.2　各省份氢燃料电池企业数量(个)

表 3.1.3　　　　我国氢燃料电池产业链主要企业梳理情况

制氢	储运	加氢	氢燃料电池		应用
制氢	气态储氢	加氢站建设	系统	电堆	乘用车
神华集团	科泰克	富瑞特装	亿华通	北京氢璞	上汽集团
首钢氧气	天海	上海舜华	新源动力	新源动力	北汽新能源
香河华瑞	中氢	华南集团	上海攀业	上海攀业	长城汽车
华能集团	EKC	上海驿蓝	大连光阳机电	江苏华源	长安汽车
中节能风电	安瑞科	神华集团	潍柴(弗尔赛)	江苏清能	广汽汽车
华昌化工	新兴重工	久安通	氢璞创能	潍柴(弗尔赛)	客车
制氢设备	博源	安徽明天	北京碧空	浙江南都	福田汽车
林德集团	液态储氢	普渡氢能	武汉众宇	双极板	宇通客车
七一八研究所	富瑞氢能	国达新能源	南通泽禾	鑫能石墨	中通客车
大陆制氢	航天 101 所	海珀尔	广东国鸿	联强碳素	南京金龙
北京氢璞	固态储氢	加氢设备	上海燃动	江阴沪江	中植新能源
派瑞华	浩运金能	雪人股份	德威新材	喜丽碳素	五洲龙
淳华氢能	厦门钨业	汉钟精机	中炬	上海弘枫	上海申花
苏州竟立	申江科技	厚普股份	雄韬	膜电极	安徽安凯
	科力远	海德利森	质子交换膜	世纪富源	青年汽车
	安泰科技	涡卷精密机械	东岳集团	武汉理工	金龙汽车

续表

制氢	储运	加氢	氢燃料电池		应用
	申建氢能	储氢瓶	三爱富	新源动力	佛山飞驰
	有机物储氢	中材科技	武汉理工新能源	上海河森	扬子江
	武汉氢阳	京城股份	催化剂	苏州擘动	物流车
	聚力氢能	安瑞科	贵研铂业		东风特汽
		压缩机	中国北方稀土		福田汽车
		北京天高	苏州擘动动力		中国重汽
			宇辰新能源		叉车
					安徽合力
					有轨电车
					中车唐山
					中车四方
					无人机
					同济大学
					众宇动力
					上海清能

（数据来源：能源原材料产业子课题组基于调查整理所得）

(4)产业集群效应初显。国内氢燃料电池产业获得了快速发展，特别是在汽车领域发展迅速，带动了区域产业集群的形成，形成了京津冀、华东、华南（佛山—云浮）、华中（武汉）四个氢燃料电池产业集群，并围绕当地研发情况及工业基础形成了各自的产业配套及商业应用模式。

京津冀和华东区的产业链建设相对比较完整，并形成了批量化生产能力，竞争态势初显（见图 3.1.3）。佛山（云浮）和武汉作为华南及华中地区的代表城市，以氢燃料电池车辆的研发及示范运营为突破，带动了当地的产业升级和新技术的落地孵化。未来，四大板块的带动效应将继续辐射到全国多个地区，推动我国氢燃料电池产业的进程。

我国氢燃料电池企业的不断壮大，氢燃料电池关键核心技术的突破，产业链趋于完善，产业集群效应凸显，预示着我国氢燃料电池产业将快速进入产业爆发期。

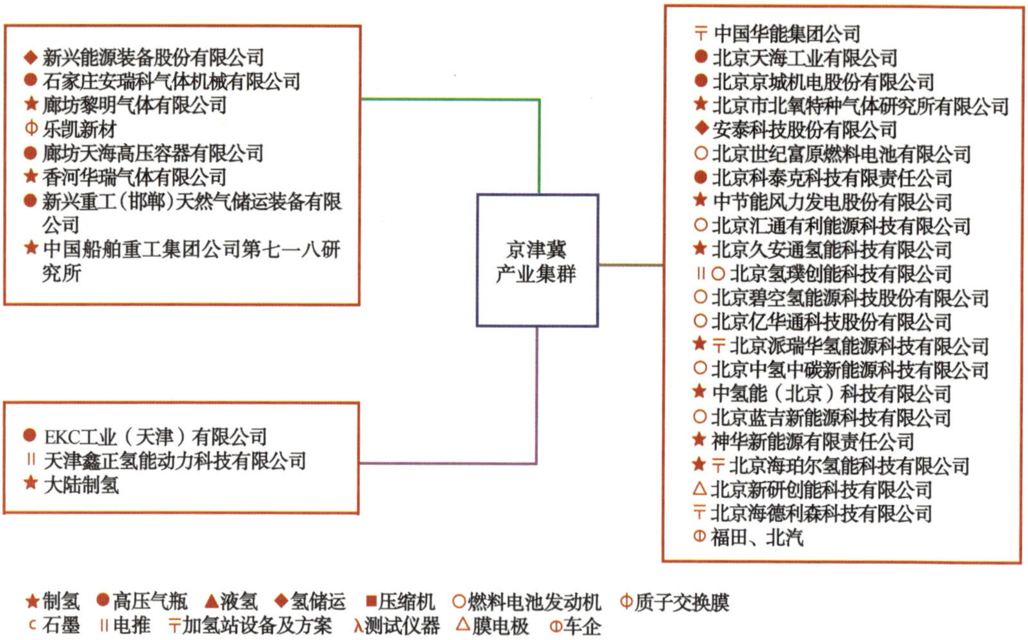

图 3.1.3 京津冀产业集群及主要企业分布图

（二）产业发展趋势

1. 石墨烯产业发展趋势

目前，全球已有 80 多个国家投入石墨烯的研发和生产。美国、欧盟、日本和韩国等是最早开展石墨烯研究的一批国家。不仅如此，IBM、英特尔、陶氏化学、三星等国际知名跨国企业也纷纷将石墨烯作为长期战略发展方向。与此同时，还涌现了一批专门从事石墨烯生产、研发和应用的机构和企业。

2013 年，英国广播公司市场研究（BCC Research）在发布的《石墨烯：技术、应用和市场》报告中预测，2018 年全球石墨烯产品市场超过 1.95 亿美元，2023 年将一跃增至 13 亿美元，年复合增长率为 46.1%，并且在超级电容器、触摸屏、结构材料、传感器和高性能计算机领域的应用中市场需求占 79%。艾利市场研究公司（Allie Market Research）曾于 2014 年，预测 2020 年全球石墨烯市场将达 1.49 亿美元，2014～2020 年的复合增长率为 44%。未来市场研究公司（Future Markets）在其 2015 年发布的《2025 年全球石墨烯市场》报告中强调了石墨烯用于半导体、电子和光电、电池等能源领域以及复合材料领域的占比分别为 27%、19%和 11%。IDTechEx 在 2015 年 9 月发布了石墨烯黏度市场报告，预测在复合材料、能源和石墨烯涂料为主要应用领域的石墨烯市场于 2026 年达到 2 亿美元。而同样是 2015 年发布的《全球石墨烯产品、应用及区域市场：2020 年趋势和展望报告》中提到，2015～2020 年石墨烯的年复合增长率预计达到 42.8%，北美仍是全球最大的石墨烯市场，市场增长主要依靠石墨烯基复合材料和涂层材料需求的增长。中国石墨烯产业技术创新战略联盟也预测2020年市场规模能到1.2亿美元。

在全球新一轮产业升级和科技革命背景下，石墨烯的研发和应用对我国实施创新驱动发展战略、助推新旧动能转换、支撑新兴产业壮大、带动传统产业升级换代、促进国际交流协作具有重要意义。我国的石墨烯研究及应用起步较晚，但近年来表现出强劲的反超态势。其中，论文与专利数量已跃居世界第一。据统计，我国石墨烯专利申请量在2016年底已占全球68.2%，85%以上为理工科院校的石墨烯研发团队，2017年又有两项石墨烯相关研究成果获得国家科技进步奖。

我国石墨烯产业化进程发展迅速。截至2017年2月底，全国工商登记注册的石墨烯企业达2 509家，仅2016年就新增457家。国家部委和各地政府也纷纷出台石墨烯产业规划、科研资助、扶持政策等，支持石墨烯产业发展。建设了一批石墨烯产业园区和研究院，并已形成石墨烯研发及产业化聚集区域四个：长江三角洲地区、珠江三角洲地区、山东地区和京津冀区域。大型石墨烯产业化基地包括：常州石墨烯科技产业园、青岛石墨烯产业园区、重庆石墨烯产业园区、宁波石墨烯产业园区、无锡石墨烯产业园区。据业界专家预计，中国石墨烯产业规模将达到万亿元。

2. 燃料电池产业发展趋势

2015年我国发布《中国制造2025》，正式将发展氢燃料电池提升到了战略高度。在国家政策的驱动下，越来越多的企业开始关注氢燃料电池的研发。据清华大学核能与新能源技术研究院教授、国际氢能协会副主席、中国首个国家“973”氢能项目首席科学家毛宗强统计，仅2017年氢燃料电池投资项目就达1 000多亿元，投资项目涵盖燃料电池发动机、膜电极、电堆等整个燃料电池产业链。《中国制造2025》提出，实现燃料电池汽车的运行规模进一步扩大，达到1 000辆的运行规模，到2025年，制氢、加氢等配套基础设施基本完善，燃料电池汽车实现区域小规模运行。更是将发展氢燃料电池的发展提升到了战略高度。

此外，2016年10月，中国标准化研究院资源与环境分院和中国电器工业协会发布的《中国氢能产业基础设施发展蓝皮书(2016)》首次提出了我国氢能产业的发展路线图。对我国中长期加氢站和燃料电池车辆发展目标进行了规划。主要包括：到2020年，加氢站数量达到100座；燃料电池车辆达到10 000辆；氢能轨道交通车辆达到50列；到2030年，加氢站数量达到1 000座，燃料电池车辆保有量达到200万辆；到2050年，加氢站网络构建完成，燃料电池车辆保有量达到1 000万辆。

我国过去燃料电池的发展已告一段落，未来要向高性能、高寿命、低成本的方向发展，这就要求加大燃料电池用材料研发的力度，并加快原材料国产化，使燃料电池原材料实现国产化。虽然我国也有企业在研制质子交换膜、碳纤维材料、催化剂和石墨材料，但由于国家在这方面的支持力度没有像支持燃料电池生产企业的力度大，且应用量小，所以企业本身没有研发的积极性。

（三）产业政策

1. 石墨烯产业政策

2012 年，工信部发布《新材料产业“十二五”发展规划》，首次明确提出“支持石墨烯新材料发展”。之后，自 2015 年以来，我国政府各部门出台了多项与石墨烯发展相关的政策法规，并加大了石墨烯研发资助力度。2015 年 11 月 30 日发布的《关于加快石墨烯产业创新发展的若干意见》（简称《意见》），成为我国石墨烯领域首个国家层面纲领性文件。《意见》提出，将石墨烯产业打造成先导产业，逐渐实现石墨烯材料在部分工业产品和民生消费品上的产业化应用，并提出到 2020 年，形成完善的石墨烯产业体系。2017 年初，工信部、发改委、科技部、财政部又联合印发了《新材料产业发展指南》，提出大力发展石墨烯产业；随后，科技部印发的《“十三五”材料领域科技创新专项规划》也规划了石墨烯碳材料技术的重点研发内容。表 3.1.4 列出了近年来我国颁布的与发展石墨烯产业相关的政策与内容。

表 3.1.4　　截至 2017 年中国石墨烯相关政策法规汇总一览

时间	政策文件	石墨烯相关内容
2012 年 1 月	《新材料产业“十二五”发展规划》	将前沿新材料作为发展重点，并强调加强纳米技术研究，重点突破纳米材料及制品的制备与应用关键技术，积极开发纳米粉体、纳米碳管、石墨烯等材料。
2014 年 11 月	《关键材料升级换代工程实施方案》	推动新一代信息技术、节能环保、海洋工程和先进轨道交通装备等产业发展急需的石墨烯等 20 种左右重点新材料实现批量稳定生产和规模应用。
2015 年 2 月	《关于印发 2015 年原材料工业转型发展工作要点的通知》	制定石墨烯等专项行动计划，组建碳纤维、石墨烯、稀土等新材料产业联合创新中心，重点突破共性技术、专用装备、高端品种等制约。
2015 年 10 月	《中国制造 2025》	明确了石墨烯在战略前沿材料中的关键地位，强调其战略布局和研制，努力实现石墨烯产业“2020 年形成百亿产业规模，2025 年整体产业规模破千亿”的发展目标。
2015 年 11 月	《关于加快石墨烯产业创新发展的若干意见》	到 2018 年，石墨烯材料制备、应用开发、终端应用等关键环节良性互动的产业体系基本建立；到 2020 年，形成完善的石墨烯产业体系，实现石墨烯材料标准化、系列化和低成本化。
2016 年 2 月	《关于加快新材料产业创新发展的指导意见》	到 2020 年，重点发展材料产业，包括：积极开发前沿材料，包括石墨烯、增材制造材料、智能材料、超材料等基础研究与技术积累。

续表

时间	政策文件	石墨烯相关内容
2016 年 3 月	《国民经济和社会发展第十三个五年规划纲要》	战略性新兴产业发展行动之高端材料：大力发展形状记忆合金、自修复材料等智能材料，石墨烯、超材料等纳米功能材料，磷化烟、碳化硅等下一代半导体材料，高性能碳纤维、钒钛，高温合金等新型结构材料，可降解材料和生物合成新材料等。
2016 年 5 月	《建材工业鼓励推广应用的技术和产业目录（2016～2017 年）》	其中有两项涉及石墨烯，分别为石墨烯粉体、石墨烯重防腐涂料。
2016 年 5 月	《制造业升级重大工程包》	其中涉及重点发展 3D 打印材料、石墨烯、超材料等前沿材料，加快创新成果转化与转型应用。
2016 年 5 月	《国家创新驱动发展战略纲要》	发展引领产业变革的颠覆性技术。不断催生新产业，创造新就业，纳米、石墨烯等技术过新材料产业发展的引领作用。
2016 年 7 月	《国家重点研发计划 5 个重点专项的 2016 年度项目布局》	包括“纳米科技”，重点专项，其中与石墨烯和二维材料，以及纳米碳材料直接相关的项目共有 6 个。
2016 年 8 月	《十三五国家科技创新规划》	重点发展以石墨烯等为代表的先进碳材料。
2017 年 1 月	《新材料产业发展指南》	对于石墨烯、超导材料等提出了任务要求，明确提出大力发展石墨烯产业。
2017 年 4 月	《十三五材料领域科技创新专项规划》	重点发展领域，石墨烯碳材料技术方面：单层薄层石墨烯粉体、高品质大面积石墨烯工业制备技术，柔性电子器件大面积制备技术。石墨烯粉体高效分散、复合与应用技术，高催化活性纳米碳基材料应用技术。

（数据来源：能源原材料产业子课题组基于调查整理所得）

在国家政策的积极号召下，各省市根据各自情况，也相继出台了诸多针对石墨烯产业发展的政策意见，积极推动石墨烯产业规模化发展。

其中，宁波于 2013 年在全国率先启动了石墨烯产业化应用研发重大科技专项支持，设立每年 3 000 万元，三年共 9 000 万元的“石墨烯产业化应用开发”专项资金，用于支持“石墨烯产业化应用开发”实施单位的技术创新、产品研发和试制推广。厦门安固强石墨烯研究所联合恒力盛泰（厦门）石墨烯科技有限公司将为石墨烯原创专利的产业化应用投资 1 亿元，着力在厦门打造一个上、中、下游产业链完善的具备“百亿”规模的石墨烯产业基地。

作为率先启动石墨烯产业化的省份之一,山东省近年来在石墨烯政策扶持和资金投入方面力度较大。在《山东省新旧动能转换重大工程实施规划》《山东省国民经济和社会发展第十三个五年规划纲要》《山东省新材料产业"1351"工程实施方案(2018~2020 年)》等政策文件中,都将石墨烯列为重点研发和攻关对象。分别将青岛和济宁作为两个石墨烯产业的集中地区,建设了青岛国际石墨烯科技创新园区,引进了 50 余家石墨烯及先进碳材料企业,成立了首支石墨烯天使基金,组建了中国石墨烯产业技术创新战略联盟和山东省联盟,获批了"国家石墨烯及先进碳材料特色产业基地"和"青岛市石墨烯国际科技合作基地",加强企业与高校等科研机构开展深度协同创新,形成了较为完整的石墨烯技术新体系和产业集群。其中,青岛市相应出台了《青岛市关于加快推进科技改革发展的若干意见》和《青岛市十大新兴产业发展总体规划》,将产业集群重点放在石墨烯防腐涂料、石墨烯海水淡化、石墨烯储能材料等 7 大技术领域研发布局,实施重点企业促进工程、中小企业培育工程、创新能力提升工程、关键技术攻关工程和创新体系建设工程等 5 大工程,加强创新资源聚集和创新环境优化。到 2020 年,拟实现共性关键技术突破 50 项,专利新增 500 项,成果转化 200 个,培育年产值过亿企业 3~5 家,石墨烯产业规模达到 300 亿。

2. 燃料电池产业政策

2015 年我国发布《中国制造 2025》,正式将氢燃料电池的发展提升到战略高度。在国家政策的积极号召下,相继出台了诸多针对燃料电池产业发展的政策意见(见表 3.1.5),积极推动燃料电池产业集群化、集约化和规模化发展。

表 3.1.5　　截至 2018 年国家层面氢燃料电池重点政策汇总

时间	政策文件	主要内容
2001 年 9 月	"863"电动汽车重大科技专项计划	国家拨款 8.8 亿,确定了"三纵三横"为核心的电动汽车专项矩阵式研发体系,其中包含了对燃料电池汽车和燃料电池系统的研发。
2009 年 2 月	《节能与新能源汽车示范推广财政补助资金管理暂行办法》	首次开始在试点城市对燃料电池乘用车和客车分别给予 25 万/辆和 60 万/辆的财政补贴。
2011 年 2 月	《中华人民共和国车船税法》	第四条规定:纯电动汽车、燃料电池汽车和插电式混合动力汽车免征车船税,其他混合动力汽车按照同类车辆适用税额减半征税。
2012 年 7 月	《节能与新能源汽车产业发展规划(2012~2020 年)》	首次对燃料电池汽车未来发展要达到的技术指标做了规划,提出到 2020 年燃料电池汽车、车用氢能源产业要达到与国际同步的水平,动力电池模块比能量达到 300 瓦时/公斤以上,成本降至 1.5 元/瓦时以下。

续表

时间	政策文件	主要内容
2014 年 11 月	《关于新能源汽车充电设施建设奖励的通知》	对符合国家技术标准且日加氢能力不少于 200 公斤的新建燃料电池汽车加氢站每个站奖励 400 万元。
2014 年 11 月	《能源发展战略行动计划 2014～2020》	把氢的制取、储运及加氢站，先进燃料电池、燃料电池分布式发电作为重点战略方向。
2015 年 4 月	《关于 2016～2020 年新能源汽车推广应用财政支持政策的通知》	对于燃料电池的乘用车、燃料电池轻型客车、货车，燃料电池大中型客车、中重型货车分别给予 20 万/辆，30 万/辆和 50 万/辆的补助(2017～2020 年除燃料电池汽车外其他车型补助标准均适当退坡，燃料电池补助标准不变)。
2015 年 5 月	《中国制造 2025》	实现燃料电池汽车运行规模的进一步扩大，达到 1 000 辆的运行规模，到 2025 年，制氢、加氢等配套机车设施基本完善，燃料电池实现区域小规模运行。
2016 年 6 月	《能源技术革命创新行动计划(2016～2030 年)》	提出 15 项重点创新任务，其中包括氢能与燃料电池技术革新。
2016 年 10 月	《中国氢能产业基础设施发展蓝皮书(2016)》——氢能产业的发展路线图	到 2020 年，加氢站数量达到 100 座；燃料电池车辆达到 10 000 辆；氢能轨道交通车辆达到 50 列；到 2030 年，加氢站数量达到 1 000 座，燃料电池车辆保有量达到 200 万辆；到 2050 年，加氢站网络构建完成，燃料电池车辆保有量达到 1 000 万辆。
2016 年 10 月	《节能与新能源汽车技术路线图》	路线图由“1＋7”构成，包括节能与新能源汽车总体技术路线图，及节能汽车、纯电动和插电式混合动力汽车、氢燃料电池汽车、智能网联、汽车制造、汽车动力电池、汽车轻量化等七项技术路线图。
2016 年 12 月	《2016～2020 年新能源汽车推广应用财政支持政策》	纯电动补贴逐步退坡，但燃料电池汽车补贴在 2020 年前保持不变，且每辆燃料电池车最高可获得 50 万元国家补贴。
.2016 年 12 月	《“十三五”战略性新兴产业发展规划》	进一步发展壮大与氢能源相关的新能源汽车、新能源、节能环保等战略性新兴产业。通过产业集聚，以产业链和创新链协同发展为途径，培育新业态、新模式，发展特色产业集群，带动区域经济转型，形成创新经济集聚发展新格局。
2017 年 12 月	《质子交换膜燃料电池汽车用燃料氢气》(T/CECA-G 0015-2017)	是首个氢能领域团体标准，该标准规定了燃料电池汽车用氢气的术语和定义、要求、氢中主要杂质气体的测试方法，还规定了氢气的抽样、采样与浓度计算方法，氢气的包装、标志与储运，以及安全要求等，在制定过程中始终与国际相关标准保持同步。

续表

时间	政策文件	主要内容
未来	《加氢站与加油站、加气站的合建技术规范》	已制定完毕，正待出台和实施，其中广东佛山等地已开始率先试点在加油站里配建加氢站，以解决氢燃料汽车加氢的困难。
未来	《促进燃电池汽车中长期发展的政策体系》	明确大力发展氢燃料电池产业，促进氢燃料电池在新能源汽车领域的应用。

（数据来源：能源原材料产业子课题组基于调查整理所得）

（四）重点企业

1. 国内石墨烯原材料及市场化应用产品重点生产企业及布局

国内石墨烯原材料生产及布局如表3.1.6所示，京、沪、粤、苏、浙等省市均建有石墨烯原材料生产企业，同时，山东省的石墨烯企业主要在青岛、济宁和威海布局，产品以单层石墨烯和石墨烯粉末为主。

表3.1.6　国内石墨烯原材料生产企业及产能布局

企业名称	产品	产能布局
北京生美鸿业科技有限公司	石墨烯透明导电薄膜	北京
格雷菲尼（北京）科技有限公司	石墨烯、射流粉碎与分级设备、气流分级设备	北京
纳诺昂纳米材料科技有限公司	纳米材料、石墨烯、碳纳米管系列	北京
北京碳世纪科技有限公司	石墨烯粉体和分散液	总部：北京 生产：常州、无锡
常州第六元素材料科技股份有限公司	石墨烯粉体	常州
常州二维碳素科技有限公司	大面积石墨烯透明导电薄膜及应用产品	常州
宁波墨西科技有限公司	石墨烯粉末、分散液、石墨烯浆料等	宁波
无锡格非电子薄膜科技有限公司	石墨烯导电膜	无锡
山东利特纳米技术有限公司	石墨烯粉末	济宁
威海云山科技有限公司	石墨烯粉末	威海
青岛华高能源科技有限公司	单层石墨烯	青岛
鸿纳（东莞）新材料	石墨烯粉末、浆料	东莞
深圳市贝瑞特新能源材料股份有限公司	石墨烯粉末	深圳
上海新池能源技术有限公司	石墨烯粉末	上海

续表

企业名称	产品	产能布局
厦门凯纳石墨烯技术有限公司	石墨烯微片	厦门
厦门烯成石墨烯科技有限公司	石墨烯薄膜、CVD	厦门
重庆墨烯科技有限公司	石墨烯导电膜	重庆
贵州新碳高科有限责任公司	石墨烯散热膜	贵阳
大连丽昌新材料有限公司	石墨烯负极材料	大连
奥宇石墨集团	石墨烯负极材料	黑龙江鹤岗

（数据来源：能源原材料产业子课题组基于调查整理所得）

2012年起，石墨烯市场化应用产品相继出现，包括石墨烯涂料、石墨烯锂离子电池和石墨烯电容式触摸屏等。具体产品和企业信息如表3.1.7所示。

表3.1.7　国内石墨烯市场化应用产品及相关企业

序号	时间	企业	产品	合作方
1	2012年1月	常州二维碳素科技股份有限公司	石墨烯电容式触摸屏	江南石墨烯研究院、无锡丽格光电、深圳力合光电传感器
2	2013年2月	中国科学院重庆研究院	15英寸均匀单层石墨烯、7英寸石墨烯触摸屏	
3	2013年2月	中航工业航材院	12英寸的石墨烯薄膜	
4	2013年4月	贵州新碳高科有限责任公司	纯石墨烯粉末产品、柔性石墨烯散热薄膜	
5	2013年5月	常州二维碳素科技股份有限公司	3万平方米石墨烯薄膜生产线，年产各类触屏达1 000万片	格菲电子等
6	2013年8月	常州第六元素材料科技股份有限公司	年产100吨氧化石墨(烯)/石墨粉体生产线落成投产	
7	2013年12月	宁波墨西科技有限公司	年产300吨石墨烯生产线投产，石墨烯材料平均厚度3纳米，成本从每克5 000元降到每克3元	南江集团参与投资
8	2014年2月	鸿纳(东莞)新材料科技有限公司	千吨级少层石墨烯生产线投产	

续表

序号	时间	企业	产品	合作方
9	2014年5月	宁波墨西科技有限公司	5种石墨烯浆料产品和2种石墨烯粉体产品	
10	2014年12月	厦门凌拓通信科技有限公司	石墨烯体温计	
11	2014年12月	济南墨希新材料科技公司	石墨烯涂料	引进西班牙原装桶装进口格芬的石墨烯矿物涂料
12	2015年2月	江苏灰山石科技股份有限公司	石墨烯降温贴	
13	2015年3月	重庆墨希科技有限公司	3万台石墨烯手机	中科院重庆绿色智能技术研究院、中科院宁波材料技术与工程研究所
14	2016年7月	东旭光电科技股份有限公司	“烯王”移动电源	上海碳源汇谷新材料、京理工大
15	2016年12月	华为集团	石墨烯基锂离子电池	英国曼彻斯特大学
16	2016年12月	中航工业航材院	石墨烯锂离子电池	
17	2017年2月	北京碳世纪科技有限公司	墨烯锂离子五号充电电池烯储霸王	

(数据来源:能源原材料产业子课题组基于调查整理所得)

2. 山东省内石墨烯市场化应用产品及相关企业

山东省内以石墨烯为市场应用产品的企业数量较多,但水平参差不齐。产品主要集中在初级材料的制备方面,下游高端产品开发力度不够,涉及企业不多。表3.1.8中列出了通过网络查询到的山东省石墨烯相关企业信息,通过电话调研的结果来看,大部分企业都属于刚起步阶段,且主要经营项目非石墨烯。单独涉足石墨烯的企业整体业绩多为亏损,缺乏核心技术,难以在市场中立足,因此企业正在思考转型发展。目前,圣泉集团利用石墨烯纤维材料、安固强石墨烯公司的太阳能发电薄膜、玉皇新能源公司的石墨烯电极等产品正在深入研究和逐步推广中,有望成为推动山东省石墨烯产业链发展的动力。

表 3.1.8　山东省内石墨烯行业相关企业

企业名称	企业地址	石墨烯相关业务
山东辐测生物技术有限公司	山东省济南市	石墨烯微波管式炉，石墨微波管式膨化炉，氧化石墨烯微波还原炉，微波石墨烯，微波石墨膨化设备，石墨烯微波炉，管式石墨膨化炉，微波石墨烯还原炉，管式石墨烯还原炉。
济南圣泉集团股份有限公司	山东省济南市	呋喃树脂、糠醛、冷芯盒树脂生产；聚氨酯、酚醛树脂、醋酸钠、清洗剂等的生产、销售；纺织用原塑料制品、皮革制品、新型材料、生物质石墨烯及其制品等的销售。
济南格芬石墨烯矿物环保涂料有限公司	山东省济南市	矿物涂料，环保涂料，石墨烯涂料。
济南尚科新材料技术有限公司	山东省济南市	金属银纳米线，银纳米颗粒，石墨烯，碳纳米管。
济南昭王碳纳米材料公司	山东省济南市	石墨，膨胀石墨，石墨烯，惰性电极。
山东暖匠暖通科技有限公司	山东省济南市	石墨烯电热膜，远红外电热膜，石墨烯电热板，墙暖电热画。
济宁利特纳米技术有限责任公司	山东省济宁市	石墨烯及相关碳纳米材料的产业化开发、生产和应用。
青岛国际石墨烯创新中心	山东省青岛市	石墨烯工艺装备、工艺技术、材料宏量制备技术的研发与产业化应用，实现石墨烯材料在海洋防腐、海水淡化、动力储能、透明导电膜、复合材料及环保等下游应用领域的技术创新与市场化应用。
青岛岩海碳材料有限公司	山东省青岛市	石墨烯粉末，新型电池用石墨烯导电粉末，碱性电池石墨粉，导热石墨粉，阻燃石墨，鳞片石墨，弹性石墨。
青岛迈威石墨烯设备科技有限公司	山东省青岛市	微波膨化炉，石墨膨化炉，石墨烯膨化炉，微波石墨烯膨化炉，微波氧化石墨烯还原炉，石墨烯还原炉。
青岛天源达石墨有限公司	山东省莱西市	鳞片石墨，微粉石墨，可膨胀石墨，导电石墨，石墨烯。
山东同创乐福节能科技有限公司	山东省即墨市	石墨烯远红外电热膜，石墨烯远红外墙暖，石墨烯远红外电地毯，石墨烯远红外汗蒸房，石墨烯远红外取暖器，石墨烯远红外足浴桶。
青岛昊鑫新能源科技有限公司	山东省青岛市	石墨烯，碳纳米管，高纯石墨，球形石墨，可膨胀石墨。

续表

企业名称	企业地址	石墨烯相关业务
青岛牯牛石墨烯科技有限公司	山东省青岛市	石墨烯碳材料、石墨材料、石墨烯碳材料应用电池。
潍坊昊晟碳材料有限公司	山东省潍坊市	碳纳米粉，单壁碳纳米管，多壁碳纳米管，石墨烯薄膜。
山东碳为石墨烯科技有限公司	山东省潍坊市	石墨烯及碳基材料。
山东安恒华盛石墨烯材料科技有限公司	山东省菏泽市	石墨烯研发、生产、销售；石墨烯防腐涂料、石墨烯导电浆料、石墨烯散热材料、石墨烯水泥添加剂及石墨烯应用产品的研发、生产、销售；石墨烯相关应用产品的技术推广及服务；石墨烯及石墨烯相关应用产品的进出口业务贸易与服务。
山东安固强石墨烯科技有限公司	山东省菏泽市	单层石墨烯的研发、生产、销售；单层石墨烯的规模化生产及应用技术推广；单层石墨烯的进出口贸易与服务。
山东恒力石墨烯科技有限公司	山东省菏泽市	单层石墨烯和石墨烯散热材料、石墨烯打印油墨、石墨烯复合材料及应用产品的生产、研发、销售；单层石墨烯和石墨烯应用产品的技术推广；单层石墨烯和石墨烯应用的国内和进出口贸易及服务。
山东玉皇新能源科技有限公司	山东省菏泽市	动力电芯、动力电池系统和石墨烯的研发生产和销售。
威海威力高科碳材料有限公司	山东省威海市	各种石墨烯和石墨烯微片。
威海云山凯瑞石墨烯有限公司	山东省威海市	石墨制品、导电塑料、阻燃塑料、纳米石墨微片、纳米石墨制品、石墨烯复合材料、石墨烯制品。
淄博海曼拓邦科技贸易有限公司	山东省淄博市	有机硅助剂，硅酮母粒，硅酮粉，色母粒，石墨烯，无卤阻燃剂，SiO_2。
山东海迈新材料有限公司	山东省淄博市	石墨烯、氧化石墨烯、石墨烯水性浆料、石墨烯油性浆料及石墨烯电磁屏蔽材料等。
山东赛帝格新材料有限责任公司	山东省烟台市	纳米材料、石墨、石墨烯产品的生产、批发、零售。
无锡烯创科技有限公司	山东省烟台市	石墨烯润滑油。

续表

企业名称	企业地址	石墨烯相关业务
山东高佳新能源有限公司	山东省东营市	石墨烯的应用研发、销售新能源汽车技术研发。
山东欧铂新材料有限公司	山东省东营市	石墨烯、活性炭材料的生产、研发、应用和销售。
山东大祺石墨烯材料有限公司	山东省莱芜市	石墨烯材料的研发及销售。

(数据来源:能源原材料产业子课题组基于调查整理所得)

3. 国内氢燃料电池原材料及市场化应用产品重点生产企业及布局

国内燃料电池原材料生产及布局如表 3.1.9 所示,京、沪、粤、苏、鲁、浙等省市均建有氢燃料电池原材料生产企业,同时,山东省的燃料电池相关企业主要在青岛、淄博、潍坊、聊城等地布局,产品以燃料电池关键部件和应用终端为主。

表 3.1.9　　国内燃料电池相关生产企业及研究机构布局

企业名称	企业地址	相关业务
新源动力股份有限公司	辽宁省大连市	质子交换膜、双极板等氢燃料电池关键部件研发,燃料电池电堆、燃料电池模块及燃料电池系统设计,通信基站备用电源设计,燃料电池性能测试等。
上海神力科技有限公司	上海市奉贤区	高/低温燃料电池研发,离子交换膜研发,电池燃料电池电源系统组装,液流储能电池系统组装,离子交换膜加工等。
上海合既得动氢机器有限公司	上海市松江区	移动制氢机、发电机、环保专用设备的研发、生产、销售。
广东合既得能源科技有限公司	广东省东莞市	醇水制氢和燃料电池发电技术,水氢发电机,水氢动力模块,水氢发电模块,水氢汽车。
江苏冰城氢能科技有限公司	江苏省丹阳市	千瓦级全国产材料质子交换膜燃料电池,便携式备用电源、无人机动力电源等高能量密度特种电源,国产材料制备高性能部件和模块化电堆组装等。
合肥科威尔电源系统有限公司	安徽省合肥市	新能源发电,新能源汽车,燃料电池汽车电池电堆和发动机测试系统等。

续表

企业名称	企业地址	相关业务
中科院大连化学物理研究所	辽宁省大连市	拥有燃料电池及氢源技术国家工程中心；在碱性燃料电池、熔融碳酸盐燃料电池、固体氧化物燃料电池、直接醇类燃料电池和质子交换膜燃料电池等诸多领域开展了大量的研发工作。该所于1993年开展了PEMFC的研究，在电极工艺和电池结构方面做了许多研究，现已研制成工作面积为140平方厘米的单体电池，其输出功率达0.35瓦/平方厘米。于1994年开展了SOFC的研究工作，主要集中在电极和电解质材料的研究。2000年该所已完成30千瓦车用燃料电池的全部试验工作。2002年研制成功200瓦级直接甲醇燃料电池组。近年来，该所研制了百千瓦级质子交换膜燃料电池发动机，并与清华大学等单位联合开发成功了燃料电池城市客车，另外，还研制了应用于笔记本电脑等家电领域的百瓦级直接醇类燃料电池。
上海交通大学燃料电池研究所	上海市闵行区	质子交换膜燃料电池（PEMFC）、固体氧化物燃料电池（SOFC）、直接甲醇燃料电池（DMFC）以及锂电池、锂空气电池、全钒液硫等储能电池相关研究工作。
清华大学	北京市海淀区	燃料电池客车和燃料电池发动机，氢的重整、存储、运输等研究开发。20世纪90年代初开展了SOFC的研究，利用缓冲溶液法及低温合成环境调和性新工艺成功地合成了固体电解质、空气电极、燃料电极和中间联结电极材料的超细粉，并开展了平板型SOFC成型和烧结技术的研究。1993年开展了PEMFC的研究，研制的单体电池在0.7伏时输出电流密度为100毫安/平方厘米，改进石棉集流板的加工工艺，并提出列管式PEMFC的设计，与德国Karlsrube研究中心建立了一定的协作关系。
武汉理工大学	湖北省武汉市	高性能质子交换膜、高效持久催化剂及其载体、CCM的低成本制造技术、高性能低成本气体扩散层和双极板；燃料电池堆设计与组装、燃料电池发动机集成与控制、汽车用燃料电池相关技术研究；燃料电池性能与燃料电池发动机的动态特性的计算机模拟与仿真等。
中科院长春应用化学研究所	吉林省长春市	主要从事质子交换膜燃料电池、直接甲醇燃料电池、熔融碳酸盐燃料电池的研究开发。该所于1990年开始研究PEMFC，工作主要集中在催化剂、电极的制备工艺和甲醇外重整器的研制，已制造出100瓦PEMFC样机。1994年开展直接甲醇质子交换膜燃料电池的研究工作。20世纪90年代初，该所开始了MCFC的研究，在LiAlO2微粉的制备方法研究和利用金属间化合物作MCFC的阳极材料等方面取得了很大进展。该所与美国Case Western Reserve大学和俄罗斯氢能与等离子体研究所等建立了长期协作关系。

续表

企业名称	企业地址	相关业务
同济大学	上海市杨浦区	燃料电池轿车和加氢设施制造的研究开发。成功研制出“超越”系列燃料电池轿车，并且联合壳牌将于2006年底建成上海首座固定加氢站。
北京有色金属研究总院	北京市西城区	氢储存技术和燃料电池相关材料的研究，进行PEMFC/光伏电池(制氢)互补发电系统的研究。
天津大学	天津市滨海新区	质子交换膜燃料电池的研究，1994年开展了PEMFC的研究，主要研究催化剂和电极的制备工艺。
中科院上海有机化学研究所	上海市徐汇区	研究质子交换膜燃料电池的关键材料与部件，2002年该所与上海同济科技实业股份有限公司和上海神力科技有限公司共同组建上海中科同力公司。
北京理工大学	北京市海淀区	质子交换膜燃料电池电动汽车车辆技术的研发。
华南理工大学	广东省广州市	质子交换膜燃料电池、直接甲醇燃料电池和固体氧化物燃料电池等研究。1992年开始了SOFC的研究，组装的管状单体电池，用甲烷直接作燃料，最大输出功率为4毫瓦/平方厘米，电流密度为17毫安/平方厘米，连续运转140小时，电池性能无明显衰减。1997年开展了PEMFC的研究，其天然气催化转化制一氧化碳和氢气的技术现已申请国家发明专利。

(数据来源：能源原材料产业子课题组基于调查整理所得)

4. 山东省内燃料电池市场化应用产品及相关企业

山东省内以氢燃料电池原材料和应用终端为市场的企业数量较少。产品主要集中在氢燃料电池成品终端应用方面，上游原材料和关键部件产品开发力度不够，涉及企业不多。表3.1.10中列出了通过网络查询到的山东省氢燃料电池相关企业信息，从走访调研的结果来看，除山东东岳集团外，大部分企业/示范区都属于刚起步阶段。目前，随着东岳化工、潍柴动力、中国重汽和中通客车等企业氢燃料电池项目的上马，山东省的氢燃料电池原材料和终端应用产品正在深入研发和逐步推广中，必将成为推动山东省燃料电池产业链发展的动力。

表3.1.10　　山东省内燃料电池领域相关企业

企业名称	企业地址	相关业务
山东东岳化工集团	山东省淄博市	在新材料、新环保、新能源领域拥有大量自主知识产权，多次打破国外技术垄断，尤其是成功实现了全氟离子膜的国产化，现已建成国内第一条高性能燃料电池膜连续制备生产线和第一条氯碱离子膜产业化生产线。

续表

企业名称	企业地址	相关业务
济南氢能源产业生产基地	山东省济南市	氢燃料电池关键材料及部件生产、氢燃料电池电堆引擎生产、氢燃料电池动力总成生产等项目。
中通客车	山东省聊城市	燃料电池客车研发及生产;氢燃料池系统及氢燃料动力总成系统的生产及研发;新能源汽车运营平台等。
潍柴动力	山东省潍坊市	燃料电池技术产品设计开发与应用;潍柴 WE 系列燃料电池汽车,功率覆盖 50～450 千瓦,可匹配全系列公交车、商务车、乘用车及特种车。
潍坊高新区氢能产业项目	山东省潍坊市	第四代 H 系列、C 系列、M 系列质子交换膜电解(简称 PEM)水制氢设备。
中国重汽	山东省济南市	重汽氢谷、氢动能汽车产业园。产业园包括了氢能源汽车创新中心、整车制造和动力总成。
重汽氢谷	山东省济南市	燃料电池重卡,氢动力码头牵引车等。
氢能源的运营示范区	山东省济南市	在 120 个高速公路服务站都建立加氢站、氢储存、氢回收等。
氢能新能源汽车产业集群	山东省淄博市	新能源汽车、氢能 UPS 电源、氢能新能源汽车动力总成、高纯制氢设备、固体电池、超级电容、氧化铝纳米新材料等。
山东赛克赛斯集团	山东省济南市	纯水电解制氢设备的研发、生产、销售。现已上市的 SPE 技术高压,大型制氢设备,填补了国内 SPE 技术大型制氢设备的空白;氢燃料电池关键材料及部件、氢燃料电池电堆引擎、氢燃料电池等。

(数据来源:能源原材料产业子课题组基于调查整理所得)

(五)产业发展趋势分析

从全球和中国能源原材料产业发展的现状和趋势预测来看,各国对该领域的产业发展都表现出极大的热情,这使得能源原材料产业具有广阔的市场前景。以功能化涂料、散热薄膜等为代表的低端石墨烯产品已稳步推向市场,且预期市场规模和经济效益在近十年有较快增长。而受原料生产、性能开发和技术应用等诸多要素制约,石墨烯高端产品在短期内难以产业化。预计下一个可能实现技术突破并推向市场的石墨烯产品将在储能领域或电子信息领域中诞生,如电池电极、触摸屏、传感器等,这将拉开石墨烯产业迅猛发展的序幕。而对于燃料电池产业,燃料电池汽车和燃料电池电站是当前科研机构和相关企业的研发热点,随着众多燃料电池原材料和终端应用项目的上马,山东省的氢燃料电池制造产业链必将快速延伸。

二、能源原材料产业技术创新发展情况

专利是技术发展创新的源泉，通过专利分析可以看出一个国家或企业的技术发展水平，预测技术发展趋势。下面从石墨烯和燃料电池相关申请专利的分布情况分析其研究方向和产业的技术发展趋势。

（一）石墨烯专利布局情况

1. 国外专利布局和趋势

国外对石墨烯的研究起步较早，从图 3.2.1 中可以看出，自 2004 年以来，国外专利年申请量呈现整体逐年上涨的趋势。尤其是 2004～2009 年，专利申请增速迅猛，自 2009 年后，申请量增速放缓，2013 年申请量甚至低于 2012 年。总的来看，国外年申请总量维持在 3 000 多件，呈相对稳定的状态。

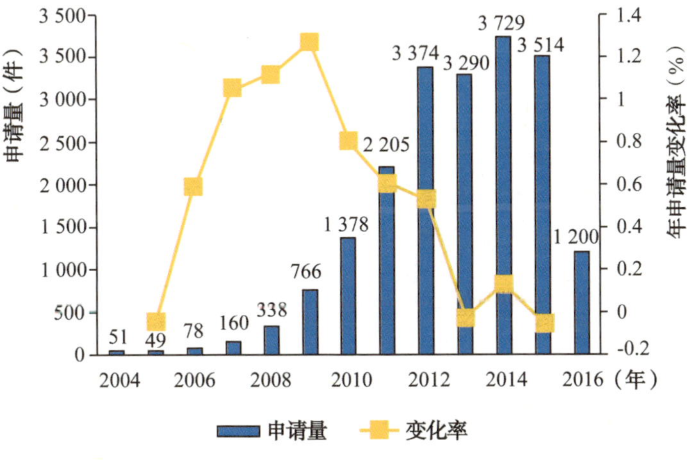

图 3.2.1 石墨烯行业国外专利历年申请趋势

在这些申请的专利中，以材料及其制备（C01B）、半导体应用（H01L）及储能电池（H01M）为主要内容（见图 3.2.2），研发方向相对集中。其中，制备技术是石墨烯及其材料应用的关键，同时，基于全球信息技术和储能技术发展的迫切需求，利用石墨烯良好的导电和半导体特性开发下游应用产品是主要趋势。

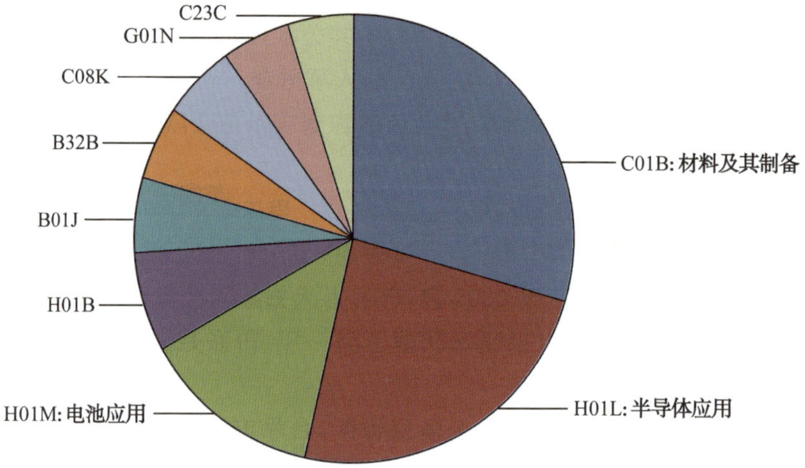

图 3.2.2　石墨烯行业国外专利布局方向

2. 中国专利布局和趋势

与国外相比,中国的石墨烯专利申请起步较晚,前期发展缓慢,后期增幅迅速。通过图 3.2.3 看出,2009 年前后出现首个申请峰值,虽然总申请量不多,但较前期而言,已实现近四倍的增长。由于年申请数额较大,2009 年后增速放缓,2013 年和 2014 年,中国专利年申请量增长率为 30%~40%,近两年也仍然保持不断上升的趋势。

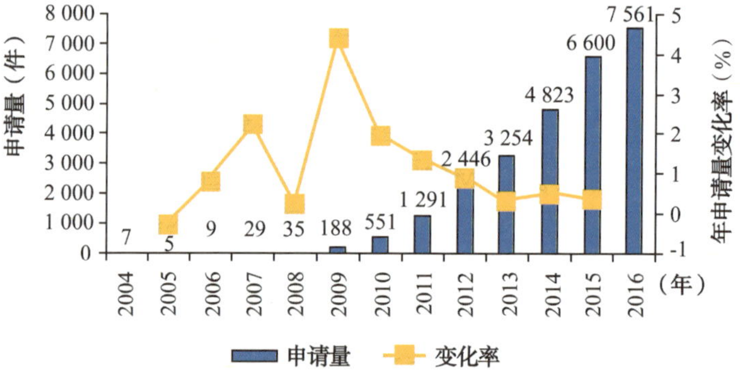

图 3.2.3　石墨烯行业中国专利历年申请趋势

我国石墨烯相关技术专利主要分布于石墨烯及相关材料的制备、电池应用、涂料和半导体等。专利申请领域和占比与国外略有不同,其中涂料等应用领域占有一定数量,其他领域较国外专利占比略小,如图 3.2.4 所示。

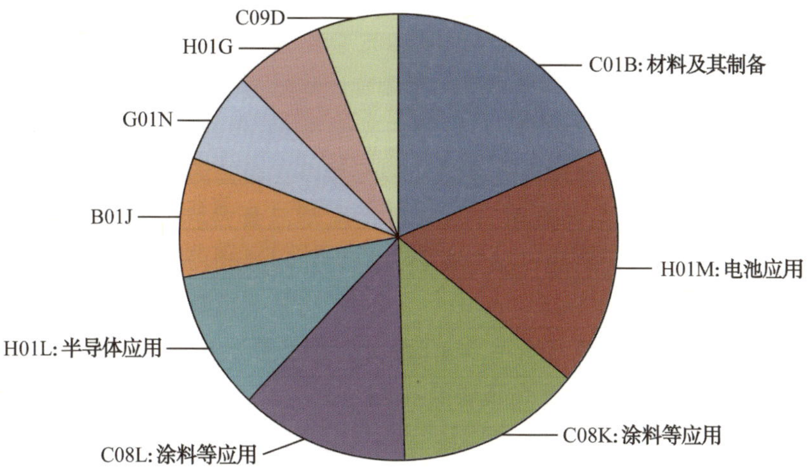

图 3.2.4 石墨烯行业中国专利布局方向

3. 中国主要省市专利申请趋势

图 3.2.5 显示了国内主要省市的专利申请趋势。总体来看,各省市的专利发展趋势与国内总趋势一致。江苏省是近年来专利申请量增加较迅速的省份。广东省自 2015 年后,专利申请量出现明显增幅。

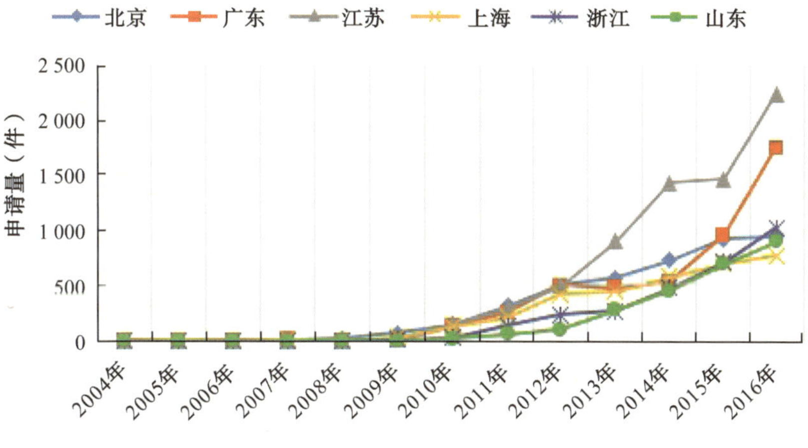

图 3.2.5 石墨烯行业中国主要省市专利申请趋势

北京在 2012~2015 年仅次于江苏位列第二位,之后有所下降。相对而言,山东省在石墨烯专利申请上起步较晚,直到 2013 年后,总申请量才与上海、浙江等省市趋于持平,并有超越趋势,但相对江苏和广东仍有不小差距。

通过各省专利技术布局分析,石墨烯及相关材料的制备技术仍位居各省专利申请首位。在下游产品方面,各省侧重不同,江苏重点布局涂料等应用行业,广东与其他几个省市则在电池应用方面较为集中,山东在涂料、电池应用和化学物理分析方面均有布局,且申请量相当(见图 3.2.6)。

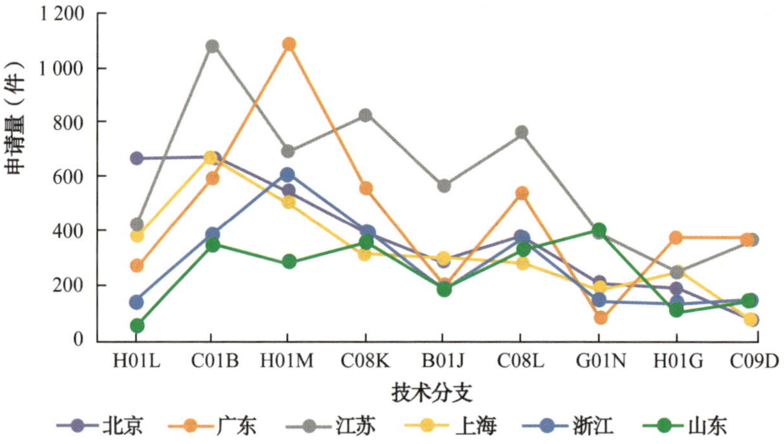

图 3.2.6　石墨烯行业中国主要省市专利布局方向

（二）氢燃料电池专利布局情况

氢燃料电池以质子交换膜燃料电池（PEMC）和碱性燃料电池（AFC）为主要代表。质子交换膜燃料电池具有比功率、比能量高以及室温下快速启动的特点，因而被广泛应用于燃料电池汽车行业。质子交换膜、电极、铂催化剂、双极板和贮氢技术都属于质子交换膜燃料电池的关键技术。

1. 制氢技术

统计结果显示，获得制氢相关技术发明专利授权最多的三家单位分别是中国科学院大连化学物理研究所、中国石油化工股份有限公司和上海合既得动氢机器有限公司。其中，中国科学院大连化学物理研究所共计获得 124 项制氢技术发明专利的授权，占到该大类总授权数的 2.31%。其次是中国石油化工股份有限公司，获得制氢技术发明专利授权 121 项，占总授权数的 2.25%。上海合既得动氢机器有限公司获得制氢技术发明专利授权 107 项，占总授权数的 1.99%。其余相关专利的授权大多集中在高校，如浙江大学、清华大学、哈尔滨工业大学以及科研院所。除中国石油化工有限公司外，企业对于制氢技术相关发明专利的占有量相对较少。具体统计数据见图 3.2.7 所示。

专利数	申请人数	发明人数	大组数	当前总百分比
4 890 占百分比：100.00%	2 027 平均专利数：2.41件	11 699 平均专利数：0.42件	1 101 平均专利数：4.44件	21.10%

	申请人	专利数	百分比
1.	中国科学院大连化学物理研究所	124	2.31%
2.	中国石油化工股份有限公司	121	2.25%
3.	上海合既得动氢机器有限公司	107	1.99%
4.	浙江大学	74	1.38%
5.	广东合既得能源科技有限公司	68	1.27%
6.	清华大学	67	1.25%
7.	太原理工大学	61	1.14%
8.	哈尔滨工业大学	54	1.01%
9.	华东理工大学	51	0.95%
10.	华南理工大学	49	0.91%
11.	天津大学	47	0.88%
12.	中国石油化工股份有限公司抚顺石油化工研究院	40	0.74%
13.	汉能科技有限公司	38	0.71%
14.	东南大学	38	0.71%
15.	上海交通大学	36	0.67%
16.	西安交通大学	33	0.61%
17.	北京工业大学	32	0.60%
18.	重庆大学	32	0.60%
19.	复旦大学	31	0.58%
20.	中国石油化工股份有限公司石油化工科学研究院	30	0.56%

图 3.2.7　制氢技术相关的发明专利统计(按授权单位 TOP 20)

就发明人而言，制氢技术相关发明专利中出现最多的个人是中国科学院微生物研究所研究员向华。向华，中国科学院微生物研究所研究员、博士生导师。现任中国科学院微生物研究所所长助理，微生物资源前期开发国家重点实验室副主任，中国遗传学会微生物遗传学专业委员会副主任，中国微生物学会基础微生物专业委员会委员、海洋微生物专业委员会常务委员，《微生物学报》、*Saline Systems* 和 *Journal of Genetics and Genomics* 编委等。目前致力于极端嗜盐古菌的遗传、代谢、基因组及生物工程研究。作为发明人，向华出现在 215 项制氢技术发明专利的发明人名单中。图 3.2.8 所示为制氢技术相关发明专利人名单中出现最多的个人 TOP 20。(注：由于数据统计日期不同，因而专利授权总数会有变化)

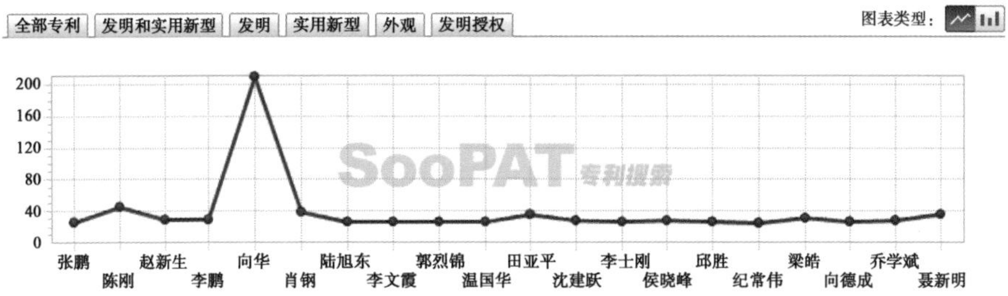

图 3.2.8　制氢技术相关发明专利统计(按发明人 TOP 20)

与向华有关的制氢技术相关发明专利统计情况见图 3.2.9 所示。由图中数据可见，申请人为上海合既得动氢机器有限公司和广东合既得能源科技有限公司占有相关发明专利的 84%，发明人中包含向华的制氢技术发明专利主要由这两家企业申请。

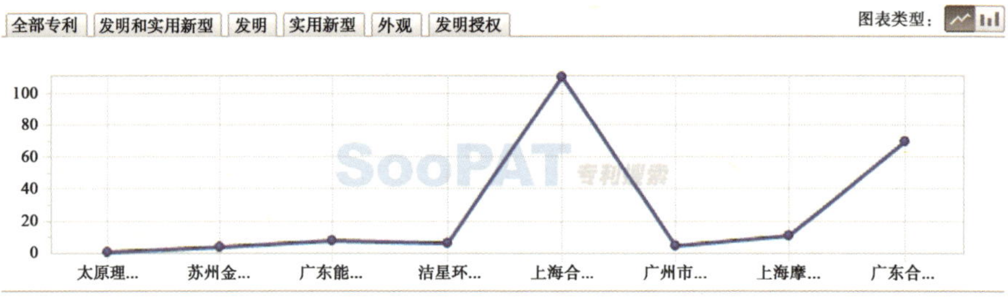

专利数	申请人数	发明人数	大组数	当前总百分比
215 占百分比：48.75%	8 平均专利数：26.88件	38 平均专利数：5.66件	109 平均专利数：1.97件	48.75%

	申请人	专利数	百分比
1.	上海合既得动氢机器有限公司	110	51.16%
2.	广东合既得能源科技有限公司	70	32.56%
3.	上海摩醇动力技术有限公司	11	5.12%
4.	广东能态科技投资有限公司	8	3.72%
5.	洁星环保科技投资（上海）有限公司	6	2.79%
6.	广州市移电科技有限公司	5	2.33%
7.	苏州金宏气体股份有限公司	4	1.86%
8.	太原理工大学	1	0.47%

显示行：20

图 3.2.9　向华的制氢技术相关发明专利统计

2. 质子交换膜

质子交换膜是 PEMFC 和 AFC 的关键部件。全氟磺酸质子交换膜、复合质子交换膜和高温质子交换膜是当前该领域的三大研究热点。1999～2017 年，质子交换膜制备技术获得授权的发明专利数量逐年稳步增多。截至目前，我国共授权质子交换膜制备技术相关发明专利 3 023 项。具体统计数据见图 3.2.10 所示。

统计结果显示，获得质子交换膜制备技术发明专利授权最多的三家单位分别是中国科学院大连化学物理研究所、武汉理工大学和上海交通大学。其中，中国科学院大连化学物理研究所共计获得 198 项质子交换膜制备技术发明专利的授权，占到该大类总授权数的 6.15%。中国石油化工股份有限公司获得该领域发明专利授权 123 项，占总授权数的 3.82%。上海交通大学获得发明专利授权 113 项，占总授权数的 3.51%。山东省的化工企业——山东东岳神舟新材料有限公司共计获得质子交换膜制备技术发明专利授权 65 项，排名第五。与氢制备技术类似，质子交换膜制备技术相关发明专利的授权大多集中在高校和科研院所。除山东东岳神舟新材料有限公司外，企业对于质子交换膜制备技术相关发明专利的占有量相对较少。

质子交换膜制备领域的发明专利中出现最多的个人是衣宝廉院士。衣宝廉，中国工程院院士、燃料电池专家。现任中国科学院大连化学物理研究所研究员，大连交通大学环境与化学工程学院特聘教授，燃料电池工程中心总工程师，大连新源动力股份有限公司董事长，国家“863”电动汽车重大专项专家组成员和燃料电池发动机责任专家，广东省燃料电池技术重点实验室第二届学术委员会主任。作为发明人，衣宝廉出现在 109 项质子交换膜制备技术发明专利的发明人名单中。此外，张永明、邵志刚、张华民、侯中军等在该领域的发明专利人名单中出现频率也较高。图 3.2.11 所示为质子交换膜制备技术相关发明专利人名单中出现最多的个人 TOP 20。

专利数	申请人数	发明人数	大组数	当前总百分比
3 023 占百分比：100.00%	844 平均专利数：3.58件	5 903 平均专利数：0.51件	554 平均专利数：5.46件	35.81%

	申请人	专利数	百分比
1.	中国科学院大连化学物理研究所	198	6.15%
2.	武汉理工大学	123	3.82%
3.	上海交通大学	113	3.51%
4.	新源动力股份有限公司	75	2.33%
5.	清华大学	70	2.17%
6.	山东东岳神州新材料有限公司	65	2.02%
7.	华南理工大学	50	1.55%
8.	天津大学	48	1.49%
9.	哈尔滨工业大学	45	1.40%
10.	大连理工大学	44	1.37%
11.	同济大学	41	1.27%
12.	通用汽车环球科技运作公司	40	1.24%
13.	通用汽车公司	35	1.09%
14.	上海大学	35	1.09%
15.	重庆大学	32	0.99%
16.	中国科学院长春应用化学研究所	31	0.96%
17.	上海神力科技有限公司	29	0.90%
18.	成都新柯力化工科技有限公司	27	0.84%
19.	南通大学	26	0.81%
20.	中山大学	26	0.81%

图 3.2.10　质子交换膜制备技术相关的发明专利统计(按授权单位 TOP 20)

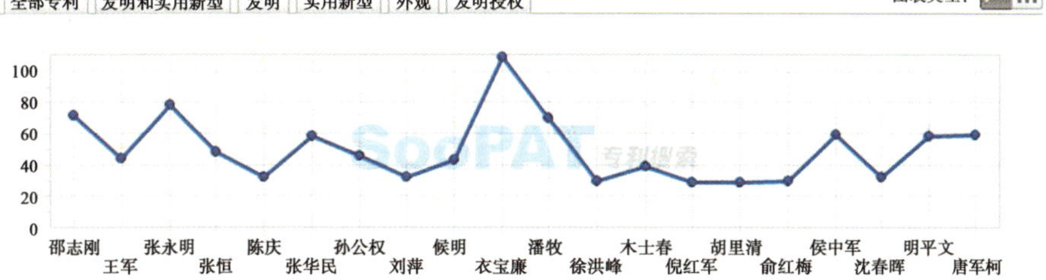

图 3.2.11　质子交换膜制备技术相关发明专利统计(按发明人 TOP 20)

在质子交换膜制备领域，涉及衣宝廉院士的发明专利主要集中在中科院大连化物所和新源动力股份有限公司，以这两家单位作为申请人获得的相关发明专利占总数的 94% 以上。图 3.2.12 所示为衣宝廉院士质子交换膜制备技术相关发明专利的统计数据。

发明　　图表类型：

专利数	申请人数	发明人数	大组数	当前总百分比
109 占百分比：100.00%	5 平均专利数：21.80件	122 平均专利数：0.89件	38 平均专利数：2.87件	100.00%

	申请人	专利数	百分比
1.	中国科学院大连化学物理研究所	88	77.88%
2.	新源动力股份有限公司	19	16.81%
3.	三星SDI株式会社	3	2.65%
4.	大连新源动力股份有限公司	2	1.77%
5.	上海汽车工业（集团）总公司	1	0.88%

显示行：20

图 3.2.12　衣宝廉质子交换膜制备技术相关发明专利统计

3. 非铂催化剂

催化剂是燃料电池内部的关键材料，主要作用是加快电化学反应的速度、提高反应的效率和稳定性。目前广泛使用的铂基催化剂需以贵金属铂作为主要原材料，价格相对昂贵，大大阻碍了燃料电池的发展与应用。非铂催化剂的优势在于减少了贵金属铂的用量，从而直接降低氢燃料电池的制造成本。相比于制备工艺成熟、市场应用广泛的铂基催化剂，非铂催化剂虽然具有较大的应用优势，但目前还处于研究开发阶段，也是当前燃料电池领域的研究热点。

统计数据显示，国内已授权的非铂催化剂制备工艺相关发明专利共计 1238 项。近三年国内非铂催化剂制备工艺相关发明专利授权数量增长迅速。2015 年授权 88 项，2016 年授权 124 项，增长 36 项，2017 年授权 192 项，增长 68 项。2018 年，截至 6 月底已经有 73 项获得授权。由此可见，国内的科研机构和相关企业对于非铂催化剂的研究和开发取得了较大的进展，研究热情高涨。

获得非铂催化剂制备技术相关发明专利授权数量最多的三家单位分别是四川师范大学、中国石油化工股份有限公司和中国科学院大连化学物理研究所。其中，四川师范大学共计获得非铂催化剂制备技术发明专利 73 项，占总授权数的 5.13%；中国石油化工股份有限公司获得 52 项相关发明专利的授权，占总授权数的 3.66%；中国科学院大连化学物理研究所获得 38 项相关发明专利的授权，占总授权数的 2.67%。相关科研机构和企业的该技术发明专利的统计情况如图 3.2.13 所示。

专利数	申请人数	发明人数	大组数	当前总百分比
1 238 占百分比：100.00%	660 平均专利数：1.88件	3 640 平均专利数：0.34件	480 平均专利数：2.58件	28.69%

	申请人	专利数	百分比
1.	四川师范大学	73	5.13%
2.	中国石油化工股份有限公司	52	3.66%
3.	中国科学院大连化学物理研究所	38	2.67%
4.	宁波大叶园林设备有限公司	30	2.11%
5.	中国石油化工股份有限公司上海石油化工研究院	25	1.76%
6.	浙江大学	21	1.48%
7.	混环球油品公司	21	1.48%
8.	信越化学工业株式会社	20	1.41%
9.	中国石油化工股份有限公司石油化工科学研究院	19	1.34%
10.	国际壳牌研究有限公司	16	1.13%
11.	华南理工大学	12	0.84%
12.	北京化工大学	10	0.70%
13.	中国科学院长春应用化学研究所	10	0.70%
14.	沙特基础工业公司	10	0.70%
15.	通用汽车环球科技运作有限责任公司	10	0.70%
16.	陶氏康宁公司	9	0.63%
17.	丰田自动车株式会社	9	0.63%
18.	四川大学	8	0.56%
19.	重庆大学	8	0.56%
20.	大连理工大学	7	0.49%

图 3.2.13　非铂催化剂制备技术相关的发明专利统计(按授权单位 TOP 20)

非铂催化剂制备技术相关发明专利中出现最多的个人是四川师范大学化学院的朱明教授。作为发明人,朱明出现在 73 项非铂催化剂制备技术发明专利的发明人名单中,占该领域发明专利总数的 33.3%。图 3.2.14 所示为制氢技术相关发明专利人名单中出现最多的个人 TOP 20。

发明　　图表类型：

专利数	申请人数	发明人数	大组数	当前总百分比
73	1	22	8	99.09%
占百分比：100.00%	平均专利数：73.00件	平均专利数：3.32件	平均专利数：9.13件	

	发明人	专利数	百分比
1.	朱明	73	33.33%
2.	王麒麟	16	7.31%
3.	范耀月	13	5.94%
4.	夏梦琦	13	5.94%
5.	吴雨婕	11	5.02%
6.	江燕妮	10	4.57%
7.	刘阳	10	4.57%
8.	宋佳柠	10	4.57%
9.	岳馥莲	9	4.11%
10.	周小澜	9	4.11%
11.	石雨晴	7	3.20%
12.	石小阳	7	3.20%
13.	魏玉君	7	3.20%
14.	苏智	5	2.28%
15.	官悦	5	2.28%

图 3.2.14　非铂催化剂制备技术相关的发明专利统计(按发明人 TOP 20)

4. 双极板

国内对于双极板的研究也是随着燃料电池概念的兴起而发展起来的。燃料电池双极板相关发明专利有 1 359 项。近三年的专利授权数增长迅速，仅 2018 年上半年，获得授权的双极板发明专利已达到 148 项，接近去年全年的授权数。这也从侧面反映出当前燃料电池及其相关材料研究的热度。

持有双极板技术发明专利最多的三家单位分别是通用汽车环球科技运作公司、中国科学院大连化学物理研究所和新源动力股份有限公司。其中，通用汽车环球科技运作公司持有 79 项双极板技术的发明专利，占该领域相关发明专利总数的 5.45%。中科院大连化物所持有 68 项发明专利，占该领域相关发明专利总数的 4.69%。新源动力股份有限公司持有 55 项发明专利，占该领域相关发明专利总数的 3.80%。另外，通用汽车环球科技运作有限责任公司也持有 48 项发明专利，占相关发明专利总数的 3.31%。值得注意的是，企业对双极板相关发明专利的占有量远高于高校和科研机构。具体统计数据见图 3.2.15 所示。

专利数	申请人数	发明人数	大组数	当前总百分比
1 359	442	2 431	248	25.75%
占百分比：60.11%	平均专利数：3.07件	平均专利数：0.56件	平均专利数：5.48件	

	申请人	专利数	百分比
1.	通用汽车环球科技运作公司	79	5.45%
2.	中国科学院大连化学物理研究所	68	4.69%
3.	新源动力股份有限公司	55	3.80%
4.	通用汽车环球科技运作有限责任公司	48	3.31%
5.	上海交通大学	42	2.90%
6.	武汉理工大学	32	2.21%
7.	上海神力科技有限公司	32	2.21%
8.	长沙科创投资管理有限公司	30	2.07%
9.	通用汽车公司	29	2.00%
10.	清华大学	27	1.86%
11.	中国东方电气集团有限公司	26	1.79%
12.	住友电气工业株式会社	23	1.59%
13.	中国科学院金属研究所	21	1.45%
14.	大连融科储能技术发展有限公司	21	1.45%
15.	哈尔滨工业大学	19	1.31%
16.	大连交通大学	17	1.17%
17.	三星SDI株式会社	14	0.97%
18.	大连理工大学	13	0.90%
19.	大众汽车有限公司	12	0.83%
20.	大连海事大学	12	0.83%

图 3.2.15　燃料电池双极板相关的发明专利统计(按授权单位 TOP 20)

燃料电池双极板相关发明专利中出现较多的个人是明平文、侯中军和付宇。明平文,中国科学院大连化学物理研究所副研究员,工学博士,研究方向为燃料电池中的气液两相流动、燃料电池系统中的喷射器和燃料电池系统工程。侯中军,工学博士,大连新源动力股份有限公司总工程师,受聘为全国燃料电池标准化技术委员会副主任委员,是国务院特殊津贴专家。图 3.2.16 所示为燃料电池双极板相关发明专利人名单中出现最多的个人 TOP 20。

发明　　图表类型：

专利数	申请人数	发明人数	大组数	当前总百分比
52 占百分比：100.00%	3 平均专利数：17.33件	46 平均专利数：1.13件	17 平均专利数：3.06件	89.22%

	发明人	专利数	百分比
1.	明平文	52	19.33%
2.	侯中军	35	13.01%
3.	付宇	26	9.67%
4.	衣宝廉	17	6.32%
5.	徐洪峰	15	5.58%
6.	侯明	15	5.58%
7.	徐乃涛	11	4.09%
8.	刘常福	9	3.35%
9.	傅云峰	9	3.35%
10.	窦永香	8	2.97%
11.	燕希强	8	2.97%
12.	王红梅	7	2.60%

图 3.2.16　燃料电池双极板相关发明专利统计(按发明人 TOP 20)

(三)创新平台建设

从我国石墨烯专利申请主体来看(见图 3.2.17)，企业申请数量占比约 44.9%，其次是大专院校和科研院所，分别为 36.44%和 28.10%，这说明企业和高校等科研机构都十分关注石墨烯创新技术，并成为研发的主力军。

进一步观察国内申请人专利申请量的排名不难发现(见表 3.2.1 和表 3.2.2)，排名前十位的机构中，高校占据了 8 席，研究所与企业各占了 1 席。这说明科研机构仍是技术研发的核心。石墨烯行业国内主要研发团队中海洋王照明股份有限公司、浙江大学、清华大学居于前三的位置。值得注意的是，山东省内的济南大学在石墨烯行业的专利申请量达到了 211 件，在数量上居于第 9 位。

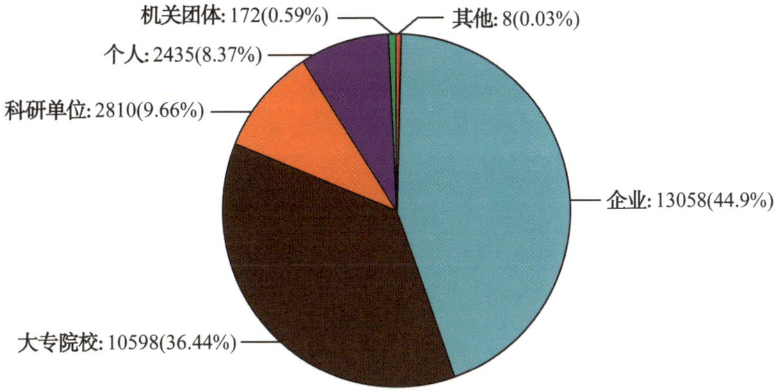

图 3.2.17　石墨烯行业中国专利申请主体结构

表 3.2.1　中国申请人按专利申请量排名

申请人	专利申请量
海洋王照明科技股份有限公司	421
浙江大学	364
清华大学	299
哈尔滨工业大学	273
上海交通大学	246
东南大学	228
电子科技大学	219
中国科学院宁波材料技术与工程研究所	211
济南大学	211
东华大学	209

（数据来源：能源原材料产业子课题组基于国家知识产权局和专利汇数据统计所得）

表 3.2.2　大学、科研院所按专利申请量排名

申请人	专利申请量
浙江大学	364
清华大学	299
哈尔滨工业大学	273
上海交通大学	246
东南大学	228
电子科技大学	219
中国科学院宁波材料技术与工程研究所	211

续表

申请人	专利申请量
济南大学	211
东华大学	209
江苏大学	201
常州大学	192

(数据来源:能源原材料产业子课题组基于国家知识产权局和专利汇数据统计所得)

综合来看,尽管企业在石墨烯产业专利拥有比例较高(见表 3.2.3),但企业差异化非常大,仅有海洋王照明科技公司一家企业的专利申请数量进入前十位,此外,京东方科技集团、重庆墨希科技有限公司、成都新柯力化工科技有限公司等拥有较多的专利,其他大部分分散在各地的石墨烯企业中。而对于高校与科研院所来说,其研究相对集中,且前十位中专利申请量相差不大(见表 3.2.2)。

表 3.2.3 企业按专利申请量排名

申请人	专利申请量
海洋王照明科技股份有限公司	421
京东方科技集团股份有限公司	183
重庆墨希科技有限公司	123
成都新柯力化工科技有限公司	120
中国航空工业集团公司北京航空材料研究院	111
深圳欧菲光科技股份有限公司	100
三星电子株式会社	91
鸿富锦精密工业(深圳)有限公司	90

(数据来源:能源原材料产业子课题组基于国家知识产权局和专利汇数据统计所得)

上述相关企业与高校科研院所都是石墨烯行业的重要创新平台,但要真正促进行业的进一步发展就需要产学研合作的深入开展,尤其是高校与企业之间的合作,将最新的技术与方法应用于生产中才能发挥其真正价值。国内现今在石墨烯行业产学研合作上,已有诸多较好的模式和典型案例,如清华大学与鸿富锦(富士康)、重庆墨希科技有限公司与中科院重庆绿色智能技术研究院、上海交大与上海中聚佳华电池科技有限公司等企业合作紧密,整体呈现良好的态势(见表 3.2.4)。

表 3.2.4 产学研合作按专利申请量排名

申请人	专利数量	主要合作方
清华大学	99	鸿富锦精密工业(深圳)有限公司

续表

申请人	专利数量	主要合作方
重庆墨希科技有限公司	79	中国科学院重庆绿色智能技术研究院
北京师大科技园科技发展有限责任公司	22	北京师范大学
国家电网公司	21	中国电力科学研究院；国网智能电网研究院；全球能源互联网研究院
上海交通大学	19	上海中聚佳华电池科技有限公司；浙江星星科技股份有限公司；罗伯特·博世有限公司
常州大学	18	南通江海电容器股份有限公司；常州江工阔智电子技术有限公司；常州合润新材料科技有限公司；常州碳润新材料科技有限公司
江南石墨烯研究院	14	常州碳润新材料科技有限公司；常州博碳环保科技有限公司；常州碳维纳米科技有限公司；常州碳宇纳米科技有限公司
东华大学	12	上海天顺环保设备有限公司；上海睿兔电子材料有限公司；佛山市迭蓓丝生物科技有限公司

（数据来源：能源原材料产业子课题组基于国家知识产权局和专利汇数据统计所得）

（四）产业技术创新发展分析

石墨烯和燃料电池具有无限广阔的应用前景，就目前全球发展态势来看，在基础研发方面英国、美国、日本、韩国等技术发达国家相对领先，而在商业化应用方面，中国处于引领位置，一方面是由于中国上至国家领导下到地方官员都对石墨烯和燃料电池的发展非常重视和支持，另一方面能源材料和产品在传统产业升级转型所起的作用，激发了企业投资的积极性。石墨烯和燃料电池产业的发展需要通过国与国之间和不同国家公司间的国际合作来取长补短，强强联手，这样才能真正加速商业化的进程。“全球并购、中国整合”也正是中国能源产业的发展战略。在近年来的政府大力扶持与相关产业联盟的积极推动下，中国能源产业取得了很大进展，但在全球化竞争的背景下，还面临着诸多挑战，需要进一步加强战略研究。

三、能源原材料产业人才发展情况

人才是产业发展壮大的基础，对于石墨烯和燃料电池这种技术密集型产业，高科技人才的引领作用至关重要。

（一）产业人才发展基本情况

1. 石墨烯产业人才基本情况

不完全统计，我国石墨烯领域拥有各类称号的高端优秀人才 212 人。表 3.3.1 给出了石墨烯领域高端人才情况统计，其中有院士 19 人，海外高层次人才 15 人，国家高层次研究人员 29 人，国家特支计划 5 人，中科院高层次研究人员 35 人，教育部高层次研究人员奖励计划 40 人，国家突出贡献中青年专家 4 人，国务院政府特殊津贴 25 人，杰出青年科学基金 63 人，教育部新世纪优秀人才 26 人，国外杰出青年 1 人，具有其他国家、省部级等其他称号的 80 人。

表 3.3.1　国内石墨烯高端人才统计

类别	人数
院士	19
中国科学院院士增选	1
青年海外高层次人才	1
海外高层次人才	15
国家高层次研究人员	29
国家特支计划	5
教育部高层次研究人员奖励计划	40
国家有突出贡献中青年专家	4
国务院政府特殊津贴人员	25
中科院高层次研究人员	34
国家杰出青年	63
教育部新世纪优秀人才	26
其他	80
合计(去重)	212

（数据来源：能源原材料产业子课题组基于网络及文献资料整理所得）

院士主要分布在北京、合肥、长春、南京等省市，其基本情况见表3.3.2。院士所在机构主要有清华大学、北京大学、中国科学技术大学、中国科学院大连化学物理研究所及复旦大学等。

表3.3.2　国内石墨烯高端人才统计——院士基本情况

姓名	机构	省市
黄克智	清华大学	北京市
顾秉林	清华大学	北京市
刘元方	北京大学	北京市
王恩哥	中国科学院	北京市
范守善	清华大学	北京市
刘忠范	北京大学	北京市
包信和	中国科学院大连化学物理研究所	大连市
侯建国	中国科学技术大学	合肥市
谢毅	中国科学技术大学	合肥市
薛群基	中国科学院兰州化学物理研究所	兰州市
都有为	南京大学	南京市
黄维	南京工业大学	南京市
赵东元	复旦大学	上海市
成会明	中国科学院金属研究所	沈阳市
张丽娜	武汉大学	武汉市
郝跃	西安电子科技大学	西安市
董绍俊	中国科学院长春应用化学研究所	长春市
汪尔康	中国科学院长春应用化学研究所	长春市
李长明	西南大学	重庆市

（数据来源：能源原材料产业子课题组基于网络及文献资料整理所得）

另外，鉴于石墨烯领域研究人员众多，将发文量超过3篇以上作者和专利发明量在5件以上的发明人定义为石墨烯优秀人才。如图3.3.1所示，从省（市）的分布来看，石墨烯优秀人才共分布在北京市、上海市和江苏省，所占比例分别为21%、12%、11%，其次是浙江省（占7%）、湖北省（占6%）、吉林省（占5%）、辽宁省（占5%）和山东省（占5%）。根据人才所在城市进行统计，34个城市都有涵盖，但集中在北京和上海的从事石墨烯研究的人才较多，分别占全国城市人数的21%和12%。其他城市占比均在6%以下，主要有杭州、南京、武汉、长春、合肥、成都。

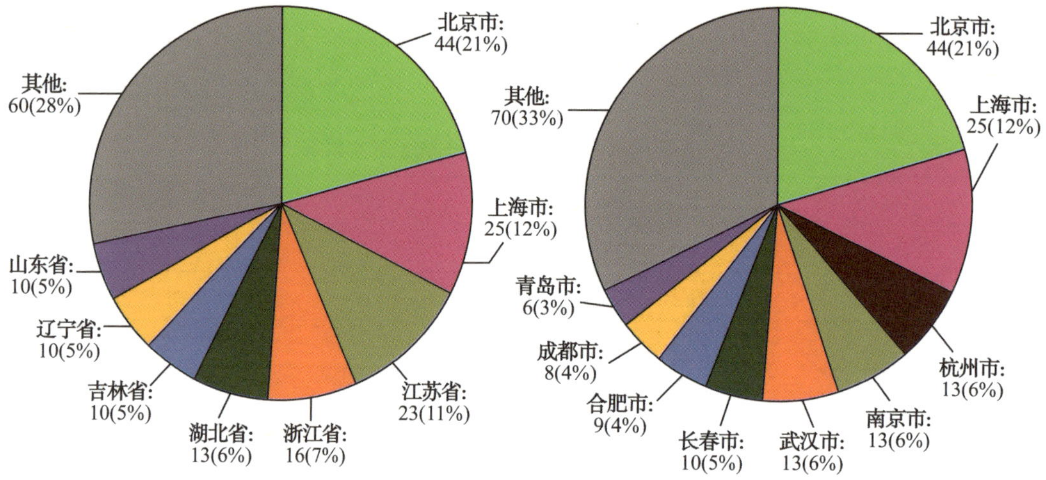

图 3.3.1 石墨烯人才省市与城市分布

按人才隶属的机构统计共有 103 家，拥有 4 人以上的机构为 4 家，3 人为 15 家，2 人以下为 76 家。主要机构有浙江大学、清华大学、中国科学技术大学、中国科学院长春应用化学研究所、北京大学和中国科学院化学研究所等(图 3.3.2)。

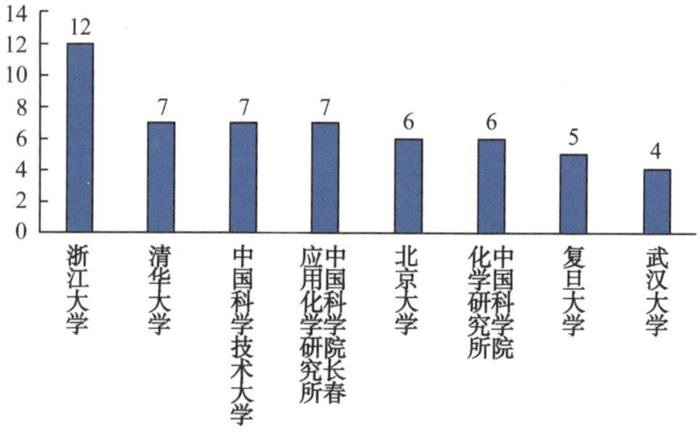

图 3.3.2 全国石墨烯产业人才机构分布情况

石墨烯研究机构中，大学数量远超专业研究所和企业，涉及该研究领域的大学，占全部研究机构的 70%，人才数量占全部人员的 71%，并相对集中在浙江大学、清华大学、北京大学、复旦大学、中国科学技术大学，其他大学研究人员数量较少(见图 3.3.3)。

专业研究院所占全部研究机构的 24%，人才数量占全部人员的 26%。主要集中在中国科学院长春应用化学研究所、中国科学院化学研究所、中国科学院物理研究所，其他研究所人员数量在 4 人以下。企业数量最少，而企业人员占全部人员的 3%，主要企业分别为合肥杰事杰新材料股份有限公司、济南圣泉集团股份有限公司、南京科孚纳米技术有限公司、南京新月材料科技有限公司、南京中储新能源有限公司等。

以专利申请为依据，以中国知识产权局与专利汇等相关网站为分析工具，综合全国内专利申请量，可以发现：北京在石墨烯行业专利申请上处于领先地位。北京主要研发团队包括清华大学、京东方、北京化工大学、北京大学、中科院化学所、北京航材院等（见表 3.3.3）。

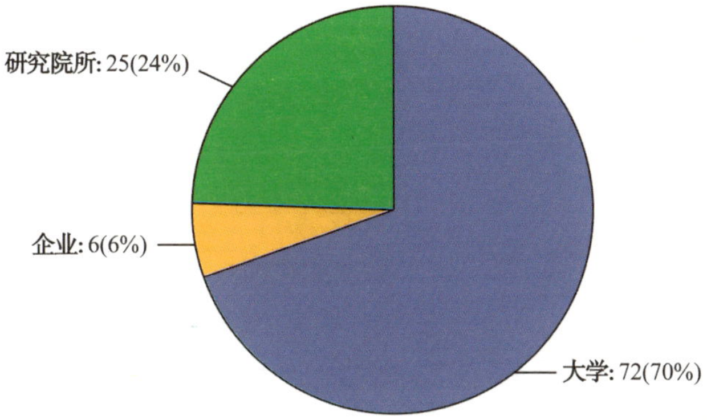

图 3.3.3　石墨烯行业研究人员占比统计

表 3.3.3　　北京研发团队按专利申请量排名

单位名称	专利申请人	申请数量
清华大学	范守善、姜开利、朱宏伟、林晓阳、魏飞	289
京东方科技集团股份有限公司	姚琪、张锋、杨久霞、戴天明、薛建设	169
北京化工大学	张立群、宋怀河、陈晓红、丁玉梅、杨卫民	167
北京大学	傅云义、黄如、张兴、刘忠范、魏子钧	147
中国科学院化学研究所	郭玉国、殷雅侠、于贵、刘云圻、万立骏	113
中国航空工业集团公司、北京航空材料研究院	戴圣龙、王旭东、燕绍九、李炯利、杨程	111
国家纳米科学中心	智林杰、戴庆、方英、白冰、罗彬	104
中国科学院微电子研究所	金智、史敬元、张大勇、彭松昂、朱慧珑	94
中国科学院物理研究所	陈小龙、郭丽伟、陈立泉、张广宇、时东霞	68
北京工业大学	王璞、刘江、徐晨、孙捷、许坤	68

（数据来源：能源原材料产业子课题组基于国家知识产权局和专利汇数据统计所得）

2. 燃料电池产业人才基本情况

表 3.3.4 是高工产研氢电研究所（GGII）的统计数据，给出了 2016～2018 年国家在燃料电池领域提供的技术专项支持，从统计数据也可以发现该领域的高端人才和产学研平台分布情况。

表 3.3.4　　国内燃料电池高端人才及产学研平台统计

项目名称	牵头单位	项目负责人	中央财政经费/万元
燃料电池基础材料与过程机理研究	中国科学院大连化学物理研究所	邵志刚	4 900
高性能低成本燃料电池电堆及关键材料的关键技术研究与工程化开发	新源动力股份有限公司	邢丹敏	12 558
燃料电池电堆过程建模仿真、状态观测及寿命评价方法研究	西安交通大学	屈治国	1 832
高比功率燃料电池发动机关键技术研究与平台开发	中国第一汽车集团公司	赵子亮	8 467
高性能长寿命燃料电池发动机系统的开发研制	华南理工大学	廖世军	5 404
车用快速动态响应燃料电池发动机研发	中国船舶重工集团公司第七一二研究所	郭丽	4 597
中德燃料电池汽车国际科技合作(示范与应用)	同济大学	周毅	1 367
燃料电池发动机及商用车产业化技术与应用	潍柴动力股份有限公司	谭旭光	17 668
全功率燃料电池乘用车动力系统平台及整车开发	东风汽车公司	史建鹏	5 236
增程式燃料电池轿车动力系统平台及整车集成	北京汽车研究总院有限公司	梁晨	5 124
燃料电池公交车电—电深度混合动力系统平台	郑州宇通客车股份有限公司	李飞强	5 282
高环境适应性公路客车燃料电池动力系统	清华大学	李建秋	5 554
典型区域多种燃料电池汽车示范运行研究	中国汽车技术研究中心有限公司	朱成	4 705

(数据来源:能源原材料产业子课题组基于国家知识产权局和专利汇数据统计所得)

燃料电池汽车项目以整车为牵引,可以分为整车和部件两块。而沿着这个入口进去,又可以按照车型分为轿车和客车两大领域,也就是分出了一南一北两大阵营:南方,以同济大学为核心,主攻燃料电池轿车整车;北方,以清华大学团队为核心,主攻燃料电池客车整车。而在关键部件上,有合作与交叉。表 3.3.5 是当前中国燃料电池研发及应用领域的领军人物及其团队的统计情况。

表 3.3.5 国内燃料电池领域高端人才(不完全统计)

姓名及称号	机构	省市
衣宝廉(中科院院士)	中国科学院大连化学物理研究所	大连市
干勇(工程院院士)	中国钢研科技集团有限公司	北京市
孙世刚(中科院院士)	厦门大学	厦门市
欧阳明高(中科院院士)	清华大学	北京市
陈立泉(工程院院士)	中科院物理所	北京市
钱逸泰(中科院院士)	山东大学	济南市
刘林华	山东大学	济南市
庄林	武汉大学	武汉市
彭慧胜	复旦大学	上海市
魏子栋	重庆大学	重庆市
郑津洋	浙江大学	杭州市
黄云辉	华中科技大学	武汉市
韩敏芳	中国矿业大学	北京市
孙克宁	哈尔滨工业大学	哈尔滨
邵宗平	南京工业大学	南京市
宋玉江	大连理工大学	大连市
王海江	南科燃料电池有限公司	深圳市
李辉	南科燃料电池有限公司	深圳市
李建秋	清华大学	北京市
章俊良	上海交通大学	上海市
汤浩	电子科技大学	成都市
王蔚国	浙江大学	杭州市
赵喆	上海应用技术大学	上海市
林熹	腾腾电气有限公司	温州市
陆安慧	大连理工大学	大连市
张所波	中国科学院长春应用化学研究所	长春市
徐铜文	中国科学技术大学	合肥市
严锋	苏州大学	苏州市
朱恂	重庆大学	重庆市
胡勇胜	中科院物理所	北京市

续表

姓名及称号	机构	省市
陈全世	清华大学	北京市
余卓平	同济大学	上海市
张华民	中国科学院大连化学物理研究所	大连市
廖世军	华南理工大学	广州市
裴普成	清华大学	北京市
沈陪康	中山大学	广州市
马紫峰	山海交通大学	上海市
邵志刚	中国科学院大连化学物理研究所	大连市

（数据来源：能源原材料产业子课题组基于国家知识产权局和专利汇数据统计所得）

（二）国外在华核心研发主体

1. 石墨烯领域

同样以石墨烯相关专利申请为依据，分析国外在华核心的研发主体（见表 3.3.6）。结果表明：国外在华布局石墨烯行业的主要有三星、半导体能源所、IBM、巴斯夫欧洲公司、LG 化学、索尼等。IBM 最早（2007 年）进入中国布局，三星（2008 年）其次；2009 年后越来越多外企抢占中国市场。

表 3.3.6　　国外在华申请人按专利申请量排名

申请人	专利申请量
三星电子株式会社	91
株式会社半导体能源研究所	55
国际商业机器公司	49
巴斯夫欧洲公司	34
株式会社 LG 化学	29
积水化学工业株式会社	24
索尼公司	24
英派尔科技开发有限公司	23
诺基亚公司	23
诺基亚技术有限公司	21
3M 创新有限公司	20

（数据来源：能源原材料产业子课题组基于国家知识产权局和专利汇数据统计所得）

2. 燃料电池领域

分析燃料电池关键部件相关发明专利授权统计数据发现(见表3.3.7),国外在华布局燃料电池行业的主要以美国、日本和韩国为主,包括通用汽车环球科技运作有限责任公司、通用汽车环球科技运作公司、环球油品公司、道康宁东丽株式会社、信越化学工业株式会社、陶氏康宁东丽硅氧烷株式会社、三星SDI株式会社等。其中,在燃料电池关键部件领域,与通用汽车有关的发明专利授权数达234项。

表3.3.7　国外在华申请人按专利申请量排名

申请人	专利申请量
通用汽车环球科技运作公司	119
通用汽车环球科技运作有限责任公司	51
通用汽车公司	64
住友电气工业株式会社	23
三星SDI株式会社	14
环球油品公司	21
信越化学工业株式会社	26
国际壳牌研究有限公司	16
陶氏康宁公司	9
丰田自动车株式会社	9
道康宁东丽株式会社	8
陶氏康宁东丽硅氧烷株式会社	3

(数据来源:能源原材料产业子课题组基于国家知识产权局和专利汇数据统计所得)

(二)产业人才发展总体分析

山东省作为国内石墨资源三大主要产地之一,发展石墨烯产业具有得天独厚的优势。其中,青岛市设立了国内首支石墨烯天使投资基金并搭建了石墨烯国际交易中心,依靠专业的交易通道,为石墨烯的产业发展提供资源保证。山东省为石墨烯人才培养提供了优质的创新发展高地和良好的条件,但相比其他地区,仍存在以下不足:发明专利数量少,创新链条不完整,应用研究机构数量少,发明人数量少等。

通过对氢燃料电池领域专利技术的检索可以大致刻画出该领域人才的分布情况。从发明专利的检索情况来看,除了在质子交换膜研发技术方面占有较大优势外,山东省在燃料电池原材料和其他关键部件的技术研发能力较为薄弱。值得注意的是,调研小组在走访过程中发现,随着山东省新旧动能转换政策的深入执行,能源原材料领域相关研发和制造领域的人才流动也更为频繁。

四、能源原材料产业人才大数据分析

基于清华大学开发的 AMiner 平台进行产业人才大数据分析，该平台数据库基于全球主流学术数据库（Scopus，PubMed、DBLP 等）、搜索引擎以及学术期刊会议数据。其中 Scopus 是目前全球规模最大的文摘和引文数据库，涵盖了由 5 000 多家出版商出版发行的科技、医学和社会科学方面的 20 000 多种期刊，其中同行评审期刊 19 000 多种，另外还有丛书、会议录、专利及网页。PubMed 为提供生物医学方面的论文搜寻以及摘要的数据库。DBLP 数据库是计算机领域内对研究的成果以作者为核心的一个计算机类英文文献的集成数据库，包括国际期刊和会议等公开发表的论文。

根据 AMiner 科研大数据，对全国能源原材料产业人才进行了统计，检索范围包括氢燃料电池、石墨烯及相关材料等 2 个子领域，对全球学者数据中属于该领域的中国学者进行了抽取，进行了地理分布、学术水平等方面的统计；并着重分析了山东省在该领域的人才地理分布、学术能力水平、人才流动等情况。

（一）人才地理分布

人才地理分布是根据全国范围内该领域 h-index（h-index 是目前最受认可的评价学术成就的方法。h 代表“高引用次数”，一名科研人员的 h 指数是指他至多有 h 篇论文分别被引用了至少 h 次）排名 TOP 1 000 学者（以下简称“TOP 学者”）的当前单位地理位置进行统计的，分布如表 3.4.1 所示。可以看出：能源原材料 TOP 1 000 人才地理分布主要集中在北京市，约占全国的 30.6%；其次是以东营为代表的山东省，约占全国的 17.2%；之后依次为上海市、浙江省、广东省等。

表 3.4.1　全国能源原材料产业 TOP 学者省份分布

排名	省/直辖市	TOP 学者数量	TOP 学者占比
1	北京	306	30.6%
2	山东	172	17.2%
3	上海	56	5.6%
4	浙江	48	4.8%
5	广东	47	4.7%
6	江苏	47	4.7%
7	湖北	32	3.2%

续表

排名	省/直辖市	TOP 学者数量	TOP 学者占比
8	辽宁	31	3.1%
9	四川	31	3.1%
20	重庆	6	0.6%

(数据来源:大数据分析子课题组基于 AMiner 平台数据整理所得)

(二)人才机构分布

表 3.4.2 呈现了全国能源原材料领域内 TOP 学者中山东学者的所属机构分布情况。其中中国石油大学占比最高,占比 43.0%;山东大学其次,占比 8.7%。

表 3.4.2 全国能源原材料产业 TOP 1000 人才中山东人才机构分布

机构	人数	占比
中国石油大学	74	43.0%
山东大学	15	8.7%
山东科技大学	12	7.0%
中国海洋大学	7	4.1%
山东建筑大学	6	3.5%

(数据来源:大数据分析子课题组基于 AMiner 平台数据整理所得)

(三)学术水平分析

表 3.4.3 中的排序是根据全国能源原材料领域内,各省学者 h-index 平均值的高低进行的。全国能源原材料领域平均值为 12.6。h-index 平均值最高的是福建,为 19.5;其次是安徽省,h-index 平均值为 18.7;山东省列第 19,h-index 平均值为 10.2。

表 3.4.3 全国能源原材料产业 TOP 1000 人才各省 h-index 水平

排名	省份	h-index 平均值
1	福建	19.5
2	安徽	18.7
3	海南	18.0
4	浙江	17.7
5	江苏	14.0

续表

排名	省份	h-index 平均值
7	上海	13.8
8	吉林	13.2
9	辽宁	13.1
10	四川	12.9
11	北京	12.7
16	湖北	12.2
19	山东	10.2

（数据来源：大数据分析子课题组基于 AMiner 平台数据整理所得）

（四）人才迁徙分析

山东省能源原材料人才流动状况如图 3.4.1 所示，比较大的包括东营、青岛、济南等城市，其中东营市人才流动最大，且呈现明显的人才引进趋势，可见该城市在能源原材料人才引进方面力度较大，效果显著。

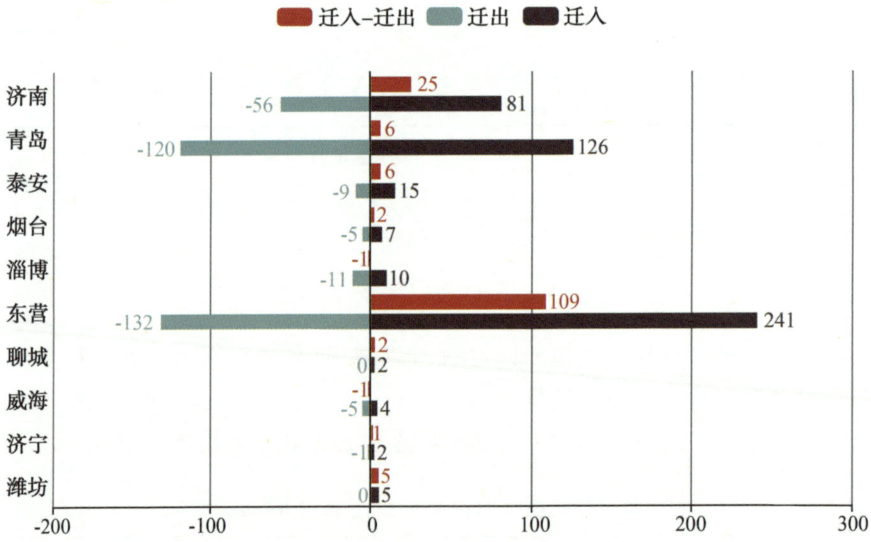

图 3.4.1　能源原材料产业全国 TOP 学者中山东人才迁徙状况

山东省学者迁徙的具体数据如表 3.4.4 所示：

表 3.4.4　　能源原材料产业全国 TOP 学者中山东学者迁徙数据

城市	迁出（单位：人次）	迁入（单位：人次）	迁入—迁出
济南	56	81	25

续表

城市	迁出(单位:人次)	迁入(单位:人次)	迁入—迁出
青岛	120	126	6
泰安	9	15	6
烟台	5	7	2
淄博	11	10	−1
东营	132	241	109
聊城	0	2	2
威海	5	4	−1
济宁	1	2	1
潍坊	0	5	5

(数据来源:大数据分析子课题组基于 AMiner 平台数据整理所得)

(五)学者关系网络

学者关系网络的绘制主要是为了解山东省专家人才的关系网络及科研聚群状况。通过学者关系网可以快速找到科研专家人才之间的关系,为科研工作的组织等发掘新的方法和手段。图 3.4.2 根据山东省能源原材料 TOP 学者及他们的合作者、师生关系等绘制的学者关系网络图。图中标注姓名的学者是关系网络中关系链比较丰富、处于较为核心位置的专家学者,有刘衍聪(Yancong Liu)、侯健(Jian Hou)、戴彩丽(Caili Dai)、王志远(Zhiyuan Wang)、王永诗(Yongshi Wang)等。

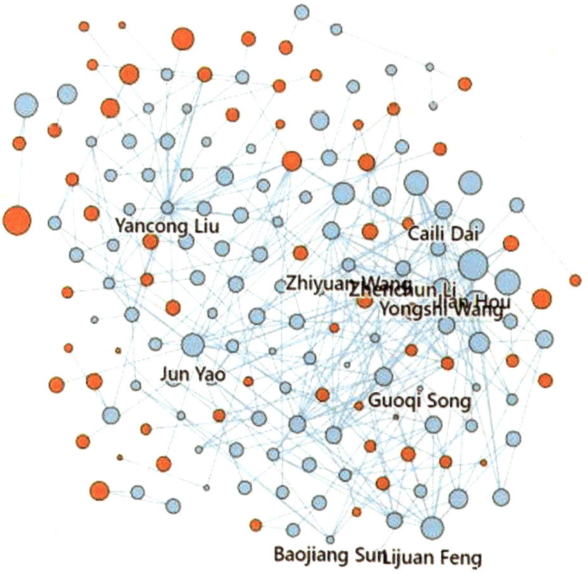

图 3.4.2　山东省能源原材料产业 TOP 学者关系网络

（六）技术发展趋势

技术发展趋势是技术发展的源起和未来趋势的重要呈现工具。技术发展趋势是根据“全球”学术研究数据，基于该领域最具代表性的学科关键词检索得出。趋势以河流图形式展示，每个彩色分支表示一个关键词领域，其宽度表示该关键词的研究热度，各关键词在每一年份（纵轴）的位置是按照这一时间点上所有关键词的热度高低进行排序的。图 3.4.3 是以“Hydrogen fuel cell”（氢燃料电池）为关键词绘制的技术发展趋势图，质子交换膜燃料电池（proton exchange membrane fuel cell）、质子交换膜燃料电池（pem fuel cell）、制氢（hydrogen production）都是近期的研究热点。

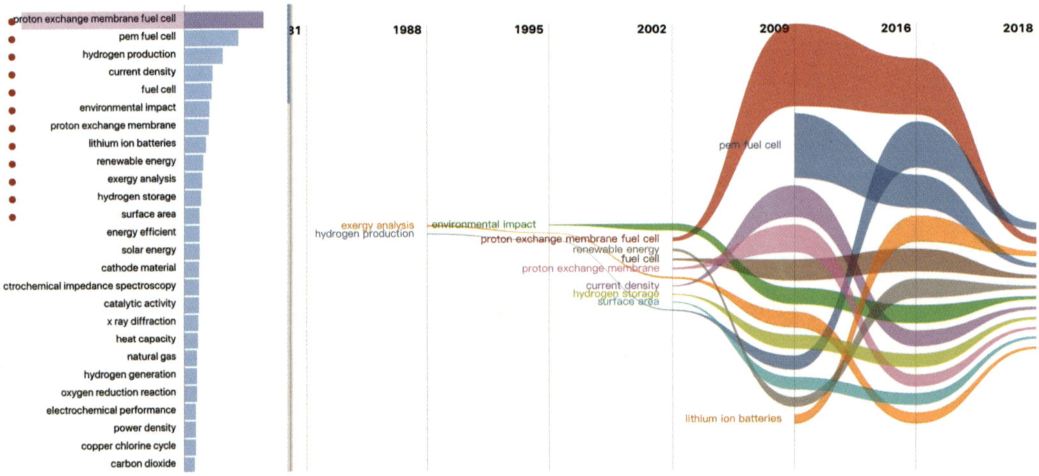

Proton exchange membrane fuel cell	质子交换膜燃料电池	Pem fuel cell	质子交换膜燃料电池
Hydrogen production	制氢	Current density	电流密度
Fuel cell	燃料电池	Environmental impact	环境冲击
Proton exchange membrane	质子交换膜	Lithium ion batteries	锂电子电池
Renewable energy	可再生能源	Exergy analysis	放射能分析
Hydrogen storage	储氢	Surface area	表面面积
Energy efficient	节能	Solar energy	太阳能
Cathode material	阴极材料	Electrochemical impedance spectroscopy	电化学阻抗光谱学
Catalytic activity	催化活性	X ray diffraction	X 射线衍射
Heat capacity	热容	Natural gas	天然气
Hydrogen generation	氢气生成	Oxygen reduction reaction	氧化还原反应
Electrochemical performance	电化学性能	Power density	功率密度
Copper chlorine cycle	铜氯循环	Carbon dioxide	二氧化碳

图 3.4.3　氢燃料电池技术发展趋势及近期研究热点图

（七）研究兴趣分布

研究兴趣的集中分布有助于我们了解学者的研究现状，AMiner根据学者的论文、专利等研究成果，绘制学者学术画像，其中每位学者的研究兴趣不唯一。图3.4.4根据山东省能源新材料学者研究兴趣出现的高频关键词绘制，研究兴趣的分布由大数据计算得出。

Biomarker	生物标志	Dongying depression	东营凹陷
Application	应用	Hydrocarbon accumulation	油气成藏
Junggar basin	准噶尔盆地	Mathematical model	数学模型
Stability	稳定性	Horizontal well	水平井
Reservoir	水库	Paleogene	下第三系
Permeability	磁导率	Optimization	优化
Simulation	模拟	Shale	页岩
Jiyang Depression	济阳坳陷	Porosity	气孔
Pyrolysis	热解	Shengli oilfield	胜利油田
Diagenesis	成岩作用	Fracture	断裂
Physical simulation	物理模拟	Source rock	烃源岩
Adsorption	吸附	Biomass	生物产量
Dongying sag	东营凹陷	Bohai bay basin	渤海湾盆地
Temperature	温度	Shahejie formation	沙河街组地层

图3.4.4　山东省能源原材料产业TOP学者兴趣领域

五、能源原材料技术发展方向建议

(一)石墨烯技术发展方向建议

从全球和中国石墨烯产业发展的现状和趋势预测来看，各国对石墨烯产业发展都表现出极大的热情，这使石墨烯产业具有广阔的市场前景。我国的产业化进程发展迅速，石墨烯相关企业数量逐年增加，国家与地方推出的扶持政策有效地推动了石墨烯的产业化发展进程。

以功能化涂料、散热薄膜等为代表的低端石墨烯产品已稳步推向市场，且预期市场规模和经济效益在近十年有较快增长。而受原料生产、性能开发和技术应用等诸多要素制约，石墨烯高端产品在短期内难以产业化。预计下一个可能实现技术突破并推向市场的石墨烯产品将在储能领域或电子信息领域中诞生，如电池电极、触摸屏、传感器等，这将拉开石墨烯产业迅猛发展的序幕。

从近年来石墨烯相关专利的数量和专利局布局方向来看，国外对石墨烯的研究起步较早，我国在石墨烯研究及应用上起步较晚，前期发展缓慢，后期增幅迅速，相关研究在近年来表现出逐年上升的趋势，同时我国石墨烯相关技术专利申请领域和占比与国外略有不同。

现今国内已有一些产学研合作的平台，已有诸多较好的模式和典型案例，如清华大学与鸿富锦(富士康)、重庆墨希科技有限公司与中科院重庆绿色智能技术研究院等，都表现出了良好的合作态势。

在全球化竞争的背景下，中国的石墨烯产业的技术创新发展还面临着诸多挑战，需要进一步加强战略研究。有几点尤为重要：一是以聚焦未来战略布局为目的，设立石墨烯研发重大专项。建立以企业为主体(研发平台设立在企业)，产学研相结合，跨区域的“国家石墨烯制造业创新中心”，构建全新的石墨烯产业创新生态网络，全面提升产业持续竞争力。二是鼓励传统产业集中的地区，建立以促进传统产业转型升级为目标的“石墨烯应用示范基地”，结合地方特色，因地制宜研究制定相关政策措施，推动形成特色产业集群。三是推动建立石墨烯知识产权运营平台，完善知识产权交易和保护机制，构建成员间已有知识产权共享、新知识产权分配；同时，组建国家层面石墨烯专利池，推动知识产权运营平台建立，构筑技术扩散壁垒。四是将石墨烯相关应用技术列入军民融合重要内容。石墨烯应用的相关新技术，如海洋重防腐涂料等性能卓越且满足我军迫切需求的产品，在军品上优先推广应用。五是以中国发起成立的国际石墨烯合作组织，建立全球性石墨烯科技、商务服务平台，践行“一带一路”倡议，推动石墨烯全产业链发展。

（二）燃料电池技术发展方向建议

燃料电池技术是内燃机技术最好的替代物，代表了汽车未来的发展方向。但如果将发展燃料电池汽车的几个制约因素考虑进来，则会发现燃料电池汽车目前和今后一段时间尚不具备商业化的条件。最乐观的预测，以纯氢为燃料的燃料电池汽车的商业化生产至少还需15年以上的时间，即使在一定程度上实现了商业化，也会是以一种高成本的方式。

燃料电池产业的技术创新发展同样面临着诸多挑战，需要进一步加强战略研究。有几点尤为重要：一是坚持政府引导。加强顶层设计，积极发挥国家规划引导和政策激励作用，鼓励地方政府和企业结合自身优势，科学制定政策和规划，逐步形成燃料电池、燃料电池汽车、氢供给体系的龙头企业，并推动建设形成适度超前于燃料电池汽车发展的氢能基础设施体系和网络。二是坚持市场主导。充分发挥市场对产业发展的驱动和资源配置的主体作用，努力营造统一、竞争、有序的市场环境，促进燃料电池相关产业健康发展；另外，发挥行业学会、协会和产业联盟的领域优势，建立跨行业组织协调机制，加强市场协同作用，促进燃料电池关键基础技术的转化应用，逐步推动燃料电池技术及产品在热电联供、轨道交通、航空航天、深海航潜等领域的应用和联动发展。三是重点投资质子交换膜燃料电池新材料的研发和生产。质子交换膜燃料电池是最接近商业化的一种燃料电池，最有希望作为未来电动汽车的发动机，近几十年来取得了长足的发展。在交通领域，质子交换膜燃料电池因为最有希望成为未来电动汽车的发动机而受到广泛关注，全球几乎主要的汽车生产商都在致力于燃料电池汽车的开发。四是重点投资燃料电池汽车的研发和生产。从长远来看，氢能作为最洁净、高效的新能源，已经引起全世界的广泛关注。燃料电池汽车以其零尾气排放和对能源的独立性，有望实现汽车工业长期梦寐以求的目标，并向世人展示了其良好的应用前景，虽然短时间内难以大规模商业化，但我国在燃料电池技术开发上仍然拥有一定的优势，应当结合外国先进的汽车制造技术，争取尽快将燃料电池汽车推向市场，因而具有广阔的投资潜力。

六、山东省能源原材料产业人才发展的对策建议

对于石墨烯和燃料电池这种技术密集型的新型产业，人才是其产业发展壮大的基础，高科技人才的引领作用尤为重要。现今国内的石墨烯领域研究人员众多，据不完全统计，拥有各类称号（院士、海外高层次人才、中科院高层次研究人员等）的高端优秀人才

212人;发文量超过3篇或专利发明量在5件以上的石墨烯优秀人才在34个城市均有涵盖,山东省所占比例位列前十。

就发展新能源新材料产业而言,山东省相比于国内其他省市,不仅具有较好的技术储备,而且也具有良好的政策支持和广阔的发展空间。但目前相比于其他地区,存在发明专利数量少、创新链条不完整、应用研究机构数量少、发明人数量少等劣势和不足。因此,针对山东省的产业发展与人才培养现状,提出以下建议:

(一)引进国内外高端人才

以国际石墨烯创新中心为载体,充分利用国家高层次人才等政策及地方各类优惠政策,引进海内外石墨烯与氢燃料电池相关领域高层次人才和团队带项目、带成果来青岛创新创业;依托重大项目、重点企业和重点(工程)实验室等,吸引优秀创新团队与专业技术人才。以人才带团队,以技术带产业,带动全省石墨烯研发与应用领域多点突破,快速发展,同时要仔细甄别,防止为了数量和统计学的意义而盲目追求数量的现象。

(二)引进国内外高端研发机构

目前,众多石墨烯和燃料电池以及氢能利用项目已落户山东;清华大学、山东大学、上海交通大学、复旦大学等多所国内知名高校与山东省共建协同创新平台。这为山东省新能源新材料领域引进人才、开展合作创造了良好的开端,今后还应借鉴深圳、福建、江苏等地的做法,加强与国内外政府间和企业间的信息资源合作与交流,吸引海内外著名高校、科研机构和企业在山东省设立研究生院、研发中心、技术转移机构、合资或独资企业,建立各具特色的国际国内科技合作基地。

(三)集聚全球思想与智慧

通过举办新能源新材料行业国际峰会等活动,邀请国内外顶尖专家来山东交流、讲学,发布最新论文、成果以及行业指数,让山东成为新能源新材料领域智慧、思想和标准的发布高地,从而带动包括国际人才和全球资本投资在内的更多创新资源在山东集聚,把产业做大做强。

(四)优化人才生存环境

提供创业资金支持,建设面向高端人才的宜居生态社区,解决高端人才的工作、教育、生活等方面的后顾之忧,使人才能够安心立足山东这片土地,真正脚踏实地地做好新能源新材料产业。

（五）提高政府重视，需要政府支持

单纯的人才聚集并不能完全推进新能源新材料产业化，政府的推动作用非常重要。今后应加大政府层面的宏观设计、规划、协调，制定产业发展路线图，同时在资金、政策上加大支持力度，制定明确的政策和具体措施。

七、产业人才发展未来展望

石墨烯作为新兴的具有发展潜力和未来前景的材料，业已成为世界各国争先研究和创新发展的领域。报告通过分析期刊论文和公开专利，参考权威石墨烯行业发展报告，走访调研石墨烯企业等，详细梳理了石墨烯研究和应用态势，阐述了石墨烯产业发展的现状和趋势，列举了国内外石墨烯产业的扶植政策，并就石墨烯产业技术创新和人才发展中的问题提出了解决对策。该报告对了解石墨烯发展趋势，掌握山东省与国际和国内其他省市在石墨烯产业的差距具有一定的参考价值，为山东省进一步优化政策，激励创新，整合资源，引进人才，实现新旧动能转换奠定了基础。

在未来燃料电池产业发展方面，山东省相比于国内其他省市，不仅具有较好的技术储备，而且也具有良好的政策支持和广阔的发展空间。近期，多个氢燃料电池产业项目落户省内，这不仅为山东省的新能源技术发展提供了技术支撑，也加快了山东省新旧动能转换的步伐。

从燃料电池的关键部件研发和生产上来讲，山东东岳集团 DF988、DF2801 质子交换膜是国内自主生产的具有代表性的质子交换膜，作为唯一一家通过戴姆勒—奔驰与福特公司研发燃料电池发动机的合资公司（AFCC）技术鉴定的中国企业，东岳集团于 2013 年就与奔驰、福特签署了面向燃料电池车商业化专用全氟酸质子交换膜及膜电极专用树脂的共同研发协议。2014 年，东岳集团的质子交换膜寿命仅为 800 小时，2015 年寿命达到 2 000 小时，2016 年成功突破 6 000 小时。目前，东岳集团已建成年产 50 吨质子交换膜所需的全氟磺酸树脂生产装置，可满足 2.5 万辆燃料电池汽车所需。

世能氢电在济南投资不低于 100 亿元建设氢能源产业生产基地，包括氢燃料电池关键材料及部件生产、氢燃料电池电堆引擎生产、氢燃料电池动力总成生产等项目。大洋电机分别在孝昌和聊城投资燃料电池发动机，在山东聊城投资 5 亿元，大洋电机、中通和聊城市政府分别投资 4.4 亿元、5 000 万元和 1 000 万元。

2018 年 5 月 26 日，潍柴动力获国家批准，以 1 700 万英镑投资英国锡里斯动力控股有限公司，合作开发燃料电池客车。锡里斯开发的 SteelCell 是一项世界领先的低成本固

体氧化物燃料电池(SOFC)技术。近期,潍柴动力拟出资4 995万元人民币,认购弗尔赛33.5%股份,成为其第二大股东。弗尔赛是内地燃料电池技术产品设计开发与应用集成的国家高新技术企业。

从氢能源上来讲,作为化工大省,山东省的优势在于通过焦炉气、合成氨驰放气和甲醇驰放气等渠道,每年可回收氢气约96.2万吨,同时拥有6 000多千米的高速公路,高速公路服务站稍加改造,即可建成120个加氢站。周边淄博、滨州等地电解铝、炼油、交流煤气等,可以产生大量氢气,风电、光伏也可以制氢。在制氢方面,山东省自己的企业也有达到国内顶尖水准的,其中就有山东赛克赛斯氢能源有限公司,该公司隶属于山东赛克赛斯集团,凝聚了多学科的高科技人员,是一个极具开拓,创新能力的团队。首席技术负责人是中国最早开发SPE电极技术的专家,已有20多年的相关研发经验,开发了四代该技术的氢气发生器产品,均已获得专利。该项技术填补国内空白,取代了传统碱液制氢的工艺。此外,世能氢电公司计划在济南投资100亿元,建设氢燃料电池项目,主要生产氢燃料电池关键材料及部件、氢燃料电池电堆引擎、氢燃料电池等。

近期,三峡资本公司与美国普顿公司(PROTON ENERGY SYSTEMS,INC.)在山东潍坊高新区技术产业开发区签署氢能产业合作协议。根据协议,合作双方将在潍坊市高新区成立合资公司,设立生产工厂和研发中心,生产第四代H系列、C系列、M系列质子交换膜电解(简称PEM)水制氢设备,同时研发第五代产品。生产工厂计划于2018年底建成投产,项目一期年产能将不少于300兆瓦。除电堆从美国进口外,其余部件陆续实现国产化,届时产品成本较当前将下降40%。到2020年,包含电堆在内所有部件都将全部实现国产化。

从氢能终端应用上来讲,山东省正在布局高速服务区的加氢站网络。目前,山东结合高速服务区的全省的加氢站网络已经开始布局,并设立500万元的中国氢谷创新发展基金打造氢能源的运营示范区规划,现在已经开始顶层设计。山东的高速公路由两家国有企业完全占有,120个高速公路服务站都可以建立加氢站,所以回收氢、储氢和运氢可以系统进行。这为客运专线和物流专线的氢燃料电池车创造了条件。

中国重汽集团在济南投资500亿元,建设氢动能汽车产业园,产业园包括了氢能源汽车创新中心、整车制造和动力总成。山东淄博氢能新能源汽车产业集群项目,项目位于山东淄博高新区,计划总投资50亿元,产品分为新能源汽车、氢能UPS电源、氢能新能源汽车动力总成、高纯制氢设备、固体电池、超级电容、氧化铝纳米新材料等七大板块。该项目具有国家高层次人才计划专家团队,还有独立的知识产权和国际领先技术,已经与青年汽车、东风汽车、众泰汽车形成合作关系,计划征用土地约1 000亩,投产后年实现销售额500亿元。

附　录

附表　　能源原材料产业国内 TOP 200 人才名单

姓名	省(市、区)	城市	所属机构
李永舫	北京	北京	中国科学院化学研究所
朱永法	北京	北京	清华大学化学系
孙优贤	浙江	杭州	浙江大学工业自动化国家工程研究中心
岑可法	浙江	杭州	浙江大学热能工程研究所
胡源	安徽	合肥	中国科学技术大学
黄荣彬	福建	厦门	厦门大学化学系
陈军	天津	天津	南开大学化学学院、先进能源材料化学教育部重点实验室
骆仲泱	浙江	杭州	浙江大学能源工程学院
宋磊	安徽	合肥	中国科技大学火灾科学国家重点实验室
彭平安	广东	广州	中国科学院广州地球化学研究所
陈红征	浙江	杭州	浙江大学高分子科学与工程学系
徐春明	北京	北京	中国石油大学(北京)
范志强	浙江	杭州	浙江大学高分子科学与工程学系
欧阳明高	北京	北京	清华大学汽车工程系
张以河	北京	北京	中国地质大学(北京)材料科学与技术学院
张水昌	北京	北京	中国石油天然气股份有限公司勘探开发研究院
周俊虎	浙江	杭州	浙江大学能源清洁利用国家重点实验室
巩金龙	天津	天津	天津大学化工学院
王晓工	北京	北京	清华大学材料研究院分子工程研究室
刘海超	北京	北京	北京大学化学与分子工程学院
杜海燕	北京	北京	北京工商大学
汪茫	浙江	杭州	浙江大学高分子合成与功能化重点实验室、硅材料国家重点实验室
徐政	浙江	杭州	浙江大学电气工程学院
周益春	湖南	湘潭	湘潭大学
张香平	北京	北京	中国科学院过程工程研究所

续表

姓名	省(市、区)	城市	所属机构
毛宗强	北京	北京	清华大学核研院
陈林根	湖北	武汉	海军工程大学
戴慧珠	北京	北京	中国电力科学研究院
陈金灿	福建	厦门	厦门大学理论物理与天体物理研究所
张立功	吉林	长春	中国科学院长春光学精细机与物理研究所
王永生	北京	北京	北京信息科技大学理学院
余皓	广东	广州	华南理工大学
林伯强	福建	厦门	厦门大学
徐常威	广东	广州	广州大学化学化工学院化学系
李政	北京	北京	清华大学热能工程系
谢克昌	山西	太原	太原理工大学
刘中民	辽宁	大连	中国科学院大连化学物理研究所
李爱东	江苏	南京	南京大学材料科学与工程系
张宝文	北京	北京	中国科学院理化技术研究所
吴创之	广东	广州	中国科学院能源转化研究所可再生能源与天然气水合物重点实验室
施明恒	江苏	南京	东南大学能源与环境学院
朱云峰	江苏	南京	南京工业大学材料科学与工程学院
袁振宏	广东	广州	中国科学院广州能源研究所
王金淑	北京	北京	北京工业大学材料科学与工程学院
郭宝华	北京	北京	清华大学化工系
王晓琳	北京	北京	清华大学化工系
白凤莲	北京	北京	中国科学院化学研究所
赵长遂	江苏	南京	东南大学能源与环境学院
李言荣	四川	成都	四川大学
李昊龙	吉林	长春	吉林大学超分子结构与材料国家重点实验室
张正国	广东	广州	华南理工大学
王辅臣	上海	上海	华东理工大学煤气化教育部重点实验室
鲍晓军	福建	福州	福州大学石油化工学院
王铁军	广东	广州	广东工业大学轻工化工学院
刘长厚	辽宁	大连	大连理工大学微纳米技术与系统重点实验室

续表

姓名	省(市、区)	城市	所属机构
李建秋	北京	北京	清华大学汽车工程系
张东平	广东	深圳	深圳大学物理与能源学院
李李泉	江苏	南京	南京工业大学
陈忠华	辽宁	阜新	辽宁工程技术大学电气与控制工程学院
毋伟	北京	北京	北京化工大学纳米材料先进制备技术与应用科学教育部重点实验室
江风益	江西	南昌	南昌大学材料科学与工程
赵锁奇	北京	北京	中国石油大学(北京)重质油国家重点实验室
石旺舟	上海	上海	上海师范大学数学与科学学院光电材料与器件重点实验室
方肇洪	山东	济南	山东建筑大学
马建新	上海	上海	同济大学新能源汽车工程中心
李相方	北京	北京	中国石油大学(北京)石油工程学院
孙志杰	北京	北京	北京航空航天大学材料学院
姜绍通	安徽	合肥	合肥工业大学
林承焰	山东	青岛	中国石油大学(华东)
原鲜霞	上海	上海	上海交通大学化学工程系
汤达祯	北京	北京	中国地质大学(北京)能源学院
姜秀民	上海	上海	上海交通大学机械工程学院
李文	山西	太原	中国科学院煤化学研究所煤转化国家重点实验室
杨其	四川	成都	四川大学高分子科学与工程学院
王建昕	北京	北京	清华大学汽车安全与能源国家重点实验室
程军	浙江	杭州	浙江大学清洁能源利用国家重点实验室
赵永椿	湖北	武汉	华中科技大学煤燃烧国家重点实验室
吴能友	广东	广州	广州能源研究所
蔡以兵	江苏	无锡	江南大学科学技术研究院
康向东	辽宁	沈阳	中国科学院金属研究所沈阳材料科学国家(联合)实验室
王平	辽宁	沈阳	华南理工大学材料学院
黄震	上海	上海	上海交通大学
淮秀兰	北京	北京	中国科学院工程热物理所
吴胜和	北京	北京	中国石油大学(北京)地球科学学院
刘志祥	四川	成都	西南交通大学电气工程学院

续表

姓名	省(市、区)	城市	所属机构
郭平	四川	成都	西南石油大学
张华	上海	上海	上海理工大学
易维明	山东	淄博	山东理工大学
查明	北京	北京	中国科学院地质与地球物理研究所
李强	北京	北京	北京师范大学资源学院
漆家福	北京	北京	中国石油大学(北京)石油天然气成藏机理教育部重点实验室
孙璟兰	上海	上海	中国科学院上海技术物理研究所
林济铿	天津	天津	天津大学电力系统仿真控制教育部重点实验室
陈则韶	安徽	合肥	中国科学技术大学热科学和能源工程系
程光明	吉林	长春	吉林大学材料科学与工程学院
葛际江	山东	青岛	中国石油大学(华东)石油工程学院
房鼎业	上海	上海	华东理工大学化工学院
钟建华	广东	广州	中国科学院广州地球化学研究所
王谦	江苏	镇江	江苏大学能源与动力工程学院
陈国明	山东	青岛	中国石油大学(华东)
彭仕宓	山东	青岛	中国石油大学(华东)资源与信息学院
操应长	山东	青岛	中国石油大学(华东)
段伦博	江苏	南京	东南大学能源与环境学院
谭猗生	山西	太原	中国科学院山西煤炭化学研究所煤转化国家重点实验室
孟凡英	上海	上海	上海交通大学物理系太阳能研究所
满毅	北京	北京	中国石油化工股份有限公司北京化工研究院
谢文法	吉林	长春	集成光电子学国家重点联合实验室吉林大学实验区
王志	北京	北京	清华大学汽车工程系
于广锁	上海	上海	华东理工大学化工学院
裴普成	北京	北京	清华大学汽车安全与能源国家重点实验室
阙国和	山东	青岛	中国石油大学(华东)重质油国家重点实验室
孙蓉	广东	深圳	中国科学院深圳先进技术研究院
李阳	北京	北京	中国工程院国家重大专项“大型油气田及煤层气开发”
林国星	福建	厦门	厦门大学物理系
鄢捷年	北京	北京	中国石油大学(北京)石油工程教育部重点实验室

续表

姓名	省(市、区)	城市	所属机构
蒋淇忠	上海	上海	上海交通大学化学工程系
金衍	北京	北京	中国石油大学(北京)石油工程学院
戴彩丽	山东	青岛	中国石油大学(华东)石油工程学院
许浩	北京	北京	中国地质大学(北京)能源学院
宋新民	北京	北京	中国石油勘探开发研究院
马万红	北京	北京	中国科学院化学研究所
张万里	四川	成都	电子科技大学
周华	浙江	杭州	浙江大学流体动力传动与控制国家重点实验室
金强	山东	青岛	中国石油大学(华东)地球资源与信息学院
李春虎	山东	青岛	中国海洋大学化学化工学院
马风云	山东	泰安	山东农业大学林学院
王业飞	山东	青岛	中国石油大学(华东)石油工程学院
黄中伟	北京	北京	中国石油大学(北京)
周子民	湖南	长沙	长沙能源新技术研究开发中心
李晓光	辽宁	沈阳	中国石油辽河油田公司
王华军	天津	天津	河北工业大学
宋云涛	安徽	合肥	中国科学院合肥物质科学研究院
孙宝江	山东	青岛	中国石油大学(华东)石油工程学院
许亮斌	北京	北京	中海石油研究中心
夏永姚	上海	上海	复旦大学
赵朝成	山东	青岛	中国石油大学(华东)化学工程学院
李霞	北京	北京	中国石油勘探开发研究院
宋新民	北京	北京	中国石油勘探开发研究院
王德昌	山东	青岛	青岛大学机电工程学院
刘雄	广东	汕头	汕头大学工学院
渠芳	四川	成都	西南石油大学资源与环境学院
朱广山	吉林	长春	吉林大学化学学院
张林	河北	廊坊	中国石油勘探开发研究院廊坊分院
马挺	天津	天津	南开大学生命科学学院
王强	山东	济南	济南大学机械工程学院

续表

姓名	省(市、区)	城市	所属机构
刘继常	湖南	长沙	湖南大学汽车车身先进设计制造国家重点实验室
由庆	山东	青岛	中国石油大学(华东)石油工程学院
王久林	上海	上海	上海交通大学化学化工学院
蒲春生	山东	青岛	中国石油大学(华东)石油工程学院
陈清华	山东	青岛	中国石油大学(华东)地球资源与信息学院
孙立	山东	济南	山东省科学院能源研究所
宋昭峥	北京	北京	中国石油大学(北京)重质油国家重点实验室
赵庆波	河北	廊坊	中国石油勘探开发研究院廊坊分院
宋远红	辽宁	大连	大连理工大学三束材料改性国家重点实验室
窦涛	山西	太原	太原理工大学精细化工研究所
姚根顺	浙江	杭州	中国石油杭州地质研究院
侯健	山东	青岛	中国石油大学(华东)油藏工程系
董艳蕾	北京	北京	中国石油大学(北京)资源与信息学院
金振奎	北京	北京	中国石油大学(北京)资源与信息学院
王吉岱	山东	青岛	山东科技大学机械电子工程学院
程远方	山东	青岛	中国石油大学(华东)石油工程学院
邱隆伟	山东	青岛	中国石油大学(华东)地球资源与信息学院
李永安	山东	济南	山东建筑大学
柏雪源	山东	淄博	山东理工大学农业工程与食品科学学院
张琪	山东	青岛	中国石油大学(华东)石油工程学院
王春雷	山东	济南	山东大学物理与微电子学院
刘鑫	湖南	娄底	湖南人文科技学院化学与材料科学系
邱隆伟	山东	青岛	中国石油大学(华东)地球资源与信息学院
同登科	山东	青岛	中国石油大学(华东)数学与计算科学学院
魏久传	山东	青岛	山东科技大学地质科学与工程学院
施龙青	山东	青岛	山东科技大学地球信息科学与工程学院
钟宁宁	北京	北京	中国石油大学(北京)资源与信息学院
袁静	山东	青岛	中国石油大学(华东)地球资源与信息学院
吴孔友	山东	青岛	中国石油大学(华东)地球资源与信息学院
姜汉桥	北京	北京	中国石油大学(北京)石油工程学院

续表

姓名	省(市、区)	城市	所属机构
沈淑引	北京	北京	中国科学院感光化学研究所
李春山	北京	北京	中国科学院过程工程研究所
路晓艳	黑龙江	哈尔滨	哈尔滨工业大学
钱建生	江苏	徐州	中国矿业大学信息与电气工程学院
陈金根	上海	上海	中国科学院上海应用物理研究所
代世峰	北京	北京	中国矿业大学(北京)
贺益康	浙江	杭州	浙江大学
陈建定	上海	上海	华东理工大学材料科学与工程学院教育部超细材料重点实验室
闫永杰	上海	上海	中国科学院上海陶瓷研究所
阴秀丽	北京	北京	中国科学院广州能源所生物质热化学转化实验室
涂江平	浙江	杭州	浙江大学材料科学与工程学系
罗生军	山东	青岛	中科院青岛生物能源与过程研究所
侯原军	北京	北京	中国科学院感光化学研究所
韩苗苗	吉林	长春	吉林大学麦克德尔米德实验室
韩怡卓	山西	太原	中国科学院山西煤炭化学研究所
朱俊	四川	成都	电子科技大学电子薄膜与集成器件国家重点实验室
李兴林	吉林	长春	中国科学院长春应用化学研究所
卢兰光	北京	北京	清华大学汽车安全与节能国家重点实验室
赵凌	湖北	武汉	中国地质大学(武汉)材料与化学学院
夏道宏	山东	青岛	中国石油大学(华东)
王飞宇	北京	北京	中国石油大学(北京)
唐为华	浙江	杭州	浙江理工大学光电材料与器件中心
王慧	广东	广州	华南理工大学材料科学与工程学院
陈煜	南京	南京	南京大学(燃料电池方向)
唐波	重庆	重庆	三峡大学电气与新能源学院

(数据来源:大数据分析子课题组基于 AMiner 平台数据整理所得)

报告四

山东省海洋产业人才发展

负责人　鲍洪彤

成　员　倪国江　鲍洪彤　孙吉亭

一、山东海洋产业发展情况

（一）总体状况

1. 现代海洋产业体系基本形成

山东海洋产业门类较为齐全，形成了以海洋渔业、海洋生物医药、船舶与海工装备、海洋化工、海洋交通运输业、滨海旅游业等为重点，包括海洋油气业、海洋矿业、海洋电力业、海水利用业、海洋工程建筑业、海洋科研教育管理服务业、涉海金融服务业、海洋信息服务业等在内的现代海洋产业体系。山东海洋产业结构逐步优化，海洋战略性新兴产业比重不断提高，海洋传统产业实现转型发展。海洋一、二、三产业比重由2011年的6.7∶49.1∶44.2调整到2016年的5.8∶43.2∶51.0。2016年，海洋战略性新兴产业产值达3 500亿元，比上年增长21.9%，占全年海洋生产总值的26%。目前，以海洋牧场为主战场的"海上粮仓"建设，以"蓝鲸一号""蓝鲸二号""LNG船""VIOC首制船""大型智能网箱""海洋牧场多功能平台"等为代表的高端海工装备制造，以"智慧海洋""透明海洋"等工程建设为引领的智能化海洋观测装备产业，以活性物质创新药物、海藻类海洋化学药物、海洋功能性食品与化妆品等高技术产品研发为突破口的海洋生物医药与制品开发，正在成为山东海洋产业领域新旧动能转换的战略抓手。

2. 海洋经济实力不断跃上新台阶

山东是海洋经济大省，海洋生产总值连续23年居全国第二位，仅次于广东省。如从管辖海域面积角度比较，山东海洋经济规模在全国更具优势。2011～2016年，山东海洋生产总值由8 029亿元增长到13 285亿元，占全省国民生产总值的比重由17.6%增加到19.8%，年均增速保持在10.5%左右，高于全省国民经济增速，占全国海洋生产总值的比重年均约为18.8%；主要海洋产业增加值由3 416.8亿元增加到5 502.7亿元，年均增速10.0%，海洋化工业、海洋生物医药业、海洋电力业、海水利用业、滨海旅游业年均增速超过15%，海洋科研教育管理服务业年均增速达到16.2%，全国沿海港口货物吞吐量前十名占三席，全省港口总吞吐量居全国第二；相关海洋产业增加值由3 425.2亿元增加到5 164.9亿元，年均增速达8.6%（见表4.1.1）。

表4.1.1　2011～2016年山东省海洋经济发展状况　单位：亿元

经济指标	2011	2012	2013	2014	2015	2016
海洋生产总值	8 080.0	9 032.7	10 266.2	11 288.0	12 422.0	13 285.0

续表

经济指标	2011	2012	2013	2014	2015	2016
主要海洋产业增加值	3 416.8	3 919.2	4 276.9	4 835.0	5 239.8	5 502.7
海洋相关产业增加值	3 425.2	3 726.1	3 970.9	4 455.7	4 907.1	5 164.9
海洋渔业增加值	1 102.1	1 230.6	1 317.2	1 462.1	1 523.0	1 546.3
海洋油气业增加值	95.6	109.4	107.2	104.8	56.9	30.2
海洋矿业增加值	15.9	16.5	17.7	19.0	22.0	23.0
海洋盐业增加值	57.6	42.3	45.4	48.2	23.5	22.4
海洋化工业增加值	61.7	107.6	98.5	111.2	126.2	129.8
海洋生物医药业增加值	78.1	96.1	126.9	141.6	160.0	180.0
海洋电力增加值	26.0	36.0	42.3	50.5	55.0	55.8
海水利用业增加值	0.8	1.0	0.9	0.9	1.4	1.6
海洋船舶工业增加值	94.2	82.9	66.5	83.7	93.5	92.0
海洋工程建筑业增加值	299.9	401.6	406.3	451.2	530.0	540.0
海洋交通运输业增加值	833.1	945.2	1031.5	1138.1	1216.5	1302.6
滨海旅游业增加值	751.6	850.0	1016.5	1223.6	1431.8	1579.0
海洋科研教育管理服务业增加值	1 238.0	1 387.4	2 018.4	1 997.3	2 275.4	2 617.5

（数据来源：青岛市发展与改革委员会网站，http://www.qddpc.gov.cn/n32205328/n32205340/n32205341/170612152225114182.html）

3. 海洋产业发展的资源环境基础良好

山东管辖海域面积居全国第四位，次于海南、广东、浙江，与山东陆域面积基本相当，是陆域之外的“海上山东”。山东广阔的海域空间储存着种类繁多且极为丰富的海洋资源，总体丰度居全国之首。随着“一带一路”建设的加速和深入，我国海洋开发“走出去”步伐不断加快，国内沿海区域协作程度日趋增强。山东立足本省海洋空间，以技术转移和产能合作为手段积极向国内沿海以及国际海洋拓展开发空间，“海上山东”呈不断扩大态势。山东海洋生态文明建设稳步推进，拥有国家级海洋生态文明建设示范区 5 个，总数与广东并列全国第一。山东积极推进省级长岛海洋生态文明综合试验区建设，把长岛打造成为全省乃至全国生态文明建设典范。目前，山东共建有各级各类海洋保护区 31 个，其中国家级 8 个，地方级 23 个，占全国（共 183 个）的 16.9%，保护区面积 5 755 平方千米，占全国（共 250 182 平方千米）的 28.5%，保护区数量仅次于广东（50）和福建（48），居全国第三位，山东基本建立起了完善的海洋保护区网络。山东积极推进“智慧海洋”建设，已基本形成了覆盖全省沿海的海洋环境监测预报网络、海洋预报业务化观测网和观测动态平台。

（二）山东相关海洋产业发展状况

1. 海洋渔业

海洋渔业在山东海洋产业体系中占有举足轻重的地位。2011～2016年，海洋渔业增加值占全省主要海洋产业增加值的比重一直保持在30%以上。山东海水产品总产量、产值等指标连续十多年保持全国首位。2016年，海洋渔业增加值占全国的33%；海洋捕捞产量达到275.13万吨（其中国内海洋捕捞产量为228.23万吨，远洋捕捞产量为46.9万吨），次于浙江省，居全国第二位，全省海洋捕捞产量与世界主要国家相比处于前10的位置；海水养殖产量为4 995.65万吨，居全国第一位，略高于海水养殖产量居世界第二的印度。山东是全国最大的海水产品加工基地，海水产品出口长期居于全国第一的位置。

近年来，山东大力发展海洋牧场生态渔业，目前海洋牧场已发展到46万公顷，海洋牧场水产品实现产值近900亿元，居全国首位。全国已建国家级海洋牧场示范区42个，其中山东有14个，占全国的33.3%；辽宁有9个，河北有7个。2017～2025年全国规划建设132个国家级海洋牧场示范区，其中山东有44个，广东有25个，辽宁有20个。依托海洋牧场，山东创建了15处省级休闲海钓示范基地，拥有专业休闲海钓船189艘，2014～2016年累计接待游客180万人次，举办各类赛事70余场。《山东省海洋牧场示范创建三年计划（2018～2020年）》提出，到2020年，省级以上海洋牧场示范区建设水平大幅提高，引领示范作用显著增强，示范区总数量达到70处左右，其中省级海洋牧场示范区有40处左右，国家级海洋牧场示范区有30处左右；海洋牧场水产品年产量达到450万吨，海洋牧场综合收入增加到3 000亿元。

依托丰富的海洋渔业资源，在国家和省市政策的支持和推动下，山东海洋渔业企业实现了快速发展，形成了以国有大型企业为引领、中小企业为补充、多种经济成分并存的全省海洋渔业企业发展格局。

2. 海洋生物医药

我国海洋生物医药产业呈现出快速发展态势，是近十年来海洋产业中增长最快的领域。海洋生物医药产业增加值从2011年的99亿元增长至2017年的385亿元，年均增长14.5%，在主要海洋产业增加值中的占比逐年提高。据预测，作为新的经济增长点，2020年我国海洋生物医药产业产值可达1 100亿元。与世界强国相比，目前我国海洋生物医药产业还存在较大差距，产业规模小、资金投入不足、科研成果难以及时转化等问题比较突出。

在海洋生物技术领域，山东具有明显的人才与科技优势，带动了海洋生物医药产业的发展，形成了以青岛、烟台和威海为重点的海洋生物医药产业聚集区。2016年，山东海洋生物医药产业实现增加值180亿元，占全国的53.57%，远远领先于其他沿海省市，为全国海洋生物医药产业发展做出了突出贡献。从产品结构上看，山东已初步形成了以海洋药物与功能食品为主体，以海洋新材料与活性物质提取为辅助的较为完善的海洋生物医药产品体系。

青岛作为国家海洋生物产业基地，现有海洋生物医药研究机构和企业近 200 家；烟台拥有海洋生物企业近 300 家，规模以上企业近 30 家；威海拥有海洋生物制品企业近 30 家。

3. 船舶与海工装备

全球船舶与海工装备产业以欧美国家最为发达，具有人才、技术和产品等多个方面的整体领先优势，处于第一梯队；韩国、新加坡等国家处于第二梯队，在关键核心技术研发和中高端产品开发上形成较大优势；我国尚处于第三梯队，技术创新能力偏低，产业层次不高，但在制造成本、产业规模和总装建造能力上具有一定优势。

山东是全国重要的船舶与海工装备制造基地，生产企业主要分布在青岛、烟台、威海和日照等地。青岛海西湾国家级船舶制造与海洋工程基地集聚了海洋石油工程（青岛）有限公司、青岛北船重工海洋工程有限公司等多家船舶与海工装备制造企业。烟台已建成开发区、蓬莱和龙口湾三大造船工业园区，集中了中集来福士、杰瑞、京鲁、巨涛等龙头企业及一批配套企业，是全国最大的海上深水油气平台建造基地、国家工信部确定的五大海洋建造基地之一。威海市共有黄海造船、中航威海船厂、三进船业等造修船及配套企业 100 多家。依托豪迈海工产业园，日照正在大力发展以油气处理模块、海洋钻井平台模块等海洋工程装备为主的先进装备制造业。近年来，在全球市场景气度不高、竞争异常激烈的情况下，山东船舶与海工装备产业仍实现了较好发展，但与全国其他沿海省市相比还有一定差距，总体规模次于江苏、浙江、广东和上海，居全国第 5 位。

4. 海水淡化

目前，海水淡化工程在全国沿海 9 个省市均有分布，主要是在水资源严重短缺的沿海城市和海岛。到 2016 年底，全国已建成海水淡化工程 131 个，工程规模为 118.81 万吨/日；万吨以上海水淡化工程有 36 个，工程规模为 105.96 万吨/日；淡化水成本为 5～8 元/吨。尽管海水淡化产业近年来在我国取得了较大发展，但与国际水平还存在很大差距。到 2015 年底，全世界海水淡化工程的日产水规模达 8 655 万吨，我国的产水规模仅为其 1.3%。全球投产的脱盐项目主要服务于居民用水（60%），工业用水只占到 28%的比例。我国的海水淡化项目用于工业用水的工程规模为 79.14 万吨/日，占总工程规模的 66.61%；用于居民生活用水的工程规模为 39.27 万吨/日，占总工程规模的 33.05%；用于绿化等其他用水的工程规模为 3 975 吨/日，占 0.34%。国内海水淡化吨水平均成本达到 5～8 元，明显高于国外（3～4 元）。

山东是全国海水淡化应用最广泛的省份之一，海水淡化技术以反渗透和低温多效蒸馏为主，全省大型海水淡化项目主要分布在青岛、烟台和威海三市。到 2016 年底，山东已建成海水淡化工程规模 28.20 万吨/日，次于天津市（31.72 万吨/日），居全国第二位。青岛已相继建成的海水淡化装备总规模达到 23.2 万立方米/日，主要企业有青岛百发海水淡化公司、董家口海水淡化厂、大唐黄岛发电有限公司海水淡化设备、华电青岛发电厂海水淡化设备和青岛碱业股份有限公司海水淡化设备。2017 年，青岛海水淡化和海水综合利用产值达53.1亿元。烟台市在芝罘区崆峒岛建成日产规模为500立方米的海水淡化厂，在长岛县建设的海水淡化站日产淡水1 000吨。威海市依托华能威海电厂、石岛供销集团、威海第二热电厂等也建起了一批海水淡化工程。2017年发布的《山东省水安全保障总体规划》提出，到2020年建设海岛海水淡化工程20个、沿海工业园区海水淡化工程13个、沿海缺水城市海水淡化工程10个，新增海水淡化规模17 895吨/日。

5. 海洋化工

山东盐产量占全国的1/3，尤其是海盐产量占全国75%以上；海洋化工业产值居全国第二位，次于广东。海盐资源、卤水资源是盐化工的重要原料。山东主要盐区分布在潍坊市、东营市、滨州市和烟台市，其中潍坊市产量占全省的60%左右。潍坊北部沿海地区，依托卤水开发，已形成了规模庞大的海盐化工产业集群。其原盐生产规模达1 680万吨，占全国的1/3，是国内最大的海盐生产基地；纯碱生产能力为400万吨，占全国总产量的1/4，是世界最大的合成碱生产基地；溴素生产能力为9万吨，占全国总产量的80%；溴化物生产能力为25万吨，是国内最大的溴化物生产基地，与美国盐湖城、以色列死海地区一起，并列世界三大溴化物生产基地。全省盐化工重点生产企业有山东省盐业集团有限公司、山东海化集团有限公司和山东海科化工集团。

6. 海洋新能源

在当前经济技术条件下，初步测算，山东风能资源可开发规模超过3 000万千瓦，具备较大的开发利用价值。沿海潮汐能可装机容量约为12万千瓦，年发电量可达3.75亿千瓦时，此外还有沿岸波浪能、近海潮流能等资源。

山东风能发电呈现规模化发展特征，成为全省发展最快的新兴可再生能源。到2017年底，全省风电装机1 061.14万千瓦，居全国第五位。海洋能开发利用起步较早，潮汐能、波浪能、潮流能等技术研发和小型示范有序开展。白沙口潮汐电站装机容量640千瓦，在我国运行发电的8座潮汐电站中列第二位（目前已停运）。青岛即墨鳌山卫镇大管岛100千瓦摆式波力发电站，为岛上30余户120多人供应电力，解决了居民常年无电的难题，年发电80余万度。建于荣成的我国首个商用海流能发电项目，一期4×300千瓦的发电机组于2012年实现并网发电。由于海洋能开发利用经济性依然较差，大型、关键装备研发制造能力不足，产业化进程依然较慢。山东核电厂址资源较为丰富，海阳核电一期工程、荣成石岛湾高温气冷堆示范项目建设将于2018年底前建成投产。《山东省新旧动能转换重大工程实施规划》提出，要“大力发展海水源热泵技术、温差发电技术，推进可燃冰开采、储运、应用技术研发和产业化，建设全国性海洋新能源产业基地”。

（三）山东海洋产业集聚发展状况

1. 实施国家战略推动海洋产业集聚发展

进入21世纪以来，综合山东海洋资源和生态环境状况、海洋科技人才与创新能力、海洋产业发展基础与潜力等因素，围绕构建特色明显、高度集聚和优势显著的现代海洋产业集群，在区域性国家战略层面，对山东海洋产业发展进行了规划布局。早在2010年，山东就启动实施了区域性国家战略：山东半岛蓝色经济区和黄河三角洲高效生态经济区建设，山东半岛蓝色经济区是继“海上山东”建设后推动海洋可持续开发和现代海洋产业集聚发展的具有重大历史意义的战略举措，是国家第一个以海洋经济为主题的区域发展战略；黄河三角洲高效生态经济区建设为我国三大三角洲中开发程度最低、蕴含巨大开发潜力的黄河三角洲注入了强大动力。

2016年4月，国务院批准济南、青岛、淄博、潍坊、烟台、威海6个国家高新技术产业开发区建设山东半岛国家自主创新示范区，打造具有全球影响力的海洋科技创新中心，是现有17个国家自主创新示范区中唯一“以蓝色经济引领转型升级”作为战略定位的国家示范区，为山东海洋产业集聚发展、创新发展、高端发展创造动力条件。国务院于2018年1月批复的《山东新旧动能转换综合实验区建设总体方案》，提出打造现代海洋产业，在海洋经济领域培育壮大发展新动能，重点发展海洋渔业、海洋生物医药、船舶与海工装备、海水利用等产业部门，构建现代海洋产业集聚区。党的十九大明确提出“坚持陆海统筹，加快建设海洋强国”。在海洋强国建设战略框架下，2017年6月召开的山东省第十一次党代会做出了加快建设海洋强省的决策部署，《加快海洋强省建设行动方案》针对海洋渔业、海洋化工业、海洋交通运输业、滨海旅游业等传统海洋产业，以及海洋高端装备制造业、智慧海洋产业（海洋观测装备产业）、海洋生物产业、海水淡化及综合利用产业、海洋新能源新材料产业等新兴产业，提出了新旧动能转换的重点任务。

2. 推进海洋产业集聚发展载体建设

近年来，围绕加快完善重点海洋产业链条、促进海洋产业集聚发展和高端发展及在全国海洋经济发展中发挥示范引领作用，在山东半岛蓝色经济区、浙江海洋经济发展示范区、广东海洋经济综合实验区、福建省海峡蓝色经济试验区以及天津海洋经济科学发展示范区等沿海区域性国家战略框架下，我国启动了国家海洋高技术产业基地试点城市、海洋经济创新发展示范城市、国家科技兴海产业示范基地、国家科技成果转移转化示范区等的海洋产业创新发展载体全链条建设工作，海洋经济发展战略布局开始向重点城市、重点区域集中发力，集成优势资源打造亮点、引爆点和示范引领点，带动全国海洋经济高质量发展。

山东的青岛、烟台、威海均进入试点、示范城市建设名单，成为全国拥有试点、示范城市最多的省份（见表4.1.2）。此外，山东还建有青岛船舶与海洋工程装备、东营装备制造、荣成食品等涉海国家新型工业化示范基地，以及青岛国家生物产业基地、国家火炬青岛海洋生物医药特色产业基地、青岛国家海洋新材料高新技术产业化基地、国家火炬黄岛船舶与海工装备特色产业基地、烟台海洋生物与医药国家创新型产业集群、国家火炬烟台经济技术开发区生物与新医药特色产业基地等海洋产业集聚创新与发展载体。结合实施国家科技兴海战略，山东积极推进省级科技兴海产业示范基地布局建设，推动海洋高技术产业集聚集群发展，目前已设立烟台经济技术开发区、潍坊滨海新区等第一批山东省科技兴海产业示范基地6家。

表 4.1.2　　海洋产业集聚发展载体建设

载体名称	山东数/个	全国数/个	山东占比	实施时间
国家新型工业化示范基地	3(海洋)	—	—	2010 年、2014 年、2015 年
国家创新型产业集群试点	1(海洋)	1(海洋)	100%	2014 年
国家海洋高技术产业基地试点城市	3(青岛、烟台、威海)	8	3/8(最多)	2014 年
海洋经济创新发展示范城市	3(青岛、烟台、威海)	15	1/5(最多)	2016 年首批、2017 年第二批
国家科技兴海产业示范基地	2(青岛、潍坊)	12	1/6(最多)	2016 年
国家科技成果转移转化示范区	1(济青烟国家科技成果转移转化示范区)	5	1/5	2017 年

(数据来源:海洋产业子课题组调查整理获取)

3. 加强省级特色产业园区建设

在山东半岛蓝色经济区国家战略框架下,围绕打造具有国际竞争力的现代海洋产业集聚区,山东着力培育发展特色产业园区,目前已设立海洋特色产业园 18 个(见表 4.1.3),重点发展现代海洋渔业、现代海洋制造业、现代海洋服务业和海洋战略性新兴产业等四类产业。到 2016 年底,18 个省级海洋特色产业园区总面积达到 486.2 平方千米,聚集海洋企业 5 190 余家,占园区企业总数的 67.5%。青岛西海岸新区海洋生物产业保持领先,潍坊滨海新区海洋动力装备、海洋化工、临港经济等产业加速聚集,威海南海新区形成先进海洋装备、海洋新材料、海洋食品等产业体系,烟台东部新区重点打造海洋创新孵育平台和载体。

表 4.1.3　　特色产业园区

依托城市	海洋特色产业园
青岛	海西湾船舶与海洋工程产业基地
	前湾国际物流园区
	黄岛区海洋生物产业园
	崂山区海洋生物特色产业园
	青岛滨海文化旅游特色产业园
威海	荣成经济开发区海洋食品药品经济园
	乳山开发区海洋食品产业园
	威海经济技术开发区海洋船舶及装备特色产业园
	荣成石岛湾省级旅游度假区冷链物流产业园

续表

依托城市	海洋特色产业园
烟台	烟台蓬莱经济开发区海洋装备制造产业园
	龙口现代海洋运输物流业特色产业园
	莱州市生物育种产业园
日照	经济技术开发区海洋物流产业园
	高新区水产品精深加工产业园
潍坊	青州海洋装备制造业产业园
	昌邑海洋精细化工产业园
	诸城海洋食品特色产业园
东营	东营市现代渔业示范区

（数据来源:海洋产业子课题组调查整理获取）

4. 打造涉海企业联盟

近年来,围绕优势海洋产业领域,山东大力推进涉海科研院所、高校和企业联盟化发展,成立了包括海洋生物、海工装备制造、海洋化工、海洋动力装备、海洋食品、海洋水产品精深加工、海洋观测装备等的7大产业联盟(见表4.1.4),集聚海洋优势企业200多家,拥有上下游配套企业超过千家,形成了产学研联动、抱团发展的新模式。2016年9月,山东半岛蓝色经济区海洋产业联盟总部暨山东海洋产业公共服务平台在青岛蓝谷成立。

表 4.1.4　　山东涉海企业联盟

序号	联盟名称	联盟目标	成立时间
1	山东半岛蓝色经济区海洋生物产业联盟	借助在海洋生物领域的科研、人才和经济优势,帮助实现山东乃至全国海洋生物企业“抱团”发展,打造我国海洋生物企业的“航空母舰”,在国际市场竞争中赢得先机和主动。	2014年
2	山东半岛蓝色经济区海洋化工产业联盟	整合各方优势资源,大力实施创新驱动战略,推进管理创新、技术创新,打造行业整体品牌,提升海洋化工产业的整体竞争力。	2014年
3	山东半岛蓝色经济区海洋动力装备产业联盟	整合各方优势资源,凝聚产业发展共识,构建行业合作平台,大力实施创新驱动战略,推进管理创新、技术创新,增强企业自主创新能力,打造行业整体品牌,提升海洋动力装备产业的整体竞争力。	2014年

续表

序号	联盟名称	联盟目标	成立时间
4	山东半岛蓝色经济区海洋装备产业联盟	以国际视野抱团构建“产学研融用”一体化平台，提升产业聚集区比较优势，推动海洋装备产业化、国产化高速发展。	2014年
5	山东半岛蓝色经济区海洋食品产业联盟	借助科研、人才和经济优势，发挥平台作用，推动海洋食品产品产业化，促进产业链聚集发展，构建“产学研融用”一体化平台，打造行业整体品牌，推动威海及山东半岛蓝色经济区海洋食品产业发展，形成山东半岛蓝色经济区的新亮点。	2015年
6	山东半岛蓝色经济区海洋水产品精深加工产业联盟	借助“一带一路”倡议机遇，整合海洋产业研发力量，推动海洋水产品加工企业“抱团”发展，促进企业共同开拓国际市场，打造行业整体品牌。	2015年
7	山东半岛蓝色经济区海洋观测装备产业联盟	面向产品、市场和服务，做好专利池，做好标准，做好平台，做好金融，通过创新的机制，发挥企业的创新主体作用，提升面对市场的创新能力，实现企业冲锋，科研支撑的正常发展局面。	2016年

（数据来源：海洋产业子课题组调查整理获取）

二、海洋产业技术创新发展情况

（一）海洋产业技术创新发展水平

1. 海洋渔业

山东海洋渔业科技发展水平较高，拥有中国海洋大学、中国水产科学院黄海水产研究所、山东省海洋生物研究院等多家专业化、高层次海洋渔业科研机构，海洋渔业科技人才众多，海洋渔业科技创新平台与成果推广体系完善。近年来，在国家和省市重大重点项目的支持下，皱纹盘鲍杂交育种技术及其养殖工艺、中国对虾“黄海1号”新品种及其健康养殖技术、栉孔扇贝健康苗种培育技术、大菱鲆“丹法鲆”新品种培育与养殖技术、中国对虾“黄海2号”新品种培育与扩繁技术、三疣梭子蟹“黄选1号”新品种选育及生态养殖技术、对虾白斑症病毒（WSSV）单克隆抗体库的构建、海水池塘高效清洁养殖技术、海洋牧场构建与渔业资源管控、离岸海水养殖技术、海水产品精深加工等领域取得了一系列重大成果，栉孔扇贝"蓬莱红2号"、龙须菜"2007"、长牡蛎"海大1号"和海带"东方7号"等获得了水产新品种证书。

2. 海洋生物医药

目前，国际海洋生物医药已进入了快速发展时期，美国、欧洲、日本及沿海各国都将海洋药物列入本国战略性新兴产业发展计划。据文献结果统计，从2007年开始，新海洋天然产物年平均发表量超过1 000种，到目前为止已发现25 847种海洋天然产物。在海洋药物开发方面，目前有10种海洋药物被美国食品药品监督管理局(FDA)或欧洲药品管理局(EMEA)批准用于抗肿瘤、抗病毒及镇痛等，在美国、英国、德国、日本、西班牙和爱尔兰上市，还有11种备选海洋药物正在进行临床研究。

近年来，我国海洋生物医药研究取得了显著进展。迄今为止，我国科学家已发现3 000余种海洋小分子新活性化合物和500余种糖(寡糖)类化合物。山东是我国海洋生物医药研究的重要发源地和科研力量集聚地，海洋生物药物研发走在全国前列，已先后开发藻酸双酯钠、甘糖酯、海力特、降糖宁、烟酸甘露醇酯、海昆肾喜胶囊等10余种海洋药物并成功上市，还有泼力沙滋911、几丁糖酯916、HS971、D-聚甘酯、K-001、海参多糖、河豚毒素等7种海洋药物处于Ⅰ～Ⅲ期临床研究中。山东大力推进海洋生物制品研发与产业化，建立了以欧参宝、藻芝素、海富硒、降糖乐、胃好等为主的海洋功能食品，以甲壳素为原料的医用新材料、添加剂及低毒农药，以科谷酶为主的海洋生物活性物质提取，以及海洋活性微肥、海洋杀菌剂、海洋丽姿化妆品等的海洋生物制品体系。

目前，国内沿海省市都在大力推进海洋生物医药与制品研发，形成了包括上海、青岛、厦门、广州、烟台等的海洋生物技术和海洋药物研究中心，一批海洋生物医药与制品企业正在迅速发展壮大。江苏的恒瑞、康缘、豪森等企业不断加大海洋药物研发投入，福建石狮华宝海洋生物化工公司陆续研发并规模生产了海洋生物医药保健品30多种，成为世界最大的N-乙酰氨基葡萄糖系列衍生物专业化生产基地；广东昂泰集团推出了以鳄鱼、鳗鱼、甲鱼和珍珠为原料的特色海洋保健品，形成了由养殖、加工、研发、销售紧密连接的产业链。

3. 船舶与海工装备

随着经济社会的发展及国际劳动密集型产能向中国的转移，我国船舶与海工装备产业迅速崛起，已成为全球最大的船舶与海工装备制造基地。但与国外相比，我国船舶与海工装备制造尚处于第三梯队，虽具有成本优势，但缺乏关键核心技术和配套设施研发能力，第一梯队的欧美国家和第二梯队的韩、日、新等国家在产业链上游的研发环节占据主导性优势。

在船舶与海工装备领域，山东的创新平台与研发队伍建设落后于江苏、广东、辽宁、天津等沿海省份以及内陆的湖北省，船舶与海工装备技术研发基础比较薄弱。随着近年来山东船舶与海工装备产业的快速发展，在高技术船舶和深水油气开采装备的总装设计建造方面逐步形成了一定的领先优势，推出了一些具有较大影响的高端船舶与海工装备产品，如烟台中集来福士建造的国内首座自主设计、建造的第六代深水半潜式钻井平台“海洋石油 981”，世界最大、钻井深度最深的双井架半潜式钻井平台“蓝鲸一号”，全球最先进超深水双钻塔半潜式钻井平台“蓝鲸二号”，国内首座海上移动式试采平台“海洋石油 162”，青岛北船重工建造的世界最大的 40 万吨超大型矿砂船“矿石天津”号，潍柴重机生产的船舶动力和发电机组。近年来，以青岛、烟台、威海等为中心的山东船舶与海工装备研发基地体系实现了跨越式发展，为加快提升关键核心技术装备自主创新能力打下了良好基础。青岛引进了一批国内外具有较高知名度的船舶与海工装备研发机构，如天津大学青岛海洋工程研究院、哈工大青岛科技园、航天十三所青岛研究中心、中船重工相关研究所设立的青岛分部及美国天时海洋工程及石油装备研究院等，已成为全国船舶与海工装备科技创新资源最为集中的城市之一。烟台依托中集海工院和杰瑞研究院，联合国内外高校院所，大力推动建设世界级的海工装备协同研发中心。

4. 海洋化工

山东省海洋化工科学研究院是省内从事海洋化工研究开发的专业科研单位，主要以海水和地下卤水为研究对象，重点进行海卤水中化学元素的提取和以此为原料的海洋精细化工产品研究开发，现已形成溴化学品研究开发、海洋新材料制备和海卤水综合利用三个在国内有较大影响的专业方向，科研装备和技术力量处于国内领先水平。依托自主研发技术成果，该院先后组建了多家生产企业，主要产品有溴系阻燃剂、医药中间体、农药中间体、制冷剂、感光剂、油田化学品、均相系列荷电膜、工业盐、营养盐等，年产各类海洋化工产品 4 万多吨，年可实现销售收入 6 亿元。隶属该院的核心企业——山东天一化学股份有限公司，建有国内技术领先的环保型溴系阻燃剂生产线，是国内综合产能最大的溴系阻燃剂生产经营企业。山东海化集团重视自主创新和科技投入，相继开发了碱、溴、苦卤和精细化工系列为主的四大循环经济产业链条，合成纯碱、两钠、原盐、溴素、氯化钙等 7 大主导产品产量居国内同行业前列。

5. 海水淡化

我国海水淡化技术日渐成熟，已全面掌握热法海水淡化技术和反渗透淡化技术，是世界上少数几个掌握海水淡化先进技术的国家之一。热法海水淡化蒸汽喷嘴泵、降膜蒸发器等关键部件及设备研发有了重大进展，铝合金、海水淡化专用阻垢剂等新材料和药剂已具备了工程应用条件。反渗透超滤膜技术和膜技术进步较快，已具备工程应用的条件，高压泵、能量回收装置研发也有了较大进展。目前我国已建成自主研发的海水淡化反渗透生产线，制膜速度处于国际先进水平。

国内海水淡化主要科研机构有国家海洋局天津海水淡化与综合利用研究所、杭州水处理技术研究开发中心以及海水淡化设施设备研发与生产企业。天津海水淡化与综合利用研究所在海水淡化、海水直接利用、海水化学资源开发、海水净化与水再利用、海水淡化膜等技术领域具有综合性研发优势。杭州水处理技术研究开发中心拥有国内最全的膜制造技术，主要产品有超滤膜、卷式复合反渗透膜、卷式复合纳滤膜等。此外，清华大学环境学院、天津大学海水淡化与膜技术研究中心、南京工业大学膜科学技术研究所、华东理工大学化学工程研究所、大连理工大学化工学院、天津工业大学生物化工研究所、同济大学环境学院市政工程系、哈尔滨工业大学市政环境工程学院、北京工业大学环境与能源工程学院等也都在从事海水淡化设施设备的研究开发。

山东海水淡化产能规模居国内前列，但海水淡化科研能力建设却相对滞后，目前中国海洋大学、山东大学威海校区、山东省海洋化工科学研究院等单位正在开展相应的研究工作，在海水淡化装置、离子交换膜等的研发上实现了一定的突破。

6. 海洋新能源

经过技术引进、消化吸收、联合研发与国外咨询等阶段，我国风电装备研发正逐步走向自主创新阶段，基本掌握了大型陆上风电机组的设计和制造技术，5.0 兆瓦和 6.0 兆瓦风电机组已投入运行，7 兆瓦和 10 兆瓦风电机组正在研发。目前，中国陆地风电场建设技术已成熟并规范化，江苏如东 150 兆瓦海上风电场示范项目实现了首批 6 台风机并网发电，福建莆田平海湾海上风电场已建成投产。我国潮汐电站建设技术已基本成熟，居世界领先地位，2010 年开始启动我国第一座万千瓦级潮汐电站——三门县健跳港潮汐电站建设。2012 年，我国推出了第一个实用的千瓦级试验用温差发电装置，实现了海洋温差发电由理论向实际的转换，使中国成为继美国和日本之后，成功实现海洋温差能发电的国家。2013 年，中国科学院广州能源研究所研制的漂浮式波浪能发电装置——100 千瓦鸭式波浪能装置成功发电，我国装机容量最大的“海能-Ⅲ”号 2×300 千瓦漂浮式海流能发电站在浙江省舟山岱山县龟山水道投入运行。2016 年，国内最大的潮流能发电机组(装机容量 3.4 兆瓦)在浙江舟山秀山岛安装，标志着我国海洋潮流能发电技术达到世界领先水平。

在海洋新能源开发技术研究方面，中国海洋大学、国家海洋局海洋一所、中科院海洋研究所、中科院青岛生物能源与过程研究所、哈尔滨工业大学(威海)、蓬莱大金海洋重工有限公司等科研机构和企业开展了大量研究工作，在波浪能、潮流能、海洋温差能、海洋生物质能、海洋风电基础装备焊接制造等的开发技术装备研发上取得了较大进展。国家海洋局海洋一所推动建设了青岛即墨鳌山卫镇大管岛 100 千瓦摆式波力发电站，2013 年中国海洋大学自主研制的国内首台 100 千瓦潮流能发电装置实现成功运行。与国内相关省市相比，山东海洋新能源开发技术装备研发实力还比较薄弱，创新成果较少，对海洋新能源战略产业的发展无法形成有效的技术支撑。

(二)海洋产业技术创新平台建设

1. 总体情况

我国科技创新平台体系主要由科技部认定的国家实验室、国家研究中心、国家重点实验室、国家工程技术研究中心，国家发改委认定的国家工程研究中心(工程实验室)、国家企业技术中心，中国科协认定的院士工作站，以及相关部委、中国科学院、各省市所设立的省部级重点实验室、省部级工程技术研究中心、省部级工程研究中心(工程实验室)、省部级企业技术中心等构成。

山东是我国海洋科技创新资源最为集中的省份，拥有省级以上海洋科研教学机构55家(见表4.2.1)、国家级海洋科技创新平台110个。依托涉海科研教育机构，山东已建立起包括各级各类实验室、工程技术研究中心、工程研究中心(工程实验室)、企业技术中心、院士工作站的国内最为完善的海洋科技创新平台体系。山东涉海科技创新平台主要集中在青岛，目前青岛拥有国内唯一的国家实验室——青岛海洋科学与技术国家实验室，中科院系统涉海研究所联盟总部——海洋大科学研究中心也设在青岛。

表4.2.1　　山东主要涉海科教机构

序号	机构名称	主管部门	序号	机构名称	主管部门
1	青岛海洋科学与技术国家实验室	科技部	18	山东科学院海洋仪器仪表研究所	山东科学院
2	中国海洋大学	教育部	19	天津大学青岛海洋工程研究院	天津大学
3	中科院海洋研究所	中科院	20	中国科学院大学海洋学院(筹)	中国科学院
4	国家海洋局第一海洋研究所	自然资源部	21	烟台大学	山东省教育厅
5	中国水产科学院黄海水产研究所	中国水产科学院	22	青岛农业大学	山东省教育厅
6	中国地质调查局青岛海洋地质研究所	自然资源部	23	中国石油大学(华东)	教育部
7	中科院青岛生物质能与过程研究所	中科院	24	山东科技大学	山东省教育厅
8	中科院烟台海岸带研究所	中科院	25	中船重工第702研究所青岛深海装备试验检测基地	中国船舶重工集团公司
9	山东大学威海校区、青岛校区	教育部	26	中船重工710研究所青岛分部	中国船舶重工集团公司
10	哈尔滨工业大学(威海)	教育部	27	中船重工第712研究所青岛研究所	中国船舶重工集团公司
11	青岛大学	山东省科技厅	28	青岛杰瑞自动化有限公司(中船重工第716所青岛分所)	中国船舶重工集团公司
12	哈尔滨工程大学青岛校区	工业和信息化部	29	中船重工第719研究所青岛分部	中国船舶重工集团公司

续表

序号	机构名称	主管部门	序号	机构名称	主管部门
13	中国船舶重工集团公司青岛海洋装备研究院	中船重工	30	中船重工第725研究所青岛分部	中国船舶重工集团公司
14	中海油重质油加工工程技术研究中心	中国海洋石油总公司	31	青岛海洋腐蚀研究所	中国钢铁研究总院
15	国家深海基地	自然资源部	32	山东省海洋生物研究院	山东省海洋与渔业厅
16	国家海洋设备质量监督检验中心	国家质检总局	33	四川大学青岛研究院	四川大学
17	山东省海洋化工科学研究院		34	海洋化工研究院	中国昊华化工(集团)总公司

(数据来源:海洋产业子课题组调查整理获取)

2. 涉海重点实验室

重点实验室主要由国家实验室、国家重点实验室、省部级重点实验室、市级重点实验室等四个层次构成(因市级重点实验室数量较多,统计繁杂,本报告暂不列入)。山东涉海重点实验室体系的主体由国家实验室、国家重点实验室和省部级实验室组成,其中国家实验室1家,国家重点实验室3家,省部级重点实验室50家(见本章附表1、附表2)。

3. 涉海工程技术研究中心

涉海工程技术研究中心由国家和省市科技主管部门组织认定,主要分国家、省(直辖市)、市(计划单列市、地级市)三个层次。依托涉海科研机构、高校和企业,山东建立起数量较多、层次清晰、功能完备的工程技术研究中心体系,是拥有国家工程技术研究中心较多的省份(36家),其中涉海国家工程技术研究中心6家,还建有涉海省级工程技术研究中心74家(见本章附表3、附表4)。

4. 涉海工程研究中心

涉海工程研究中心(工程实验室)由国家、相关部委和省市发改委组织认定,主要分国家、省(直辖市)、市(计划单列市、地级市)三个层次。依托涉海科研机构、高校和企业,山东建立起一批具有较强自主创新能力的国家地方联合和省级工程研究中心(工程实验室),其中涉海国家地方联合工程研究中心有15家,省级工程研究中心41家(见本章附表5、附表6)。

5. 涉海企业技术中心

涉海企业技术中心由国家和省市经济和信息化主管部门组织认定,主要分国家、省(直辖市)、市(计划单列市、地级市)三个层次。依托涉海科研机构、高校和企业,山东涉海企业技术中心得到迅速发展,拥有国家级涉海企业技术中心20多家(见本章附表7),此外还建有一大批省级涉海企业技术中心。

6. 涉海院士工作站

涉海院士工作站由中国科协和省市科协批准设立,分国家、省和市级院士工作站三个层次，山东拥有一批国家和省级涉海院士工作站（本章附表8）。

（三）海洋产业代表性创新平台

山东涉海科技创新平台、公共服务平台数量众多，体系较完善，一些平台在很大程度上代表着所在领域的国家实力。从研发基础、发展潜力、平台层级、社会影响等因素综合权衡，如下科技创新和公共服务平台具有代表性意义（见表4.2.2）：

表4.2.2 代表性科技创新和公共服务平台

序号	机构名称	依托单位	发展定位	科研人员/人
1	青岛海洋科学与技术国家实验室	科技部	围绕国家海洋发展战略，开展基础研究和前沿技术研究，依托青岛，服务全国，面向世界建设国际一流的综合性海洋科技研究中心和开放式协同创新平台，汇聚创新资源和创新团队开展原创性研究，提升我国海洋科学与技术自主创新能力，引领我国海洋科学与技术的发展。	实行“按需设岗，公开招聘；择优录用，逐级聘任；定期考核，契约管理”的全员岗位聘任制。
2	青岛海洋生物医药研究院	中国海洋大学	海洋生物医药研发中心；海洋生物医药产业新技术、新产品的孵化器；海洋生物医药产品产出加速器；引领海洋生物医药行业发展的技术引擎。	150
3	海洋涂料国家重点实验室	海洋化工研究院	围绕海洋涂料高新技术需求，以海洋涂料的应用基础研究、关键原材料研制筛选与表征、关键技术的研发及工程化为重点研究内容，进行新型机理、方法研究，解决行业内共性关键问题，为相关研究成果的产业化提供可靠依据。	120
4	海藻活性物质国家重点实验室	青岛明月海藻集团有限公司	针对海藻活性物质高效开发过程中的重大科学和技术问题进行探索与攻关，通过多学科的交叉以及与相关技术的集成，解决相关应用理论基础，突破关键、共性技术，为我国海藻产业的转型升级提供科技支撑，实现高效、高值开发与利用海藻资源，提升我国海藻生物产业综合竞争力，多出成果，多出人才，从而提升我国海藻生物产业的国际竞争力，使我国由海藻生物产业大国逐步向强国跨越。	98

续表

序号	机构名称	依托单位	发展定位	科研人员/人
5	天然气水合物自然资源部重点实验室	自然资源部青岛海洋地质研究所	依靠科技进步和创新，在天然气水合物勘探、开发及环境效应等一些关键问题上实现重大突破，形成比较配套的、先进的天然气水合物勘探与开发技术，为我国天然气水合物的勘查和开发服务。	—
6	国家海洋监测设备工程技术研究中心	山东省科学院海洋仪器仪表研究所	以国家海洋开发战略为指导、国家需求为目的、市场需求为导向、现有条件为基础，充分发挥全国海洋科研机构的科研、人才和成果优势，整合国内外成果、技术、人才和条件资源，针对海洋监测设备行业发展中存在的关键技术问题和共性技术问题，开展海洋监测设备系统化、配套化和工程化研究开发，建立我国海洋监测设备行业技术支撑、成果转化和技术服务平台，提高我国海洋监测设备的研发和生产能力，推动行业技术创新，带动海洋监测设备产业发展。	300
7	国家海洋腐蚀防护工程技术研究中心	中国科学院海洋研究所	围绕海洋工程腐蚀防护、腐蚀状态监/检测、安全评价与寿命预测等重大关键性、基础性和共性技术问题，开发以钢结构浪花飞溅区腐蚀防护技术、海洋钢筋混凝土结构腐蚀防护与修复补强技术、海洋工程阴极保护优化和腐蚀监/检测技术、海洋工程安全评价与寿命预测技术、海洋生物污损防治技术为主的工程技术，同时涵盖海洋大气腐蚀监测及防护技术、海洋生物腐蚀和污损技术、钢结构的环境敏感断裂与氢渗、牺牲阳极保护技术在内的集成化海洋腐蚀防护技术，将具有重要应用前景的科研成果进行系统化、配套化和工程化研究开发，为企业规模生产提供成熟、配套的技术工艺和技术装备，并不断地推出具有高增值效益的系列新产品，推动海洋腐蚀与防护领域的技术进步，带动相关产业链的发展。	52

续表

序号	机构名称	依托单位	发展定位	科研人员/人
8	烟台中集来福士国家级海洋工程研究院	烟台中集来福士	打造世界第一的海洋工程设计团队，为人类开发海洋提供世界一流技术服务。	720
9	青岛市海洋设备检验检测公共研发平台	青岛国家海洋设备质检中心集团有限公司	整合国内海洋设备相关检验检测研发资源，建立海洋装备检验检测创新体系、标准体系、认证认可体系，打造具有国际话语权的综合性国家海洋设备检验检测公共技术服务平台。同时，向检验检测产业两端延伸，向高端装备制造业延伸，聚集国内高端装备制造创新资源，推动全产业链以试验和检测技术为核心的技术创新与模式创新，实现不同产业之间的跨界融合与协同发展。	—
10	青岛市深海技术装备公共研发平台	国家深海基地管理中心	继俄罗斯、美国、法国和日本之后，世界上第五个深海技术支撑基地，将建成面向全国具有多功能、全开放的国家级公共服务平台。	—

（数据来源：海洋产业子课题组调查整理获取）

三、海洋产业技术人才发展情况

（一）总体情况

作为国内海洋科技创新资源最为集中的省份，山东集聚了大量海洋产业技术人才，为山东海洋产业发展提供了重要的人力资源保障。海洋产业技术人才可分为海洋技术研发人才和海洋高技能人才，前者主要分布在科研院所和高校，后者则基本分布在涉海企业。基于数据可获得性，本报告以山东主要涉海科研机构和高校为统计数据来源，统计分析山东海洋产业技术研发人才在相关海洋产业领域的大致分布状况和数量（见表 4.3.1）。

表 4.3.1　　山东海洋产业技术人才概况

机构名称	不同海洋产业部门海洋研发人才数量/人							
	海洋渔业	海洋生物医药	船舶与海工装备	海洋化工	海水淡化及综合利用	海洋新材料新能源	其他	合计
中国海洋大学	93	248	150	130	20	28	214	883
中科院海洋研究所	108	—	—	—	—	55	337	500
国家海洋局第一海洋研究所	—	—	—	—	—	—	532	532
中国水科院黄海水产研究所	414	—	—	—	—	—	—	414
中国地质调查局青岛海洋地质研究所	—	—	—	—	—	—	300	300
中科院青岛生物质能与过程研究所	—	—	—	—	—	176	—	176
中科院烟台海岸带研究所	—	—	—	—	—	—	207	207
山东大学(威海校区)	—	105	—	—	—	—		105
哈尔滨工业大学(威海)	—	15	20	—	—	—	59	94
青岛大学	—	—	—	—	—	50	—	50
山东省海洋化工科学研究院	—	—	—	107	—	—	—	107
山东科学院海洋仪器仪表研究所	—	—	300	—	—	—	—	300
天津大学青岛海洋工程研究院	110							110
烟台大学	60						—	60
青岛农业大学	46	—	—	—	—	—	—	46
中国石油大学(华东)	—	—	12	—	—	—	26	38
山东科技大学	—	—	—	—	—	—	42	42
青岛海洋腐蚀研究所	—	—	—	—	—	300	—	300
山东省海洋生物研究院	100	—	—	—	—	—	—	100
	3 364							

(数据来源:海洋产业子课题组调查整理获取)

以上表格中的数据仅能大致反映山东海洋产业技术人员分布状况和数量，还有很多涉海科研机构和企业拥有大量海洋产业技术人才，但因客观情况制约，难以实现完全统计。有关资料表明，目前山东海洋产业技术人才总量已突破1万人。山东是国内拥有涉海科研机构和企业创新平台最多的省份，海洋产业技术人才数量也远远超过其他沿海省市（见表4.3.2）。

表4.3.2　山东与国内沿海省市海洋产业技术创新力量比较（人）

	山东	广东	辽宁	浙江	天津	上海	福建	广西	江苏	河北	海南
涉海科研机构	60	26	22	21	16	15	14	11	10	5	3
涉海科研人才	10 000	5 434	3 151	2 028	2 808	3 989	1 189	1 225	3 356	552	265

（数据来源：海洋产业子课题组调查整理获取）

（二）海洋产业技术高层次人才情况

长期以来，山东高度重视海洋产业技术高层次人才建设，不断提高政策支持力度，充分发挥涉海科研院所、高校和企业的人才发展载体作用，大力激发人才的积极性、主动性和创新力，在海洋产业技术创新领域构建起了一支具有战略眼光、国际视野和核心领导力的海洋产业技术高层次人才队伍。以院士、国家百千万人才工程入选者、万人计划入选者、泰山学者、泰山产业领军人才、泰山青年学者等为代表的海洋产业技术高层次人才，在推动和引领技术革新、培育发展海洋产业新动能和带动海洋产业转型升级中扮演着极为重要的角色（见表4.3.3）。

表4.3.3　山东海洋产业技术高层次人才地理分布情况

高层次人才类型	海洋渔业	海洋生物医药	船舶与海工装备	海洋化工	海水淡化及综合利用	海洋新材料新能源	其他
院士	5	3	2	2	—	—	13
国家百千万人才工程	34						
万人计划	13						
国家杰青	27						
泰山学者	11	13	5	4	—	3	22
泰山产业领军人才	12	8	15	9	1	4	6
泰山青年学者	1	2	1	—	—	—	3

（数据来源：海洋产业子课题组参照主要涉海科研院校网站进行不完全统计）

（三）高校院所产业人才建设情况

山东涉海高校主要有中国海洋大学、中国石油大学（华东）、青岛大学、山东科技大学、青岛农业大学、山东大学（威海校区）、哈尔滨工业大学（威海）、烟台大学、天津大学青岛海洋工程研究院等。此外，中国科学院大学海洋学院、哈尔滨工程大学青岛校区、中国能源大学、山东海洋技术大学等涉海科教单元的建设工作正在推进中。目前，山东涉海高校海洋产业相关学科专业设置及科研人才建设情况如下（见表 4.3.4）：

表 4.3.4　山东涉海高校海洋产业学科专业设置及科研人才建设

高校名称	海洋产业学科专业设置	科研人才
中国海洋大学	水产	93 人（院士 2 人，杰出青年基金获得者 4 人，教育部新世纪人才 10 人）
	海洋生物	88 人（院士 1 人，泰山学者特聘教授 3 人，山东省教学名师 1 人，山东省优秀教师 1 人，山东省高校学科带头人 1 人，山东省突出贡献中青年专家 2 人，山东省劳动模范 1 人，山东省青年科学家奖 1 人，教育部新世纪优秀人才 8 人，教育部青年骨干教师 2 人）
	食品科学与工程	78 人（泰山学者特聘教授 1 人，泰山学者海外特聘专家 1 人，国家现代农业产业技术体系岗位科学家 3 人，教育部新世纪优秀人才支持计划 6 人，山东省学科带头人 1 人）
	海洋药物	106 人（院士 1 人，山东省“泰山学者”海外特聘专家 2 名，山东省“泰山学者”特聘教授 2 人，教育部“新世纪优秀人才”6 人）
	海洋化学	130 人[院士 1 人，国家杰出青年基金获得者 2 人，新世纪百千万国家级人选 1 人，山东省“泰山学者”2 人，全国优秀教师 1 人，享受国务院政府特殊津贴 5 人，教育部新（跨）世纪优秀人才 9 人]
	海洋工程	150 人（院士 1 人，国家杰出青年基金获得者 1 人，国家级突出贡献中青年专家 2 人，教育部新世纪人才计划 7 人，山东省教学名师 1 人，山东省突出贡献专家 1 人，山东省技术拔尖人才 2 人）
	海洋信息	210（国家杰出青年基金资助 1 人，百千万人才工程国家级人选 1 人，教育部跨世纪优秀人才培养计划 5 人，国家有突出贡献的中青年专家 1 人，山东省有突出贡献的中青年专家 2 人）

续表

高校名称	海洋产业学科专业设置	科研人才
中国石油大学（华东）	海洋油气工程、船舶与海洋工程	163 人（院士 2 人，“973”计划首席科学家 1 人，国家杰青 2 人，国家优青 2 人，万人计划领军人才 2 人，万人计划教学名师 1 人，新世纪百千万人才工程国家级人选 3 人，科技部中青年科技创新领军人才 2 人，教育部新世纪优秀人才 3 人，山东省泰山学者攀登计划 2 人，泰山学者特聘专家 4 人，全国模范教师 1 人，高被引科学家 1 人，有突出贡献的中青年专家 8 人）
青岛大学	海洋纤维	50（国家杰青 1 人，国家百千万人才 1 人，中央直接联系的高级专家 1 人，国务院政府特殊津贴专家 5 人，省级突贡专家 5 人，泰山学者特聘教授 5 人）
山东科技大学	海岛礁测绘	42 人（山东省泰山学者 2 名，国家百千万人才工程 1 人）
青岛农业大学	水产、海洋生物	25 人
山东大学（威海校区）	海洋生物工程、药学、海洋资源、应用化学	105 人
哈尔滨工业大学（威海）	船舶与海洋工程	75 人
	生物工程、化学工程与工艺、食品科学与工程	74 人（院士 3 人，教育部新世纪优秀人才 2 人）
烟台大学	水产养殖、能源与动力工程、海洋渔业、航海技术、轮机工程	86 人
天津大学青岛海洋工程研究院	海洋工程	110 人（973 首席、杰青等高端人才 20 余人）

（数据来源：海洋产业子课题组调查整理获取）

山东涉海科研院所主要有中科院海洋研究所、中科院青岛生物能源与过程研究所、中科院烟台海岸带研究所、自然资源部第一海洋研究所、中国水产科学院黄海研究所、中国地质调查局青岛海洋地质研究所、山东省海洋化工科学研究院、山东省科学院海洋仪器仪表研究所、山东省海洋生物研究所等。此外，还有中船重工 702 所、712 所、716 所、

719所、725所等青岛分部以及其他涉海科研院所的建设工作正在推进中。目前，山东涉海科研院所海洋产业相关学科专业设置及科研人才建设情况如下(见表4.3.5)：

表4.3.5 山东涉海科研院所海洋产业学科专业设置及科研人才建设

高校名称	海洋产业学科专业设置	科研人才
中科院海洋研究所	海洋生物	国家杰青1人，百人计划4人，“万人计划”青年拔尖人才1人，百千万人才工程入选者2人，泰山学者6人。
	海洋环境腐蚀与生物污损	院士1名，中科院“百人计划”2名。
中科院青岛生物能源与过程研究所	生物学、材料科学与工程、化学工程与技术	院士1人，双聘院士6人，万人计划3人，科技部创新领军人才2人，人社部“百千万人才工程”2人，基金委“杰青”4人，“优青”2人，中科院“百人计划”23人，中科院青年促进会成员19人，山东省泰山学者10人。
中科院烟台海岸带研究所	海洋生物	38人
国家海洋局第一海洋研究所	海洋生态	—
	海洋工程环境与测绘	56人
中国水产科学院黄海水产研究所	海洋渔业	院士2人，获国家级有突出贡献专家称号3人，享受国务院政府特殊津贴62人，国家百千万人才工程6人，获中华农业英才奖3人，获山东省科学技术最高奖1人，山东省泰山学者特聘专家6人，农业农村部或山东省有突出贡献中青年专家17人。
中国地质调查局青岛海洋地质研究所	海洋地质	共300人，中科院百人计划1人，中国地质调查局李四光学者(急需紧缺高层次人才)1人，李四光地质科学奖1人，国土部领军人才1人，部级百千万人才2人，部百名优秀科技人才2人，山东省拔尖人才6人。
山东省海洋化工科学研究院	海洋化工	专业研发人员107人，硕士以上15人，本科57人，具有高级技术职务资格29人，中级技术职务资格36人。
山东省科学院海洋仪器仪表研究所	海洋仪器仪表	共300人，享受国务院政府特殊津贴科技人员7名，泰山学者专家4人，1人获国家“政府友谊奖”，三人获“齐鲁友谊奖”。
山东省海洋生物研究所	海洋渔业、海洋生物	专业技术人员90人，高级职称27人，中级职称40人；具有硕、博士学位58人，享受国务院政府特殊津贴2人，全国先进工作者、山东省先进工作者、山东省有突出贡献的中青年专家、青岛市专业技术拔尖人才等4人次。

(数据来源：海洋产业子课题组调查整理获取)

（四）海洋产业具有代表性的典型人才

围绕山东重点发展的海洋产业部门（海洋渔业、海洋生物医药、船舶与海工装备、海洋化工、海水淡化及综合利用、海洋新能源、海洋新材料等），依据在科技创新、产业发展等方面的突出贡献，选择出10位具有代表性的山东海洋产业人才。具体情况如下：

1. 管华诗

海洋药物学家，中国现代海洋药物研究的开拓者与奠基人之一，中国海洋大学医药学院教授，中国工程院院士。首创我国第一个现代海洋药物藻酸双酯钠（PSS），获得巨大的经济效益和社会效益，带动了我国海洋药物研究的兴起与发展。成功研制甘糖脂、海力特和降糖宁散等3个海洋新药和系列生物功能制品，均实现产业化。系统建立了海洋特征寡糖规模化制备技术体系，构建了国内外第一个海洋糖库。该成果不仅推动了我国海藻养殖业持续健康发展、糖化学与糖生物学深入系统研究，并且为海洋糖工程药物的研究与开发，为新的经济增长点的培育提供了重要的理论与技术支撑。以糖库为基础，目前在研的4个一类候选海洋新药处于不同的临床研究阶段，呈现出巨大市场前景。

2. 高从堦

中国海洋大学化学化工学院教授，中国工程院院士。长期从事海水综合利用及膜分离领域的研究与开发工作，先后完成多项国家、浙江省和国家海洋局重点项目，包括不对称和复合膜及其组器的研制、CTA中空纤维膜的研制、复合膜用关键材料和成膜机理研究、多元合金膜的研究以及纳滤膜的研制和工程技术开发，有机物/有机物分离膜研究、海水利用战略研究等。曾获国家科技进步一等奖、何梁何利科技进步奖，以及省部级科技进步一、二、三等奖十多项。发表论文和会议报告200多篇，出版专著七部。

3. 麦康森

中国海洋大学水产学院教授，中国工程院院士。长期从事水产动物营养与饲料学的教学、研究与开发工作，在这一领域做出了突出的贡献。先后主持了包括国家重大基础研究“973”计划、国家高技术研究发展“863”计划、国家科技支撑（攻关）计划、国家杰出青年科学基金、国家自然科学基金、中加政府间国家合作计划等一系列科研项目，多项成果已经通过了验收鉴定，并已实现产业化，已创造直接产值200亿元以上。在学报级以上刊物发表学术论文160多篇，其中SCI收录82篇、EI7篇、ISTP13篇（SCI论文他引421次）。主编、参编和校译著作7部。已获得国家发明专利授权24项。

4. 包振民

中国海洋大学海洋生命学院教授，中国工程院院士。建立了贝类育种数量性状评估育种技术、分子标记育种技术、全基因组选择育种技术三大核心技术体系，育成国家审定扇贝新品种5个，产业推广效益显著，为我国水产种业科技发展居世界领跑地位做出了重要贡献，提升了我国贝类遗传学和育种学的国际声誉。获国家科技进步二等奖3项，省部级技术发明一等奖2项、科技进步一等奖2项。发表SCI收录论文160余篇，CSCD

收录论文120余篇，主编和参编专著9部。获授权发明专利30件，国际发明专利2件，育种软件著作权8件。

5. 李华军

长期从事海洋工程结构的动力分析及其安全防灾关键技术研究，取得了系列学术和技术成果，多项成果得到转化应用，产生了巨大经济社会效益。在国内外学术期刊发表科研论文200多篇，获得发明专利20余项，出版专著5部。获得国家科学技术进步二等奖2项，获得省部级科学技术一等奖6项，获得"何梁何利创新奖"与"光华工程科技奖"。获得"国家杰出青年科学基金"，入选首批"国家百千万工程领军人才"。

6. 侯保荣

中国科学院海洋研究所研究员，中国工程院院士。我国海洋腐蚀环境研究和海洋腐蚀与防护的学科带头人之一，发表论文152篇(其中SCI收录1篇，CA收录51篇)、专著3部、论文集3部，获国家科技进步奖、中科院科技进步奖、山东省科技进步奖等7项，获国家专利授权21件，其中国家发明专利2件，国家实用新型专利19件。海洋腐蚀控制研究实践取得了显著的经济效益和社会效益，为我国海洋腐蚀环境研究与保护做出了重要贡献。

7. 赵法箴

中国水产科学研究院黄海水产研究所研究员，中国工程院院士。长期致力于海水养殖理论与技术的研究，主要从事对虾实验生态及科学技术研究。阐明了中国对虾早期发育生物学和生态学特征，为突破对虾全人工育苗技术奠定了理论基础，率领科研团队创立了中国对虾工厂化全人工育苗技术体系，实现了高效、稳定、大批量苗种的生产，为我国对虾养殖种业的发展提供了技术支撑；提出了一套适合我国国情的对虾养殖生产工艺，推动了对虾养殖产业的发展，为我国成为世界第一养虾大国做出了突出贡献。近年来，指导、参与完成农业科技跨越计划、国家科技攻关计划等项目的研究，推动了中国对虾养殖的"二次创业"。撰有论文70余篇。

8. 唐启升

中国水产科学研究院黄海水产研究所研究员，中国工程院院士。长期从事海洋生物资源开发与可持续利用研究，开拓中国大海洋生态系和海洋生态系统动力学研究。在海洋生态系统、渔业生物学、远洋渔业、资源养护与管理和养殖生态等方面取得多项创新性成果，为中国渔业科学与海洋科学多学科交叉和生态系统水平海洋管理基础研究进入世界先进行列做出突出贡献。3项科研成果获国家科学技术进步二等奖、1项获三等奖，6项成果获省部科技奖励。发表论著340余篇册。荣获国家中青年突出贡献专家、优秀回国留学人员、何梁何利科学与技术进步奖、全国杰出专业技术人才奖、国家"973"计划先进个人、山东省科学技术最高奖、新中国成立60周年"三农"模范人物、全国专业技术人才先进集体等荣誉称号21项。享受国务院政府特殊津贴。

9. 张国防

青岛明月海藻集团有限公司董事长，先后获得"国家科技进步二等奖""山东省富民兴鲁劳动奖章”“青岛市拔尖人才”“青岛市优秀民营企业家”“青岛市优秀共产党员”“青岛市劳动模范”等荣誉称号。带领企业成为海洋生物行业的战略先行者、行业领军者。明月海藻集团海藻酸盐产能全球第一，市场占有率行业内遥遥领先，国内、国际市场占有率分别达到40%、30%以上。集团江苏基地建成投产后，公司海藻酸盐产品全球市场占有率将达到35%。集团拥有行业内唯一的海藻活性物质国家重点实验室、国家认定企业技术中心、国家地方联合工程研究中心、青岛市海洋生物科技企业孵化器，形成了包括应用基础研究、技术开发、工程化、成果转化的“四位一体”创新创业体系。

10. 王建中

烟台中集来福士海洋工程有限公司总裁。上任以来，带领企业进入新的发展阶段，成为国内拥有半潜平台、自升平台及海工特种船舶系列产品线的少数海工企业之一，在建造规模上属国内最大的海洋工程制造基地。企业现有员工约1.2万人，拥有一支有40余年海工建造经验的国际化的专业管理团队，建有烟台、海阳、龙口三个海工项目建造基地，总占地面积约2 000亩，主要业务包括半潜式平台、自升式平台、浮式生产储油船、起重船、铺管船和其他船舶的设计及建造，产品涵盖了大部分海洋工程产品，在国内率先拥有批量化、产业化建造高端海工产品的能力。

四、海洋产业人才大数据分析

基于清华大学开发的AMiner平台进行产业人才大数据分析，该平台数据库基于全球主流学术数据库(Scopus，PubMed、DBLP等)、搜索引擎以及学术期刊会议数据。其中Scopus是目前全球规模最大的文摘和引文数据库，涵盖了由5 000多家出版商出版发行的科技、医学和社会科学方面的20 000多种期刊，其中同行评审期刊19 000多种，另外还有丛书、会议录、专利及网页。PubMed为提供生物医学方面的论文搜寻以及摘要的数据库。DBLP数据库是计算机领域内对研究的成果以作者为核心的一个计算机类英文文献的集成数据库，包括国际期刊和会议等公开发表的论文。

根据AMiner科研大数据，对全国海洋产业人才进行了统计，检索范围包含海洋渔业、船舶与海工装备、海洋生物医药与制品、海水淡化、海洋可再生能源、海洋化工等6个子领域，对全球学者数据中属于该领域的中国学者进行了抽取，进行了地理分布、学术水平等方面的统计，并着重分析了山东省在该领域的人才地理分布、学术能力水平、人才流动等情况。

(一)人才地理分布

人才地理分布是根据全国范围内该领域h-index(h-index是目前最受认可的评价学

术成就的方法。h代表"高引用次数"，一名科研人员的h指数是指他至多有h篇论文分别被引用了至少h次）排名TOP 1 000学者（以下简称"TOP学者"）的当前单位地理位置进行整理所得。从表4.4.1可以看出：海洋产业TOP学者分布主要集中在山东省，占全国海洋产业高端人才的24.8%；其次是北京市，占比12.8%；第三是上海市，占比8.4%。

表4.4.1 全国海洋产业TOP学者省份分布

排名	省/直辖市	TOP学者数量	TOP学者占比
1	山东	248	24.8%
2	北京	128	12.8%
3	上海	84	8.4%
4	广东	76	7.6%
5	江苏	64	6.4%

（数据来源：大数据分析子课题组根据AMiner平台数据计算统计所得）

（二）人才机构分布

下表呈现了山东省海洋产业领域内TOP学者248人当前的单位分布。可以看出，海洋产业高端人才地理分布主要集中在中国海洋大学，占据了山东省高端装备人才数的29.0%；其后是国家海洋局第一海洋研究所，占比11.3%。

表4.4.2 全国海洋产业TOP 1000人才中山东人才机构分布

机构	人数	占比
中国海洋大学	72	29.0%
中国科学院海洋研究所	28	11.3%
中国科学院	18	7.3%
中国水产科学研究院	13	5.2%
海水养殖重点实验室	9	3.6%
海洋生态与环境科学重点实验室	8	3.2%
中国水产科学研究院	7	2.8%
国家海洋局第一海洋研究所	6	2.4%
黄海渔业研究所	5	2.0%
济南大学	5	2.0%
其他	77	31.0%

（数据来源：大数据分析子课题组根据AMiner平台数据计算统计所得）

（三）学术水平分析

根据全国海洋产业领域内各省学者 h-index 平均值高低进行了排序，全国海洋产业 h-index 平均值为 14.2。h-index 平均值最高的是北京市，为 17.3；其次是江苏省，h-index 平均值为 15.5；山东排名在全国第 4 位，h-index 平均值为 15.0。

表 4.4.3　全国海洋产业 TOP 1000 人才各省 h-index 水平

排名	省份	h-index 平均值
1	北京	17.3
2	江苏	15.5
3	上海	15.0
4	山东	15.0
5	湖南	14.7

（数据来源：大数据分析子课题组根据 AMiner 平台数据计算统计所得）

（四）人才迁徙分析

我们选用山东省内该领域 h-index 排名 TOP 学者所属单位地理位置的变化进行的统计，每位学者迁徙一次记录一条。从图 4.4.1 可以看出，山东省海洋产业人才流动主要体现在海洋产业发达的青岛市，人才流动大，流动基本平衡，流入略高于流出；其后是沿海的烟台市，人才有流动，幅度远小于青岛，呈现人才流入趋势。

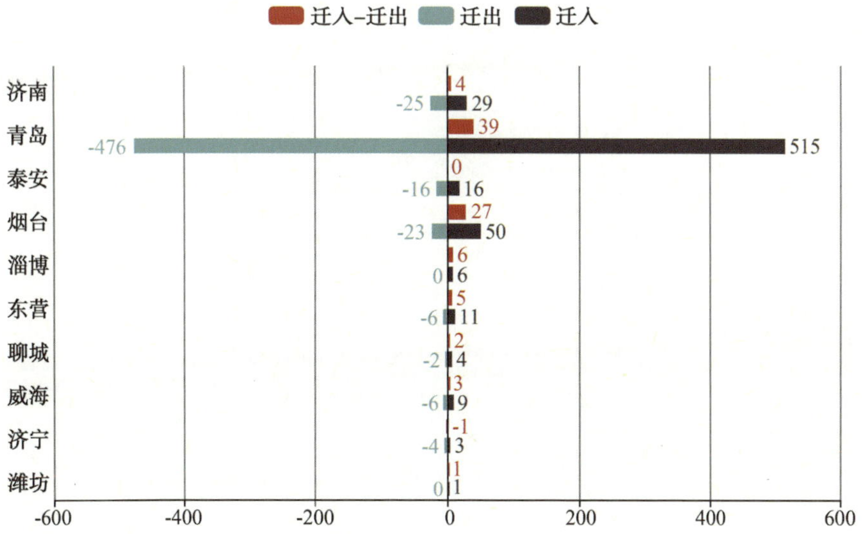

图 4.4.1　海洋产业全国 TOP 学者中山东人才迁徙状况

山东学者的具体数据如表 4.4.4。

表 4.4.4　　海洋产业全国 TOP 学者中山东学者迁徙数据

城市	迁出(单位:人次)	迁入(单位:人次)	迁入—迁出
济南	25	29	4
青岛	476	515	39
泰安	16	16	0
烟台	23	50	27
淄博	0	6	6
东营	6	11	5
聊城	2	4	2
威海	6	9	3
济宁	4	3	−1
潍坊	0	1	1

(数据来源:大数据分析子课题组根据 AMiner 平台数据计算统计所得)

(五)学者关系网络

学者关系网络的绘制主要是为了解山东省专家人才的关系网络及科研聚群状况。通过学者关系网可以快速找到科研专家人才之间的关系,为科研工作的组织等发掘新的方法和手段。图 4.4.2 是根据山东省海洋产业 TOP 学者及他们的合作者、师生关系等绘制的学者关系网络图。图中标注姓名的学者是关系网络中关系链比较丰富、处于较为核心位置的专家学者,有李三忠(Sanzhong Li)、王跃嗣(Yuesi Wang)、相建海(Jianhai Xiang)、麦康森(Kangsen Mai)、宋林生(Linsheng Song)等。

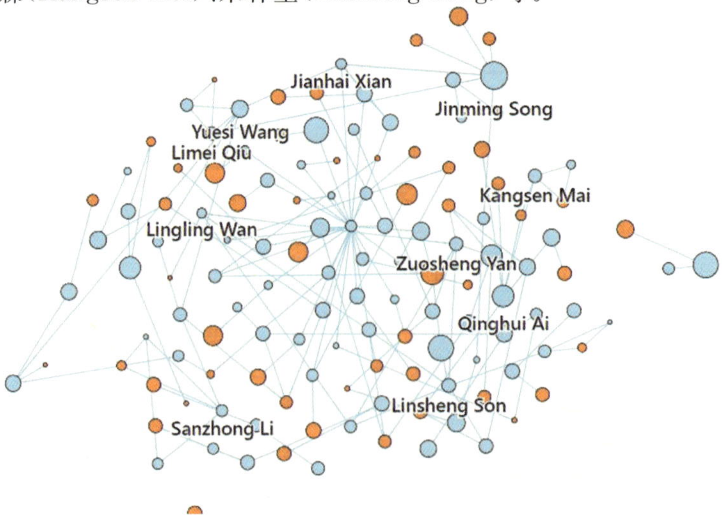

图 4.4.2　山东省海洋产业 TOP 学者关系网络

（六）技术发展趋势

技术发展趋势是技术发展的源起和未来趋势的重要呈现工具。技术发展趋势是根据“全球”学术研究数据，基于该领域最具代表性的学科关键词检索得出。趋势以河流图形式展示，每个彩色分支表示一个关键词领域，其宽度表示该关键词的研究热度，各关键词在每一年份（纵轴）的位置是按照这一时间点上所有关键词的热度高低进行排序的。图 4.4.3 是以“海洋渔业”（ocean fisheries）为关键词绘制的技术发展趋势图，气候变化（climate change）、环境科学（environmental science）、渔业管理（fishery management）都是近期的研究热点。

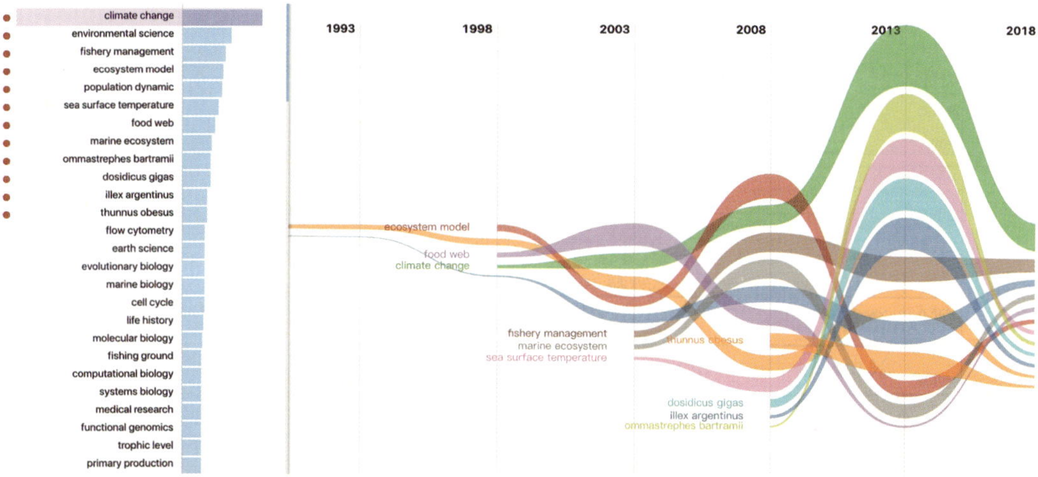

Climate change	气候变化	Environmental science	环境科学
Fishery management	渔业管理	Ecosystem model	生态系统模型
Population dynamic	人口动态	Sea surface temperature	海面温度
Food web	食物网	Marine ecosystem	海洋生态系统
Ommastrephes batramii	太平洋柔鱼	Dosidicus gigas	大剂量
Illex argentinus	阿根廷滑柔鱼	Thunnus obesus	大眼金枪鱼
Flow cytometry	流式细胞术	Earth science	地球科学
Evolutionary biology	进化生物学	Marine biology	海洋生物学
Cell cycle	细胞周期	Life history	生命史
Molecular biology	分子生物学	Fishing ground	渔场
Computational biology	计算生物学	Systems biology	系统生物学
Medical research	医学研究	Functioal genomics	功能基因组学
Trophic level	摄食水平	Primary production	生产

图 4.4.3　海洋渔业产业技术发展趋势及近期研究热点图

（七）学者研究兴趣分布

研究兴趣的集中分布有助于我们了解学者的研究现状，AMiner 根据学者的论文、专利等研究成果，绘制学者学术画像，其中每位学者的研究兴趣不唯一。图 4.4.4 是根据山东省海洋产业学者研究兴趣出现的高频关键词绘制的学者研究兴趣分布，研究兴趣的分布由大数据计算得出。

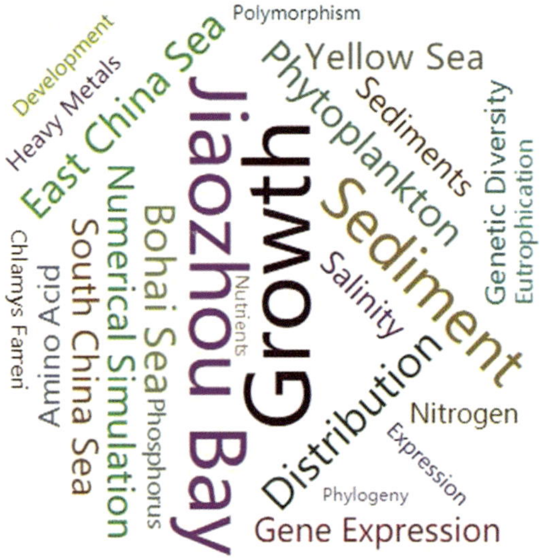

Polymorphism	多态性	Distribution	分布
Yellow sea	黄海	Nitrogen	氮
Sediments	沉积物	Gene Expression	基因表达
Phytoplankton	浮游植物	Phylogeny	系统发生
Development	发展	Genetic diversity	基因多样性
Heavy metals	重金属	Eutrophication	富营养化
East china sea	东海	Growth	生长
Salinity	盐度	Jiaozhou bay	胶州湾
Bohai sea	渤海	Phosphorus	磷
South china sea	南海	Numerical simulation	数值模拟
Amino acid	氨基酸	Chlamys farreri	节孔扇贝

图 4.4.4　山东省海洋产业 TOP 1000 学者兴趣领域

五、海洋产业相关领域技术创新方向

(一)海洋渔业

围绕构建可持续的海洋渔业技术支撑体系，立足山东海洋渔业技术研发基础，依托一批高层次海洋渔业技术创新机构，强化创新平台建设，完善平台科研基础设施，培养引进高端创新人才，建设一批具有较强竞争力的高水平创新团队，加快提升海洋渔业技术创新能力，培育积蓄发展新动能，带动海洋渔业转型升级，打造“海上粮仓”。

1. 海水养殖技术装备

优质种苗培繁育技术。加快海水增养殖优质品种培育和健康苗种繁育技术研发，完善水产原良种体系和疫病防控体系，创制高产、抗病、抗逆、优质和饲料转化率高的突破性新品种，建设海洋渔业生物种质资源库、海水养殖优良种质研发中心、中试基地和良种基地，提高良种覆盖率和名优产品的比例，发展一批“育、繁、推”一体化渔业种业龙头企业，打造中国北方海洋种业中心。

生态型海水增养殖技术。开展生物多肽绿色健康养殖模式的建立与示范应用研究，开展增殖水域生态容量和本底调查研究，科学确定增殖放流品种和规模，完善增殖放流技术规范和绩效评价机制。开展工厂化循环水鱼类养殖系统工程优化与设计研究，研发环保智能工厂化循环水养殖设施设备。突破深水网箱数字化设计技术、装备自动控制技术、养殖数字化管理技术和大型鱼类网箱养殖技术，完善深水网箱养殖技术体系。加强海洋牧场建设本底调查与环境评价研究，建立包括近海生态系统健康评价、海洋牧场承载力评价、海洋牧场生境修复与优化等的技术体系，研发一批新型、环保、高效海洋牧场建设装备、底播采捕和加工装备，制定海洋牧场工程建设标准规范，建立从监测、评价、预警、预报到溯源、管理的海洋牧场信息化综合保障体系。开展黄海冷水团绿色鱼类养殖试验，完成关键养殖技术研究和养殖工船平台搭建，推动高品质、绿色鱼类养殖规模化发展。建立水产养殖健康生物安保与病害防控技术体系，加强无毒无公害无残留海水养殖饲料和药物的研发与生产。

2. 远洋渔业技术装备

构建远洋渔场渔情速预报与渔船动态监测系统平台，开展远洋渔业资源的探查和评价，掌握远洋渔业资源变动规律。开发高效、精准、负责任型捕捞关键技术与装备，突破一批远洋渔业船载加工关键装备与技术。开展磷虾资源产出过程与机理、渔场探测与渔业生产保障服务技术研究和专业磷虾船设计建造关键技术研发，提高南极磷虾等战略性新资源综合利用水平。

3. 海水产品加工流通技术

以提高海水产品加工率、减少活鱼销售和提升海洋渔业全产业链效率为目标，加强海水产品加工技术深度研发和互联网销售模式下高效物流技术模式构建，重点突破优质海水鱼保鲜加工和冷链运输技术、长短途安全保活运输技术以及海水产品副产物高效综合利用技术、海水产品质量安全可追溯技术，开发高附加值功能性食品。加强海水产品加工装备研发，提高装备国产化率。

4. 海洋减灾预警预报技术

赤潮灾害与浒苔绿潮灾害对海洋牧场的影响评估及减灾对策及预警、风暴潮灾害重点防御区划定技术及预警。

(二)海洋生物医药与制品

加强海洋生物医药与制品产业技术创新平台建设，加大研发投入，培养高水平创新团队，依托战略联盟优化创新资源配置，对标国际前沿，强化内外合作，加快突破一批制约海洋生物医药与制品产业发展的关键核心技术，完善海洋生物制品体系，加大海洋创新药物的研制力度，提高海洋生物医药与制品产业对海洋经济的贡献。

海洋生物医药与制品技术创新方向：建设海洋基因库，建立海洋综合性样本、资源和数据中心。开展海洋药用基因工程研究，开发新型海洋蛋白、多糖、多肽类创新药物。研发海洋高纯度多不饱和脂肪酸提取技术及在医药产业的应用，开发一批技术含量高、市场容量大、经济效益好、具有民族特色的海洋中成药，培育一批生产工艺技术和装备具有较高国际水平的海洋天然药物(中药)企业。开发绿色、安全、高效的新型海洋生物功能制品，重点发展药物酶、工具酶、工业用酶、饲料用酶等海洋特色酶制剂产品，微生态制剂、饲料添加剂、高效生物肥料等绿色农用制品，以及海洋功能食品。加快引进、开发、应用一批先进技术，集约高效利用海产品废弃资源，生产原料药物系列产品。大力发展以海藻为主要原料的特色海洋化学药生产，推进以海洋藻类活性物质为主要成分的药物开发及产业化发展。发展海洋生物来源的医学组织工程材料、新型功能纺织材料、药用辅料、生物纤维材料、生物分离材料、生物环境材料、生物防腐材料等海洋生物材料。

(三)船舶与海工装备

充分发挥船舶与海工装备总装设计制造技术优势，对标国际产业前沿，进一步强化人才、平台、资金、企业等创新要素建设，持续开展海洋结构物水动力系数实验新方法和新理论的研究，构建有创新性和完全自主知识产权的水动力实验方法和系统理论；建立完全自主知识产权的海洋平台设备配置布局优化设计模型与方法，提升国产化制造能力。加强深海大型构筑物通用结构设计模型构建及性能研究，继续完善和发展大型复杂结构的大数据“轻量化”优化设计理论研究，提高设计水平和效率。大力提升关键技术装备自主研发、设计和制造能力，集聚发展新动能，推动船舶与海工装备的绿色化、信息化、智能化、品牌化发展，促进产业链向高端延伸，全面提升“蓝色智造”水平，建设具有国际竞争力的高技术船舶与海工装备制造基地。

1. 船舶技术装备

船舶技术装备包括造修船、海洋工程装备、游艇制造及配套业四大门类。以绿色、智能、高端为方向，以突破船舶性能优化、智能船舶、节能与环保等关键领域的核心共性技术为先导，调整优化船舶产品结构，提升高技术船舶的自主设计建造能力。重点发展绿色、节能、智能型的新一代远洋渔船、大型养殖工船、高速客滚船、散货船、化学品船、公务执法船，加快提升冷藏集装箱船、豪华游艇、LNG 船、LPG 船、海洋科学考察船、无人监测艇、海洋工程作业船及辅助船等的研发设计和建造能力。努力突破豪华邮轮设计建造技术，全面提升液化天然气船等高技术船舶国际竞争力。培育引进具有自主产权的船舶配套企业，大力发展船舶动力、通导系统等高端配套产品，加强船用钢板、钢材、管材等船舶原材料的研发，提高本地化配套率，建设适应现代化造船工艺的船舶中间产品生产中心。依托国家级船舶动力系统基础科研项目，推进智能化集成电机推进器系统物理方法测试及集成技术研究，建设大功率中低速柴油机高精度性能测试实验台以及液化天然气(LNG)/柴油双燃料发动机实验装置的研究及示范。

2. 海洋油气开发技术装备

加快提升海洋油气开发装备研发、建造和项目管理水平，全面掌握海洋油气开发装备设计、建造及安装调试技术，重点提高自升式钻井平台、半潜式钻井平台、半潜式生产平台、半潜式支持平台、油气增产成套设备等主导产品的研发能力，形成具有自主产权的品牌产品，推动油气开发装备产品高端化发展。积极发展钻井船、浮式生产储卸装置(FPSO)、液化天然气浮式生产储卸装置(LNG-FPSO)、深吃水立柱式平台(SPAR)、张力腿平台(TLP)、浮式钻井生产储卸装置(FDPSO)等新型装备，尽快形成产业化能力。面向未来深海大洋矿产资源开发，积极开展深海采矿系统、无人遥控潜水式开采系统、水下履带自行式采矿机器人、天然气水合物商业性开采装备等关键共性技术研发与产品开发。优化高附加值海工装备关键系统和配套设备生产体系，重点发展甲板机械、舾装设备、电气设备、油气处理模块、生活模块、导管架、桩腿、固井设备、压裂设备等产品，加快海洋钻井系统、单点系泊系统、大型海洋平台吊机等高附加值产品和系统的研发制造。继续推进海洋输送管道(包括柔性管)工程的标准、设计、制造、施工、检测、维修和风险评估的完整性管理理论基础研究和动态模型的构建，以建立起海洋油气输送管道(包括柔性管)全过程安全保障体系。围绕近海结构物的拆除及清障工程，开展水下管道、电缆、井口及平台等设施的弃置工程技术研究，研制适用不同海洋油气勘探开发设施的系列化、绿色环保弃置工艺与技术装备。

3. 海洋观测技术装备

推动岸、海基海洋观测传感器关键技术创新与产品化开发。探索岸、海基海洋观测传感器新原理、新方法，加强小型低功耗传感器等的研制，发展新一代传感器技术装备，完成关键物理海洋与大气动力要素传感器的国产化。研制工作时间更长、剖面次数更多、观测频率更高的新型浮标平台并完成布放。完成智能浮标原理样机及小型化低成本抛弃式浮标研制，突破大深度剖面作业、系统小型化和海面气象水文全要素观测技术等研究，解决规模组网布设面临的经济能力不足等问题。加强海床基系统安全性和环境适应性研究，提高工作能力，提高海床基系统的数据时效性。发展深远海海床基系统技术，解决仪器装备的深远海环境适应性问题。突破全海深潜水器、水下滑翔机研制，开发深远资源勘探开发装备，提高瞄准船载拖曳式观测平台新技术含量。开展深海探测与作业前沿共性技术等核心关键技术研究，培育深海工程作业能力，为执行水下观察与探测、深海搜索与打捞、水下指控与供能等多种任务提供战略平台。研制大深度水密接插件、水密光缆/电缆，开发近距离大容量水声通讯、超远距离水声通讯、水下与船载/机载/星载立体空间接力通信等新技术。

（四）海洋化工

围绕打造特色和优势显著的海洋化工产业基地，特别是高端化工产业，依托涉海科研院所、高校和海洋化工企业，推进产学研技术创新战略联盟建设，加快高新技术和先进适用技术的开发利用，加强系列产品开发和精深加工，实现海洋化工产业规模化和内涵式发展并举。

海洋化工技术创新方向：推进乙烯等石化产业与氯碱工业相配套发展，加大对以煤、天然气为原料制取烯烃等新工艺的结合力度，改进氯碱产品结构，改进工艺路线，实现聚氯乙烯乃至整个氯碱行业生产工艺技术的跨越式发展。加强自主创新，采用重碱离心机二次过滤重碱技术和新型变换气制碱技术、优化控制技术等对现有纯碱生产企业进行改造升级；加强废渣在工程土、建筑材料、燃煤锅炉脱硫剂等方面的应用，大力发展循环经济。开发生产海洋防腐涂料、海洋无机功能材料、海洋高分子材料等新产品，建设一批海洋新材料产业基地。积极开发海藻化工新产品。

（五）海水淡化及综合利用

以科技创新为动力，以政策创新为支撑，大幅度提高海水综合利用规模和水平，打造海水淡化及综合利用产业集群，建设国家海水综合利用示范城市和全国海水淡化装备制造基地。

1. 海水淡化技术装备

加快突破纳滤膜、陶瓷膜、金属膜等海水淡化专用膜关键技术，推动海水淡化新材料规模化发展；巩固发展苦咸水淡化装置、反渗透海水淡化装置、膜分离及水处理装置等产品，重点发展低温多效蒸馏法海水淡化装备、膜法海水淡化关键装备和成套设备，大力开发海水淡化关键装备制造技术、海水淡化集成技术，加快开发与风能、核能等新能源相结合的海水淡化新技术，建设低温多效和反渗透海水淡化装备制造基地，大力推广应用海水淡化技术，推动海水淡化的自主化、规模化发展，缓解东部沿海地区水资源短缺矛盾。

2. 海水综合利用技术

大力推广农业用海水灌溉，选育耐盐性强、有经济利用价值的植物或农作物品种，研究海水灌溉技术，建立集约化海水农业灌溉技术示范工程，支持有条件的沿海地区发展滩涂海水灌溉农业，推进海水稻种植示范基地建设。依托鲁北丰富的卤水资源，推广循环经济发展模式，加快推进卤水资源深加工，重点打造溴系阻燃材料产业链，新医药、农药中间体及原料药产业链，钠产业链，氯产业链等四大产业链。加强海水有效化学成分提取技术的研发和应用，加快海水提取钾、溴、镁等系列化产品开发，推进高值化利用，打造海水化学资源综合利用产业链。

（六）海洋新能源

以创新平台建设为载体，加大人才引进和研发投入，加快突破制约产业发展的关键技术装备，引领产业规模化、绿色化、智能化发展，培育壮大产业领先优势，建设全国海洋新能源技术装备创新基地。

海洋新能源开发技术装备创新方向：发展新型海上风电机组支撑结构关键技术与相关装备，支持海上风电检测基地建设，完善产业链条，推动建设海洋风能开发产业集群。加强海洋能利用装备关键技术的引进吸收和自主研发，建立综合实验、研发中心、检测平台，逐步完善海洋能标准体系，规划建设潮汐发电站、潮流能电站、海岛多能互补独立电力系统等示范工程建设，实施海岛微网群协调控制技术示范工程，促进海洋能利用规模化、产业化。开发海水源热泵技术和温差发电站技术的研发、推广，开发利用海洋热能。建立微藻的低成本培养、生物质能的高效生产、快速积累高值化产品的集成技术体系，加快海洋微藻、滨海耐盐碱植物制取生物柴油为主的生物质能技术开发。充分发挥沿渤海地区光照条件好的优势，在鲁北沿海养殖面积大的区域实施渔光互补光伏发电工程。

六、进一步加强山东海洋产业与人才发展的对策建议

（一）海洋产业与人才发展存在的问题

1. 海洋产业发展问题分析

一是海洋新兴产业发展滞后。山东海洋产业结构仍以海洋传统产业为主，海洋新兴

产业规模和效益偏低。海洋渔业、港口与海上交通运输、滨海旅游、海洋工程建筑业等产业部门在资源条件、产业基础和市场容量等方面具备明显优势，在海洋生产总值中占有大部分比重。海洋生物医药处于快速增长状态，但对海洋生产总值的贡献较小，规模效应不足。受市场因素影响，普通船舶与近海海洋油气开发装备增速缓慢，而市场需求较大的高技术船舶、深远海油气开发装备、海洋观测装备等，因技术瓶颈约束尚未形成规模化生产能力。海水淡化装备和海洋新能源开发装备还处于研发阶段，工程化和产品化开发尚需时日，无法对产业发展形成新技术和新装备支撑。二是海洋产业发展层次不高。与国内沿海省市比较，山东海洋产业发展整体处于领先地位。得益于研发资源集聚优势和产业政策扶持，山东始终引领全国海洋渔业发展，海洋牧场建设、海水产品精深加工和休闲渔业发展在全国独领风骚，海洋生物医药与制品为该领域全国生产总值的增长做出了主要贡献。但与发达沿海国家相比，海洋渔业仅有规模优势，在技术含量、集约开发程度、精深加工水平、产品安全等方面还有较大差距；海洋生物医药与制品存在产业规模小、集约利用程度低、经济效益不显著等问题；船舶与海工装备处于产业链的中游，在总装设计制造能力上形成一定优势，但高技术船舶和深远海油气开发装备研发与生产能力不足，产业配套不完善，关键技术装备依赖进口。三是各区域海洋产业部门构成高度雷同。目前，山东已形成以青岛为龙头，烟台、威海、日照等为主要支撑，潍坊、东营、滨州等协同跟进的海洋产业发展空间格局。从各市海洋产业发展基础和远景规划看，除因资源禀赋问题确实太突出而限制了某些产业的发展这种情况外（如潍坊、东营、滨州因海域条件制约无法布局船舶与海工装备设计总装企业），各地市的海洋产业部门体系基本都由海洋渔业、海洋生物医药与制品、海水淡化及综合利用、港口与海上交通运输、滨海旅游等构成。从比较优势理论视角看，基于地方海洋资源基础和潜力发展海洋产业有其科学性和合理性，有利于充分发挥地方潜能。但从实践看，在一省的不同地级行政区，同质化布局海洋产业虽有利于培养竞争意识并促进产业规模化发展，但由此造成的海域空间过度开发、海域资源利用效率低、优质创新资源分散等问题也非常突出。

2. 海洋人才发展问题分析

一是海洋科技创新人才结构性不足。山东海洋科技创新人才存在严重的结构性不足问题，主要表现在三个方面：第一，海洋科技创新人才虽有总量优势，但主要集中于海洋基础研究领域，如物理海洋、海洋气象、海洋环境、海洋地质、海洋化学、海洋生态等，海洋产业发展离不开海洋基础研究的支撑，但基础研究却无法直接给予产业发展所需的技术支持。第二，是总量相对偏小的海洋产业技术人才队伍，又以海洋渔业、海洋生物和海洋化工等产业领域的技术人才为主，这也是山东在这些产业领域能够形成优势的主要原因，由于船舶与海工装备、海水淡化、海洋新能源等产业领域技术人才不足，导致新技术新装备创新能力偏弱，对产业发展形不成有效支撑。第三，缺乏海洋技术创新战略科学家和领军人才，难以打造高水平创新团队，难以集聚优势资源开展关键核心技术和重大装备创新。二是海洋产业技术人才研发活动与市场需求脱节。山东海洋产业技术创新人才主要集中于科研院所和高校，涉海企业自身拥有的人才较少。山东涉海企业以中小企业为主体，大型企业较少，中小企业研发投入低，研发设施落后，人才待遇差，创新环境与科研院所及高校还有很大差距，对高水平技术人才的吸引力不足。科研院所和高校环境相对比较封闭，技术人员主要面向国家战略开展技术研发活动，而不是直接面向市场需求进行技术创新，导致技术研发与市场脱节，很多成果难以转移转化为现实生产力，造成很大程度上的人才和资源浪费，现有的技术人才潜力无法得到充分激发。三是海洋产业技术人才开发使用效率低。从国内看，山东具有海洋产业技术人才总量优势，尤其是青岛，作为全国著名的海洋科技城，高层次海洋科技创新机构高度集聚，海洋管理、海洋科技创新、海洋技能等人才众多，海洋科技创新实力居全国大中城市之首。但与美国、英国、法国、日本等海洋科技发达国家比较，山东虽然海洋产业技术人才众多，但产出水平低，创新成果量与人才量不成正比，这固然与研发基础较弱有关，但更说明山东海洋产业技术人才资源开发不充分，创新效率低，高水平高产出人才少，缺乏激励人才成长与发展的良好体制机制环境。四是涉海企业有工艺专长的优秀“工匠”人才严重不足。产业中的中高技能人才即优秀“工匠”，是产业发展必须依赖的一支重要力量。发达国家普遍重视中高技能人才的培养和使用，中高技能人才直接接触生产过程，对生产流程存在的技术问题更为清楚和了解，并为此进行思考和革新，推动技术进步，很多产业新技术新工艺都来源于中高技能人才长期的工作实践和经验积累。由于涉海企业对技能人才缺乏足够的重视，没有建立培养技能人才和激励技能人才开展新技术新工艺革新的有效机制，致使技能人才成长空间狭窄，中高技能人才严重不足，且技能人员缺乏从事技术创新的主动性和积极性，优秀“工匠”在海洋产业发展中的重要作用难以充分发挥。五是优秀涉海企业家数量总体偏少。山东人具有勤劳、朴实、能干的性格特点，培养了一大批优秀涉海企业家，这是山东的一些海洋产业能够在国内取得领先优势的重要原因之一。但要看到，与浙江、广东等沿海省份比，山东的很多涉海企业家存在思想保守、视野狭隘、开拓精神不足、创新意识不强等问题，限制了涉海企业的进一步做大做强。从山东涉海行业的一些龙头企业发展历程看，企业家自身的学识、眼光、视野和意识在根本上决定着企业的发展轨迹和未来。整体上看，山东涉海行业的优秀企业家数量较少，不利于涉海企业的可持续发展和壮大。此外，很多优秀的民营涉海企业家曾经为企业的发展做出了巨大贡献，但随着年龄的增长，知识结构和体能精力都难以适应瞬息变化的市场环境，但由于守旧恋权，不愿意把企业交给下一代进行经营管理，更不愿意在下一代能力不足的情况下移交经营权利给外来优秀人才，从而约束了年青一代优秀涉海企业家的成长和发展。

（二）造成海洋产业与人才发展困境的原因

1. 市场空间约束

2008 年全球经济危机爆发后，西方市场需求锐减，对我国以出口导向型为主体的经济体系造成巨大影响，特别是船舶与海工装备产业突遭寒流，致使发展多年的产业陷入停滞不前状态，大量中小船企因船东毁约弃船而陷入财务危机。近些年，市场需求有所扩大,船舶与海工装备产业才出现复苏迹象。美国特朗普总统上台以来,“美国优先”政策和“印太战略”渐渐成形,逆全球化和贸易保护主义开始抬头,中美贸易战打响在即,政治军事和经济贸易上的中美对抗对立,给我国海洋产品出口贸易发展带来极大不确定性。在国际国内市场联动环境下,国际市场需求萎缩,国内市场需求不足,山东海洋产业发展面临巨大挑战。

2. 产品竞争力较弱

出口贸易是山东海洋产业发展的重要路径,尤其是海水产品加工、船舶与海工装备等产业领域,都严重依赖国外市场。长期以来,山东的这些海洋产业开拓国际市场主要依靠的是成本优势,相对的物美价廉为山东海洋产业发展创造了巨大的规模经济效益,但随着国际市场对海洋产品品质要求的不断提高,山东海洋产品原材料安全性差以及制成品技术含量低、种类少、品质不高等问题越来越突出,产品竞争力有所减弱。随着“智慧海洋”和“透明海洋”建设的推进,以及深海极地资源开发力度的加大,对海洋观测探测装备、海洋极端环境资源勘探开发装备的需求呈不断扩大态势,山东的相关海洋产业部门正在起步发展,由于目前技术装备创新能力较弱,与国外相比尚缺乏产品竞争力。技术装备创新和相关产业发展有其自身周期,山东相关产业在较长时间内难以同发达国家抗衡,市场空间有限。

3. 海洋产业技术创新能力存在结构性不足

海洋产业发展从根本上取决于海洋技术创新能力。山东海洋产业发展实践表明,正是因为技术上的不断突破,才使山东海洋产业发展不断跃入新的台阶。山东海洋产业技术创新的优势领域在于海水养殖技术和海洋生物技术,全国五次海水养殖浪潮皆发源于山东,海洋生物医药与制品产值占据全国半壁江山,均因为山东拥有无可比拟的海洋渔业和海洋生物开发技术优势。但山东产业海洋技术创新的劣势也比较突出,在船舶与海工装备、海水淡化装备、海洋新能源开发装备、海洋观测装备等方面技术创新能力偏弱,对山东相关海洋产业发展构成极大阻碍。目前,山东正在加强相关研发机构的引进建设,预计不久的将来,这方面的劣势将得到有效克服。

4. 资源环境约束加剧

海洋资源环境是海洋产业发展的物质基础,是海洋产业发展的基本投入要素,海洋产业发展规模和效益与海洋资源环境状况息息相关。山东近海渔业资源持续衰退,造成近海捕捞业不断萎缩;城市城镇的沿海拓展,占用了大量海岸带空间,近岸养殖面积逐步缩小;国际渔业资源丰富海域因捕捞限额的影响,导致远洋捕捞增长空间受限。随着海洋生态文明建设的推进,生态优先理念在海洋开发中逐步深化,对海洋资源可持续利用和海洋保护区建设提出了越来越高的要求,进而对依赖于海洋生态资源开发的海洋产业带来影响,单纯依靠空间拓展实现规模化增长的道路受阻。

5. 海洋灾害威胁严重

山东面临的海洋灾害主要有风暴潮、海冰、赤潮、绿潮、海岸侵蚀、海水入侵及土壤盐渍化等自然灾害,此外还有海洋溢油、海洋倾废、垃圾污染等人为灾害。滨海旅游、海水养殖、船舶与海工装备制造等一般濒临海湾和海岸布局，生产活动受海洋环境影响较大。近年来，风暴潮、绿潮等海洋自然灾害每年都不同程度地发生，给濒临黄海的青岛、威海、日照等地的海洋产业活动造成巨大的经济损失。烟台海域临近原油运输航线，溢油污染时有发生，海滩和海岸旅游景点的经营活动都深受影响，经济损失严重。山东入海河流众多，生产生活垃圾随流入海，导致海域生态污染，严重影响海水养殖产品和近海渔业资源质量。

6. 海洋产业技术人才载体不完善

新中国成立初期，从国家层面对海洋科技研发的空间布局进行了多次调整，建立了全国多中心的海洋科技创新力量布局体系，青岛成为全国海洋基础研究和海洋渔业、海洋生物技术的重要研发中心，船舶研发力量主要集中于武汉、上海、广州、无锡、大连等城市，海水利用技术研发以天津和杭州的科研院所为主，海工装备研发则分散布局于哈尔滨、沈阳等城市。由此可见，除了海洋渔业和海洋生物技术，山东在其他海洋产业领域缺乏技术研发力量，缺乏相应的产业技术人才载体，也因此导致山东船舶与海工装备产业技术创新能力薄弱，产业发展滞后于上海、江苏、浙江、广东等沿海省市。目前，围绕山东海洋产业技术发展的薄弱环节，青岛正在大力推进创新载体建设，烟台、威海、潍坊等城市也在加快建设适应区域产业发展需求的创新载体建设以吸引人才，山东海洋产业技术人才数量将步入快速增长期。

7. 人才发展环境不完善

人才发展环境由众多要素构成，如城市规模和环境、人才载体及其层次、人才政策（主要涉及子女入学、家属工作安排、生活住房财力支持等）、交通通信条件、人文环境等。良好的人才发展环境，是吸引、留住和用好人才的基本条件。长期以来，山东实行城市间均衡发展政策，因此进入全国百强的城市数最多，但也造成资源分散，中心城市不突出，主要城市功能不健全。在人才发展环境方面，青岛、济南作为山东最大城市，与国内四大一线城市相比的差距较大，即使与杭州、南京、武汉、成都、重庆等区域性中心城市相比也有一定差距，对人才的吸引力相对较弱，优秀人才引进难、留不住、用不起等问题突出。此外，山东海洋产业技术人才多集中于科研院所和高校，涉海企业缺少优秀技术研发人才，造成研发与生产脱节、研发资源严重浪费。如何通过产学研融合使海洋产业技术人才研发活动与企业经营紧密结合，是山东提高海洋产业技术研发与成果转化效率需要尽快破解的关键问题。

8. 人才竞争日益加剧

进入21世纪以来，随着山东半岛蓝色经济区、浙江海洋经济发展示范区、广东海洋经济综合实验区、浙江舟山群岛新区、福建省海峡蓝色经济试验区以及天津海洋经济科学发展示范区等海洋经济发展实验示范区建设的相继展开，我国沿海开放开发呈现出新面貌，海洋竞争开始显现。而随着海洋强国建设战略的提出和实施，我国海洋开放开发进入了由大变强的新时期。响应“海洋强国”建设和“一带一路”倡议，沿海各省市纷纷加快推进海洋开放开发，国内海洋竞争日趋激烈，同时国内各沿海省市还要应对新世纪全球海洋开发的激烈竞争局面。海洋竞争，是人才、科技、产业、权益等多个领域的综合竞争，归根结底是人才的竞争。从目前情况看，国内人才环境逐步趋好，人才引力增强，回国优秀留学生数量逐年增长。但从沿海各省市竞争力比较看，山东人才环境建设力度相对较小，对人才的吸引力不足，竞争力较弱，引人难和优秀人才外流问题同时存在。

（三）推动海洋产业与人才发展的对策建议

1. 推进海洋产业技术人才载体建设

创新体制机制，加大高端人才引进与研发基础设施建设力度，加快推动海洋科学与技术国家实验室、国家深潜基地、国家海洋设备质检中心建设，依托“蓝色硅谷”着力打造世界一流海洋科技创新基地，提高对高水平人才的吸聚能力。优化涉海实验室、工程实验室、工程（技术）研究中心、制造业创新中心（工业技术研究基地）建设布局，构建开放共享互动的创新平台网络，大力拓展人才资源开发利用空间。支持涉海龙头企业建设高层次研发平台，提升承担产业竞争技术和应用基础研究项目的能力，鼓励涉海中小企业以产学研合作形式建设不同层次的技术研发中心，提升涉海企业对人才的吸引力及对先进适用技术的自主开发能力。依据山东海洋产业提质增效升级和海洋产业技术创新需求，加大中国科学院大学海洋学院、山东海洋技术学院等涉海科教机构建设进程。引导开展多种形式的海洋科技创新产学研结合，优化政策支持体系，在人才、财政、税收、融资支持、风险投资等多个方面创造有利于产学研结合创新发展的良好制度环境。完善青岛国家海洋技术转移中心服务功能和网上交易平台，提高科技成果评估、技术转让、知识产权代理等服务能力。

2. 加大扶持涉海企业发展

实施更为积极的人才政策，提高涉海企业对人才的吸引力，激励人才向涉海企业流动、集聚。支持涉海龙头企业开展产学研协同创新延长产业链，加快培育集群中关联度高、主业突出、创新能力强、带动性强的涉海龙头企业。鼓励涉海龙头企业提高国际化经营水平，支持港口、水产品加工等领域的涉海龙头企业“走出去”，积极参与国际市场竞争，成长为具有在全球范围配置要素资源、布局市场网络的大企业，进一步完善“走出去”企业风险防范机制。鼓励涉海龙头企业按照国际标准组织生产和质量检验，加快提升产品质量，积极打造具有自主知识产权的名牌产品，不断提升企业品牌价值，加大品牌推广力度，完善售后服务体系，积极拓宽国内外市场。落实普惠性政策支持，激发涉海中小企业创业创新活力，加快培育一批主营业务突出、竞争力强、成长性好、专注于细分市场的专业化涉海科技型中小企业。培育涉海创客群体，鼓励以创意或技术创新为起点，以市场为动力，以政策为保障，积极发扬创新创业精神，努力实现创新创业梦想。完善中小企业公共服务平台网络，建立信息互联互通机制，为中小微企业提供创业、创新、融资、咨询、培训、人才等专业化服务。建立和完善涉海企业家的培养、使用、激励、约束和保护机制，在涉海规划、计划、政策、标准等研究制定中吸收更多企业家参与，扩大企业家在创新决策中的话语权，充分发挥企业家的积极性、主动性和创造性。

3. 完善海洋人才培养体系

鼓励驻鲁涉海科教机构围绕区域海洋产业技术创新与海洋产业发展需求，加速学科结构调整步伐，巩固基础研究学科优势，重点发展涉海工程技术学科，提高产业技术人才培养能力，满足地方海洋产业发展对工程技术人才的需求。调整和优化涉海职业教育专业设置，创新培养模式，着力培养区域海洋产业发展急需的实用型和复合型技能人才。依托涉海龙头企业、涉海职业院校和培训机构，建成一批示范性海洋中高技能人才培养基地和公共实训基地，加快提高中高技能人才在海洋技能人才结构中的比重。支持涉海科教机构与涉海企业建立产学研合作培养人才长效机制，通过共建科技创新平台、开展合作人才教育、共同实施重大项目，培养高层次海洋产业技术创新人才和创新团队。支持人才在涉海科教机构与企业间兼职流动，支持涉海科教机构科技人员带项目带成果到企业开展创新工作或自创企业。鼓励涉海科教机构与国内外高水平院校、机构建立联合培养基地，大力培养高层次创新人才。整合涉海继续教育资源，大力发展成人教育、社区教育、现代远程教育，支持海洋人才在职学习、业余进修。

4. 加强高层次海洋人才引进

围绕山东海洋产业发展需求，加快引进一批能够突破关键技术、发展高新技术产业、带动新兴学科的战略科学家和创新创业领军人才，造就一支具备跟踪国际海洋科技与产业发展前沿、参与国际竞争与合作能力的创新型人才队伍。高度重视海洋中高技能人才的引进培养，加大落户、购房、子女入学等政策支持力度，为中高技能人才来山东创业就业创造良好的条件。开辟多样化人才引进渠道，采取组团招聘、委托招聘、网络招聘、举办专场等多种形式，吸引紧缺急需海洋人才和高素质海洋人才来区内创新创业。加大柔性引才力度，经认定的中高层次紧缺急需海洋人才，可采取多种灵活引进方式，以兼职、咨询、讲学、学术交流、技术承包、技术合作与入股、投资办企业、合作研究等多种方式来区内工作。重视团队引进、核心人才带动引进、高新技术项目及特大项目带动引进等方式，形成多元化引才格局。

5. 优化海洋人才发展环境

加强现有人才政策的评估、调整与完善，优化人才管理、使用、激励和保障机制，充分发挥政策导向作用，扩充海洋人才规模，提升海洋人才素质，优化海洋人才结构。鼓励涉海科教机构和企业加大人才投入，支持社会组织建立海洋人才发展基金，逐步建立以政府投入为引导、用人单位投入为主体、社会投入为补充的多元化人才建设投入机制。出台创新人才股权激励办法，鼓励各类企业通过股权、期权、分红等方式，调动科技人员创新积极性。推动涉海重点学科、重点实验室、孵化器、工程技术研究中心、企业技术中心、博士后流动站和院士工作站等创新平台提质升级，打造培养和吸聚高层次海洋人才的有效载体。鼓励涉海科教机构和企业推动人才管理体制创新，优化人才使用机制，大幅提高人才待遇，改善住房条件，完善人才考核体系，提升人才使用效益。加强对涉海学术交流活动的支持，协助搭建活动平台，营造活跃的学术交流环境，增强学术氛围。完善海洋人才市场人才公共信息平台服务功能，实现人才信息互通、人才资源共享，促进人才资源的合理流动和优化配置。加强区域海洋产业人才需求预测，建立海洋产业人才水平评价制度和信息发布平台。

6. 加强建设海洋生态文明

坚守海洋生态红线，严守海洋资源消耗上限、海洋环境质量底线，将海洋开发活动限制在资源环境承载能力之内。科学界定海洋生态保护者与受益者权利义务，加快建立海洋生态损害者赔偿、受益者付费、保护者得到合理补偿的运行机制。实施基于生态系统的近海生物资源开发养护综合管理，严格控制近海捕捞、养殖及各类海上开发活动，为近海经济鱼类生境改善、种群恢复和海洋生态系统功能重建提供保障。建立常态化人工放流机制，增加地方经济鱼类资源的增殖投入，缩短地方渔业资源恢复周期。进一步推进海洋牧场建设工程，积极引导社会资本投向海洋牧场建设，优化增殖型人工鱼礁海洋牧场基础设施。加大入海河流面源污染治理，严格控制河流污染物入海总量。开展山东沿海代表性生态系统及自然地理资源调查，完善海洋保护区网络。构建分布合理、有效运行的海洋环境实时在线监测网络，加强海洋环境监测质量控制和信息产品开发，提高监测服务管理效能。把海洋生态文明教育作为素质教育的重要内容，纳入地方国民教育体系和干部教育培训体系。挖掘优秀传统海洋生态文化思想和资源，创作一批文化作品，创建一批教育基地，满足市民对海洋生态文化的需求。广泛开展绿色生活行动，推动市民在衣、食、住、行、游等方面加快向勤俭节约、绿色低碳、文明健康的方式转变。

7. 加快实施军民融合发展

在海洋产业领域，加大军民融合发展资金支持，实施一批市场急需、科技含量高、辐射带动作用强的军民融合技术装备创新项目。引导和鼓励军民涉海科教机构、企业加强海洋产业技术创新合作，以共建、参建创新平台以及合作承担科研项目的形式，搭建政府引导、企业主导、产学研军紧密结合的军民融合创新体系，加快突破海洋产业关键共性技术，建立可持续的军民融合海洋产业技术装备体系。支持具备条件的民用(包括民营企业)和军工企业，以开展关键共性技术攻关和重大装备研发为纽带，推动海洋技术装备的合作研制与生产，培育发展一批军民融合海洋技术装备优势企业。落实军民融合涉海企业税收优惠政策，支持军民融合涉海企业上市融资或发行债券融资。出台军民融合涉海企业兼并重组相关融资、税费、股权或产权转让等方面的优惠政策，加大对军民融合涉海企业兼并重组的支持力度。建设军民融合海洋创新示范区，引导海洋技术装备创新要素集聚和企业集聚，使之成为支撑军民融合推进海洋技术装备产业发展的重要基地。

8. 大力推进国内外海洋合作

借助“一带一路”倡议实施机遇，积极拓宽海洋合作空间，构建国内外多层次合作网络。依托东亚海洋合作平台，参与亚太经贸合作和国际海洋科技文化交流，大力建设国际海洋合作交流中心和人才教育中心，扩展海洋科技、环境保护、灾害应对等领域的多层次合作。深化与日、韩传统合作格局，在巩固和提升经贸合作成果的同时，强化在资源、产业、科技、文化、人才等方面的全面深度合作。加强与西欧、大洋洲、北美相关发达国家区域间的合作，基于资源、产业、科技、人才等方面的相仿特征和优势差异，按照优势互补、互惠互利、合作共赢原则，加强对对方优质资源的吸收和利用。积极开拓亚、非、南美、俄罗斯区域合作空间，通过国家间经贸协议和友好关系，发挥山东在海水产品加工、海洋生物制品、船舶与海工装备、海洋工程建筑等产业领域的优势，促进区域产能、人才、技术和资本对接，加快培育发展新市场领域。建立常态化工作机制，促进人才市场、信息网络、资本市场、装备共享平台互联互通，推动与沿海省市经济区及沿海重要城市、京津冀地区、长江经济带等国家重点开放开发区域在科技、产业、人才、金融等领域的合作，完善区域间产业分工协作体系，打造区域优势产业链。

附　录

附表 1　　山东涉海国家级重点实验室一览表

序号	实验室名称	依托单位	所在城市	主要研究方向	科研人员/人
1	青岛海洋科学与技术国家实验室	科技部	青岛	海洋动力工程与气候变化，海洋生命过程与资源利用，海底过程与油气资源，深远海和极地极端环境与战略资源，海洋生态环境演变与保护，海洋技术与装备	2 200
2	海洋涂料国家重点实验室	海洋化工研究院	青岛	防污技术，重防腐技术，功能型涂料技术	120
3	海藻活性物质国家重点实验室	青岛明月海藻集团有限公司	青岛	海藻活性物质提取及分离研究，海藻活性物质功能化改性研究，海藻活性物质功效及应用研究	98
4	潍柴内燃机可靠性国家重点实验室	潍柴集团	潍坊	内燃机整机结构技术，内燃机关键零部件可靠性，内燃机可靠性预测与评估技术	20000＋

（数据来源：海洋产业子课题组调查整理）

附表 2　　山东涉海省级重点实验室一览表

序号	实验室名称	依托单位	所在城市	主要研究方向	科研人员/人
1	物理海洋教育部重点实验室	中国海洋大学	青岛	海洋环流动力学，海洋波动与混合，海洋—大气相互作用与气候	68
2	海洋药物教育部重点实验室		青岛	海洋糖化学与糖生物学，海洋天然产物化学，药理学，海洋药用生物资源学	58

续表

序号	实验室名称	依托单位	所在城市	主要研究方向	科研人员/人
3	海洋环境与生态教育部重点实验室	中国海洋大学	青岛	近海环境动力过程及其对海洋生态系统的影响,近海污染物的环境行为与控制,海岸带工程环境与水资源保护	47
4	海底科学与探测技术教育部重点实验室	中国海洋大学	青岛	海洋沉积与工程环境,洋底动力过程与资源灾害效应,海底能源探测与信息技术	48
5	海水养殖教育部重点实验室	中国海洋大学	青岛	增养殖生态,遗传育种与繁育,养殖动物免疫与病害以及水产动物营养与饲料	40
6	海洋化学理论与工程技术教育部重点实验室	中国海洋大学	青岛	活性气体的生物地球化学过程及气候效应,海洋生源要素地球化学,海洋有机地球化学,痕量金属及海洋生物地球化学过程示踪,海水综合利用技术,环境友好型海洋功能材料与防护技术	69
7	海洋生物遗传学与育种教育部重点实验室	中国海洋大学	青岛	海洋生物分子遗传学与分子育种,海洋生物细胞遗传学与细胞工程育种,海洋生物基因组学与进化生物学	36
8	农业部水产动物营养与饲料重点实验室	中国海洋大学	青岛	营养代谢与蛋白源替代,亲鱼与仔稚鱼营养,营养与品质和质量安全,微生态营养	8
9	山东省海洋环境地质工程重点实验室	中国海洋大学	青岛	海洋地质灾害机理与预测,海岸带污染控制与环境保护,海洋地质环境污染修复	34
10	山东省糖科学与糖工程重点实验室	中国海洋大学	青岛	海洋糖工程药物学,海洋糖化学,海洋糖生物学	45
11	山东省海洋工程重点实验室	中国海洋大学	青岛	海洋动力学理论及其工程应用,海洋工程结构防灾关键技术,海洋可再生能源利用技术,海洋环境监测与信息传输技术	33

续表

序号	实验室名称	依托单位	所在城市	主要研究方向	科研人员/人
12	中国科学院实验海洋生物学重点实验室	中国科学院海洋研究所	青岛	海洋生物的遗传发育基础与种子创新,海洋生物免疫防御机制与生物安保,海洋生物关键代谢过程与生物基材料炼制	—
13	中国科学院海洋生态与环境科学重点实验室		青岛	海洋生态系统关键过程与环境,资源效应	60
14	中国科学院海洋环流与波动重点实验室		青岛	海洋环流动力学过程及其气候环境效应,海洋波动及其相关动力过程,海洋系统模拟,预测和遥感探测	56
15	中国科学院海洋地质与环境重点实验室		青岛	大陆边缘地质演化与资源潜力,全球变化的海洋记录与沉积过程,深海极端环境的地质过程与探测技术	63
16	中国科学院海洋环境腐蚀与生物污损重点实验室		青岛	不同海洋环境因子对腐蚀作用的过程和机理,海洋污损生物附着机制及腐蚀机理,海洋腐蚀防护与监/检测技术的开发及防护机制	54
17	中国科学院海洋生物分类与系统演化重点实验室		青岛	海洋生物分类学,海洋生物多样性和生物地理学,重要生物类群的系统发育重建与分子进化,海洋生物标本资源的整理整合及信息平台建设	—
18	山东省腐蚀科学重点实验室		青岛	针对海洋开发过程中涉及到的腐蚀问题,以减少腐蚀破坏所造成损失为目标,开展相应的科学研究与技术开发	10余人
19	中国科学院生物燃料重点实验室	中国科学院青岛生物能源与过程研究所	青岛	生物基能源,生物基材料的产品,工艺或技术	27
20	中科院生物基材料重点实验室		青岛	生物基材料可持续融合转化应用基础研究	19
21	山东省能源生物遗传资源重点实验室		青岛	植物代谢工程,作物分子育种,微藻生物技术,海洋生物与碳汇,生物燃气技术,单细胞技术	—

续表

序号	实验室名称	依托单位	所在城市	主要研究方向	科研人员/人
22	国家海洋局海洋溢油鉴别与损害评估技术重点实验室	国家海洋局北海分局	青岛	海洋溢油鉴别与损害评估技术	187
23	山东省海洋生态环境与防灾减灾重点实验室	国家海洋局北海分局	青岛	海洋生态环境监测与评价技术研发与应用，海洋灾害预测预警技术研究与应用，海洋管理与信息技术	—
24	海洋环境科学与数值模拟国家海洋局重点实验室	国家海洋局第一海洋研究所	青岛	区域海洋动力学，海洋与气候数值模式发展，数据分析与信息技术，海洋调查与物理模拟技术	58
25	海洋沉积与环境地质国家海洋局重点实验室	国家海洋局第一海洋研究所	青岛	海岸带与陆海相互作用过程，海洋沉积与全球变化，海洋地球物理与岩石圈动力学，海底成矿作用与矿产资源，海底探测技术	68
26	海洋生态环境科学与工程国家海洋局重点实验室	国家海洋局第一海洋研究所	青岛	海洋生源要素循环及其生态环境效应，海洋生物多样性保护，海洋生态系统演变与生态安全机制海洋生态系统评价与综合管理技术，海洋污染现场监测仪器研制	—
27	海洋生物活性物质国家海洋局重点实验室	国家海洋局第一海洋研究所	青岛	生物活性物质与现代分析技术	—
28	数据分析与应用国家海洋局重点实验室	国家海洋局第一海洋研究所	青岛	自适应数据分析方法的发展与完善，海洋与气候变化数据分析，基于数据的海洋与气候系统预测技术	—
29	农业部海洋渔业可持续发展重点实验室	中国水产科学院黄海水产研究所	青岛	海洋渔业资源评估与生态系统动力学，海水养殖种质资源与重要性状遗传改良，海水养殖病原生态学与环境修复，海水健康养殖技术与碳汇渔业，海洋产物资源与酶工程	72
30	农业部水产品安全监测与评价重点实验室	中国水产科学院黄海水产研究所	青岛	水产品质量与安全	32
31	山东省渔业资源与生态环境重点实验室	中国水产科学院黄海水产研究所	青岛	海洋渔业资源与生态系统管理，海水养殖生态与健康养殖模式，海洋渔业生态环境保护与修复	56

续表

序号	实验室名称	依托单位	所在城市	主要研究方向	科研人员/人
32	山东省海洋渔业生物技术和遗传育种重点实验室	中国水产科学院黄海水产研究所	青岛	重要海水养殖动物种质资源收集、保存与评价，重要海水养殖动物基因组解析及重要分子性状的机理，重要海水养殖动物育种技术，高产抗病良种创制及高效健康养殖技术	34
33	自然资源部海洋油气资源与环境地质重点实验室	自然资源部青岛海洋地质研究所	青岛	海洋油气和天然气水合物资源成藏机理及分布规律，海洋环境地质过程和灾害地质，海洋地质探测，分析和信息技术	32
34	国土资源部天然气水合物重点实验室		青岛	天然气水合物模拟实验与测试技术，天然气水合物成藏过程与演化，天然气水合物资源勘查与评价技术，天然气水合物开发利用与环境效应	25
35	中国地质调查局滨海湿地生物地质重点实验室		青岛	滨海湿地地质环境演变，滨海湿地生物地球化学与碳循环，滨海湿地生态水文地质，滨海湿地生态环境地质监测与生态修复	15
36	山东省海洋监测仪器装备重点实验室	山东省科学院海洋仪器仪表研究所	青岛	海洋监测仪器仪表	334
37	山东省特种焊接技术重点实验室		青岛、威海	水下焊接及切割技术，微连接，特种焊接材料，高效焊接技术及装备	—
38	山东省海水养殖病害防治重点实验室	山东省海洋生物研究院	青岛	抗生素替代技术，海水养殖动物免疫技术以及健康养殖技术	—
39	山东省海洋功能纤维新材料重点实验室	青岛大学	青岛	海洋生物质纤维领域基础研究，海藻纤维的纺丝新技术，海藻纤维功能性纺织品，海藻纤维本质阻燃材料，海藻纤维现代纺织关键技术，装备及产业化关键技术集成	61
40	山东省海藻生物基纤维工程实验室		青岛	海洋生物质多糖筛选制取，纤维纺丝成形及功能纺织品开发应用	—

续表

序号	实验室名称	依托单位	所在城市	主要研究方向	科研人员/人
41	海岛(礁)测绘技术国家测绘局重点实验室	海南测绘局和山东科技大学联合成立	青岛	陆海基准传递与统一的理论及技术,不易/不宜到达海岛(礁)地形特征提取理论与技术,海岛(礁)符号化特征表达与基础数据管理理论与技术	42
42	海洋腐蚀与防护重点实验室	中国船舶重工集团公司第七二五研究所	青岛	材料在海洋环境中的腐蚀和现代腐蚀试验方法,电化学防腐防污新技术,涂覆层防护机理及技术,生物防腐防污技术,腐蚀控制工程	—
43	山东省海岸带环境过程重点实验室	中国科学院烟台海岸带研究所	烟台	海岸带环境污染过程、监控及修复,海岸带生态系统演变过程与生态修复和海岸带环境信息集成与可持续管理	84
44	山东省海洋生态修复重点实验室	山东省海洋资源与环境研究院	烟台	海洋生物资源修复保护技术,人工藻(草)场构建技术,人工鱼礁建设技术,海洋生态健康评价技术	—
45	山东省海藻遗传育种与栽培技术重点实验室	山东东方海洋科技股份有限公司	烟台	经济海藻新种类、新品种及高新育种技术开发,优良种苗繁育技术研究,栽培新技术、新模式的研究与开发	26
46	山东省主要海水鱼繁养技术重点实验室	莱州明波水产有限公司	烟台	海水鱼优良品种选育及健康养殖技术	69
47	山东省海洋生物功能分子应用工程实验室	山东国际生物科技园发展有限公司	烟台	海洋药物,海洋生物医用材料,水产养殖病害防治及功能食品	—
48	山东省海洋石油装备重点实验室	山东科瑞机械制造有限公司	东营	深水水下生产系统作业工艺技术与装备,近海钻机,钻修机及配套装备和强化采油工艺与装备制造共性,关键技术	学科带头人7人,其中泰山学者特聘教授1人,百千万人才工程国家级人选1人,黄河三角洲学者特聘专家2人

续表

序号	实验室名称	依托单位	所在城市	主要研究方向	科研人员/人
49	山东省海洋精细化工重点实验室	山东省海洋化工科学研究院	潍坊	海(卤)水综合利用,海洋精细化学品研究开发,海洋新材料研究开发	高级工程师5名,工程师12名,客座研究员6名
50	山东省油脂油料精深加工技术企业重点实验室	山东渤海实业股份有限公司	滨州	植物油脂油料精深加工应用基础及安全控制研究,植物油脂油料资源综合利用,海洋生物油脂精深加工及应用研究	—
51	山东省黄河三角洲生态环境重点实验室	滨州学院	滨州	生物地球化学与全球变化,盐碱地植被恢复与重建,污染生态与修复,生态系统服务功能与评价	35

(数据来源:海洋产业子课题组调查整理)

附表3　　山东涉海国家工程技术研究中心一览表

序号	中心名称	依托单位	所在城市	主要研究方向	科研人员/人
1	国家海洋监测设备工程技术研究中心	山东省科学院海洋仪器研究所	青岛	海洋环境监测技术的基础理论研究和应用技术研究,海洋环境灾害预报预警技术研究,海洋监测设备的研制,生产和性能检测试验等工作	—
2	国家海洋腐蚀防护工程技术研究中心	中国科学院海洋研究所	青岛	海洋工程腐蚀防护,腐蚀状态监/检测,安全评价与寿命预测,海洋生物污损防治技术的工程技术研究与开发	28
3	国家海洋药物工程技术研究中心	中国海洋大学	青岛	海洋生物活性物质提取分离,海洋天然产物化学改性及活性物质人工合成和海洋创新药物及生物功能制品开发的工程化技术研究	47
4	国家采油装备工程技术研究中心	胜利油田高原石油装备有限责任公司	东营	稠、超稠油开采关键技术与装备研究,新型高效节能抽油装备研制,油田安全高效修井作业装备研究,探井天然气回收装备研制等	—

续表

序号	中心名称	依托单位	所在城市	主要研究方向	科研人员/人
5	国家海藻与海参工程技术研究中心	山东东方海洋科技股份有限公司	烟台	经济海藻原良种资源收集保存，研究开发种质保存技术，培育海藻优良品种，海藻健康苗种繁育技术、配套栽培技术、海藻深加工及综合利用技术的开发	110
6	国家海产贝类(北方)工程技术研究中心	寻山集团有限公司	威海	鲍、扇贝、牡蛎等养殖贝类种质、苗种、养殖、加工、设施等方面的关键工程技术研发	—

(数据来源：海洋产业子课题组调查整理)

附表 4　　山东涉海省级工程技术中心一览表

序号	中心名称	依托单位	所在城市
1	山东省海洋食品工程技术研究中心	中国海洋大学	青岛
2	山东省油田化学工程技术研究中心	中国石油大学(华东)	青岛
3	山东省功能纤维工程技术中心	青岛大学	青岛
4	山东省油气勘探开发工程技术研究中心	山东科技大学	青岛
5	山东省海洋监测设备工程技术研究中心	山东省科学院海洋仪器研究所	青岛
6	山东省海洋腐蚀与防护工程技术研究中心	中国科学院海洋研究所	青岛
7	山东省海洋生物制品工程技术研究中心	中国科学院海洋研究所	青岛
8	山东省海洋牧场工程与技术研究院	中科院海洋研究所	青岛
9	山东省海藻多糖提取与应用工程技术研究中心	青岛明月海藻集团有限公司	青岛
10	山东省生物燃油工程技术研究中心	青岛福瑞斯生物能源科技开发有限公司	青岛
11	山东省耐盐作物种质创新与利用工程技术研究中心	青岛农业大学	青岛
12	山东省渔药工程技术研究中心	青岛中仁动物药品有限公司	青岛
13	山东省浒苔处理与综合利用工程技术研究中心	青岛海大生物集团有限公司	青岛
14	山东省海洋生物制品工程技术研究中心	中国科学院海洋研究所	青岛
15	山东省海水健康养殖工程技术研究中心	山东省海洋生物研究院	青岛
16	山东省喷涂聚脲工程技术研究中心	山东省海洋化工科学研究院	潍坊
17	山东省提高油气采收率工程技术研究中心	中国石油大学(华东)	青岛
18	山东省海洋生物繁育工程技术研究中心	山东大学(威海)	威海

续表

序号	中心名称	依托单位	所在城市
19	山东省海底深部生态采金工程技术研究中心	山东黄金集团有限公司	济南
20	山东省盐生植物工程技术研究中心	山东师范大学	济南
21	山东省人工湿地工程技术研究中心	山东省环境保护科学研究设计院	济南
22	山东省湿地生态恢复工程技术研究中心	山东省林业科学研究院	济南
23	山东省海岸带环境工程技术研究中心	中国科学院烟台海岸带研究所	烟台
24	山东省功能食品工程技术研究中心	烟台大学	烟台
25	山东省海洋装备柔性管道工程技术研究中心	山东悦龙橡塑科技有限公司	烟台
26	山东省海洋工程装备工程技术研究中心	烟台中集来福士海洋工程有限公司	烟台
27	山东省海水渔用饲料工程技术研究中心	山东省海洋资源与环境研究院	烟台
28	山东省海参工程技术研究中心	山东东方海洋科技股份有限公司	烟台
29	山东省海水渔用饲料工程技术研究中心	山东省海洋资源与环境研究院	烟台
30	山东省化学合成寡糖药物工程技术研究中心	烟台东诚药业集团股份有限公司	烟台
31	山东省天然药物工程技术研究中心	山东绿叶制药有限公司	烟台
32	山东省循环水养殖工程技术研究中心	莱州明波水产有限公司	烟台
33	山东省富马酸生物转化工程技术研究中心	烟台恒源生物股份有限公司、中国食品发酵工业研究院	烟台
34	山东省海洋食品安全检测仪器工程技术研究中心	烟台海诚高科技有限公司	烟台
35	山东省天源大菱鲆工程技术研究中心	烟台开发区天源水产有限公司	烟台
36	山东省浅海生态渔业工程技术研究中心	山东海益宝水产股份有限公司	烟台
37	山东海洋牧场工程技术研究中心	山东蓝色海洋科技股份有限公司	烟台
38	山东省鲆鲽鱼类苗种工程技术研究中心	海阳市黄海水产有限公司	烟台
39	山东省海洋船舶防污工程技术研究中心	哈尔滨工业大学(威海)	威海
40	山东省船舶设计与装备工程技术研究中心	哈尔滨工业大学(威海)	威海
41	山东省海洋功能食品加工工程技术研究中心	好当家集团有限公司	威海
42	山东省海洋特色膳食营养食品工程技术研究中心	威海百合生物技术股份有限公司	威海
43	山东省海洋保健食品工程技术研究中心	荣成泰祥食品股份有限公司	威海
44	山东省船舶工程技术研究中心	黄海造船有限公司	威海
45	山东海洋工程装备数字设计工程技术研究中心	乳山市造船有限责任公司	威海
46	山东省高岛海珍品无公害养殖工程技术研究中心	威海市高岛制盐有限公司	威海

续表

序号	中心名称	依托单位	所在城市
47	山东省玻璃钢船艇工程技术研究中心	威海中复西港船艇有限公司	威海
48	山东省船舶控制工程与智能系统工程技术研究中心	威海海洋职业学院	威海
49	山东省水产品加工酶技术利用工程技术研究中心	山东荣信水产食品集团股份有限公司	日照
50	山东省鱼类加工食品工程技术研究中心	山东美佳集团有限公司	日照
51	山东省海藻加工工程技术研究中心	山东省洁晶集团股份有限公司	日照
52	山东省海藻功能性产品工程技术研究中心	山东海之宝海洋科技有限公司	威海
53	山东省溴化技术及应用工程技术研究中心	山东天一化学股份有限公司	潍坊
54	山东省溴化物工程技术研究中心	山东海王化工股份有限公司	潍坊
55	山东省海岛新材料工程技术研究中心	山东同大海岛新材料股份有限公司	潍坊
56	山东省溴系列医药化工工程技术研究中心	寿光富康制药有限公司	潍坊
57	山东省卤水资源综合利用工程技术研究中心	山东默锐科技有限公司	潍坊
58	山东省海洋石油钻采装备工程技术研究中心	山东科瑞控股集团有限公司	东营
59	山东省油田化学工程技术研究中心	中国石油大学(华东)	东营
60	山东省油田含油污水处理膜工程技术研究中心	中国石油大学(华东)	东营
61	山东省油田地面建设工程技术研究中心	中石化石油工程设计有限公司	东营
62	山东省滨海盐碱地水土环境工程技术研究中心	山东中天水土资源生态开发建设有限公司	东营
63	山东省油井控制设备工程技术研究中心	胜利方兰德石油装备股份有限公司	东营
64	山东省油田信息化工程技术研究中心	山东胜软科技股份有限公司	东营
65	山东省采油生产信息化工程技术研究中心	山东广域科技有限责任公司	东营
66	山东省耐盐碱绿化树种工程技术研究中心	东营菁华现代林业发展有限公司	东营
67	山东海洋贝瓷工程技术研究中心	山东珍贝瓷业有限公司	滨州
68	山东省海洋绿色盐化工工程技术研究中心	汇泰投资集团股份有限公司	滨州
69	山东省黄河三角洲野生植物资源开发利用工程技术研究中心	滨州学院	滨州
70	山东省深海柔性复合软管工程技术研究中心	无棣海忠软管制造有限公司	滨州
71	山东省船用滤清器工程技术研究中心	淄博永华滤清器制造有限公司	淄博
72	山东省风电主轴工程技术研究中心	山东莱芜金雷风电科技股份有限公司	莱芜
73	山东省船电工程技术研究中心	德州恒力电机有限责任公司	德州
74	山东省海洋多不饱和脂肪酸工程技术研究中心	山东禹王制药有限公司	德州

(数据来源:海洋产业子课题组调查整理)

附表 5　　山东涉海国家地方联合工程研究中心一览表

序号	中心名称	依托单位	所在城市
1	海洋生物资源综合利用国家地方联合工程实验室（山东）	山东荣信水产食品集团股份有限公司	日照
2	风电轴承保持架技术 国家地方联合工程研究中心（山东）	聊城市新欣金帝保持器科技有限公司	聊城
3	发动机核心组件国家地方联合工程实验室（山东）	山东滨州渤海活塞股份有限公司	滨州
4	能源植物选育及生物柴油制备国家地方联合工程实验室（山东）	山东生物柴油集团有限公司	聊城
5	海珍品良种选育与生态养殖国家地方联合工程实验室（山东）	山东东方海洋科技股份有限公司	烟台
6	海洋生态养殖技术国家地方联合工程实验室（青岛）	中国科学院海洋研究所	青岛
7	高性能膜与膜工程技术国家地方联合工程实验室（山东）	山东招金膜天有限责任公司	烟台
8	海洋功能食品开发国家地方联合工程实验室（山东）	荣成泰祥食品股份有限公司	威海
9	海洋涂料及功能材料国家地方联合工程研究中心（青岛）	海洋化工研究院	青岛
10	海洋生物源农药及环境友好型制剂国家地方联合工程研究中心（青岛）	海利尔药业集团股份有限公司	青岛
11	海藻综合利用技术国家地方联合工程研究中心（青岛）	青岛明月海藻集团有限公司	青岛
12	电化学保护与海水处理国家地方联合工程研究中心（青岛）	青岛双瑞海洋环境工程股份有限公司	青岛
13	海陆地理信息集成与应用国家地方联合工程研究中心（青岛）	青岛市勘察测绘研究院	青岛
14	海洋生物制品开发技术国家地方联合工程研究中心（青岛）	中国科学院海洋研究所	青岛
15	海藻炼制技术国家地方联合工程研究中心（山东）	山东洁晶集团股份有限公司	日照

（数据来源：海洋产业子课题组调查整理）

附表 6　　山东涉海省级工程研究中心一览表

序号	中心名称	依托单位	所在城市
1	海水养殖教育部工程研究中心	中国海洋大学	青岛
2	海洋材料与防护技术教育部工程研究中心		青岛
3	海洋油气开发与安全保障教育部工程研究中心		青岛
4	海洋信息技术教育部工程研究中心		青岛
5	山东省海洋监测设备工程实验室	山东省科学院海洋仪器仪表研究所	青岛
6	海洋涂料及功能材料国家地方联合工程研究中心(青岛)	海洋化工研究院	青岛
7	海洋生物源农药及环境友好型制剂国家地方联合工程研究中心(青岛)	海利尔药业集团股份有限公司	青岛
8	海藻综合利用技术国家地方联合工程研究中心(青岛)	青岛明月海藻集团有限公司	青岛
9	电化学保护与海水处理国家地方联合工程研究中心(青岛)	青岛双瑞海洋环境工程股份有限公司	青岛
10	海陆地理信息集成与应用国家地方联合工程研究中心(青岛)	青岛市勘察测绘研究院	青岛
11	山东省海洋生物制品工程实验室	中国科学院海洋研究所	青岛
12	山东省海洋油气装备焊接与表面处理工程实验室	中国石油大学(华东)	青岛
13	山东省海藻生物基纤维工程实验室	青岛大学	青岛
14	山东省溴系海洋特种阻燃材料工程实验室	山东省海洋化工科学研究院	潍坊
15	山东省舰船及深海照明系统工程实验室	山东光因照明科技有限公司	德州
16	山东省海洋石油工程装备柔性管道工程实验室	山东悦龙橡塑科技有限公司	烟台
17	山东省水产动物免疫制剂工程研究中心	青岛农业大学	青岛
18	海珍品良种选育与生态养殖国家地方联合工程实验室	山东东方海洋科技股份有限公司	烟台
19	山东省油田固压设备工程实验室	烟台杰瑞石油服务集团股份有限公司	烟台
20	山东省海洋生物功能分子应用工程实验室	山东国际生物科技园发展有限公司	烟台
21	山东省大功率内燃机轴瓦工程实验室	烟台大丰轴瓦有限责任公司	烟台
22	山东省智慧海洋信息工程实验室	烟台惠通网络技术有限公司	烟台
23	山东省海洋石油工程装备柔性管道工程实验室	山东悦龙橡塑科技有限公司	烟台
24	山东省海珍品加工工程实验室	好当家集团有限公司	威海
25	山东省海藻机能食品工程实验室	山东海之宝海洋科技有限公司	威海

续表

序号	中心名称	依托单位	所在城市
26	山东省鱼油系列保健食品省级工程实验室	威海百合生物技术股份有限公司	威海
27	海洋功能食品开发国家地方联合工程实验室(山东)	荣成泰祥食品股份有限公司	威海
28	山东省海产贝藻类繁育加工工程实验室	威海长青海洋科技股份有限公司	威海
29	山东省船用活塞工程实验室	日照金港活塞有限公司	日照
30	山东省海产品副产物酶技术利用工程实验室	山东荣信水产食品集团股份有限公司	日照
31	山东鲆鱼种子工程实验室建设项目	日照顺源水产育苗有限公司	日照
32	山东省风电装备工程实验室	中车山东机车车辆有限公司	济南
33	山东省风电关键零部件工程实验室	山东伊莱特重工股份有限公司	济南
34	山东省无杆采油装备工程实验室	山东威马泵业股份有限公司	莱芜
35	山东省风电轴承保持架工程实验室	聊城市新欣金帝保持器科技有限公司	聊城
36	山东省油田氮气制备及应用工程实验室	山东科瑞控股集团有限公司	东营
37	山东省海工装备螺杆机械工程实验室	胜利油田高原石油装备有限责任公司	东营
38	山东省高端石油装备井控工程实验室	胜利油田胜机石油装备有限公司	东营
39	山东省海参良种繁育工程实验室	山东海城生态科技集团有限公司	滨州
40	山东省大型风电主轴工程实验室	通裕重工股份有限公司	德州
41	山东省舰船及深海照明系统工程实验室	山东光因照明科技有限公司	德州

(数据来源:海洋产业子课题组调查整理)

附表 7　　山东涉海国家级企业技术中心一览表

序号	中心名称	所在城市
1	中石油技术中心济柴动力总厂分中心	济南
2	青岛港(集团)有限公司国家企业技术中心	青岛
3	青岛蔚蓝生物集团有限公司	青岛
4	海利尔药业集团股份有限公司	青岛
5	青岛康地恩药业股份有限公司	青岛
6	青岛明月海藻集团有限公司国家企业技术中心	青岛
7	青岛聚大洋藻业集团有限公司国家企业技术中心	青岛
8	青岛瀚生生物科技股份有限公司	青岛
9	青岛易邦生物工程有限公司	青岛
10	烟台中集来福士海洋工程有限公司	烟台

续表

序号	中心名称	所在城市
11	山东东方海洋科技股份有限公司	烟台
12	烟台新时代健康产业有限公司省级企业技术中心	烟台
13	丛林集团有限公司	烟台
14	南山集团有限公司	烟台
15	烟台冰轮集团有限公司	烟台
16	蓬莱京鲁渔业有限公司	烟台
17	好当家集团有限公司	威海
18	迪沙药业集团有限公司	威海
19	胜利石油管理局	东营
20	潍柴动力股份有限公司	潍坊
21	山东海化集团有限公司	潍坊
22	山东滨州渤海活塞股份有限公司	滨州

（数据来源:海洋产业子课题组调查整理）

附表 8 山东部分涉海院士工作站

序号	工作站名称	进站院士	建站时间
1	日照市水产研究所	雷霁霖	2010
2	日照港集团院士专家工作站	侯保荣	2011
3	青岛银海旅游集团公司院士专家工作站	侯保荣	2013
4	山东省冠县合顺渔业专业合作社渔业养殖院士专家工作站	—	2014
5	青岛海大生物集团有限公司院士专家工作站	管华诗	2014
6	青岛卓越海洋集团水产养殖院士专家工作站	—	2015
7	青岛浩然生态海洋水产科技有限公司院士专家工作站	—	2015
8	青岛海山海洋装备有限公司院士专家工作站	—	2015
9	青岛蔚蓝生物集团有限公司水产养殖与环保院士专家工作站	—	2016
10	山东省明月海藻集团有限公司院士专家工作站	束怀瑞	2016
11	山东省山海天旅游度假区院士专家工作站	刘嘉麒	2016
12	青岛海西重机有限责任公司	陈蕴博、侯保荣	2017
13	青岛海洋生物医药研究院股份有限公司	欧阳平开	2017
14	海洋化工研究院有限公司	薛群基	2017
15	潍坊创科种苗有限公司	吴明珠	2017
16	威海虹润海洋科技有限公司	张经	2017

（数据来源:海洋产业子课题组调查整理）

附表 9　　**海洋产业国内 TOP 200 人才名单**

姓名	省(市、区)	城市	所属机构
李三忠	山东	青岛	中国海洋大学
高坤山	福建	厦门	厦门大学翔安校区周隆泉楼海洋光生物学功能实验室
戴民汉	福建	厦门	厦门大学近海海洋环境科学国家重点实验室
张经	上海	上海	华东师范大学
张荣庆	北京	北京	清华大学海洋工程研究中心
宋金明	山东	青岛	中国科学院海洋研究所
艾庆辉	山东	青岛	中国海洋大学水产学院水产养殖系
钱维宏	北京	北京	北京大学
陈松林	山东	青岛	中国水产科学研究院黄海水产研究所
沈珍瑶	北京	北京	北京师范大学环境学院水环境模拟国家重点实验室
殷克东	山东	青岛	中国海洋大学
王东晓	广东	广州	中国科学院南海海洋研究所
宋微波	山东	青岛	中国海洋大学海洋生物多样性与进化研究所
郑丙辉	北京	北京	中国环境科学研究院
刘健	山东	青岛	中国地质调查局海岸带地质研究中心青岛海洋地质研究所
石学法	山东	青岛	海洋沉积与环境地质国家海洋局重点实验室
沙珍霞	山东	青岛	中国水产科学研究院黄海水产研究所
周琪	上海	上海	同济大学环境科学与工程学院污染控制与资源化国家重点实验室
包振民	山东	青岛	中国海洋大学生命学院
吴时国	山东	青岛	中国科学院海洋研究所海洋地质与环境重点实验室
池振明	山东	青岛	中国海洋大学联合国教科文组织中国海洋生物技术中心
夏军	北京	北京	中国科学院地理科学与资源研究所
董双林	北京	北京	中国水产协会
谭北平	广东	湛江	广东海洋大学水产学院
黄良民	广东	广州	中国科学院南海海洋研究所
汪亚平	江苏	南京	南京大学地理与海洋科学学院
张文兵	山东	青岛	中国海洋大学水产动物营养与饲料农业部重点实验室
张晓军	山东	青岛	中国科学院海洋研究所
秦松	山东	烟台	中国科学院烟台海岸带研究所
李铁刚	山东	青岛	中国科学院海洋地质与环境重点实验室;青岛海洋研究所
杨桂朋	山东	青岛	中国海洋大学

续表

姓名	省(市、区)	城市	所属机构
陈隽	湖北	武汉	中国科学院水生生物研究所
赫崇波	辽宁	大连	辽宁省海洋水产科学研究院辽宁省海洋水产分子生物学重点实验室
王厚杰	山东	青岛	中国海洋大学海洋地球科学学院
党宏月	山东	青岛	中国科学院海洋地质与环境重点实验室
李安春	山东	青岛	中国科学院海洋地质与环境重点实验室;青岛海洋研究所
袁华茂	山东	青岛	中国科学院海洋研究所
刘晓	山东	青岛	中国科学院海洋研究所
张晓华	山东	青岛	中国海洋大学海洋生命学院
庄志猛	山东	青岛	中国水产科学研究院黄海水产研究所
陈木宏	广东	广州	中国科学院中国科学院南海海洋研究所
胡晓钟	山东	青岛	中国海洋大学原生动物研究室
李二超	海南	海口	海南大学海洋学院水产系
张苏平	山东	青岛	中国海洋大学海洋与大气学院
刘付治国	山东	青岛	中国海洋大学海洋文化教育部重点实验室
王友绍	广东	广州	中国科学院南海海洋研究所
刘小莉	山东	青岛	中国海洋大学
潘鲁青	山东	青岛	中国海洋大学水产养殖系
刘永坚	广东	广州	中山大学生命科学学院水生经济动物研究所
田丽霞	广东	广州	中山大学生命科学学院水生经济动物研究所
杨红生	山东	青岛	中国科学院海洋生态与环境科学重点实验室
刘秦玉	山东	青岛	中国海洋大学物理海洋教育部重点实验室
柯才焕	福建	厦门	厦门大学海洋系
赫崇波	辽宁	大连	辽宁省海洋水产科学研究院
姜维丹	四川	成都	四川农业大学动物抗病营养教育部重点实验室
吴立新	山东	青岛	中国海洋大学,物理海洋教育部重点实验室
黄邦钦	福建	厦门	厦门大学
胡景洁	山东	青岛	中国海洋大学海洋遗传育种实验室
张全启	山东	青岛	中国海洋大学海洋生命学院
王兵	山东	青岛	中国科学院海洋研究所
李兆杰	山东	青岛	中国海洋大学食品科学与工程学院

续表

姓名	省(市、区)	城市	所属机构
叶乃好	山东	青岛	中国水产科学研究院黄海水产研究所
王广策	山东	青岛	中国科学院海洋研究所
危起尾	湖北	武汉	华中农业大学水产学院
李树红	四川	成都	四川农业大学动物营养研究所
何培民	上海	上海	上海海洋大学水产与生命学院
罗智	湖北	武汉	华中农业大学水产学院教育部农业动物遗传育种繁殖重点实验室
段德麟	山东	青岛	中国科学院海洋研究所
唐学玺	山东	青岛	中国海洋大学海洋生命学院
张林宝	山东	烟台	中国科学院烟台海岸带研究所
李卓佳	广东	广州	中国水产科学研究院南海水产研究所
李来好	广东	广州	中国水产科学研究院南海水产研究所
徐兆礼	上海	上海	中国水产科学研究院东海水产研究所;农业部海洋与河口渔业重点开放实验室
杨先乐	上海	上海	上海海洋大学水产与生命学院农业部
许恒龙	山东	青岛	中国海洋大学海洋生物多样性与进化研究所原生动物学研究室
陈吉祥	山东	青岛	中国海洋大学海洋生命学院
毛玉泽	山东	青岛	中国水产科学研究院黄海水产研究所
王维娜	广东	广州	华南师范大学生命科学学院
黄小平	广东	广州	中国科学院南海海洋研究所热带海洋环境重点实验室
李卓佳	广东	广州	中国水产科学研究院南海水产研究所
倪乐意	湖北	武汉	中国科学院水生生物研究所
褚武英	湖南	长沙	长沙大学生物工程与环境科学系
陈非洲	江苏	南京	中国科学院南京地理与湖泊研究所湖泊与环境国家重点实验室
刘鹰	山东	青岛	中国科学院海洋研究所
段舜山	广东	广州	暨南大学水生生物研究中心
苏秀榕	浙江	宁波	宁波大学生命科学与生物工程学院
柳学周	山东	青岛	中国水产科学研究院黄海水产研究所;农业部海洋渔业资源可持续利用重点开放实验室
邵晨	山东	青岛	中国海洋大学海洋生物多样性与进化研究所原生动物学研究室
周遵春	辽宁	大连	辽宁省海洋水产科学研究院

续表

姓名	省(市、区)	城市	所属机构
胡敦欣	山东	青岛	中国科学院海洋研究所
杨守业	上海	上海	同济大学海洋与地球科学学院
秦延文	北京	北京	中国环境科学研究院国家环境保护河口与海岸带环境重点实验室
于仁成	山东	青岛	中国科学院海洋生态与环境科学重点实验室
周名江	山东	青岛	中国科学院海洋生态与环境科学重点实验室
孙军	山东	青岛	中国科学院海洋生态与环境科学重点实验室
贾永刚	山东	青岛	中国海洋大学环境科学与工程学院
阎斌伦	江苏	南京	江苏省海洋生物技术重点实验室
苏纪兰	浙江	杭州	国家海洋局第二海洋研究所
孙黎	山东	青岛	中国科学院海洋研究所
艾庆辉	山东	青岛	中国海洋大学
俞志明	山东	青岛	中国科学院海洋研究所海洋生态与环境科学重点实验室
王琳	山东	青岛	中国海洋大学环境科学与工程学院
侯林	辽宁	大连	辽宁师范大学生命科学学院
王艳	广东	广州	暨南大学赤潮与水环境研究中心
曹西华	山东	青岛	中国科学院海洋研究所海洋生态与环境科学重点实验室
龚骏	山东	烟台	中国科学院烟台海岸带研究所微生物生态与物质循环实验室
于志刚	山东	青岛	中国海洋大学海洋化学理论与工程技术教育部重点实验室
梁英	山东	青岛	中国海洋大学海水养殖教育部重点实验室
田永胜	山东	青岛	中国水产科学研究院黄海水产研究所
齐雨藻	山东	青岛	中国海洋湖沼学会
蔡树群	广东	广州	中国科学院南海海洋研究所
王永学	辽宁	大连	大连理工大学
聂国兴	河南	新乡	河南师范大学
刘录三	北京	北京	中国环境科学研究院
赵冬至	辽宁	大连	国家海洋环境监测中心
孟范平	山东	青岛	中国海洋大学海洋环境与生态教育部重点实验室
丁平兴	上海	上海	华东师范大学河口海岸学国家重点实验室
崔朝霞	山东	青岛	中国科学院海洋研究所实验海洋生物学重点实验室
汝少国	山东	青岛	中国海洋大学海洋生命科学学院

续表

姓名	省(市、区)	城市	所属机构
董国海	辽宁	大连	海岸和近海工程国家重点实验室
方建光	山东	青岛	中国水产科学研究院黄海水产研究所
孙松	山东	青岛	中国科学院海洋研究所海洋生态与环境科学重点实验室
李纯厚	广东	广州	中国水产科学研究院南海水产研究所
方建光	山东	青岛	中国水产科学研究院黄海水产研究所
吴燕燕	广东	广州	中国水产科学研究院南海水产研究所
石存斌	广东	广州	中国水产科学研究院珠江水产研究所
戴纪翠	山东	青岛	中国科学院海洋研究所
郑怀平	广东	汕头	汕头大学广东省海洋生物技术重点实验室
王印庚	山东	青岛	中国水产科学研究院黄海水产研究所
李莉	山东	青岛	中国科学院海洋研究所
金显仕	山东	青岛	中国水产科学研究院黄海水产研究所
陈萍	山东	青岛	中国水产科学研究院黄海水产研究所
杨伟锋	福建	厦门	厦门大学海洋学系
林黑着	广东	广州	中国水产科学研究院南海水产研究所
黄良民	广东	广州	中国科学院南海海洋研究所海洋生物资源可持续利用重点实验室
孙培艳	山东	青岛	国家海洋局北海环境监测中心
常亚青	辽宁	大连	大连海洋大学
高露姣	上海	上海	中国水产科学研究院东海水产研究所
李九发	上海	上海	华东师范大学河口海岸学国家重点实验室
赵云龙	上海	上海	华东师范大学生命科学学院
许柳雄	上海	上海	上海海洋大学
邢克智	天津	天津	天津农学院水产科学系天津市水产生态及养殖重点实验室
李军	山东	青岛	中国科学院海洋研究所
袁业立	山东	青岛	国家海洋局第一海洋研究所
刘素美	山东	青岛	中国海洋大学
李华军	山东	青岛	中国海洋大学
杨红生	山东	青岛	中国科学院海洋研究所
高振会	山东	青岛	国家海洋局北海环境监测中心
米铁柱	山东	青岛	中国海洋大学化学化工学院

续表

姓名	省(市、区)	城市	所属机构
张传松	山东	青岛	中国海洋大学化学化工学院
高振会	山东	青岛	国家海洋局北海环境监测中心
程起群	上海	上海	中国水产科学研究院东海水产研究所;农业部海洋与河口渔业重点开放实验室
葛林科	辽宁	大连	国家海洋环境监测中心
刘逸尘	天津	天津	天津师范大学生命科学学院;天津市细胞遗传与分子调控重点实验室
张朝晖	山东	青岛	国家海洋局第一海洋研究所
杨作升	山东	青岛	中国海洋大学海洋地球科学学院
汪开毓	四川	成都	四川农业大学动物医学院
黄菲	山东	青岛	中国海洋大学海洋与大气学院
吴常文	浙江	舟山	浙江海洋大学海洋科学学院
陈碧鹃	山东	青岛	中国水产科学研究院黄海水产研究所
施平	山东	烟台	中国科学院烟台海岸带研究所
高学理	山东	青岛	中国海洋大学教育部
王传远	山东	烟台	中国科学院烟台海岸带研究所
温海深	山东	青岛	中国海洋大学海水养殖教育部重点实验室
战文斌	山东	青岛	中国海洋大学教育部海水养殖重点实验室
李超伦	山东	青岛	中国科学院海洋研究所海洋生态与环境科学重点实验室
宋秀贤	山东	青岛	中国科学院海洋研究所海洋生态与环境科学重点实验室
马甡	山东	青岛	中国海洋大学水产学院
白洁	山东	青岛	中国海洋大学海洋环境与生态教育部重点实验室
王江涛	山东	青岛	中国海洋大学化学化工学院
蔡俊鹏	广东	广州	华南理工大学轻工与食品学院
岑颖洲	广东	广州	暨南大学生命科学技术学院化学系
陈绍勇	广东	广州	中国科学院南海海洋研究所
汪登强	江苏	无锡	中国水产科学研究院淡水渔业研究中心
阮晓红	江苏	南京	南京大学地球科学与工程学院水科学系
程汉良	江苏	连云港	淮海工学院海洋学院
王吉桥	辽宁	大连	大连海洋大学生命科学与技术学院
杨凤	辽宁	大连	大连海洋大学

续表

姓名	省(市、区)	城市	所属机构
李家彪	浙江	杭州	国家海洋局第二海洋研究所
樊廷俊	山东	青岛	中国海洋大学海洋生命学院海洋生物系
李晓	河南	郑州	郑州轻工业学院食品与生物工程学院
董在杰	江苏	无锡	中国水产科学研究院淡水渔业研究中心
李安春	山东	青岛	中国科学院海洋研究所海洋地质与环境重点实验室
田相利	山东	青岛	中国海洋大学海水养殖教育部重点实验室
胡景杰	北京	北京	国家自然科学基金委员会生命科学部
江文胜	山东	青岛	中国海洋大学物理海洋教育部重点实验室
匡翠萍	上海	上海	同济大学水利工程学院
鲍宝龙	上海	上海	上海海洋大学水产与生命学院
王庆	山东	烟台	中国科学院海岸带环境过程与生态修复重点实验室;烟台海岸带研究所
孔令锋	山东	青岛	中国海洋大学水产学院
林晓凤	广东	广州	华南师范大学生命科学学院
齐义泉	广东	广州	中国科学院南海海洋研究所
白俊杰	广东	广州	中国水产科学院珠江水产研究所,热带亚热带鱼类育种与养殖重点实验室
何义亮	上海	上海	上海交通大学环境科学与工程学院
李玉成	辽宁	大连	大连理工大学海岸与近海工程国家重点实验室
聂湘平	广东	广州	暨南大学水生生物研究所
张卫国	上海	上海	华东师范大学河口海岸研究国家重点实验室
李云凯	上海	上海	上海海洋大学海洋科学学院
禹娜	上海	上海	华东师范大学生命科学学院
李新正	山东	青岛	中国科学院海洋研究所

(数据来源:大数据分析子课题组基于 AMiner 平台数据整理)

报告五

山东省医养健康产业人才发展

负责人　张　林

成　员　赵小刚　吕涌涛　刘　伟　宋开兰

张红雨　周　鹏　周成超　周庆博

郭　媛　熊飞扬　岳冬丽　张晓宁

一、山东省医养健康产业发展情况

医养健康产业从本质上讲是一种广义的健康产业概念，是随着经济的发展、社会的进步以及人们对健康的认知越来越全面而产生的，它围绕着人的衣食住行和生老病死，关注影响健康的各类危险因素和误区，提倡自我健康管理，是在对生命全过程全面呵护的理念指导下提出来的，是关注包括躯体健康、智力健康、心理健康、行为健康、道德健康、社会健康和环境健康等内容在内的，旨在维持健康、修复健康、促进健康的一系列有规模的产品生产、服务提供及信息传播等活动的统称，是一个与人的整体健康直接或间接相关的产业体系的总称。

（一）产业整体发展情况

1. 医养健康产业体系基本形成，处于全国领先地位

近年来，山东省医养健康产业规模不断扩大，产业门类较为齐全，形成了以医疗服务、健康教育与管理、健康养老、生物医药、医疗器械与装备、中医中药、体育健身、健康旅游、健康食品和健康大数据为主导的健康产业体系，同时产业结构逐步优化，医养健康新兴产业比重不断提高。2016 年，全省医养健康产业增加值 4 284.8 亿元，占地区生产总值的比重为 6.3%。其中，健康制造业和健康建筑业 2 108.6 亿元，占 49.2%；健康服务业 2 091.9 亿元，占 48.8%；健康农业 84.3 亿元，占 2%。山东省内现已初步形成了以济南、青岛、菏泽为代表的现代医药产业集聚地，以威海、淄博等为代表的医疗器械产业集聚地，以青岛、济南、德州为代表的体育产业集聚地。烟台海洋生物与医药产业集群、菏泽生物医药医养健康产业集群入选国家创新型产业集群试点；威海火炬高新区入选医疗器械类国家新型工业化产业示范基地；8 家企业入选 2017 中国医药工业百强，拥有医药上市公司 17 家，占 A 股医药上市公司总数的 6%；3 家企业入选全国健身器材十大品牌；农产品出口总值连续 19 年位居全国首位，阿胶产品占全国 80%的市场份额。整体来看，山东省医养健康产业的发展处于全国领先地位。

2. 资源及基础优势突出，市场需求空间巨大

山东省是人口大省、经济大省和文化大省，医养健康资源丰富，自然生态环境良好，发展医养健康产业具有得天独厚的优势。近年来，随着“健康中国”战略的推进实施，群众健康意识不断增强，医养健康产业呈现快速发展态势。在自然资源方面，山东省地处东部沿海、黄河下游，纬度适宜、海拔适中，光照资源充足，地质地貌丰富，自然生态环境优良，拥有 3 000 多千米的岸线资源和泰山、蒙山、崂山等文化名山，以及天下第一泉、曲

阜三孔、台儿庄古城等5A级风景旅游区。全省中药资源约1 500种,占全国中药资源种类的10%以上。国家Ⅱ类以上土壤环境质量标准土地占陆域面积的95%,其中94.53%的耕地可作为绿色农产品生产区,是全国粮食作物和经济作物重点产区,素有“粮棉油之库、水果水产之乡”之称。在医疗养老基础方面,2017年,全省人均期望寿命达到78.5岁。全省拥有各级各类医疗卫生机构79 099个,其中二级(含)以上医院2 450个(三级医院166个)、基层医疗卫生机构75 105个、专业公共卫生机构1 352个,总数位居全国前列;拥有床位59.19万张,居全国第一位;每千人口医疗卫生机构床位数5.92张,高于全国平均水平。65周岁以上老年人的健康管理率达到66.59%。正在运营的养老服务机构2 031家,拥有养老床位70万张,数量均居全国前列。

同时,山东省市场需求空间巨大。山东省人口总量位居全国第二,2017年全省出生人口174.98万,占全国的1/10,常住人口、户籍人口数量均突破1亿。老龄人口基数大,60岁及以上老年人2 137万,占总人口的21.4%,且呈加速发展的态势。幼儿保健、养老保健特别是老年病诊疗、老年护理、康复及中医药等服务需求不断增长。居民消费能力持续提升,居民人均可支配收入达到26 930元。山东省是全国由南向北扩大开放、由东向西梯度发展的战略节点,是“一带一路”建设的重要交通枢纽,周边河南、江苏、安徽、河北等省人口数量均居全国前列,独特的地理区位优势为产业发展提供了广阔的市场空间。

3. 创新能力不强,发展后劲不足

山东省医养健康产业虽然处于领先地位,但是受创新能力限制,发展后劲不足,目前已被江苏迎头赶上。据调查,2018年4月,杰华生物技术(青岛)有限公司治疗乙肝的新药“乐复能”获取国家一类生物新药证书之前,山东省的上一条记录还是2005年烟台麦得津公司的抗肿瘤血管靶向药物“恩度”,其间13年,山东省未拿到一个一类新药证书;2015年山东省仿制新药注册申请数量为1 652件,而江苏省仿制新药注册申请数量为2 435件,远低于江苏省水平;截至目前,全国已通过的仿制药质量和疗效一致性评价的57个品规中,山东省仅通过2个,而浙江省仅华海药业就通过了10个。由此可见,在创新能力方面山东省渐渐落后于其他省市,并严重影响了山东省医养健康产业的发展速度。

(二)代表性产业园区发展情况

1. 济南高新区

济南高新区承担了引领发展生物医药产业聚集的重担,生命科学城成为济南高新区生物医药产业发展的主要代表园区。2017年被科技部火炬中心推荐为全国生物医药产业集群(园区)协同创新联盟发起单位和副理事长单位之一;科技部中国生物技术发展中心发布的2016年国家高新区生物医药产业综合竞争力50强榜单中,济南高新区紧跟北京中关村科技园区、上海张江高新区、武汉东湖高新区、苏州工业园,位列第五位,各项评价指标均居全国高新区前列;2018年,生命科学城代表高新区生物医药特色产业集群顺利通过山东省财政厅、科技厅、中小企业局联合组织的竞争性评审答辩,成功入选山东省先进制造业产业集群扶持范围，这也是济南市唯一入选的产业集群项目。“十二五”以来，济南高新区生物医药企业总数由2010年末的123家，增长到2017年末的1 700余家，年均增长达到45%；生物医药产业销售总收入由2010年的74亿元，增长到2017年末的750亿元，年均增长速度达到38%。高层次人才引进方面，累计引进院士5人、山东省“泰山学者海外特聘专家”23人、济南市“5150引才计划”221人，目前各类生物医药人才近3 000人，其中博士400余位、硕士1 800余位，生物医药行业从业人员5.7万人，极大地提升了高新区生物医药自主创新水平。

2. 山东中医药文化产业园

位于长清区马山镇中药材核心区的山东中医药文化产业园，先后带动起马山镇及周边乡镇种植面积达2.7万余亩，辐射济南仲宫3村、历城区兴隆办事处郑家窝等5村、德州林业局及章丘等地种植面积共计1.6万亩，与他们签订药材回收合同并制定最低保护价，形成了“龙头企业＋合作社＋园区＋农户”的联结模式，人均增收3 000余元，总计安排就业2 500余人，实现了村民不出家门即就业的梦想。同时积极响应精准扶贫的政策号召，扶持成立的军威中药材种植合作社与长清区五峰街道办事处李店村、孝里镇南黄崖村、北黄崖村等30余村结成帮扶对子，帮助贫困村种植中药材近万亩，人均增收3000余元，为全区精准脱贫工作做出了贡献。

3. 海洋生物医药创新中心

海洋生物医药创新中心已初步建成海洋创新药筛选与评价中心、海洋糖工程药物等10个研发平台，组建了由管华诗和欧阳平凯院士领衔的153人研发团队，硕士以上人员占98%，在研海洋生物一类创新药4个和二类改良药20余个，3个系列的海洋生物功能制品进入产业化；服务高校和科研院所54所，医药企业116家，累计实现技术服务收入逾4 500万元。其中，“天然抗肿瘤新药BG136”等数个海洋生物一类创新药物已进入临床前研究，有望明年陆续申请新药临床批件，治疗Ⅱ型糖尿病的二甲双胍格列齐特双缓释片等一批与企业合作的海洋创新药和海洋生物制品研发进展顺利或将投放市场。作为青岛市首个科技创新中心，海洋生物医药创新中心还承担了科技计划管理改革的试点任务，拥有自主项目遴选权和资金分配权，为科技管理“放管服”深化改革做了有益的尝试。

4. 山东国际生物科技园

山东国际生物科技园是由烟台高新区管委和绿叶生命科学集团共同建设，未来可容纳300家以上高科技企业入园创业。园区聚焦于研发，着力发展生物医药、健康医疗、精准医学与再生医疗、海洋生物高端产业，将积极打造烟台国际生物医药与健康产业创新中心。园区高点定位，立足新兴产业发展，大力推进现代生物医药和健康产业创新体系建设，已经与中科院上海药物所、同济大学、中国药科大学、上海中医药大学、中国医学科学院药物研究所国家药物筛选中心等知名院所和科研机构开展入园合作，积极开展研发创新、中试孵化和配套服务，并已被列为“国家山东创新药物烟台孵化基地”“国家综合性新药研发技术大平台烟台基地”“国家级科技企业孵化器”“国家海洋生物与医药创新型特色产业集群”。

目前，园区已有60余个创业项目已入园发展，涵盖了创新药物新制剂、诊断试剂、医疗器械、精准医学、海洋生物功能产品等多个国家重点发展的生物产业领域。入园目前成功引进专家7名、“泰山学者”14名，海归高层次人才50多名，形成了强大的人才资源保障。园区按照国际先进的生物医药和医疗健康产业发展理念，以山东国际生物科技园为核心载体，聚焦“生物新医药”和“健康医疗服务”两大领域，建设“国际生物医药创新中心”和“国际健康产业创新中心”两大中心，构建覆盖生物医药和生命健康管理全产业链的创新综合体，打造成为引领带动山东乃至全国生物医药与健康产业发展的核心平台。

5. 东方海洋精准医疗科技园

东方海洋精准医疗科技园项目总投资20亿元，占地354亩，建筑面积24万平方米，包括精准医疗器械的研发与生产、第三方检测实验室、技术交流与服务、技术孵化四位一体，是山东省建设的首个精准医疗领域科技型园区，是目前国内技术前沿功能齐全、设计规模最大的精准医疗科技园区。项目一期占地83亩，于2016年7月开工，主要建设办公楼、厂房及研发中心等共2.6万平方米。项目全部建成投产后，预计年销售额可达24亿元，利税约9亿元，将极大推动全市乃至全省医药与健康产业发展，为我国加快构建医疗产业链和生物、临床、大数据一体化服务奠定坚实基础。

6. 医疗器械与生物医药产业园

医疗器械与生物医药产业园分为建设发展区、重点拓展区、预留控制区。重点拓展区一期分为科研服务区和生产孵化区两大功能分区，科研服务区主要为园区提供科研、办公服务以及职工住宿、餐饮；生产孵化区主要以满足不同企业要求的各类厂房为主，并配套设备用房。医疗器械与生物医药产业园建设发展区目前拥有威高集团、海博橡塑、诺达制药等100余家企业，2016年度总产值400多亿元。待整个园区建成后，各类建筑面积将达到500万平方米，产业规模超过2 000亿元。

以上为山东省建成或在建代表性医养健康产业园区或平台，部分产业园区的规划已初见成效，按照产业集聚、错位协同、均衡发展的原则，依托区位、交通和资源优势，强化核心引领、带状集聚、多点支撑，各产业园区将辐射带动全省医养健康产业快速发展。

二、山东省医养健康产业技术创新发展情况

（一）产业技术创新发展水平

目前山东省拥有青岛海洋科学与技术国家实验室、国家重大新药创制平台、国家级

创新药物孵化基地、国家海洋药物工程技术研究分中心等一批国家级重大创新平台。山东省现已成为国家健康医疗大数据中心建设试点省，全省人口健康信息资源综合平台实现与17个设区的市、12大省级业务系统互联互通。省临床医学研究中心也已经正式启动建设。山东大学、山东中医药大学、山东体育学院等一批院校开设了生物制药、养老护理、体育休闲、健康管理、旅游等医养健康产业类专业及研究方向，医养健康产业人才队伍日益发展壮大。

(二)十个代表性技术创新发展平台

1. 青岛海洋生物医药研究院

青岛海洋生物医药研究院，是由中国海洋大学在国家海洋药物工程技术研究中心和海大医药学院的基础上创办，按现代企业制度管理、具有独立法人资质的海洋药物协同创新基地(平台)。作为顺应国家海洋战略、海洋药物学科发展规律和产业发展势头应运而生的创新型研发机构，研究院重点从事海洋生物医药领域的科学研究及科技开发主导下的各种技术转让、咨询与服务，致力于加速海洋科技成果熟化开发和技术转移转化，支撑、引领海洋生物医药行业的科技创新，推进海洋生物医药产业的快速发展。根据发展定位和任务的需要，研究院采取二元化法人治理体系，按照协同创新模式的运作，积极打造“政、产、学、研、用、金”一体化的海洋生物医药(技术、产品)协同创新基地。

2. 山东省重大新药创制中心

山东省重大新药创制中心，是依据国家“重大新药创制”科技重大专项计划，由山东省政府组织省内药学研究力量和部分企业组建的集产学研于一体的创新药物研究机构，是国家重大新药创制专项体系的一部分。“创制中心”是在山东省政府的直接领导下，由山东大学、中国海洋大学、山东省药学科学院等联合组建的股份制事业单位，由科技厅归口管理。通过“以济南高新区为中心，技术链与产业化链相衔接的‘一区、六基地、二十个示范企业、三十个高端研发团队、三个新药产业密集区’”为主要内容的新药创制体系建设，形成了区域相对集中、服务能力完善、具有国内先进水平的现代新药研究与成果转化体系，并构建了一个从新药发现、筛选、评价、新制剂临床前研究到中试研究、工艺研究等的产业化开发的重大新药创制科技支撑体系，有力地推动了全省的生物医药企业的发展。

3. 国际生物医药创新中心

国际生物医药创新中心，总建筑面积30万平方米，主要开展生物医药、再生医学与精准医学等领域的研发创新、技术孵化和企业培育。目前，中心已与中国科学院上海药物所、英国国家医学研究院等20多家国内外知名研究院所和高校建立合作，入驻中科院上海药物研究所烟台分所、绿叶制药研发中心、中俄科技创新园、烟台高层次人才创业园等在生物医药与医养结合领域领先的机构，建成药物安全性评价中心、生物技术中心、知识产权、国际注册、投融资、成果转化等一批公共技术服务平台，吸引200多个创业项目入园孵化。预计到2020年,集聚国内外科研院所分支机构30家以上,拥有自主知识产权500项以上,实现专利成果转化100项以上,成为引领山东半岛乃至全国生物医药创新研发的核心载体。

4. 国际健康产业创新中心

国际健康产业创新中心,总建筑面积30万平方米,致力打造在国内最具影响力、接轨国际医养结合产业的特色园区。目前,已成功收购或控股澳大利亚Health Care集团、新加坡Asia Media、新加坡Vela Diagnostics公司、韩国JC健康株式会社、韩国知名妇儿专科品牌爱丽美(Ellium)等5家国际一流医疗集团,着力整合新加坡、澳大利亚、韩国、日本等全球海外高端医疗服务资源,加大国内一流的大学、科研院所与医疗机构的引进建设力度。韩国鲍巴斯康复医院、爱丽美整形美容医院已开业运营,韩国爱丽美女性医院、好未来齿科医院等即将开业。预计到2020年,将汇聚各类国际医疗创新及医养结合服务机构、专科医院、专业治疗中心等30家以上,引进国际权威专家、领军人才200名以上,年收入突破20亿元,成为全球化领军型特色医养结合产业示范区。

5. 国家糖工程技术研究中心

国家糖工程技术研究中心,于2007年4月13日经国家科技部批准列入2006年国家工程技术研究中心组建项目计划,2010年通过验收,并正式挂牌。中心通过研究开发糖的工业规模制备和利用技术、分析与评价技术,搭建一个以糖为主要研发对象的工程化技术研究平台,围绕糖类生物质资源产生能源和化工产品、新型糖及其衍生物药物的研发以及功能糖的研制及其在食品、饲料、农药等方面的应用,面向企业规模生产的实际需要,促进糖科研成果向生产力转化,提高现有糖科技成果的成熟性、配套性和工程化水平,并不断地推出具有高科技含量、高增值效益的系列产品。中心促进基础研究的探索性与企业需求成果的成熟性相衔接,促进小而分散的研究与企业对成果要求的集成性相衔接,提高现有糖产品的技术含量,促进糖衍生产品的开发,促进糖制备、分析、评价及标准化技术研究,促进糖工程化技术人才的培养,降低糖产业化及工程化风险,占领糖工程技术研究开发高地,辐射和带动我国糖产业的全面发展。

6. 长效和靶向制剂国家重点实验室

长效和靶向制剂国家重点实验室,于2010年1月获科技部批准开始建设,并于2014年9月通过科技部组织的验收。实验室以创新药物制剂的研究为目标,紧密围绕长效注射微球、靶向脂质体、药用高端辅料开展研究,凝练了长效制剂给药系统和释药技术研究、靶向制剂给药系统和释药技术研究、长效和靶向制剂高端载体材料研制开发等三大研究方向,开展长效和靶向制剂相关基础理论与应用技术研究。在长效制剂关键技术攻克及新药研发方面:实验室建立了完善的新型制剂技术研究平台,突破了微球连续动态制备、符合cGMP标准的全程无菌控制和微球制剂产业化生产设备设计等关键技术,建成了国际先进水平的生产线。实验室目前有4个产品同期开展国际注册,其中,注射用利培酮微球已经美国食品药品监督管理局(FDA)确认,不需再进行任何临床试验,可直接提交新药申请(NDA),该产品有望成为我国第一个在美国上市的新药。在靶向制剂关键技术攻克及新药研发方面：突破了脂质体包封率、稳定性及产业化放大关键技术瓶颈，形成了脂质体产业化的生产管理规范和质量控制体系，集成开发了具有自主知识产权的脂质体生产线智能化设备。完成紫杉醇脂质体技术升级，肿瘤药物市场中国自主知识产权产品销量第一位。在高端载体材料研发方面：突破了注射级微球和脂质体辅料的精制技术，建成了符合GMP要求的药用长效制剂辅料中试合成车间。目前部分品种已实现中试GMP生产，7种型号辅料已获生产批件。

7. 药物代谢动力学研究与分析测试中心

药物代谢动力学研究与分析测试中心，总建筑面积2 600平方米。配备核磁共振仪、电感偶尔质谱仪、液质联用仪、圆二色谱仪等专业仪器设备及实验室工艺辅助系统约937台(套)。主要建立药物代谢动力学实验室和分析测试实验室，为新药药代筛选和评价以及结构分析和质量研究提供技术服务。业务服务范围除涵盖化学药物、生物药物、中药与天然药物、医疗器械与诊断试剂外，还可为功能食品、各种机能保健品、化妆品以及动物药提供分析和质量研究服务。

8. 中药质量标准化研究重点实验室

中药质量标准化研究重点实验室，于2003年11月成立，本室以中药质量标准规范化研究为龙头，重点加强对指纹图谱的研究，带动中药现代化的发展。主要研究方向：中药创新药物的质量标准化研究，中成药二次开发中质量标准的规范化研究。近年来承担厅级以上的研究课题19项。其中国家级课题2项，省部级课题6项，厅级12项，获省部级奖3项，厅级2项，获得国家新药证书2项，新药临床批件6项。

9. 山东省医学影像学研究所

山东省医学影像学研究所，成立于1975年，是目前国内规模最大、技术力量最雄厚、唯一具有独立法人资格的集医学影像学诊断、介入治疗、科研和教学培训一体的医疗机构；是山东省医学影像学临床医学中心和山东省医学影像诊疗科技创新联盟牵头单位，以及国家卫计委主管、中国医师协会主办的《健康中国2020女性肿瘤防治工程》组织委员会认定的山东省唯一的乳腺肿瘤规范化早诊早治项目全国示范基地、全国教学培训基地和全国影像学研究基地；也是全国较早设立影像学博士点和博士后科研流动站的单位，在国内居于领先的学术、技术地位。其开展的双源CT冠状动脉成像技术、在影像导向下的粒子植入技术等20多项新技术、新项目为全国首创甚至国际领先。

10. 心血管重构与功能研究重点实验室

心血管重构与功能研究重点实验室，始建于2002年，是教育部批准的“211”工程和“985”工程重点建设项目。2004年教育部批准建设山东大学心血管重构和功能研究重点实验室，2006年通过教育部验收，2010年以小组排名第一的优异成绩通过教育部评估。2005年卫生部批准建设心血管重构与功能研究重点实验室，2009年通过卫生部验收。2006年被评为强化建设的山东省重点学科，2007年被评为国家重点学科，2009年被评为省部共建国家重点实验室培育基地，2010年被评为山东省心血管病临床医学中心，2011年被评为国家临床重点专科。本实验室的主要研究方向为心血管重构的调控机制、检测技术和干预策略。实验室现有医、教、研总人数 57 人，其中中国工程院院士 1 人，国家特聘教授 1 人，国家杰出青年基金获得者 4 人，教育部特聘和讲座教授 4 人，“泰山学者”特聘教授 6 人，“齐鲁学者”特聘教授 5 人，博士生导师 27 人，教授 30 人。具有一批在国际学术界有较强竞争实力的学术带头人，形成了一支朝气蓬勃、年富力强的科研队伍，2010 年以张运院士为带头人的学术团队获得国家基金委创新研究群体基金资助，成为我国心内科第一个国家级创新研究群体。

三、医养健康产业人才发展情况分析

（一）医养健康产业人才大数据分析

基于清华大学开发的 AMiner 平台进行产业人才大数据分析，该平台数据库基于全球主流学术数据库（Scopus，PubMed、DBLP 等）、搜索引擎以及学术期刊会议数据。其中 Scopus 是目前全球规模最大的文摘和引文数据库，涵盖了由 5 000 多家出版商出版发行的科技、医学和社会科学方面的 20 000 余种期刊，其中同行评审期刊 19 000 余种，另外还有丛书、会议录、专利及网页。PubMed 为提供生物医学方面的论文搜寻以及摘要的数据库。DBLP 数据库是计算机领域内对研究的成果以作者为核心的一个计算机类英文文献的集成数据库，包括国际期刊和会议等公开发表的论文。

根据 AMiner 科研大数据，对全国医养健康产业人才进行了统计，检索范围包含药品保健品、医用设备器械、医用设备器械、医养健康服务等 4 个子领域，对全球学者数据中属于该领域的中国学者进行了抽取，进行了人才地理分布、学术水平等方面的统计；并着重分析了山东省在该领域的人才地理分布、学术能力水平、人才流动等情况。

1. 人才地理分布

人才地理分布是根据全国范围内该领域 h-index（h-index 是目前最受认可的评价学术成就的方法。h 代表“高引用次数”，一名科研人员的 h 指数是指他至多有 h 篇论文分别被引用了至少 h 次）排名 TOP 1 000 学者（以下简称“TOP 学者”）的当前单位地理位置统计获得的，如表 5.3.1 所示。山东省历来重视人才的引进工作，近年来出台了一系列相关的人才引进激励政策。根据全国医养健康产业内 TOP 学者的人才地理分布可以看出，医养健康 TOP 1 000 人才地理分布主要集中在北京市和上海市，分别占到全国的 17.2%和 16.3%；其次为以济南、青岛为代表的山东省，山东 TOP 1 000 人才占全国的 12.8%。山东省在全国排名第三，处于前列位置，显示出山东省近年来人才引进激励政策取得的良好效果。

表 5.3.1　　全国医养健康产业内 TOP 学者分布

排名	省/直辖市	TOP 学者数量	TOP 学者占比
1	北京	172	17.2%
2	上海	163	16.3%
3	山东	128	12.8%
4	江苏	95	9.5%
5	辽宁	48	4.8%
6	广东	46	4.6%
9	浙江	33	3.3%

（数据来源：医养健康产业子课题组基于 AMiner 平台数据分析整理获得）

2. 人才流动分析

人才流动是调整人才社会结构，充分发挥人才潜能必不可少的重要环节。根据山东省医养健康领域内高层次人才迁入—迁出情况（详见图 5.3.1 和表 5.3.2）可以看出，山东省高层次人才流动较为突出，济南、青岛、烟台、泰安等城市高层次人才流动较大。但总体上，人才数量呈现增长趋势。人才流动性较大的地市皆呈现出人才流入高于人才流出的现象，说明山东省目前医养健康产业的发展环境对该产业高层次人才具有一定的吸引力，但是不能够长久地留住人才。

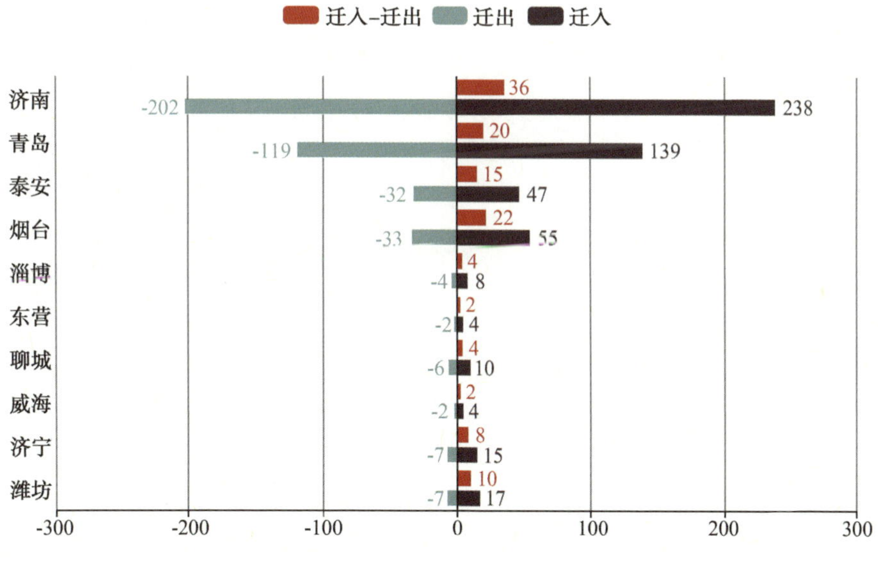

图 5.3.1　医养健康产业全国 TOP 学者中山东人才迁徙状况

表 5.3.2　　山东省高层次人才迁入—迁出情况

城市	迁出(单位:人次)	迁入(单位:人次)	迁入—迁出
济南	202	238	36
青岛	119	139	20
泰安	32	47	15
烟台	33	55	22
淄博	4	8	4
东营	2	4	2
聊城	6	10	4
威海	2	4	2
济宁	7	15	8

(数据来源:医养健康产业子课题组基于 AMiner 平台数据分析整理获得)

3. 学术水平分析

在学术水平方面,通过对全国医养健康领域学者的学术水平进行分析,用各省高层次人才 h-index 平均值进行排序(详见表 5.3.3)。全国医养健康领域 h-index 平均值为 18.2,排名前五的省/直辖市 h-index 平均值都不低于 19.0,其中 h-index 平均值最高的是北京,为 19.6;山东省则位列 14,h-index 平均值仅为 17.6,与其他领先省市还有较大的差距。由此可见,山东省高层次人才虽然在数量上占优,但是整体创新能力还有待进一步的激发。

表 5.3.3　　全国高层次人才 h-index 平均值情况

排名	省份	h-index 平均值
1	北京	19.6
2	甘肃	19.2
3	天津	19.2
4	广西	19.0
5	江苏	19.0
6	上海	18.9
10	广东	18.2
14	山东	17.6
16	浙江	17.2

(数据来源:医养健康产业子课题组基于 AMiner 平台数据分析整理获得)

4. 人才机构分布

山东大学、山东中医药大学、山东体育学院等一批院校开设了生物制药、养老护理、体育休闲、健康管理、旅游等医养健康产业类专业及研究方向，医养健康产业人才队伍日益发展壮大。在全国医养健康领域内，TOP 1 000 的学者中，山东学者有 128 人，其中山东大学学者占比最高，计 45 人，占比 35.2%，远超过其他大学；济南大学其次，10 人，占比 7.8%；其他大学占比普遍较低（详见表 5.3.4）。人数最多的山东大学比排名第二的济南大学高出 35 人，高层次人才数量在高校间分布均衡性有待进一步提升。

表 5.3.4　山东省高层次人才高校分布情况

机构	人数占比	占比
山东大学	45	35.2%
济南大学	10	7.8%
中国海洋大学	7	5.5%
青岛大学	6	4.7%
山东省医学科学院	3	2.3%
中国科学院海洋研究所	2	1.6%
烟台大学	2	1.6%
其他	53	41.4%

（数据来源：医养健康产业子课题组基于 AMiner 平台数据分析整理获得）

5. 技术发展趋势分析

技术发展趋势是技术发展的源起和未来趋势的重要呈现工具。技术发展趋势是根据“全球”学术研究数据，基于该领域最具代表性的学科关键词检索得出。趋势以河流图形式展示，每个彩色分支表示一个关键词领域，其宽度表示该关键词的研究热度，各关键词在每一年份（纵轴）的位置是按照这一时间点上所有关键词的热度高低进行排序的。图 5.3.2 是以“药品”（medicine products）为关键词绘制的技术发展趋势图，多药耐药（multidrug resistance）、细胞系（cell line）、元分析（meta analysis）都是近期的研究热点。

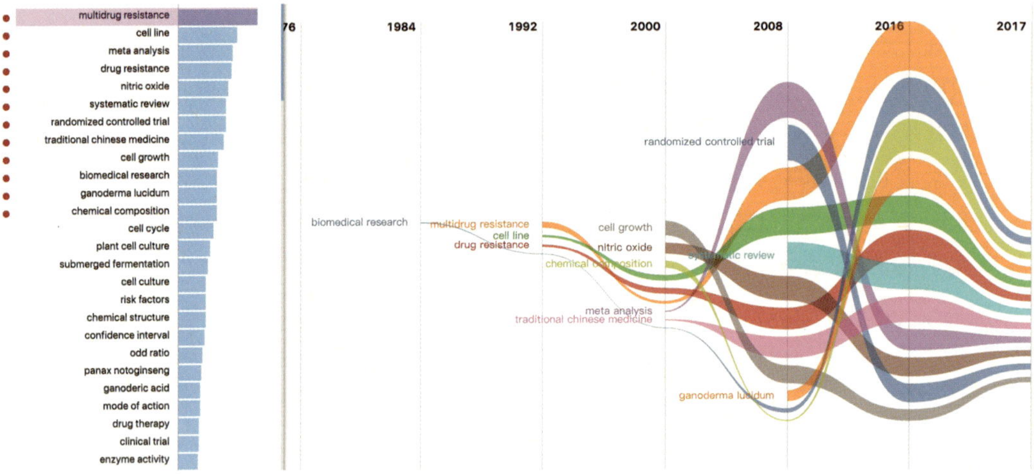

multidrug resistance	多药耐药	cell line	细胞系
meta analysis	元分析	Drug resistance	抗药性
Nitric oxide	一氧化氮	Systematic review	系统综述
Randomized controlled trial	随机对照试验	Traditional chinese medicine	中药
Cell growth	细胞生长	Biomedical research	生物医药学
Ganoderma lucidum	灵芝	Chemical composition	化学成分
Cell cycle	细胞循环	Plant cell culture	植物细胞培养
Submergerd fermentation	深层发酵	Cell culture	细胞培养
Risk factors	风险因素	Chemical structure	化学机构
Confidence interval	置信区间	Odd ratio	奇数比率
Panax notoginseng	三七	Ganoderic acid	灵芝酸
Mode of action	行为模式	Drug therapy	药物治疗
Clinical trial	临床实验	Enzyme activity	酶活性

图 5.3.2　医养健康产业技术发展趋势及近期研究热点图

6. 学者合作关系网络与研究兴趣

学者关系网络的绘制主要是为了解山东省专家人才的关系网络及科研聚群状况。通过学者关系网可以快速找到科研专家人才之间的关系，为科研工作的组织等发掘新的方法和手段。图 5.3.3 是根据山东省医养健康 TOP 学者及他们的合作者、师生关系等绘制的学者关系网络图。图中标注姓名的学者是关系网络中关系链比较丰富、处于较为核心位置的专家学者，有顾谦群(Qianqun Gu)、朱天骄(Tianjiao Zhu)、李民用(Minyong Li)、朱伟明(Weiming Zhu)、薛小楠(Xiaonan Xue)等。

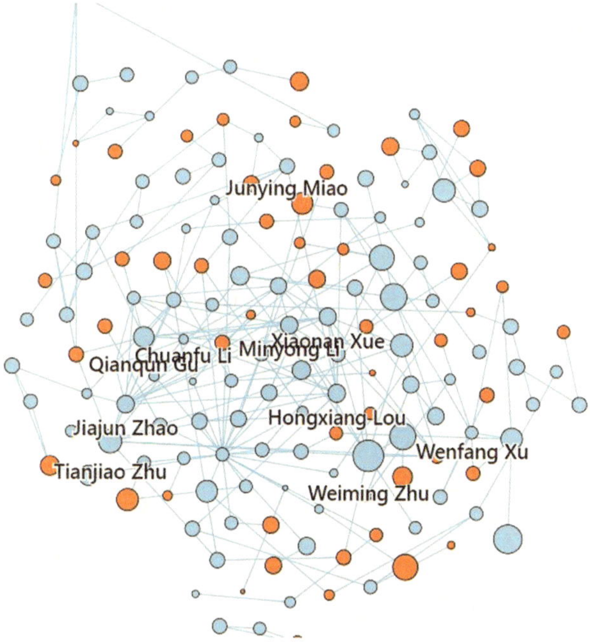

图 5.3.3　山东省医养健康产业 TOP 学者关系网络

研究兴趣方面，AMiner 根据学者的论文、专利等研究成果，绘制学者学术画像，其中每位学者的研究兴趣不唯一。图 5.3.4 根据山东省医养健康领域学者研究兴趣出现的高频关键词绘制，研究兴趣的分布由大数据计算得出。

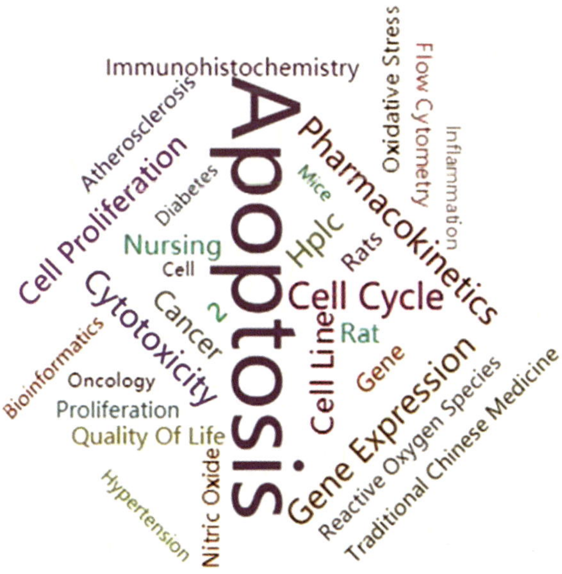

Atherosclerosis	动脉粥样硬化	Hplc	色谱法
Cell proliferation	细胞增殖	Rats	老鼠
Nursing	护理	Cell cycle	细胞周期
Cancer	癌症	Cell line	细胞系
Cytotoxicity	细胞毒性	Gene	基因
Quality of life	生活质量	Gene expression	基因表达
apoptosis	细胞凋亡	Reactive oxygen species	活性氧
Traditional Chinese medicine	中药	Immunohistochemistry	免疫组织化学
Oncology	肿瘤学	Bioinformatics	生物信息学
Diabetes	糖尿病	Hypertension	高血压
Oxidative stress	氧化应激	Nitric oxide	一氧化氮
Flow cytometry	流式细胞	inflammation	炎症
pharmacokinetics	药物动力学	mice	老鼠

图 5.3.4 山东省医养健康产业 TOP 学者兴趣领域

（二）十位医养健康产业代表性人才

1. 管华诗

中国工程院院士，水产品加工、海洋生物及海洋生物工程制品专家。出生于山东省夏津县。1964 年毕业于山东海洋学院（今中国海洋大学）。现任中国海洋大学教授、博导，国家海洋药物工程技术研究中心主任，兼任国家重点基础研究发展规划专家顾问组成员、国务院学位委员会学科评议组成员。长期从事海洋生物资源高值化利用及海洋药物的教学科研工作。

2. 欧阳平凯

中国工程院院士，生物化工专家。南京工业大学生物与制药工程学院教授、博士生导师，名誉院长，南京工业大学原校长。组建和领导了国家生物化工技术研究中心；创造性地提出运用组合合成的方法构建与优化生物化工过程，在复杂的酶系中将反应与反应组合、反应与生物膜组合、反应与分离组合，使中国 FDP、L-丙氨酸、L-苯丙氨酸、L-苹果酸的生产技术达到国际先进水平；首创了利用反应与分离耦合技术在高固含量拟低共熔体系所实现的单槽过程，大幅度提高了反应速度与产物浓度，缩短了流程，降低了成本；研发了包括气升式等系列高效生物反应器、生物分离等单元操作装置，率先形成批量生产与工程配套能力，促进了中国用生物技术生产专用化学品新领域的发展。

3. 韩军

美国明尼苏达大学制药学博士。现任聊城大学教授、美中生物医药协会（CABA）创会会长，中美医药开发协会（SAPA）纽英伦会长和美国药学会（AAPS）处方前研究委员会成员。曾任职于赛诺菲安万特（Sanofi-Aventis）、辉瑞（Pfizer）、奥瑞德（Oread）、雅培制药(Abbott)、诺华制药(Novartis)及巴尔(BarrLabs)/梯瓦制药(Teva)等国际著名制药公司,并获得多项公司及协会奖励。主要致力于新药/仿制药新制剂创新以及产品开发和注册。主持实施了多个药物成药性评审技术改造、创新制剂及新药研发项目,累计负责100多个仿制药产品项目的管理开发及FDA和EMEA的注册工作。

4. 黄璐琦

中国工程院院士,中国中医科学院常务副院长,首席研究员。现为第四次全国中药资源普查试点工作专家指导组组长,科技部重点领域中药资源创新团队负责人,部局共建道地药材国家重点实验室(培育基地)负责人。主要从事中药资源学与分子生药学研究。获国家科学技术进步二等奖4项,省部级一等奖2项,二等奖7项。发表论文370余篇,主编著作17部,获国家发明专利11项。2015年,受聘担任我院山东省中药质量控制技术重点实验室学术委员会主任。

5. 李又欣

绿叶制药集团副总裁,博士,山东省泰山学者海外特聘专家。中国化学学会终身会员,国际纯化学与应用化学联合会会员,国际控制释放学会会员,中国药学会制剂专业委员会、国际交流工作委员会委员。吉林大学、烟台大学特聘教授,博士生导师。在新药及新型制剂开发、组织工程、生物材料等领域拥有20余年的研发经验。主持以及作为技术骨干开发的治疗帕金森症的新药Neupro、治疗癫痫的新药Vimpat以及治疗尿失禁的新药Toviaz都已在欧美上市;发明多种用于长效缓释微球制剂的生物可降解材料,其中3种已成功进行工业化开发。

6. 谢立信

中国工程院院士,我国著名的眼科学专家,博士生导师。山东省医学科学院名誉院长、山东省眼科研究所所长,中华医学会眼科学分会荣誉主任委员。谢立信院士主要从事眼科角膜病、白内障的应用基础研究和临床诊治,特别在角膜内皮细胞应用理论、感染性角膜病、白内障手术技术改进和眼内植入缓释药物等方面做出了突出贡献,是我国角膜病专业的领军者,白内障超声乳化微创手术的开拓者,中国眼库建设的主要创始人之一。1987～1988年赴美国路易斯安那州立大学眼科中心从事角膜病研究。回国后,于1990年在青岛创建山东省眼科研究所,发展至今,已具有青岛眼科医院、山东省眼科医院、山东省眼科验光配镜中心三个法人单位,是眼科学博士学位授予单位。20年来,山东省眼科研究所不断做大做强,已形成三个国家级学术平台,分别是省部共建国家眼科学重点实验室培育基地、教育部眼科学国家重点学科,卫计委国家临床重点专科建设单位,成为集科研、医疗、教学为一体的我国现代主要眼科中心之一。

7. 于金明

中国工程院院士,放射学博士,山东省医学科学院名誉院长,山东省肿瘤医院院长,博士生导师。中国抗癌协会副理事长,中华医学会放射肿瘤学专业委员会名誉主任委员和中国抗癌协会放疗专业委员会主任委员,山东省抗癌协会理事长,中央保健会诊专家和中央联系的高级专家,现任《中华肿瘤防治杂志》和《中华放射肿瘤学杂志》等多家杂志的主编或副主编。1988～1993 年在美国弗吉尼亚大学和哈佛大学从事肿瘤放射治疗研究，是我国现阶段开创性地开展肿瘤精确放疗新技术、新方法的开拓者之一，近年来带领他的团队创造性地率先开展影像引导的放疗、生物靶向放疗等多项新技术。

8. 张运

中国工程院院士，内科学心血管病学专家。医学博士，教授，博士生导师。张运院士是我国多普勒超声心动图技术的开拓者和奠基人，他在国际上首先建立了多普勒超声定量诊断瓣膜性和先天性心脏病的系列新方法，使这些患者避免了创伤性的心导管检查；他与国际同步开展了多平面经食管超声心动图诊断技术，自行研制了我国第一台三维超声心动图软件系统，建立了三维超声诊断心血管病的系列新技术；他在国际上首次建立了动脉粥样硬化易损斑块的力学模型和多种动物模型，阐明了斑块易损的炎症机制，建立了以斑块体积应变和冠脉循环炎症和凝血因子浓度梯度预测易损斑块的新方法，筛选出可预防斑块破裂的多个新的基因和药物疗法；发现促血管生长因子和促动脉生成因子可协同诱导生成有功能的血管网络，改善心肌局部血流量和收缩功能，为缺血心肌的促血管生成治疗提供了新方法。

9. 陈子江

中国科学院院士(2019 年当选)，国家重大科学研究计划“973”项目首席科学家，中国科学技术协会第七届全国委员，中华医学会妇产科分会委员兼内分泌学组组长，中华医学会生殖医学分会副主任委员，国际权威杂志 *Fertility and Sterility*、*Human Reproduction* 特邀审稿人，*Gynecologic and Obstetric Investigation* 副主编，*American Journal of Obstetrics and Gynecology* 国际顾问，《美国妇产科杂志》《中华妇产科杂志》等十余种国内外杂志编委。近 20 年主要从事妇产科生殖医学、生殖内分泌及生殖遗传学的临床和相关基础研究。

10. 李伯涛

齐鲁制药有限公司的董事长、党委书记，拥有全国劳动模范、国务院政府特殊津贴奖、山东省优秀共产党员、山东省劳动模范、山东省专业技术拔尖人才、山东省优秀企业家，改革开放 30 年济南优秀企业家等荣誉称号。

四、山东省医养健康产业发展存在的突出问题

(一)配套政策尚不健全，政策扶持跟不上

目前，山东省已经出台了一系列与医养健康产业相关的政策与规划，但大都尚停留

在健康行业的宏观层面上，后续的政策跟进不及时，政策扶持资金跟不上，在一定程度上导致了产业内企业参与市场竞争的先天失利，特别是医养健康产业内集聚的大量中小初创企业，急需要资金以及政策的支持，而相关政策扶持与资金支持不及时，很大程度上可以影响其后续的发展势头，甚至是其发展存亡的关键。

（二）医养健康产业发展不均衡，产业链条不完善

根据现有的相关统计，山东省医养健康产业还是以传统的医疗医药服务为主，其他新兴健康产业发展不足，产业发展不均衡。同时，医养健康产业内部各行业联系不紧密，协作能力不强。产业链中的企业缺乏与相关产业的协作，同时由于体制机制不健全、行业本身发展的不成熟等原因，使得医养健康产业现有产业链条没有得到有效的拓展延伸，相关产业的关联促进作用和波及效应没有发挥出来，不能展现出医养结合产业的发展合力。

（三）市场规范水平不高，缺乏行业标准

近年来，山东省医养健康产业发展迅速，部分地区已经聚集成产业集群，但由于涉及医疗服务、健康管理、保健品等众多领域，很多领域都属于新兴产业，产业内还没有形成完善、健全的政策体系和行业规范，并且加上相关服务标准的制定和执行乏力，进一步导致医养健康产业特别是保健品行业产品等质量参差不齐，市场发展相对无序。

（四）企业品牌优势不足，特色产业缺失

据统计，山东省已有生物医药及医疗器械企业规模普遍较小，竞争能力较弱，企业自主创新能力不强。目前，山东省50%以上制药企业产品以仿制药和长线药物为主，自主研发的原创药占比较小，主要依赖低成本和低价格参与市场竞争，企业利润率相较其他同行业偏低，进而又限制自主知识产权药物的研发，国际竞争力薄弱。

（五）从业人员素质参差不齐，各产业专业人才缺乏

近年来，山东省医养健康产业发展迅速，产业内企业数量不断上升，而每年培养的专业人员的数量并没有实质性的提高，供给与需求之间的差距决定了在医养健康产业内许多从业者并不具备应有的专业技能，甚至只是经过短短几天的岗前培训就匆匆上岗，导致了从业人员素质参差不齐，服务质量很难得到保障。同时，随着经济的发展和医养健康产业技术的革新，健康产品和服务也要随之调整，而新技术和新产品的研发又对人才的专业性有非常高的要求，拥有丰富专业知识和创新思维的专业人才是推动产品和服务更新换代的核心，但是目前山东省专业性高层次人才相对缺乏。

五、医养健康产业重点子领域发展对策建议

山东省医养健康产业门类较为齐全，形成了以医疗服务、健康教育与管理、健康养老、生物医药、医疗器械与装备、中医中药、体育健身、健康旅游、健康食品和健康大数据十大重点子领域为主导的健康产业体系，按照产业集聚、错位协同、均衡发展的原则，依托区位、交通和资源优势，目前已经形成了“三核三带多点”的医养健康产业发展格局。针对现已形成的十大重点子领域，课题组根据已有的问题，提出了以下具体对策建议：

（一）医疗服务

进一步优化医疗资源配置，实施“双创双提双满意”行动计划，聚焦聚力卫生计生事业高质量发展，构建与山东省经济社会发展水平相适应、与居民健康需求相匹配的整合型医疗卫生服务体系。

1. 加快医疗服务创新发展

支持济南建设国际医学科学中心，加快建成山东质子治疗中心，提升区域肿瘤诊疗水平。推进国家人类遗传基因库山东创新中心、中科院中能医用直线加速器等重大项目建设，充分发挥其在提升医疗技术、重大疾病诊疗水平方面的引领作用。支持青岛建设国际医疗中心，加快建成崂山湾国际生态健康城。加强国家心血管、急危重症、呼吸、肿瘤四大疑难危重疾病诊疗中心建设，完善心脑血管急症30分钟救治圈。积极推进省级区域医疗中心建设，争创国家级综合区域医疗中心和专科区域医疗中心。

2. 推进多元化办医

加快推进城市医疗集团建设，大力培育以资产为纽带、三级医院为主体、辐射区域二级医院和专科医院的纵向整合型医疗集团。允许公立医院以特许经营方式开展与社会资本合作，支持社会资本以联合、参股、兼并、收购、托管等方式参与公立医院改制重组。到2022年，全省三级社会医疗机构达到10家以上，每千人口社会办医床位数力争达到1.6张，社会办医服务量占医疗服务总量的25%以上。

3. 强化临床新技术应用

加强基础与临床的协同创新，加快组学技术、系统生物学、干细胞与再生医学、生物治疗、基因检测与靶向治疗等前沿技术的临床应用，增强重大疾病防治科技支撑能力。加快发展与基因技术紧密结合的精准医疗，建立高发疾病专病基因库和诊疗数据信息库，构建精准医学创新平台。加强出生缺陷、肿瘤、心脑血管、神经等疾病发生发展机制研究，支持开展复合手术、微创手术、介入手术、个性化治疗、手术机器人等临床治疗新技

术的推广应用。开发多维功能分子影像技术，引导精准放疗，提高常见恶性肿瘤的临床疗效，建设全国一流精准放疗中心。

4. 推动智慧医疗发展

鼓励医疗机构开展云计算、物联网、嵌入式软件、无线传感、人工智能、移动医疗 APP 等新一代信息技术应用，向患者提供智慧门诊、智慧病房、智慧医技、智慧管理、智慧后勤等智慧医疗服务。支持医疗联合体运用互联网技术，加快实现医疗资源上下贯通、信息互通共享、业务高效协同，推动构建有序的分级诊疗格局。到 2022 年，二级以上综合医疗机构普遍建设互联网医院。

（二）健康教育与管理

按照“多元化、个性化、全程化、智慧化”要求，加快构建全生命周期健康评估咨询体系和健康管理服务体系，推动健康教育与管理产业快速发展。

1. 广泛开展健康教育

大力发展医养健康相关图书、报纸、期刊、音像制品和电子出版物市场。发挥好传统媒体、自媒体、新媒体健康教育功能，推广普及医养健康科学知识，倡导积极健康的生活方式，不断提高居民健康素养。

2. 加快发展多元化健康管理服务

积极引进国内外知名专业健康管理机构和品牌，鼓励公立医院与社会资本合作开展健康管理服务。发展以商业保险机制为支撑，以健康风险管理为核心的健康管理新型组织，积极开展健康筛选咨询、未病管理与治疗等形式多样的健康管理服务。支持社会资本发展健康体检、专业护理、心理健康、母婴照料和残疾人护理等专业健康服务机构。大力发展健康市场调查、咨询、管理等第三方服务机构。

3. 积极拓展预防保健服务

以预防医疗服务为核心，加快完善预防保健产业链条，推动疾病治疗向健康促进转变。加强预防医疗科学研究，加快突破生物医学检测、生物治疗、细胞治疗等关键技术，发展基于基因检测的早期筛查与诊断，支持开展个性化预防和治疗服务。

4. 深入推进家庭医生签约服务

进一步拓展和深化家庭医生签约服务，将基本医疗、基本公共卫生和健康管理有机整合，为签约对象提供综合、连续的基本医疗卫生服务。到 2020 年，实现家庭医生签约服务制度全覆盖。支持各地结合实际，创新服务模式，丰富签约服务内涵，拓展个体化健康管理、社区医疗和双向转诊，促进家庭签约服务智慧化。

5. 持续提升妇幼健康保障水平

进一步健全妇幼健康服务体系，加强妇幼保健机构标准化建设，引进优质妇幼保健医疗资源，增加优质产院产房资源供给。打造高端人类辅助生殖机构，鼓励开办高端孕产期护理服务机构，引导医疗机构提供多样化的产科、儿科特需医疗服务。落实母婴安全行动计划和健康儿童行动计划，深入推进出生缺陷三级预防，实现免费产前筛查和新生儿筛查全覆盖。积极开展高龄孕产妇、再生育人群的服务和指导。

6. 不断丰富健康保险产品和服务

推进商业保险机构参与医疗保险经办服务，完善多层次医疗保障体系。积极引进国内外大型健康保险机构，满足多样化、多层次的健康保障需求。加快推进长期护理保险，到2020年，实现职工长期护理保险全覆盖；二级以上医疗机构全面推行医疗责任险。鼓励商业保险机构参与经办长期护理保险，积极开发与长期护理保险相衔接的商业护理保险产品。支持商业保险机构开发适销对路的疾病保险、医疗保险、护理保险、失能收入损失保险、医疗意外保险、手术意外险等健康保险产品。

（三）健康养老

积极应对人口老龄化趋势，充分发挥山东省生态环境等综合优势，完善老龄健康政策支持体系，做优以医养结合为重点的健康养老产业。到2022年，65岁以上老年人健康管理率达到85%以上。

1. 推进医养结合

创建全国医养结合示范省，加快建立以居家为基础、社区为依托、机构为补充、医养相结合、覆盖全体老年人的健康养老服务体系。深入推进机构医养结合，支持各地改造一批二级以上综合医院及非建制乡（镇、街道）所在地的基层医疗卫生机构，重点向康复、护理和养老服务延伸，或转型发展成为收治高龄、重病、失能、部分失能老年人的医养结合机构。引导养老机构申请开办老年病医院、老年康复医院、老年护理院、中医医院、安宁疗护机构等，配备专业康复人员或引入专业康复机构。

2. 开展社区居家健康养老服务

完善社区医养服务设施，推进与卫生、助残等公共服务设施统筹布局、互补共享，在社区养老服务机构配备护理人员、康复护理设施设备和器材，引导老年人日间照料中心、老年人活动中心、托老所等社区养老机构与周边医疗机构“嵌入式”发展或签订合作协议。引导社会力量管理运营社区医疗养老服务机构和设施，培育一批品牌化、连锁化、规模化的龙头社会组织，使社会力量成为提供社区医养服务的主体。

3. 丰富养老服务业态

大力发展养老服务企业，鼓励连锁化经营、集团化发展，实施品牌战略，培育一批各具特色、管理规范、服务标准的龙头企业，加快形成产业链长、覆盖领域广、经济社会效益显著的养老服务产业集群。支持养老服务产业与健康、养生、旅游、文化、健身、休闲等产业融合发展，丰富养老服务产业新模式、新业态。鼓励金融、互联网等企业进入养老服务产业，适度发展健康地产，建设健康养老综合体。

4. 增加老年用品供给

加大老年产品研发力度，编制老年人产品、用品行业目录，支持生活护理、监测呼救等产品、用品开发，优先发展健康促进、健康监测可穿戴设备，慢性病治疗、康复护理、康复辅助、智能看护、应急救援、旅游休闲等产品。丰富老年人用品市场，鼓励设立老年用品专柜、专营店、连锁店，增强老年食品、药品、保健品和生态产品的供给能力，重点发展适合老年人的情感陪护、娱乐休闲、残障辅助、安防监控等智能化产品。

5. 加快适老化建设改造

推进居住区和公共服务区的适老化设施建设，实施老年人家庭适老化改造，开展既有多层住宅加装电梯试点工作，加大已建居住小区公共场所、城市道路和涉老设施场所无障碍化改造力度。完善涉老设施建设标准，落实城乡各类公共设施、老年设施和建筑工程的建设标准、生态标准、技术标准。

6. 推广普及老年教育

落实老年教育发展规划，扩大老年教育资源供给，拓展老年教育发展路径，加强老年教育支持服务，促进老年教育可持续发展。

（四）生物医药

以人民健康需求为导向，瞄准国际医学前沿，重点发展生物技术药物、海洋药物、小分子药物等创新药物，提高原研药、首仿药、中药、新型制剂等创新能力和产业化发展水平。到2022年，国家级企业技术中心达到20家，产值过百亿的生物医药产业园区达到15个。

1. 大力发展生物技术药物

围绕基因工程和新型疫苗等创新前沿和关键技术，加快重组单克隆抗体药物、抗体偶联药物、新型重组蛋白质药物、血液制品、干细胞技术与产品、治疗性疫苗和核酸药物、生物诊断试剂等新型生物技术药物的研发。在基因工程药物方面，重点加强重组蛋白的突变体、修饰体、融合体、重组单克隆抗体等类药物研发；在新型疫苗药物方面，重点开展新型抗肿瘤、抗病毒感染、抗细菌感染、抗寄生虫感染等疫苗研究；在生物诊断试剂方面，重点推进临床生化试剂、免疫诊断试剂、分子影像诊断试剂、高通量生物芯片等产品的研发与产业化。

2. 积极培育特色海洋药物

构建海洋生物药物资源库，加快突破海洋药物研发关键技术，开发海洋创新药物。重点发展海洋糖类创新药物、海洋小分子创新药物，创新发展海洋中成药及海洋生物材料。在海洋糖类创新药物方面，重点针对肿瘤、心脑血管、神经系统及代谢性疾病，研制具有自主知识产权的系列海洋糖类创新药物。在海洋小分子创新药物方面，建立靶向性海洋小分子创新药物先导化合物研究技术体系，筛选发现海洋小分子活性天然产物。在海洋中成药方面，重点开发疗效显著的海洋中成药和中药新剂型产品。在海洋生物材料方面，重点研发先进的医用生物材料、组织工程支架、药物载体材料。

3. 加快研发小分子药物

重点突破活性化合物高效合成、手性药物合成与拆分、药物晶型研究等关键技术，重点发展抗肿瘤、心脑血管疾病、糖尿病、神经退行性疾病、精神性疾病、高发性免疫疾病、重大传染性疾病等创新药物。加速罕见病药物、儿童用药、艾滋病药物、老年病用药等临床短缺药物的开发及产业化。在传统原料药方面，重点发展与主导原料药相匹配的精细化工产品、医药中间体。在制剂产品方面，重点开发缓控释、靶向给药、透皮吸收、黏膜给药、载体给药、儿童及老年人特殊给药的新剂型、新产品。

4. 做大做强药品流通业

鼓励大型药品流通企业通过并购、重组和企业内部资源整合等方式，加快形成以大型骨干企业为主体、中小企业为补充的药品流通网络，打造面向全省、辐射全国的药品现代物流配送中心。

（五）医疗器械与装备

突出解决高端医疗器械依赖进口、核心部件国产化程度低的问题，重点加强数字诊疗装备、体外诊断产品、高值耗材等重大产品攻关，加快推动医疗器械技术突破，打造高端医疗器械产业集聚基地。到 2022 年，培育 8 家以上具有自主核心知识产权且具备一定规模的创新型医疗器械与装备高技术企业，部分重点产品市场占有率达到 30%以上。

1. 研发医疗器械特色优势产品

重点开发数字化探测器、超导磁体、高热容量 X 射线管等关键部件，手术精准定位与导航、数据采集处理和分析等技术。加快研制核医学影像设备 PET-CT 及 PET-MRI、超导磁共振成像系统（MRI）、多排螺旋 CT、彩色超声诊断、图像引导放射治疗、质子/重离子肿瘤治疗、医用机器人、健康监测、远程医疗等高性能诊疗设备。重点开发高性能的数字 X 射线机、彩色超声成像仪、心电监护系统、呼吸（麻醉）机、血液净化设备、消毒灭菌设备等产品。

2. 发展医用生物材料及高端耗材产品

推动生物三维（3D）打印技术、数据芯片等新技术在植介入产品中的应用，重点开发可降解生物材料、体内植入材料、表面改性及生物功能化修饰技术、生物材料纳米制备技术等。发展心脏瓣膜、心脏起搏器、全降解血管支架、人工关节和脊柱、人工耳蜗等高端植介入产品，支持新型生物医用材料及高端耗材、新型血管支架、组织工程瓣膜、组织功能修复材料、神经修复材料、骨科材料、血液净化材料及设备等重大新产品研发及产业化。

3. 开发智能健康设备

发展适用于智能健康终端的低功耗、微型化智能传感技术，室内外高精度定位技术，大容量、微型化供能技术，低功耗、高性能微处理器和轻量操作系统。围绕家庭和个人医疗、保健、养老需求，发展数字化诊疗设备、健康监测装备、可穿戴医疗装备、医用机器人等新型医疗器械设备。积极开发基于虚拟现实（VR）、增强现实（AR）技术的临床辅助、康复训练设备。

（六）中医中药

依托丰富的中药材资源，积极发展特色优势中药产业，提升中医药健康服务水平，大力弘扬中医药文化，打造全国重要的中医药养生基地。到2022年，建设6个中医药省级工程技术中心，培育60家规模以上中医药龙头企业。

1. 壮大中药材种植基地

依托省中药材良种选育工程技术研究中心，大力开展中药材优良品种选育，加强野生中药资源保护，在泰山、蒙山、昆嵛山、微山湖建立濒危野生药用动植物保护区。支持金银花、银杏、丹参、桔梗、牡丹、玫瑰、西洋参、驴皮等道地药材基地建设和发展。落实中药材生产质量管理规范（GAP）种植要求，加强道地药材产地加工研究，提升道地药材规模化和标准化生产水平。支持有条件的企业到省外传统产地建设道地药材基地。加强中药资源动态监测与保护，建设中药材追溯系统，打造精品中药材。

2. 加快发展现代中药

支持中药科技创新，加快形成自主知识产权，促进创新成果知识产权化、商品化和产业化。推进中药工业数字化、网络化、智能化建设，加强技术集成和工艺创新，提升中药装备制造水平，强化中药工业知识产权运用能力，培育大型中药企业集团和产业集群。加强重大疑难疾病、慢性病等中医药防治和新药研发，积极推广生物酶仿生提取、膜分离、超临界萃取等技术应用。推进实施中药标准化行动计划，重点开发中药药效及安全性评价、质量综合评价、现代分离纯化、中药饮片（提取物）加工炮制与质量控制等技术，研制一批疗效确切、安全性高、有效成分明确、作用机理清晰的中药产品。发挥中医药在养生保健产业中的作用，加快开发中药保健品、功能食品、药酒、药妆等。

3. 提升中医医疗保健服务水平

充分利用山东省中医药特色优势，发挥中医药在治未病中的主导作用、在重大疾病治疗中的协同作用、在疾病康复中的核心作用。实施中医临床优势培育工程，创建国家级区域中医（专科）诊疗中心，打造一批省级中医专科专病诊疗中心。建设中西医结合创新研究平台，开展中西医临床协作试点，建立重大疑难疾病中西医联合攻关协作机制。鼓励中医药机构充分利用生物、仿生、智能等现代科学技术，研发一批保健用品、保健器械器材等。加快中医治未病技术体系与产业体系建设，促进中医药与健康养老、治未病、旅游文化等融合发展，打造一批中医健康养生基地。到2022年，全省创建10个左右中医药特色医养结合示范基地。

（七）体育健身

深入推进全民健身与全民健康深度融合，大力开发具有消费引领性的健康运动项目，积极推广覆盖全生命周期的运动健康服务，构建健康运动产业生态圈。

1. 拓展体育健身休闲产业

依托山岳、海河、湖泊等资源，重点发展路跑、骑行、登山、冰雪、露营、攀岩、帆船帆板、皮划艇、汽摩、航空、垂钓等户外运动健康休闲产业。鼓励和支持各地因地制宜创建国家体育产业基地、国家级运动休闲基地、国家体育公园和城市体育服务综合体。实施体育医疗康复产业发展行动计划，依托专业医疗机构和运动休闲基地，加快科学健身指导体系建设，培育体育康复产业，探索设立体育康复产业园区。实施精品赛事提升计划，支持各地举办一批高水平、高质量的运动主题赛事活动，进一步提升黄河口（东营）国际马拉松赛、泰山国际登山节、中国国际航空体育节、青岛国际帆船周、潍坊国际风筝会、济南国际泉水冬泳节等赛事的国际影响力。积极推广太极拳、健身气功等传统养生运动项目。大力培育健身休闲、竞赛表演、场馆服务、体育中介、体育培训与教育、体育传媒等体育服务业，支持各地打造一批优秀体育俱乐部、协会等体育社会组织。

2. 提升体育健身用品制造水平

发挥国家体育用品质量监督检验中心（山东）、国家体育用品工程技术研究中心等平台作用，重点围绕运动健身器材、高科技运动器材、新材料运动器材等，做强做大健身休闲器材装备制造业。支持体育健身用品企业参与高新技术企业认定和国家、行业标准制定，提高关键技术和产品的自主创新能力。鼓励研发新型体育器材装备、可穿戴式运动设备、虚拟现实运动装备等。鼓励企业通过合资合作、联合开发等方式，提升冰雪运动、水上运动、汽摩运动、航空运动等高端器材装备的本土化水平。

（八）健康旅游

依托独特的生态、康养与旅游资源，加快开发滨海疗养、森林康养、温泉浴养、研修康养等健康旅游项目，推动医养健康与旅游深度融合。

1. 发展滨海休闲健康旅游

充分利用山东半岛仙境海岸自然环境与养生特点，以海滨城市、优质海岸、特色海岛和广阔海域为载体，合理布局滨海疗养院、绿色健康宾舍、疗养公园，规划建设一批海岛健康旅游目的地、滨海休闲度假养生基地。加快开发海水热疗等健康养生产品，打造独具特色的滨海中医理疗、滨海养老、避暑养生、膳食疗养项目。挖掘养生文化，打造“仙境海岸、养生福地”养老健康旅游服务经济带。

2. 发展山地生态健康旅游

依托丰富的山地生态资源，进一步加强优质森林资源、中医药资源与现代医学及传统医学有机结合，大力开发景区森林浴、登山览胜、天然氧吧、中医药疗养康复、竹林疗养等生态养生体验产品，以及避暑度假养生和生态夏令营项目，鼓励开发森林旅游、中医药健康旅游主题线路，打造具有国际特色的山地生态健康旅游胜地。

3. 发展温泉浴养健康旅游

充分挖掘山东省丰富的温泉地热水体资源，发挥美容、瘦身、养生、康体等功能，积极发展温泉养生文化，推动温泉资源综合开发利用，结合辅助养生材料、养生手段及现代科技康疗手法，培育以温泉疗养、温泉保健等为调养手段的健康养生业态，建设一批集休闲度假、特色医疗、保健养生于一体的温泉养生小镇、温泉度假城、温泉保健疗养基地。

4. 发展田园休闲健康旅游

依托各地区位条件、特色资源和市场需求，推进健康养生项目与种植养殖基地、农耕用器、农耕文化、民俗风情、农业劳作过程和农业生产过程相结合，大力发展农业"新六产"，开发田园观光、农耕民俗体验、乡野拓展、乡村度假、乡村慢生活体验等多种乡村休闲业态，设计田园休闲健康旅游精品线路，建设一批休闲农业公园和田园康养综合体。

（九）健康食品

加快以科学保健理论为基础的健康食品生产开发，满足人民群众日益增长和不断升级的安全、多样、健康、营养食品消费需求，加快完善健康食品标准体系，推动健康食品产业高质量发展。

1. 积极发展功能性农产品

深化出口食品质量安全示范省建设，深入开展果品、蔬菜等标准园创建活动，重点扶持无公害农产品、绿色食品基地建设，打造高端绿色农产品生产基地。重点支持中药材、菌类和茶叶等营养功能成分提取技术研究，大力发展食药同源农产品种植养殖，开发营养均衡、养生保健、食药同源的加工食品。加强功能农业技术研究，综合采用农业技术、生物工程、生物营养技术等，积极发展功能农业，开发富硒、富锌、富钙等功能性农产品，建设一批功能性农产品生产基地。

2. 大力开发营养保健食品

围绕婴幼儿、孕妇、老年人的健康营养问题，患病人群的医学营养临床需求，以及特殊环境工作人员的防护需要，重点推动抗衰老食品、膳食补充剂、营养强化食品、功能食品、特殊医学用途食品研发。聚焦特色养生保健食品资源，加大研发力度，丰富产品品类，做大阿胶、鱼油等保健品市场。

3. 加快发展海洋健康食品

实施"海上粮仓"战略，推进海洋牧场建设，积极发展海参、贝类、藻类等具有药用价值、保健功能的海产品种植养殖，打造海带、刺参、金枪鱼、鱿鱼、三文鱼、鳕鱼等海洋健康食品生产基地。以深海生物组织和海洋活性物质提取为方向，加强海洋生物保健品、功能性食品研发和生产。

（十）健康大数据

推动健康医疗信息系统和公众健康医疗数据互联融合、开放共享，探索服务新模式、培育发展新业态，积极营造促进健康医疗大数据创新发展、安全规范的应用环境。到

2022年,基本形成以健康需求为导向的健康医疗大数据产业体系。

1. 夯实健康大数据应用基础

实施全民健康保障信息化工程,强化公共卫生、计划生育、医疗服务、医疗保障、药品供应、综合管理等应用信息系统数据采集、集成共享和业务协同,促进信息产业与健康产业深度融合。进一步完善以居民电子健康档案、电子病历、电子处方等为核心的基础数据库,大力推广“健康云”应用。鼓励各类医疗卫生机构推进健康医疗大数据采集、存储,加强应用支撑和运维技术保障,打通数据资源共享通道。制定分类、分级、分域健康医疗大数据开放应用政策规范,稳步推进健康医疗大数据开放。加快健康医疗数据安全体系建设。

2. 全面深化健康大数据应用

促进大数据支撑下的健康维护、健康保障、健康产业三大体系融合发展。加强居民健康状况等重要数据精准统计和预测评价。推动社会保障卡融合居民健康卡工作,实现实名就医“一卡通”和就诊信息互认共享。综合运用健康医疗大数据资源和信息技术手段,健全医院评价体系,完善现代医院管理制度,优化医疗卫生资源布局。推进健康医疗临床和科研大数据应用,依托现有资源建设一批心脑血管、肿瘤、老年病和儿科等临床医学数据示范中心,构建临床决策支持系统。支持医疗机构加强人口基因信息安全管理,推动精准医疗技术发展。发挥大数据服务支撑作用,构建数据共享、人才互动、项目共建格局,加快培育富有山东特色的“全息数字人”产业链。

3. 培育健康大数据新业态

加强健康医疗海量数据存储清洗、分析挖掘、安全隐私保护等关键技术攻关,抢占健康大数据产业技术和市场制高点。积极鼓励社会力量创新发展健康医疗业务,促进健康医疗业务与大数据技术深度融合,加快构建健康医疗大数据产业链,不断推进健康医疗与养生、养老、家政等服务业协同发展。鼓励发展基于大数据的精准健康管理服务。大力发展居家健康信息服务,规范网上药店和医药物流第三方配送等服务,推动中医药养生、健康养老、健康管理、健康咨询、健康文化、体育健身、健康旅游等产业发展。推动疾病危险因素监测评估和妇幼保健、老年保健、国际旅行卫生健康保健等智能应用。

六、医养健康产业人才发展对策建议

医养健康产业发展的关键在于产业技术创新能力的高低,而创新能力的高低关键在于人才资源的优劣,因此建立健全充满活力的人才支撑体系是医养健康产业发展的关键。根据山东省医养健康产业人才目前的情况及存在的问题,课题组给出以下建议:

(一)加强医养健康产业政策规划的顶层设计

1. 健全产业人才发展规划,完善人才引进配套政策

加强顶层系统设计,积极跟进人才引进配套政策,构建医养健康人才培养体系,将医养健康产业专业人才纳入山东省人才管理体系。同时,积极强化人才政策落实督办,确实将已跟进的人才优惠政策落到实处。

2. 确立人才优先发展布局,建立健全奖惩激励机制

确立在医养健康产业发展中人才优先发展的战略布局,突出人才支撑医养健康产业的考核导向,充分发挥人才的基础性、战略性作用,做到人才资源优先开发、人才结构优先调整、人才投资优先保证、人才制度优先创新,促进经济发展方式向主要依靠科技进步、劳动者素质提高、管理创新转变。建立规范有序的人才管理体系,完善重点人才工程人选考核管理制度,强化入选考察、目标管理和绩效评估,健全奖惩激励机制。

(二)推进世界一流大学和一流学科建设

1. 积极推进世界一流大学和一流学科建设

争取国家支持建设中国康复大学,加快山东第一医科大学建设,支持高等院校开设医养健康产业相关专业,重点打造生命科学、医学、药学、老年科学、健康信息、健康食品等领域的研究型和应用型人才培养基地。促进产教融合,通过支持校企合作、推行“订单培养”模式,重点培养一批医养健康产业发展急需专业人才。

2. 开展国际合作,引进国内外高端人才

鼓励与国际知名院校、研究机构合作,引进国内外高端、前沿医养健康产业专业人才,并加快培养医养健康产业创新人才和复合型人才。支持设立博士后流动站、工作站和创新实践基地;鼓励院校及培训机构开设相关专业或课程,提供职业培训和创业辅导,加快培养照护康复、养生保健、体育健身等专业技能人才。

3. 实施“医科优先发展计划”

对接医养健康产业重点领域需求,结合“高水平应用型重点专业(群)”建设,鼓励高等学校推动现有传统医科专业改造升级,加强生命科学、医学、药学、老年科学、健康信息、健康食品以及相关管理、金融等领域的专业建设,着力培养全面综合性医学人才,支持地方政府、高等学校、科研院所与国内外高水平大学、科研机构、领军企业共建一批医学特色专业、先进技术研究院等。省财政结合相关资金,对医学专业课程开发、师资培育、实训基地建设等给予重点保障。

（三）加快培育医养健康新型研发平台

1. 培育新型研发机构平台，积极给予相关支持

出台支持新型研发机构平台发展的具体办法，鼓励地方政府、产业园区、骨干企业联合国内外一流高等学校、科研院所组建具有独立法人资格的新型研发机构，在政府项目承担、创新平台建设、职称评审、人才引进、建设用地、投融资等方面给予科研事业单位同等资格待遇。

2. 鼓励高端人才兼职，制定合适的考核指标

支持高等学校、科研院所人员到新型研发机构兼职，并根据实际情况，在岗位考核、职称评聘等方面进行合适而灵活的调整，可以根据实际情况将其工作业绩作为岗位考核的重要内容，将发明专利应用情况及技术转让取得的经济社会效益作为职称评聘的重要指标。

3. 积极推动产学研融合发展

在推动医养健康产业多方面发展的同时，大力推进产业创新中心、制造业创新中心、技术创新中心、技术转移中心建设，带动上下游产业人才、技术、标准、信息等创新要素整合，进一步促进产学研融合发展。

（四）营造高层次人才引进的良好环境

1. 积极奖励补贴高层次人才来山东省创业创新

积极营造创新创业的良好氛围，推动高层次人才来山东省创新创业。制定相关标准，根据高层次人才来山东省创新创业、科研等带动医养健康产业发展的程度进行分级，并根据其级别给予不同程度的奖励补贴。

2. 积极解决高层次人才居留山东省存在的困难

成立高层次人才安居应对小组，积极安排专员处理海外高层次人才及其家人在国内居留问题，积极安排专员处理高层次人才落户山东省的问题，并解决其子女入学、配偶就业等问题，并在一定程度上给予一定的优惠。

3. 加强对于已做出成绩高层次人才的奖励

每年从财政拨出专项资金用于奖励在山东省内医养健康产业方面做出成绩效果的科研人员、企业人员等。同时，在国家现有政策规定范围内给予高层次人才一定的税收优惠待遇。

4. 完善高层次人才社会保障水平

高层次人才可享受山东省政府一级保健待遇，同时相关用人单位应按有关规定为高层次人才办理基本养老、失业、工伤、医疗等社会保险。

5. 放宽高层次人才创业贷款限制

加大人才财政金融扶持力度，支持高层次人才创新创业项目。支持政府为高层次人才提供贷款担保，并适当降低担保费用，提高可贷款最高额度。

（五）落实全层次人才福利政策

1. 积极解决全层次人才的租房与生活问题

实施租房和生活补贴政策，根据目前山东省各县市区现有的经济水平，制定相关租房和生活补贴标准。对应届毕业生、新招调的在职人才、全日制本科及以上学历人员、新引进的归国留学人员等，符合相应条件的，根据人才的层次，给予发放相应的租房补贴和生活补贴。

2. 解决人才的住房问题

未来 5 年间山东省内各县市将建设大量的保障性住房，并合理确定各类住房形式的比例，同时完善住房租赁管理服务机制，确保承租家庭在医疗服务、子女教育等城市公共资源方面的权益。

3. 提高医养健康产业各行业最低年薪标准

制定各个水平人才的最低年薪标准，切实保障全层次人才薪资水平，激发各层次人才特别是应届毕业生留山东省就业的意愿。

（六）实施“医养健康人才培养计划”

1. 加快医养健康产业各行业的执业标准的制定以及人才工作法制建设

制定相关行业执业标准，规范人才市场，使各行业人才达到医养健康服务所需要的基本要求，提高医养健康产业人才服务水平及质量；同时，建立健全人才法律法规，坚持依法管理，保护人才合法权益。

2. 鼓励医养健康产业各领域企业与政府合作，开办医养健康培训机构

积极培养基层医养健康劳动人才，给予通过培训的人才相关执业证书以及一定的培训补贴，并根据其培训水平安排相关行业工作；对于积极配合的企业给予一定的政策支持与资金补助。

3. 加强劳动力紧缺行业的人才培训，特别是在老年照护以及长期护理方面的基础人才

省政府根据目前省内医养健康产业十大领域的基本情况，制定紧缺人才培养方案，加大相关行业人才的培训力度，填补现有的劳动力空缺。

4. 加快培养医养健康产业综合性人才

与各高校联合培养生命科学、医学、药学、老年科学、健康信息、健康食品以及相关管理、金融等领域的综合性人才，为将来医养健康产业的持续性发展打基础。

（七）创建覆盖全面的人才信息平台

1. 健全医养健康产业人才市场

发展专业性、行业性人才市场，放宽人力资源服务业准入限制，鼓励发展人才猎头等专业化服务机构，建设专业化、市场化、国际化的职业经理人队伍。

2. 建立省级人才流动信息系统

建立山东省人才流动信息库，收纳山东省内各行业人才；同时，与企业需求对接，信息互通，加快人才流通。

（八）加强人才精神文明建设

1. 激发和保护创新创业精神

对医养健康行业内成功的创新创业人才进行专题报道，大力营造尊重、关怀、宽容、支持创新创业的社会文化环境。

2. 弘扬劳模精神和工匠精神

对医养健康产业各领域工作表现突出的人才，给予一定的精神奖励，授予省劳动模范或者省先进工作者荣誉称号，并在各个媒介进行宣传，大力营造劳动光荣的社会风尚和精益求精的敬业风气。

3. 健全完善企业家表彰奖励机制

表彰奖励为山东省医养健康产业发展做出卓越贡献的企业家，提升企业家的社会地位。

附　录

附表　　医养健康产业国内 TOP 200 人才名单

姓名	省(市、区)	城市	所属机构
贺永	北京	北京	北京师范大学认知神经科学
蒋田仔	四川	成都	电子科技大学生命科学与技术学院
龚启勇	四川	成都	生物治疗国家重点实验室
蒋华良	上海	上海	中国科学院上海药物研究所
臧玉峰	北京	北京	首都医科大学精神病学系

续表

姓名	省(市、区)	城市	所属机构
赵国屏	上海	上海	中国科学院上海生命科学院植物生理生态研究所分子微生物实验室
姚新生	广东	深圳	清华大学深圳研究生院
张运	北京	北京	中国工程院
陈华富	四川	成都	电子科技大学生命科学与技术学院
王广基	江苏	南京	中国药科大学药物代谢动力学重点实验室
张礼和	北京	北京	北京大学药学院
于春水	天津	天津	天津医科大学影像学院
葛均波	上海	上海	复旦大学
王丽华	上海	上海	上海市国际和平妇幼保健院
李松岗	北京	北京	上海交通大学医学院附属新华医院普外科
汤胜蓝	上海	上海	利物浦热带医学院
周宏灏	湖南	长沙	中南大学临床药理研究所
来鲁华	北京	北京	北京大学化学与分子工程学院
陆伟跃	上海	上海	复旦大学药学院
田卫东	四川	成都	四川大学华西口腔医学院
林永成	广东	广州	中山大学化学和化学工程学院
顾谦群	山东	青岛	中国海洋大学医药学院海洋药物教育部重点实验室
郭青龙	江苏	南京	中国药科大学
戴尅戎	上海	上海	上海交通大学医学院骨与关节研究所
果德安	北京	北京	北京医科大学
平其能	江苏	南京	中国药科大学药学院
王雪丁	广东	广州	中山大学药理学学院临床药理研究所
张陆勇	江苏	南京	中国药科大学药物筛选中心
李校堃	浙江	温州	温州医科大学
崔丽英	北京	北京	中国协和医科大学
吴伟	上海	上海	复旦大学药学院
钟大放	上海	上海	上海药物研究所药物代谢研究中心
平其能	江苏	南京	中国药科大学药学院
刘思齐	江苏	南京	中国药科大学药剂学教研室

续表

姓名	省(市、区)	城市	所属机构
平其能	江苏	南京	中国药科大学药剂学教研室
叶文才	广东	广州	暨南大学中药及天然药物研究所
邹云增	上海	上海	复旦大学
顾宁	江苏	南京	东南大学医药与生命学部
陈俐娟	四川	成都	生物治疗与肿瘤中心国家重点实验室
黄敏	上海	上海	中国科学院上海药物研究所
李传福	山东	济南	山东大学齐鲁医院放射科
王伊龙	北京	北京	首都医科大学附属北京天坛医院
刘杏中	北京	北京	中国科学院微生物研究所
刘炳亚	上海	上海	上海交通大学医学院附属瑞金医院外科上海消化外科研究所
杨莉	四川	成都	四川大学华西医院呼吸内科
张丽	北京	北京	清华大学工程物理系
朱伟明	山东	青岛	中国海洋大学海洋药物教育部重点实验室
盛志勇	北京	北京	中国工程院
丁健	上海	上海	中国科学院上海药物研究所
高秀梅	天津	天津	天津中医药大学
尤启冬	江苏	南京	中国药科大学药学院
朱利民	上海	上海	东华大学
徐文方	山东	济南	山东大学药学院
陈绍亮	上海	上海	复旦大学附属中山医院核医学科
翁旭初	浙江	杭州	中国科学院心理研究所
娄红祥	山东	济南	山东大学药学院
刘炳亚	上海	上海	上海交通大学医学院附属瑞金医院普外科,上海消化外科研究所
杜冠华	北京	北京	中国医学科学院
朱正纲	上海	上海	上海交通大学
邱双健	上海	上海	复旦大学附属中山医院
滕皋军	江苏	南京	东南大学中大医院介入放射学教研室
修志龙	辽宁	大连	大连理工大学生命科学与技术学院
刘炳亚	上海	上海	上海交通大学医学院附属瑞金医院外科,上海消化外科研究所,上海市胃肿瘤重点实验室

续表

姓名	省(市、区)	城市	所属机构
蒋勇军	浙江	杭州	浙江大学宁波理工学院分子设计与营养工程重点实验室
肖湘	上海	上海	上海交通大学生命科学技术学院
屠鹏飞	北京	北京	北京大学药学院天然药物及仿生药物国家重点实验室
赵榆霞	北京	北京	中国科学院理化技术研究所
刘哲宁	湖南	长沙	中南大学湘雅二医院精神卫生研究所
赵家军	山东	济南	山东大学附属省立医院内分泌代谢科
滕皋军	江苏	南京	东南大学附属中大医院放射科
刘勇	北京	北京	空军总医院眼科
苗俊英	山东	济南	山东大学生命科学学院
秦文	北京	北京	首都医科大学附属宣武医院放射科
毕开顺	辽宁	沈阳	沈阳药科大学药学院
赵秀兰	山东	济南	山东大学
于金明	山东	济南	山东省医学科学院
龚瑶琴	山东	济南	山东大学
张晓坤	厦门	厦门	厦门大学药学院
段金廒	江苏	南京	南京中医药大学
周东	广东	广州	广东三九脑科医院神经内科
侯晓华	湖北	武汉	华中科技大学同济医学院附属协和医院消化内科
焦正	上海	上海	复旦大学附属华山医院临床药学研究室
尤启冬	江苏	南京	中国药科大学药物化学教研室
朱依谆	澳门	澳门	澳门科技大学药剂学院
姚咏明	北京	北京	中国人民解放军第三〇四医院
刘颖斌	上海	上海	上海交通大学
蔡宝昌	江苏	南京	南京中医药大学药学系
刘鹏	辽宁	锦州	辽宁医学院附属第一医院呼吸科
陈孝	广东	广州	中山大学附属第一医院药剂科
孔令东	上海	上海	复旦大学化学系分子催化与创新材料实验室
杨凌	辽宁	大连	中国科学院大连化学物理研究所药用资源开发组
孙树汉	上海	上海	第二军医大学医学遗传学系，医学生物技术与分子遗传学研究所
耿美玉	上海	上海	中国科学院上海药物研究所

续表

姓名	省(市、区)	城市	所属机构
俞飚	上海	上海	中国科学院上海有机化学研究所
詹思延	北京	北京	北京大学公共卫生学院流行病与卫生统计学系
刘新泳	山东	济南	医药科学院药物化学研究所
翟光喜	山东	济南	山东大学药学院
卢娜	江苏	南京	中国药科大学
姜庆五	上海	上海	复旦大学
庄辉	北京	北京	北京大学医学部
王拥军	上海	上海	上海中医药大学
康九红	上海	上海	同济大学生命科学与技术学院
李洪林	上海	上海	华东理工大学药学院
王琳	湖北	武汉	华中科技大学
唐于平	江苏	南京	南京中医药大学药学院
张小联	湖北	武汉	武汉大学
段金廒	江苏	南京	南京中医药大学中药方剂研究重点实验室
杨峻山	北京	北京	中国医学科学院中国协和医科大学药用植物研究所
张典瑞	山东	东营	胜利油田中心医院药剂科
张元兴	上海	上海	华东理工大学生物反应器工程国家重点实验室
罗成	上海	上海	中国科学院上海药物研究所
车永胜	北京	北京	中国科学院微生物研究所
詹思延	北京	北京	北京大学公共卫生学院流行病与卫生统计学系
杨敏	广东	广州	广东省人民医院医学研究中心
郭圣荣	上海	上海	上海交通大学药学院
陈晓辉	辽宁	沈阳	沈阳药科大学药学院
谭兰	山东	青岛	青岛大学医学院附属医院神经内科
张均田	北京	北京	中国医学科学院中国协和医科大学材料医学研究所
杨静玉	辽宁	沈阳	沈阳药科大学生命科学与生物制药学院
喻樊	江苏	南京	中国药科大学药剂教研室
侯明	山东	济南	山东大学齐鲁医院血液科
张振海	北京	北京	中国医科大学附属二院普外二科

续表

姓名	省(市、区)	城市	所属机构
毕杨	重庆	重庆	重庆医科大学附属儿童医院儿童营养研究中心,儿童发育疾病研究省部共建教育部重点实验室
侯晓华	湖北	武汉	华中科技大学消化科,同济医学院附属协和医院
南发俊	上海	上海	中国科学院上海药物研究所
邵志敏	上海	上海	复旦大学附属肿瘤医院乳腺外科
杨胜勇	四川	成都	四川大学生物治疗国家重点实验室
张剑宁	北京	北京	海军总医院神经外科
黄爱龙	重庆	重庆	重庆医科大学
郑军华	上海	上海	同济大学附属第十人民医院泌尿外科
朱俐	江苏	南通	南通大学附属医院神经内科
孟庆跃	山东	济南	山东大学医药卫生管理学院
贾忠建	甘肃	兰州	兰州大学功能有机分子化学国家重点实验室
万强	四川	绵阳	中国工程物理研究院总体工程研究所
彭师奇	北京	北京	首都医科大学化学生物学与药学院
徐凌云	上海	上海	上海市免疫学研究所,中国科学院上海生命科学研究院
李宗芳	山东	济南	济南市妇幼保健院
王长云	山东	青岛	中国海洋大学医药学院海洋药物教育部重点实验室
关树宏	上海	上海	中国科学院上海药物研究所上海中药现代化研究中心国家工程实验室
傅承新	浙江	杭州	浙江大学生命科学学院植物系统进化与生物多样性实验室
王晓方	辽宁	大连	中国科学技术大学物理学院
焦炳华	上海	上海	中国生物化学与分子生物学会
储炬	上海	上海	华东理工大学
方浩	山东	济南	山东大学药学院
张岫美	山东	济南	山东大学医学院药理学研究所
颜光美	广东	广州	中山大学
张奕华	江苏	南京	中国药科大学新药物研究中心
邱峰	辽宁	沈阳	沈阳药科大学中药学院
叶阳	上海	上海	中国科学院上海药物研究所
张勇	黑龙江	哈尔滨	哈尔滨医科大学药理教研室,黑龙江省生物医药重点实验室—省部共建国家重点实验室培育基地

续表

姓名	省(市、区)	城市	所属机构
虞先濬	上海	上海	复旦大学附属肿瘤医院
吴军	广东	广州	暨南大学药学院
刘丽萍	北京	北京	首都医科大学附属北京天坛医院神经内科
邵长伦	山东	青岛	中国海洋大学医药学院海洋药物教育部重点实验室
沈坤炜	上海	上海	上海交通大学医学院附属瑞金医院乳腺疾病诊治中心
杨秀伟	北京	北京	北京协和医学院医药生物技术研究所
侯树勋	北京	北京	解放军总医院第一附属医院
刘淑伟	云南	昆明	中国科学院昆明动物研究所遗传资源与进化国家重点实验室
傅风华	山东	烟台	烟台大学药学院
杜志民	上海	上海	上海交通大学
李刚	山东	济南	山东大学齐鲁医院神经外科
赵玉英	北京	北京	北京大学医学部天然与仿生药物国家重点实验室
姚智	天津	天津	天津医科大学
刘静	甘肃	兰州	甘肃省人民医院内分泌科
陈克敏	上海	上海	上海交通大学医学院附属瑞金医院
施瑞华	江苏	南京	南京医科大学第一附属医院消化科
王一飞	广东	广州	暨南大学生物医药研究开发基地
孙宏斌	江苏	南京	中国药科大学
段文虎	上海	上海	华东理工大学药学院，中国科学院上海药物研究所
邓洪新	四川	成都	四川大学华西医院
代焕琴	北京	北京	中国科学院微生物研究所
李峥	北京	北京	北京协和医学院护理学院
崔一民	北京	北京	北京大学第一医院
赵明	北京	北京	首都医科大学
纪卫东	广东	广州	中山大学公共卫生学院预防医学系
蒋学华	四川	成都	四川大学华西医学院
魏英杰	北京	北京	中国医学科学院北京协和医学院心血管病研究所，阜外心血管病医院卫生部心血管疾病再生医学重点实验室
庄英萍	上海	上海	华东理工大学生物反应器工程国家重点实验室
苑辉卿	山东	济南	山东省医学科学院药物研究所

续表

姓名	省(市、区)	城市	所属机构
曲显俊	山东	济南	山东省医学科学院药物研究所
孙宁玲	北京	北京	北京大学人民医院心脏中心
陈光英	海南	海口	海南师范大学化学与化工学院
廖端芳	湖南	衡阳	南华大学药物药理研究所
何帮顺	江苏	南京	南京医科大学附属南京第一医院中心实验室
李大金	上海	上海	复旦大学附属妇产科研究所
萧水银	台湾	新北	台湾医科大学医学院毒理学研究所
庾石山	北京	北京	中国医学科学院药物研究所
陈华兵	江苏	苏州	苏州大学药学院
韩健	北京	北京	北京大学药学院天然药物及仿生药物国家重点实验室
顾忠泽	江苏	南京	东南大学
饶子和	北京	北京	清华大学生命科学学院
杨军	上海	上海	上海交通大学医学院
贺林	上海	上海	上海交通大学生命科学技术学院
王保捷	辽宁	沈阳	中国医科大学法医学院
魏冬青	上海	上海	上海交通大学生命科学与生物技术学院生物信息学与生物统计系
王琛	上海	上海	中国科学院上海生命科学研究院
江涛	北京	北京	中国科学院生物物理研究所
何晓晓	湖南	长沙	湖南大学,湖南省生物纳米工程研究中心
李长龄	北京	北京	北京大学药学院
周兆年	上海	上海	中国科学院上海生理研究所

(数据来源:医养健康产业子课题组基于 AMiner 平台数据分析整理获得)

报告六

山东省化工产业人才发展

负责人　刘宝胜
成　员　田　胜　张　彤　郭文艳

一、国内及山东省化工产业发展情况

（一）产业发展总体情况

化工新材料行业是一个具有很高技术壁垒的行业，重点产业主要包括聚氨酯、碳纤维、改性塑料、有机硅、氟化工、石墨烯、电池薄膜等。在一系列产业政策的支持和引导下，新材料行业已发展成为化学工业中较具活力和发展潜力的新领域。

新材料技术是世界上公认的六大高新技术领域之一，在《新材料产业"十五"规划》中，国家工信部将新材料定义为新出现的具有优异性能和特殊功能的材料，或是传统材料改进后性能明显提高和产生新功能的材料。新材料是整个制造业转型升级的产业基础，是我国七大战略新兴产业和"中国制造2025"重点发展的十大领域之一，已列入"十三五"国家战略性新兴产业发展规划，成为引领产业转型升级的重要指引。山东省新材料主要划分为高性能轻质高强金属材料、先进气凝胶材料、环境功能材料、功能晶体材料、高分子有机硅材料等五大领域。

到2020年，新材料产业规模化、集聚化发展态势基本形成，在碳纤维复合材料、高品质特殊钢、先进轻合金材料等领域实现70种以上重点新材料产业化及应用，形成一批具有国际影响力的新材料企业。要加快推动先进基础材料工业转型升级，以基础零部件用钢、高性能海工用钢等先进钢铁材料，高强铝合金、高强韧钛合金、镁合金等先进有色金属材料，高端聚烯烃、特种合成橡胶及工程塑料等先进化工材料，先进建筑材料、先进轻纺材料等为重点，大力推进材料生产过程的智能化和绿色化改造，重点突破材料性能及成分控制等工艺技术，提高先进基础材料国家竞争力。

"十一五"以来，我国化工新材料在工艺技术方面取得了重要突破，氟硅材料、聚氨酯材料、工艺塑料、高性能橡胶等行业装置能力快速增长。2015年，我国化工新材料产业规模达到2 600亿元，市场总消费规模约4 700亿元，化工新材料进口额约320亿美元，占化工产品总进口额的20%，自给率为55%。按产量统计，2015年国内产量约1 681万吨，消费量达2 622万吨，自给率仅为63%，其中，工程塑料产量209万吨，自给率仅为52%，高端聚烯烃产量为371万吨，自给率为39%。高性能合成橡胶产量221万吨，自给率约66%；电子化学品按重量和销售额计的国内自给率分别为53%和40%。

从产业发展水平看，我国在硅胶树脂和橡胶、聚氨酯材料、储能材料领域发展水平较高，但单产品品种有待进一步丰富并拓展下游应用领域；在高性能分离膜材料、高性能纤维、工程塑料和特种工程塑料、高性能纤维、新型特种涂料、新型特种胶黏剂、电子化学品领域具备一定的发展水平，但存在较多技术空白，如PA66原料己二腈、己丙橡胶、超大规模半导体集成电路用化学品等；在高端聚烯烃树脂领域发展水平很低，存在大范围技术空白。

山东省是化工大省，化工经济总量和经济效益多年来一直位居全国同行业首位和山东省工业首位，是我国重要的化工生产基地。

2015年，全省石油和化学工业累计实现主营业务收入2.93218万亿元、实现利税2 771.9亿元、实现利润1 465.8亿元，比上年（下同）分别下降0.4%、12.5%和15.3%。化工行业精炼石油产品制造、橡胶制品业、基础化学原料制造、合成材料制造和肥料制造5大基础行业主营收入分别占全省化工行业的23.4%、14.5%、13.9%、11.1%、5.4%，专用化学产品制造、农药制造和涂料、油墨、颜料制造3个精细化工行业分别占24.4%、2.0%和1.4%，其他行业占3.8%。精炼石油产品制造、合成材料、专用化学产品制造和橡胶制品主营收入居全国同行业第一位，基础化学原料、化肥、农药主营收入居全国同行业第二位。

2016年，山东省石油和化学工业累计实现主营业务收入3.22万亿元、利润1 640亿元。化工生产企业9 505家，规模以上企业3 505家，占化工生产企业总数的36.9%。全省合成氨能力达到900万吨，全省氯碱行业共有32家，产能达1 100万吨，占全国的26%。橡胶行业达3.2亿条，占全国的52%。

2017年，山东省规模以上化工企业实现主营业务收入3.08421万亿元、利润1 803.0亿元，同比分别增长14.0%和20.5%。全省化工生产企业9 000余家，其中规模以上企业3 000余家。

（二）产业相关领域发展情况

1. 聚氨酯新材料

聚氨酯（PU）主要用作聚氨酯合成革、聚氨酯泡沫塑料、聚氨酯涂料、聚氨酯黏合剂、聚氨酯橡胶（弹性体）和聚氨酯纤维等。此外，聚氨酯还用于土建、地质钻探，采矿和石油工程中，起堵水、稳固建筑物或路基的作用；作为铺面材料，用于运动场的跑道、建筑物的室内地板等。中国聚氨酯产业布局目前已基本形成了以上海为中心的长三角地区、以烟台为中心的黄河三角洲环渤海地区、以广州为中心的珠三角地区、以葫芦岛为中心的东北地区、以兰州为中心的西北地区，以及正在形成的以重庆为中心的西南地区、以福建泉州为中心的海西地区等聚氨酯产业聚集地区。中国是世界第三大经济体，也是聚氨酯的第二大消费市场。首先，中国生产了全世界95%的冷藏集装箱、60%的鞋子以及70%的玩具；其次，中国的建材、氨纶、纺织品、合成革和汽车产量均居世界第一；同时，中国的城市化进程加快、高速铁路投资加大，环保合成木材需求增加等。这些产业的强势发展都为聚氨酯带来了巨大的市场机会。

中国已成为聚氨酯生产大国，是推动未来全球聚氨酯市场增长的主力军，即使在

2008～2009 年世界金融危机高潮期间，世界主要聚氨酯产销市场大幅萎缩的情况下，中国聚氨酯产销量仍有很大增长。近几年来，国内聚氨酯行业通过自主研发和技术引进，技术创新水平不断提高，产业升级步伐稳步加快，在原料领域企业积极扩张产能，产业规模不断扩大，产品质量稳步提高；但同时，受产能快速扩张的影响，部分原料和产品产能过剩的压力与日俱增。此外，由于受到相关政策的影响，聚氨酯硬泡在外墙保温领域的应用推广仍举步维艰。2002 年中国聚氨酯产量约 160 万吨，到 2005 年总产量增长到 300 万吨，2011 年聚氨酯总产量达到 689 万吨。2006～2011 年的年均增长率约 12%，预计未来 5 年仍将保持较高的增长态势，年均增长率将维持在 9%以上。

国内聚氨酯 2015～2017 年的市场情况如下：2015 年我国聚氨酯产销量已经超过 1 000万吨，约占全球总量的 46%。2015 年度聚氨酯消耗量的具体情况为：聚氨酯泡沫 406 万吨，革用聚氨酯 194 万吨，涂料 65 万吨，弹性体 86 万吨，黏合剂 60 万吨，鞋底原液 50 万吨，氨纶 48 万吨。

2016 年我国甲苯二异氰酸酯（TDI）产能 84 万吨，产量 81 万吨。2016 年国内 TDI 产量增速明显，开工率大幅提升，说明 TDI 行业发展趋于供需平衡。

2017 年国内聚氨酯将有新装置投产，国内聚氨酯产能达到 219.6 万吨/年，产能增幅达到 21.19%。聚氨酯行业的产能集中度很高，全球主要有 8 家较大规模的聚氨酯生产企业，分别是万华化学（中国）、巴斯夫（德国）、科思创（德国）、亨斯迈（美国）、陶氏化学（美国）、三井化学（日本）、东曹公司（日本）和锦湖三井公司（韩国）。

2. 硅材料

截至 2016 年底，我国共有 13 家有机硅单体生产企业，合计产能 278 万吨/年。其中江西蓝星星火有机硅有限公司、浙江新安化工集团股份有限公司（含开化、新安/迈图合资企业）、山东东岳有机硅材料有限公司、浙江合盛硅业股份有限公司、唐山三友硅业有限责任公司、浙江恒业成有机硅有限公司、浙江中天氟硅材料有限公司、鲁西化工集团有限责任公司硅化工分公司、山东金岭化学公司、湖北兴发化工集团股份有限公司 10 家企业总共产能为 210 万吨，产量为 186.7 万吨。

单晶硅产业发展得益于光伏行业发展，全球产能规模稳定增长。2016 年，全球硅片产量达到 69 吉瓦，同比增长 15%。中国硅片产量快速增长，2016 年，中国硅片产量达到 64.8 吉瓦，同比增长 35%，占全球总产量的 86.63%。总产能占比亦超 8 成达到 81.9%。国内硅片产能分布呈现“一超多强”格局。保利协鑫坐拥近 20 吉瓦多晶硅片产能独自领跑第一集团；以基隆股份、晶科能源、晶澳太阳能、中环股份为代表的第二集团，共计14 家企业与保利协鑫共同覆盖国内硅片总产能 83%的份额。全球产能布局主要集中于亚洲，中国占据垄断地位。中国产能全球占比约为 90%，其中中国大陆占比 82%，台湾占比 6%。硅片主要产地为中国，约占 90%，供给全球市场。国内硅片出口地区主要为亚洲，占比为 97%。马来西亚、韩国以及中国台湾地区是出口主要市场，占比分别为 30.76%、24.45%、16.73%。出口台湾地区数量逐渐下降，东南亚等新兴市场增长迅速。2017 年前 4 个月，向台湾地区出口量为 3.89 亿片，同比下降 33%。马来西亚、韩国市场同比增长70%左右，越南、泰国、印度市场同比增长分别为384%、143%、183%。全球硅片市场在2017年共计出货118.1亿平方英寸，由于8寸硅片面积为50.24平方英寸，12寸硅片面积为113.04平方英寸，则2017年全球硅片出货量为2.35亿片等效8寸硅片，1.04亿片等效12寸硅片，同比增长9.99%。

多晶硅方面，据统计，2018年国内多晶硅片产能将由2017年的92吉瓦提升至110.2吉瓦，同比增20%；2018年国内单晶硅片产能将由2017年的44.5吉瓦提升至73.1吉瓦，同比增64%。

高分子有机硅产业方面，据统计，2015年国内有机硅行业新增单体产能共计25万吨。2016年我国单体总产能在279.5万吨，较去年下滑0.5万吨。截至2016年底，全国有机硅单体企业共计15家(包含张家港道康宁)，单体总产能279.5万吨，同比减少0.5万吨，其中有效产能约230万吨；2016年有机硅实际产量170万吨，同比增加5万吨，产量年增幅3%。其中江浙地区产能较为集中，且已形成一定规模化生产，该地区6家有机硅单体企业总产能达到148.1万吨，占国内有机硅单体总产能的53%左右，占据国内有机硅单体行业的半壁江山。其余9家单体企业产能稍小且分布较散，主要在内蒙、山西、山东、湖北、四川等省，产能总计为131万吨，占国内有机硅单体总产能的47%左右。

在硅橡胶方面，虽然我国液体硅橡胶的产能和产量尚无法与其他两种硅橡胶相比，但它无疑是发展最快的硅橡胶产品。

硅油2014年全国总产能约25万吨，产量约20万吨，消费18万吨，主要为通用型产品。2010～2014年，我国硅油年均消费量增长率接近5%。从国内消费结构上看，纺织助剂是硅油最大的消费领域，其次是个人护理用品。2014年，纺织助剂消费硅油8.5万吨，约占总消费量的47.2%。2014年全国硅烷偶联剂企业已接近100家，总产能超过30万吨，产量约25万吨，市场已经饱和。

硅树脂在国内有机硅单体消费结构中仅占2%左右。2014年全国总产能约3万吨，生产约1.5万吨。由于国产硅树脂性能较国外产品存在较大差距，高端产品均由国外进口。2014年我国消费硅树脂约2万吨，其中1/4为进口产品。

3. 氟材料

氟化工行业是化工行业的一个子行业，该行业由于产品品种多、性能优异、应用领域广，成为一个发展迅速的重要行业。在今后较长时期内，氟化工行业也将是化工领域内发展速度最快的行业之一。氟化工行业又可分为无机氟化工和有机氟化工两大行业。无机氟化工行业是化工行业的重要组成部分，其产品是机械、电子、冶金等行业的重要原料和辅料。在无机氟化物中，作为铝电解工业生产原料的氟化铝、冰晶石等氟化盐产品占总生产量的绝大部分，其他产品产量较少。有机氟化工产品以其耐化学品、耐高低温、耐老化、低摩擦、绝缘等优异的性能，广泛应用于军工、化工、机械等领域，已成为化工行业中发展最快、最具高新技术和最有前景的行业之一。

氟化工产业不以石油天然气为主要原料，氟产品是高性能化工新材料，生产技术复杂，全球含氟聚合物总产能约22万吨/年，中国产能约为4万吨/年，占世界总产能的

18%，已成为世界第二大氟聚合物生产国。随着经济实力的增强和人民生活水平的提高，中国对氟产品的需求增长率将远高于全球平均水平。2010～2020年这10年间，全球对氟聚合物的需求仍将保持相同的增长幅度，氟产品的全球平均需求增长率将在3%以上。

4. 石墨烯

石墨烯（Graphene）又称"单层墨"，是一种新型的二维纳米材料，是目前发现的硬度最高、韧性最强的纳米材料。因其特殊纳米结构和优异的物理化学性能，石墨烯在电子学、光学、磁学、生物医学、催化、储能和传感器等领域应用前景广阔，被公认为21世纪的"未来材料"和"革命性材料"。石墨烯的应用技术研究主要集中在如下四个领域：传感器领域、储能和新型显示领域、半导体材料领域、生物医药领域。石墨烯常见的粉体生产的方法为机械剥离法、氧化还原法、SiC外延生长法，薄膜生产方法为化学气相沉积法（CVD）。据统计，全世界约有100家中等规模以上企业从事石墨烯相关产业，且大多集中于北美地区。全球每年年产石墨烯8亿吨，其中约75%集中于中国（中国拥有全球近半石墨储量，其次为印度）。中国石墨烯产业联盟统计显示，中国石墨烯生产企业已经从2015年的300多家增长到2016年的400多家，石墨烯产业规模从2015年的1 630万美元增长到2016年的3 842万美元。随着石墨烯量产的解决和石墨烯下游的拓展，产业联盟预计中国2020年石墨烯市场规模将达到2亿美元，在世界市场的规模将超过一半，成为全球最大的石墨烯消费国家。

山东省的石墨烯产业是国内石墨烯产业极具发展势头和发展潜力的地区之一。截至2017年底，山东省石墨烯相关企业已有200多家，其中形成石墨烯业务的企业数量达到70余家。重点区域主要分布在济南、济宁、菏泽和青岛等地。重点企业包括山东玉皇化工（集团）有限公司、济南圣泉集团股份有限公司、青岛昊鑫新能源科技有限公司、青岛华高墨烯科技股份有限公司、山东欧铂新材料有限公司、青岛瑞利特新材料科技有限公司等、济宁利特纳米技术有限责任公司等。行业发展重点主要集中在原料制备、防腐涂料、改性橡胶、储能材料、水处理等下游应用领域。

2018年3月31日，中国首条全自动量产石墨烯有机太阳能光电子器件生产线在山东菏泽玉皇集团启动，该项目主要生产可在弱光下发电的石墨烯有机太阳能电池（下称"石墨烯OPV"），破解了应用局限、对角度敏感、不易造型这三大太阳能发电难题。

5. 聚碳酸酯（PC）

聚碳酸酯（PC）是一种热塑性塑料，狭义上一般特指双酚A型聚碳酸酯，因苯环的存在导致分子链具有较强的刚性而无法结晶，因此具有较好的透光性。由于聚碳酸酯结构上的特殊性，已成为五大工程塑料中增长速度最快的通用工程塑料。

2015年全世界现有的主要聚碳酸酯装置约30套，位居全球前四位的聚碳酸酯生产商分别为沙伯公司131.5万吨/年、拜耳公司130万吨/年、日本帝人公司48万吨/年、陶氏化学公司47.9万吨/年，产能分别占世界总能力的28.0%、27.7%、10.2%及10.2%。自2010年开始，聚碳酸酯产能大量地向东北亚和中国转移，亚洲已经成为世界聚碳酸酯市场的主导和重要的生产基地。今后几年，全球聚碳酸酯的产能依然处于上升通道。2016年全球聚碳酸酯总产能为472万吨，其中拜耳(Covestro)、沙伯(Sabic)、陶氏(Trinseo)、帝人、三菱五大厂商的产能占了全球的70%以上，全球聚碳酸酯市场处于垄断竞争格局。由于供给集中，国际巨头扩产相对谨慎，因此全球聚碳酸酯产能增长相对缓慢。考虑北美和亚太部分装置老化退出，拜耳预计至2020年，全球聚碳酸酯产能将增长至538万吨，年均产能增速近1.9%。全球范围内聚碳酸酯行业虽然已经进入充分竞争的市场，但生产技术仍为国外企业控制，进入壁垒较高。2015年中国聚碳酸酯表观消费量165万吨，净进口量为121万吨，进口依存度高达76%，而国内聚碳酸酯装置生产多由外企投资或中外合资。

2014年我国聚碳酸酯行业产能约58.7万吨，2015年年底我国聚碳酸酯行业产能超过78万吨，产量为50.3万吨。目前一批合资、合作的PC项目正在国内密集开工，多个项目将在近两年内投产，国内PC供应量将大幅增加。截至2014年底，我国共有5家PC生产企业，分别为拜耳(上海)聚合物有限公司(20万吨)、帝人聚碳酸酯有限公司(14.7万吨)、中石化三菱化学聚碳酸酯(北京)有限公司(6万吨)、菱优工程塑料(上海)有限公司(8万吨)和浙铁大风化工有限公司(10万吨，新增企业)，合计产能约58.7万吨。

截至2016年底，国内聚碳酸酯产能为87.5万吨/年，除2016年刚刚投产的江山化工10万吨和鲁西化工6.5万吨外，基本都是国际巨头独资或合资工厂，外资占比超过80%。全球聚碳酸酯产能增长相对缓慢。由于供给集中，国际巨头扩产相对谨慎，因此全球聚碳酸酯产能增长相对缓慢，产能增量主要来自中国，如万华化学、鲁西化工等。

据不完全统计，未来几年国内聚碳酸酯建设规模将超过300万吨/年，仅2018～2019年计划投产的新装置就接近100万吨/年。2017年国内聚碳酸酯消费量接近180万吨，占全球总消费量的40%以上。预计未来几年，国内聚碳酸酯需求增速将维持在3%～5%，到2022年，国内聚碳酸酯需求量将达到210万～220万吨。因此，未来几年我国聚碳酸酯净进口量会快速下降，自给率迅速上升，预计到2021～2022年达到供需平衡，并最终转为净出口国。

6. 高性能碳纤维

高性能纤维具有高强度、高模量、耐高温、耐气候、耐化学试剂等特性，是近年来纤维高分子材料领域中发展迅速的一类特种纤维。高性能纤维品种较多，目前已规模化生产的有碳纤维、芳纶纤维等，既可作为结构材料承载负荷，又可作为功能材料发挥作用，是性能优越的战略性新型材料。

近年来高性能纤维被广泛应用于航空、航天、汽车、化工、能源、交通、建筑、电子、体育运动器材等领域。碳纤维的质量决定了其应用领域，我国在碳纤维生产与应用方面与国外先进水平还存在较大差距。相比于全球的碳纤维产业应用集中于风电叶片(23.5%)、航空航天(22.8%)和体育休闲(15.7%)领域，我国的碳纤维市场需求仍主要来源于相对低端的体育休闲领域，2017年其消费量占到碳纤维总需求量的51.1%左右；风电叶片领域2017年消费量占比为13.0%，较全球水平仍有明显差距；而航空航天领域消费量占比仅3.8%，严重偏低。我国碳纤维产业应用结构有待优化。相对于碳纤维研发与制造发达国家，碳纤维在我国的发展较晚，并且无论是研发成果还是制造工艺，同发达国家相比还存在一定差距。2014年以来，随着国内碳纤维企业的茁壮成长，我国碳纤维理论产能总体呈现增加的态势。2017年，中国（包括台湾）碳纤维理论产能为3.48万吨，同比增长6.7%。比较而言，2017年中国碳纤维企业中，中复神鹰的碳纤维理论产能最高，达6 000吨；其次是江苏恒神，其碳纤维理论产能也达到了4 650吨；紧随其后，2017年精工集团的碳纤维理论产能为3 500吨；同样理论产能在3 000吨以上的还有光威复材；排名前10的其他碳纤维企业理论产能均在3 000吨以下。2017年，中国碳纤维产业集中度在加速，7家千吨级碳纤维企业的理论产能已经占到中国大陆的84.8%。碳纤维性能优异，广泛应用于风电叶片、航空航天、体育用品、汽车工业、混配模成型、压力容器、建筑补强、电子电器等领域，被誉为“黑色黄金”。近年来，我国碳纤维的需求量呈现波动增长的态势。以体育用品及风电叶片的强劲增长带动了我国碳纤维的消费量。2017年，我国碳纤维需求量实现高速增长，达到2.35万吨。从中国碳纤维消费量来看，2017年广东依然保持第一，消费量达0.56万吨；山东省紧随其后，碳纤维消费量为0.53万吨，但山东省碳纤维消费主要是低成本风电纤维，所以消费金额还是没有进入广东与上海的亿美元俱乐部；上海和江苏的碳纤维消费量也分别达到了0.32万吨、0.31万吨；其他地区的碳纤维消费量均少于0.3万吨。

近年来，我国碳纤维研究取得快速发展，高性能碳纤维工程化研究单位已超过40家，但是生产工艺却一直面临诸多难题。经过多年攻关，我国最大的高性能碳纤维生产线实现了稳定量产，年产原丝5 000吨，碳丝1 700吨。权威机构检测显示，其性能指标已达到T 700、T 800和T 1000等国际先进水平。

7. 离子膜材料

离子膜是我国氯碱工业可持续发展的关键材料，过去一直依赖进口美国杜邦、日本旭硝子、旭化成等公司的离子膜，价格高、成本大、进口烦琐，消耗大量外汇。我国氯碱行业烧碱的产能位居全球首位，产能大，离子膜对外依赖程度高，严重威胁着我国氯碱行业的可持续发展。

全氟离子膜制备技术是发展中国具有自主知识产权全氟离子膜制造产业的支撑技术，对我国含氟高分子材料产业升级和氯碱工业的节能减排具有重要的推动作用，对于确保我国氯碱行业的安全运行更是意义重大。

1964年，美国杜邦公司成功开发出了全氟磺酸树脂，商品名为Nafion；1975年，由日本旭化成公司开发出全氟羧酸膜；1980年，美国杜邦公司开发出900系列高性能全氟羧酸全氟磺酸复合膜；1983年，日本旭硝子公司开发出800系列高性能全氟酸全氟磺酸复合膜；1987年，日本旭化成公司开发出高性能全氟磺酸全氟羧酸复合离子膜；2009年，山东东岳集团开发出D 988高性能全氟磺酸全氟羧酸复合离子膜；2012年，山东东岳集团开发出DF 2801高性能全氟磺酸全氟羧酸复合离子膜。从离子膜发展的历程可以看出，我国离子膜发展已进入世界先进水平。

（三）产业重点领域发展集聚情况

1. 二苯基甲烷二异氯碳酯（MDI）

山东理工大学研究团队发明了无氯氟聚氨酯化学发泡剂。用该发泡剂生产的聚氨酯泡沫材料性能在许多领域的应用中达到相关标准要求，且成本更低。目前，已广泛用于冰箱（冰柜）、冷藏集装箱、城市供热管道及石油管道保温、建筑外墙保温、冷库等各种需要保温保冷领域，是节能环保产品。该发泡剂的应用将对聚氨酯泡沫材料行业彻底淘汰氯氟烃和氢氟碳物质，保护臭氧层，降低碳排放做出重大贡献。

烟台万华化学公司依托国家聚氨酯工程技术研究中心，开发第六代新型 MDI、大型 DNT-TDATDI 产业化成套技术和聚氨酯超细纤维合成等关键生产技术，加快发展高性能聚氨酯材料下游产品，开发高附加值高性能聚氨酯弹性体、汽车及高速列车等用高性能聚氨酯表面材料、水性聚氨酯树脂及绿色聚氨酯发泡剂和催化剂等产品。2017 年生产 60 万吨 MDI 装置产能利用率 83.58%，合计 2017 年 MDI 产出 155.25 万吨。

2. TDI

目前全球共有 20 多家 TDI 企业 40 多套 TDI 生产装置，主要采用液相光气法工艺路线。主要生产企业包括拜耳（65.5 万吨/年）、巴斯夫（51.2 万吨/年）、烟台万华实业集团有限公司（24 万吨/年）、日本三井化学（23.7 万吨/年）、中国兵器工业集团（15 万吨/年）、法国 Perstop（12.5 万吨/年）、中国化工集团（11 万吨/年）等。目前全球 TDI 消费主要集中在亚洲、北美和西欧。2011 年全球 TDI 总消费量在 200 万吨左右，其中亚洲 83 万吨，西欧 30 万吨，北美 28 万吨。预计 2016 年，全球 TDI 消费量将增长到 265 万吨，2011～2016 年年均增长率为 5.8%。全球 TDI 需求增长将主要来自亚洲和中东、中南美及中东欧地区，而北美和西欧等地区的消费需求增长将较缓慢。全球 TDI 主要应用于聚氨酯软泡领域，占总消费量的 80%。

烟台巨力异氰酸酯有限公司是我国首家生产 TDI 的高科技民营化工企业，也是国内仅有的 5 条此类生产线之一。TDI 主要用于海绵、高档油漆、高级黏合剂、高回弹性体等聚氨酯系列产品的生产。目前，国内年需求量在 30 万～35 万吨，当前全国 TDI 年实际产量不足 20 万吨，缺口部分全部依赖国外进口，而且价格居高不下，市场前景广阔，发展潜力巨大。

3. 聚醚多元醇（PPG）

我国 PPG 产能已达到 150 万吨/年，其中规模较大的企业包括：上海拜耳材料科技（25 万吨/年）、上海高桥石化（30 万吨/年）、广州宇田聚氨酯（15 万吨/年）、苏州中化国际聚氨酯（10 万吨/年）以及山东蓝星东大化工（10 万吨/年）。2016 年，国内聚醚总产量为 198.82 万吨，较 2015 年增长 6.49%。其中，软泡聚醚多元醇产量基本维持在 71 万吨左右；而聚合物多元醇在 2016 年产量增长明显，较 2015 年增长 32.69%。

山东蓝星东大化工有限责任公司的主要产品及规模为 6 万吨环氧丙烷、10 万吨聚醚多元醇、万吨离子交换树脂、5 000 吨二乙烯苯、万吨组合聚醚及聚氨酯型材、40 亿只一次性输注器械橡胶件、5 亿只药用氯化丁基胶瓶塞，市场占有率均位居国内前三位，其中，东大牌聚醚多元醇获山东省名牌称号。

万华集团主营硬泡聚醚、CASE 聚醚及硬泡组合聚醚的生产与销售，拥有烟台、佛山、宁波三个生产基地，年产 20 万吨硬泡和 CASE 聚醚、20 万吨组合聚醚，产品广泛应用于家电、板材、仿木、管道、冷链、汽车、外墙喷涂、煤矿加固等各大领域，共 17 个系列约 100 多个品种。万华软泡聚醚以生产普通软泡聚醚、高回弹聚醚及聚合物多元醇(POP)为主，设计产能 20 万吨，产品广泛用于不同密度的块状软泡、模塑高回弹软泡等制品。

滨化集团在 2017 年实现营业收入 64.65 亿元，实现利润总额 11.05 亿元，实现利税 15.33 亿元，有 10 万吨聚醚(利用环氧丙烷向下做)，65 万吨离子膜烧碱，滨化离子膜烧碱单位产品综合能耗以 296 千克标煤/吨位居第一的成绩，再获年全国重点耗能产品能效“领跑者”标杆称号，企业综合竞争实力不断增强。

4. 硅材料

山东是有机硅材料研发与生产的主要省份。有机硅材料是山东省的优势产业，多年来一直有着良好的发展局面，特别是“十二五”以来，在市场需求和政府推动的双力作用下得到快速发展，已形成品种齐全、配套完备的产业体系，产品涉及有机硅单体、硅油、硅橡胶、硅偶联剂、硅树脂五大类多个品种，市场遍布全国各地，并销往多个国家和地区。从产业规模的角度看，山东省有机硅行业主营业务收入一直保持较高速度增长，产业规模扩张迅速；从全国同行业角度来看，山东省有机硅工业各项经济指标、主要产品产量均占全国同行业前列，多年来持续保持了在全国的优势地位。

表 6.1.1　我国有机硅单体产能 TOP 10 企业汇总　单位:万吨

产能排名	单体企业	产能(年/万吨)	市场份额
1	道康宁(张家港)有机硅有限公司	51.1	18.28%
2	蓝星股份江西星火有机硅厂	40	14.31%
3	浙江新安化工集团股份有限公司	28	10.02%
4	山东东岳有机硅材料有限公司	25	8.94%
5	内蒙古恒业城有机硅有限公司	24	8.59%
6	浙江合盛硅业有限公司	20	7.16%
7	湖北兴发化工集团股份有限公司	18	6.44%
8	山西三佳化工新材料有限公司	16	5.72%
9	山东金岭化工有限公司	15	5.37%
10	唐山三友硅业股份有限公司	10	3.58%
前十合计		247.1	88.41%

(数据来源:化工产业子课题组调研整理获得)

5. 氟材料

全国的氟化工主要集中在山东、浙江、江苏、内蒙古等地。山东在规模、产品质量、高端氟材料的规模和市场占有率方面有一定优势。东岳神舟在高端氟橡胶、氟树脂方面拥有研发优势，拥有较高的市场占有率。山东的氟化工企业还有济南三爱富、山东中氟、山东飞源、鲁西化工、聊城氟尔。

东岳集团是亚洲规模最大的氟硅材料生产基地、中国氟硅行业的龙头企业。主导产品绿色环保制冷剂、聚四氟乙烯高分子材料，规模、技术、市场占有率世界第一，是杜邦、大金、三菱、海尔、海信、格力、美的、长虹等国内外著名企业的优秀供应商。有机氟新材料有六氟丙烯(HFP)、悬浮聚四氟乙烯微粉、造粒料、预烧结料 DF-22、浓缩液、聚四氟乙烯分散树脂 DF-205、聚四氟乙烯分散树脂 DF-204、聚四氟乙烯悬浮树脂细粉 DF-19、聚四氟乙烯悬浮树脂细粉 DF-16、聚四氟乙烯悬浮树脂中粒度等。其中产品“塑料王”原料——聚四氟乙烯(PTFE)，无论规模、技术还是市场占有率均为世界第一，是与美国、意大利比肩的全球 PTFE 三大基地之一。全氟离子膜是未来新能源和氯碱工业的关键材料。该项技术先后被纳入国家 863 计划和国家“十一五”科技支撑计划。同时，东岳氟硅材料产业园也被授予“国家科技兴贸出口创新基地”称号，跻身于全国获此殊荣的 18 个开发区和工业园区之一。

山东兴氟新材料有限公司主要经营范围是三氟乙酸(300 吨/年)、氢氟酸(3 000 吨/年)、氟硼酸(900 吨/年)、氟硼酸钠(500 吨/年)、氟化钠(1 000 吨/年)、氟硅酸铵(1 000 吨/年)、氟硅酸(900 吨/年)、三氟乙酰氯(600 吨/年)、无水氟化氢(1 500 吨/年)、发烟硫酸(18.6 吨/年)、盐酸(1 157 吨/年)、稀硫酸(905.6 吨/年)、硫酰氯(150 吨/年)的生产、销售。

6. 生物质石墨烯

山东省圣泉集团与黑龙江大学合作，历经七年攻关，以玉米芯纤维素为原料，研发出绿色环保、成本较低的新材料——生物质石墨烯。实现了绿色可循环、可持续发展的科技创新的高地。

玉皇集团致力于研发石墨烯锂电池生产工艺，整合了电池行业的设备、纳米材料行业的设备、陶瓷膜行业的设备，经过设计和工艺技术的磨合、匹配，终于设计出石墨烯的生产线。目前将锂离子电池用于长城汽车试验成功。

经过多年的发展，山东省已初步具备石墨烯产业链雏形，发展势头良好。山东玉皇化工(集团)有限公司和青岛华高墨烯科技股份有限公司主要从事石墨烯锂离子电池技术方面的研发；济宁利特纳米技术有限责任公司主要从事石墨烯及相关碳纳米材料的产业化开发；青岛赛瑞达电子装备股份有限公司、青岛海纳尔纳米科技有限公司、青岛迈可威微波创新科技技术有限公司主要从事 CVD 设备及微波设备方面的研发；青岛瑞利特新材料科技有限公司主要从事防腐涂料和导电油墨方面的研发；另外青岛蓝湾烯碳材料科技有限责任公司的石墨烯改性橡胶密封件、山东玲珑橡胶有限公司和青岛双星股份有限公司的石墨烯改性轮胎、青岛华高墨烯科技股份有限公司的水处理材料及海水淡化方面，均处于实验室和市场接轨的阶段。

7. 聚碳酸酯(PC)

目前山东省内有鲁西化工 6.5 万吨的投产产能，在建及规划中的产能包括烟台万华总计 20 万吨、鲁西化工二期规划 13 万吨、利华益规划 10 万吨，青岛恒源规划 10 万吨，其中烟台万华一期 7 万吨产能预期在 2017 年上半年投产，其他项目投产计划多在 2018 年。届时预期山东省产能将达到 60 万吨，成为国内聚碳酸酯的后起新秀。

鲁西化工涵盖煤化工、盐化工、氟化工、硅化工、石油化工等，年产化工产品 400 万吨，主要产品包括合成氨、三聚氰胺、甲酸、液氧、液氮、液氯、己内酰胺、过氧化氢、烧碱、氯化苄、氯磺酸、甲烷氯化物、四氯乙烯、苯甲醇、DMF、硫酸、氯化石蜡、制冷剂、含氟聚合物等三十余种化工产品。已形成了较为完整的煤化工、盐化工、氟化工、硅化工以及石油化工产品链条，初步完成了化工新材料产业园总体布局，园区独具特色，并被国家石油和化学工业联合会命名“中国化工新材料(聊城)产业园”。

8. 高性能碳纤维

山东省威海市在碳纤维及复合材料领域，形成了较为完整的碳纤维产业链，正在努力打造国家级碳纤维技术创新中心和国家级碳纤维及复合材料产业基地。威海市临港区近年来不断加快推进以碳纤维产业为主导的新材料产业发展，打造了链条最全的碳纤维产业发展集群——临港区碳纤维产业园，成为省、市两级强力推进的一项重大战略工程。

威海拓展纤维有限公司：是专门从事高性能碳纤维及制品研发生产的高新技术企业，碳纤维产业技术成熟，已搭建起从“原丝—碳纤维—预浸料—织物—碳纤维后续制品”以及保障上述碳纤维产业链的装备、检测、试验平台，确立了在国内的领先地位。该公司已获授权各类专利 47 项(发明专利占一半)，获省级以上技术科研成果鉴定 20 余项。先后突破了 T 300、T 700、T 800 等高强、高模碳纤维制备技术，打破了国外垄断，已在航空航天、工业，特别是军工领域广泛应用，比如，国产的武直 10、C 919 用的就是拓展纤维的碳纤维。

9. 离子膜

山东东岳集团近年来开发出离子膜类产品，此类膜材料的 C-F 主链赋予了膜优异的稳定性，但生产过程复杂，催化剂难合成，装置多，成本很高。东岳集团在 2002 年就投入此项研究，取得一定进展，但产品价格较贵，在 8 000 美元/平方米左右。2010 年，东岳集团 100%国产化的全氟离子膜在万吨级规模氯碱生产装置上获得成功应用。该成果的应用打破了我国氯碱工业长期受制于人的历史，使我国氯碱工业从此走上了健康发展的道路。2015 年该集团申报的“含功能膜材料国家重点实验室”获批，成为含氟功能材料领域首个国家级重点实验室。同年东岳集团“含氟功能材料国际合作示范基地”被科技部认定为国家示范型国际科技合作基地。近年来，东岳集团与奔驰、福特、巴拉德、加拿大 AFCC 等公司建立了长期紧密的技术合作关系，通过参与欧洲第六框架合作项目、共同承担“十一五”国际合作项目“新型燃料电池质子膜研究”和“十二五”国际合作项目“新型燃料电池质子交换膜联合研发”等多项国际科技合作与交流，取得了优异的研发成果。山东东岳集团和上海交通大学通力合作经过近 10 年的努力攻关，在全氟离子膜的生产和产业化上取得了新的突破，生产出的全氟离子膜质量完全达到世界第三代指标，在国内十几家企业进行使用。同时，燃料电池膜方面，在与欧盟等世界一流的研究机构合作研发中实现突破，达到世界先进水平，为国家争了光。

2014 年，山东天维膜技术有限公司和中国科技大学共同承担了“863”项目，酸碱回收膜的研究取得了突破性进展，特别是碱回收膜的研究达到世界领先水平。该项目目标为：建设年产 5 万平方米/年扩散渗析膜生产线，实现螺旋卷式扩散渗析膜和双极膜组件批量生产，并在湿法冶金等领域建设酸碱回收示范工程 2 套以上。2014 年 12 月 1 日，由山东天维膜技术有限公司自主研发设计的国内首条双极膜生产线完成安装调试并试车生产。生产线正式生产后，年产 10 万平方米双极膜。双极膜生产的国产化，打破了国外技术垄断，填补了我国荷电膜产业化的空白。

（四）典型企业

烟台巨力异氰酸酯有限公司：是我国首家生产 TDI 的高科技民营化工企业，也是国内仅有的 5 条此类生产线之一。TDI 主要用于海绵、高档油漆、高级黏合剂、高回弹性体等聚氨酯系列产品的生产。目前，国内年需求量在 30 万～35 万吨左右，当前全国 TDI 年实际产量不足 20 万吨，缺口部分全部依赖国外进口，而且价格居高不下，市场前景广阔，发展潜力巨大。

山东蓝星东大化工有限责任公司：主要产品及规模为 6 万吨环氧丙烷、10 万吨聚醚多元醇、万吨离子交换树脂、5 000 吨二乙烯苯、万吨组合聚醚及聚氨酯型材、40 亿只一次性输注器械橡胶件、5 亿只药用氯化丁基胶瓶塞，市场占有率均位居国内前三位，其中，东大牌聚醚多元醇获山东省名牌称号。

万华集团：主营硬泡聚醚、CASE 聚醚及硬泡组合聚醚的生产与销售，拥有烟台、佛山、宁波三个生产基地，年产 20 万吨硬泡和 CASE 聚醚、20 万吨组合聚醚，产品广泛应用于家电、板材、仿木、管道、冷链、汽车、外墙喷涂、煤矿加固等各大领域，共 17 个系列约 100 多个品种。万华软泡聚醚以生产普通软泡聚醚、高回弹聚醚及聚合物多元醇（POP）为主，设计产能 20 万吨，产品广泛用于不同密度的块状软泡、模塑高回弹软泡等制品。

滨化集团：2017 年，实现营业收入 64.65 亿元，实现利润总额 11.05 亿元，实现利税 15.33 亿元，有 10 万吨聚醚（利用环氧丙烷向下做）、65 万吨离子膜烧碱；滨化离子膜烧碱单位产品综合能耗以 296 千克标煤/吨位居第一的成绩，再获年全国重点耗能产品能效“领跑者”标杆称号，企业综合竞争实力不断增强。

山东兴氟新材料有限公司：主要经营范围三氟乙酸（300 吨/年）、氢氟酸（3 000 吨/年）、氟硼酸（900 吨/年）、氟硼酸钠（500 吨/年）、氟化钠（1 000 吨/年）、氟硅酸铵（1 000 吨/年）、氟硅酸（900 吨/年）、三氟乙酰氯（600 吨/年）、无水氟化氢（1 500 吨/年）、发烟硫酸

(18.6 吨/年)、盐酸(1 157 吨/年)、稀硫酸(905.6 吨/年)、硫酰氯(150 吨/年)的生产、销售。

圣泉集团:与黑龙江大学合作,历经七年攻关,以玉米芯纤维素为原料,研发出绿色环保、成本较低的新材料——生物质石墨烯。实现了绿色可循环、可持续发展的科技创新的高地。

玉皇集团:致力于研发石墨烯锂电池生产工艺,整合了电池行业的设备、纳米材料行业的设备、陶瓷膜行业的设备,经过设计和工艺技术的磨合、匹配,终于设计出石墨烯的生产线。目前将锂离子电池用于长城汽车试验成功。

鲁西化工:涵盖煤化工、盐化工、氟化工、硅化工、石油化工等,年产化工产品 400 万吨,主要产品包括合成氨、三聚氰胺、甲酸、液氧、液氮、液氯、己内酰胺、过氧化氢、烧碱、氯化苄、氯磺酸、甲烷氯化物、四氯乙烯、苯甲醇、DMF、硫酸、氯化石蜡、制冷剂、含氟聚合物等 30 余种化工产品。已形成了较为完整的煤化工、盐化工、氟化工、硅化工以及石油化工产品链条,初步完成了化工新材料产业园总体布局,园区独具特色,并被国家石油和化学工业联合会命名为"中国化工新材料(聊城)产业园"。

威海拓展纤维有限公司:专门从事高性能碳纤维及制品研发生产的高新技术企业,碳纤维产业技术成熟,已搭建起从"原丝—碳纤维—预浸料—织物—碳纤维后续制品"以及保障上述碳纤维产业链的装备、检测、试验平台,确立了在国内的领先地位。

山东天维膜技术有限公司:2014 年与中国科技大学共同承担了"863"项目,酸碱回收膜的研究取得了突破性进展,特别是碱回收膜的研究达到世界领先水平。该项目目标为:建设年产 5 万平方米/年扩散渗析膜生产线,实现螺旋卷式扩散渗析膜和双极膜组件批量生产,并在湿法冶金等领域建设酸碱回收示范工程 2 套以上。2014 年 12 月 1 日,由山东天维膜技术有限公司自主研发设计的国内首条双极膜生产线完成安装调试并试车生产。生产线正式生产后,年产 10 万平方米双极膜。双极膜生产的国产化,打破了国外技术垄断,填补了我国荷电膜产业化的空白。

表 6.1.2　石墨烯产业相关企业

序号	地级市	公司名称
1	菏泽	山东安固强石墨烯科技有限公司
2	东营	山东欧铂新材料有限公司
3	青岛	青岛海纳尔纳米科技有限公司
4	烟台	烟台市烯能新材料有限责任公司
5	济南	山东金城石墨烯科技有限公司
6	济南	济南墨希新材料科技有限公司
7	青岛	青岛希碳维度新材料科技有限公司
8	威海	威海威力高科碳材料有限公司

续表

序号	地级市	公司名称
9	青岛	青岛海大海烯新材料有限公司
10	济宁	山东利特纳米技术有限责任公司
11	青岛	青岛昊鑫新能源科技有限公司
12	潍坊	山东碳为石墨烯科技有限公司
13	济南	圣泉集团
14	菏泽	山东玉皇新能源有限公司
15	济宁	山东鲁泰控股集团
16	烟台	山东玲珑轮胎股份有限公司
17	济宁	山东金利特新材料有限责任公司
18	青岛	青岛华高墨烯科技股份有限公司

（数据来源：化工产业子课题组调研整理获得）

二、山东省化工产业技术创新发展情况

（一）产业技术创新发展水平

二苯基甲烷二异氰酸酯，简称 MDI，分子式 $C_{15}H_{10}N_2O_2$。现有技术：全球流行的 MDI 生产方法基本是以苯胺为原料，经光气法以后再还原形成粗品的 MDI 产品，再经分馏装置，分离出纯 MDI 和聚合 MDI。最新技术：由于光气其巨大的危害性，所以许多工厂都在积极研制新的合成工艺以取代光气法生产，如碳酸二甲酯法，但是这些方法还只是在小试车间内有成功的案例，根本无法应用于大规模的生产。目前，MDI 的生产方法主要有光气化法和非光气化法两种。

1. 光气化法

用苯胺与甲醛在酸性情况下进行缩合反应是国外生产 MDI 完全成熟的技术路线，反应物用碱中和后进行蒸馏，得到二苯基甲烷二胺（MDA）。将 MDA 用溶剂溶解后，再进行光气化反应制成多苯基多异氰酸酯 4，4-MDI，2，2-MDI 或混合 PMDI，再进行蒸馏精制，得纯 MDI。光气化法是目前国内外普遍采用的工业生产方法，但缺点是需使用剧毒的光气，且反应过程中生成氯化氢，对设备腐蚀严重，而且纯 MDI 的收率和质量也较低。

2. 非光气化法

非光气化法污染较小，收率高，大多处于研究阶段，未能完全实现工业化生产。采用胺、二氧化碳和脱水剂等非光气法生产 MDI。反应在近乎常压和较低的压力下先生成氨基甲酸酯，再用五氧化二磷和三乙胺做脱水剂脱水生成异氰酸酯。从整个反应来看，今后的主导方向是催化羰基合成氨基甲酸酯后再热解成 MDI。氨基甲酸酯法是将苯胺与氨基甲酸酯先制成苯胺基甲酸酯，再与硝基苯在硫酸存在下生成 MDI 的混合物，再经蒸馏得成品。苯胺先与一氧化碳，乙醇和氧气反应生成苯胺基甲酸乙酯(EPC)。然后 EPC 与甲醛液进行浓缩生成双核甲撑二苯二氨基甲酸乙酯(MDV)，产物再经热解生成 MDI 及乙醇，再循环进行羰基化反应。

(二)产业关键共性技术突破情况

1. 聚氨酯创新技术发展情况

山东理工大学研究团队发明了无氯氟聚氨酯化学发泡剂。用该发泡剂生产的聚氨酯泡沫材料性能在许多领域的应用中达到相关标准要求，且成本更低。目前，已广泛用于冰箱(冰柜)、冷藏集装箱、城市供热管道及石油管道保温、建筑外墙保温、冷库等各种需要保温保冷领域，是节能环保产品。该发泡剂的应用将对聚氨酯泡沫材料行业彻底淘汰氯氟烃和氢氟碳物质，保护臭氧层，降低碳排放做出重大贡献。

烟台万华化学公司依托国家聚氨酯工程技术研究中心，开发第六代新型 MDI、大型 DNT-TDATDI 产业化成套技术和聚氨酯超细纤维合成等关键生产技术，加快发展高性能聚氨酯材料下游产品，开发高附加值高性能聚氨酯弹性体、汽车及高速列车等用高性能聚氨酯表面材料、水性聚氨酯树脂及绿色聚氨酯发泡剂和催化剂等产品。

2. 氟材料技术发展情况

四氟乙烯是目前生产量最大最重要的含氟单体，二氟一氯甲烷水蒸气稀释热解制备四氟乙烯技术的开发是体现技术创新取得的非常重要的成果，用它来替代原来空管热解技术，因传热方式的改变，使二氟一氯甲烷转化率、四氟乙烯选择率显著提高。随着四氟乙烯生产装置从 1 000 吨级提高到 5 000 吨级以上，水蒸气稀释热解技术的优越性愈来愈明显，是空管热解技术无法比拟的。悬浮聚四氟乙烯从中粒度模压加工用粉料发展到细粒度模压加工用粉末，改善了制品性能，而后随着自动模压成型、液压成型、柱塞挤出成型自动化、连续化的加工技术得到普遍采用，流动性好的造粒料，予烧结料相继开发，以满足加工异型制品，不同规格的制品及连续化生产的需求。同时为扩大用途，又开发了填充料和加有少量全氟烷烯基醚单体改性树脂。分散聚四氟乙烯的技术创新是为适应加工工艺的需要提高制品质量扩大用途而开展的，它已不是单纯地基于树脂的分子量大小、分布的研究。在实践中研究发现了树脂初级粒子的形状、大小、分布及粒子组成性质等方面来改进聚合工艺，开发了系列化学品级，使聚合得到的聚合物具有良好的加工性能，可满足多种加工工艺(低、中、高不同压缩比)选择要求，从而也保证了加工不同用途制品的质量。与此同时，还开发了浓缩分散液，拓展了树脂用途。

26类氟橡胶是由偏氟乙烯和六氟丙烯共聚的氟弹性体，当加入四氟乙烯则构成耐热性好的氟橡胶。26类氟橡胶是应航空工业发展、高性能涡轮发动机应用、飞机的某些橡胶部件要求能耐更高温度、耐润滑油和燃油而开发的。26类氟橡胶发展中每一项技术创新，都是随应用用途扩展和提高，随加工技术发展要求而进行的。离子膜法制碱与传统的水银法和石棉隔膜法相比，具有能耗低、无公害、碱纯度高和投资费用省等优点。全氟离子膜的研制开发过程是一个你追我赶，技术创新迭出的过程。

3. 产业工艺创新情况

(1)聚碳酸酯(PC)新工艺

近年来，人们环保意识日趋增强，各国环保机构对光气使用的限制越来越严格，世界各大PC生产厂商持续开发其他合成方法和工艺。PC制备的几个技术路线可归纳为：①甲醇氧化羰基化合成DMC；②碳酸二甲酯酯交换合成DPC；③苯酚氧化羰基化合成DPC；④双酚A氧化羰基化合成PC。路线①和路线②技术已实现了工业化生产，路线③和路线④是各大公司研发的、具有广阔前景的热点技术。苯酚羰基化合成DPC的原料来源广泛、价廉、不用光气、三废少，具有明显的竞争能力，将成为DPC合成技术的发展方向；双酚A羰基化法直接合成PC工艺具有毒性小、无污染、产品质量高、工艺流程短等优点，是世界各国争相研究的热点，具有巨大发展潜力。

以二氧化碳为原料的PC合成技术也日益得到工业界重视。2014年，科思创(Covestro)启动了梦想聚合物计划(dream polymers)，旨在采用二氧化碳制备PC等聚合物，目标是取代传统PC生产原料中的40%甚至更高，减少对化石原料的依赖。

其实，研究者一直致力于开发温室气体二氧化碳(CO_2)在除尿素、纯碱和水杨酸等大宗化学品以外的其他用途，其中CO_2与环氧烷烃进行共聚，制备二氧化碳基PC颇具研究价值。在催化剂的作用下，CO_2与环氧烷烃共聚生成PC(通常含少量的聚醚链段)和环状碳酸酯，而高活性、高选择性催化剂的设计是最关键的因素。王佛松及其中国科学院长春应用化学研究所的研究小组借鉴沈之荃的稀土催化剂体系，提出了适合于工业化的稀土三元催化体系，并与蒙西高新技术集团公司合作，于2004年率先在世界上建立了二氧化碳与环氧丙烷共聚物的中试线，实现了二氧化碳基塑料的工业化由不可能到可能的突破。随后，该课题组王献红等对催化体系不断改进，于2012年在浙江邦丰塑料有限公司建立了万吨级工业化生产线，这是世界上正常运行的第一条规模化生产线，相关产品已经通过美国生物分解塑料协会的认证，以PCO_2为品牌的二氧化碳基塑料制品开始批量进入美国市场。在此基础上，王献红等合成制备了侧链双键二氧化碳基PC，研究了亲水性二氧化碳基PC及其刺激响应行为，在二氧化碳基PC的功能化上不断探索。

大连理工大学精细化工国家重点实验室“小分子活化与仿生催化”教育部创新团队与该校化工学院探索出简单合成结晶性二氧化碳基PC的新方法。他们利用外消旋双核钴催化剂，实现了二氧化碳与内消旋环氧烷烃的立构规整性交替共聚合反应，获得了高结晶性的二氧化碳基PC。不同构型嵌段单元之间的立体相互作用，导致分子内立体复合物形成，增加了聚合物密堆积结构，容易形成结晶。据了解，先前发展的二氧化碳基PC是非晶且玻璃化转变温度较低，存在高温强度迅速变差等问题。通过立构规整性聚合使碳酸酯单元在主链上有序排列是该类PC结晶的主要途径。

该团队进一步发现不管是可结晶还是无定形的不同构型的手性PC经简单的自组装，可以形成高结晶性的PC立体复合物，耐热性能明显提高。然而，这些结晶性二氧化碳PC的获得都需要昂贵的手性催化剂，此次该团队解决了这一难题。

(2)离子膜制备新路线

聚酰基化离子膜制备路线：由于科学技术的快速发展，对离子交换膜的性能要求也越来越高，越来越具体，为了全面推广应用离子交换膜，降低制备成本也显得越来越重要。侧链磺化型芳香族聚合物(SCT-SAPs)具有与全氟碳酸隔膜(Nafion)类似的结构，但价格却相对便宜得多，因此SCT-SAPs是非常有希望替代Nafion膜的材料。另外，由于氢氧根与质子具有相似的传导机理，侧链"季盐"化型芳香族聚合物(SCT-QAPs)也应该是很有应用前景的阴离子交换膜材料。中国科技大学徐铜文等提出一种简单而通用的侧链型离子化芳香族聚合物的合成方法即"离子单体聚酰基化"法，形成离子膜制备新平台。通过一步合成侧链磺化型二芳基单体，并在酸性体系下，通过(磺化)二芳基单体与芳香二羧基单体的聚酰基化反应一步合成侧链磺化型芳香族聚酮，特别是冠醚结构可通过二苯并18-冠醚-6单体直接引入聚合物的主链中。相应地通过一步合成侧链季铵化型二芳基单体，并在酸性体系下，通过(季铵化)二芳基单体与芳香二羧基单体的聚酰基化反应一步合成侧链季铵化型芳香族聚酮。冠醚结构同样可通过二苯并18-冠醚-6单体直接引入聚合物的主链中。在此合成工艺中，冠醚结构是以化学键形式引入阴/阳离子化芳香族聚合物中的，冠醚与阳离子的络合作用赋予阴/阳离子膜独特的结构稳定性和电化学功能。

ATRP法离子膜制备路线：面对不同应用方式，离子交换膜的性能要求也越来越高、越来越具体。相对于阳离子交换膜，阴离子交换膜(AEMs)的制备路线更加复杂，电化学性能较低、氢氧根电导率低、化学稳定性差是AEMs发展中的瓶颈。通过主链憎水、侧链亲水的接枝结构，并对接枝密度和接枝长度进行调节，来调控AEMs的性能。同时，在此基础上，关联AEMs中聚合物结构性能的关系。

梳型(Comb-shaped)AEMs：中国科技大学以高溴化度溴化聚苯醚(BPO)为憎水主链，同时也为ATRP反应的大分子引发剂，来接枝季铵化的对氯甲基苯乙烯(QVBC)单体，来获得Comb-shaped AEMs。Comb-shaped结构可以有效提高AEMs的氢氧根电导率，在80 ℃下氢氧根电导率可超过0.1秒/厘米。

Rod-Coil型膜制备：Comb-shaped结构可以提高氢氧根电导率，但是由于其形成的离子通道尺寸较大，所以对提高膜的尺寸稳定性以及化学稳定性不是特别有效。因此，使用溴化度较低的BPPO，来制备低接枝密度、高接枝长度的Rod-coil型膜。通过介观模拟可以证明该膜可以形成双连续的微观结构，贯穿的憎水区域有利于提高膜的尺寸稳定性。同时，由于较低的接枝密度，可以减少氢氧根对主链的进攻，提高膜的化学稳定性，在 2 摩尔/升氢氧化钠溶液 60 ℃下浸泡 600 小时离子交换通量仅下降 20%,显示了该种离子膜具有很好的耐碱性。

静电纺丝技术制备离子交换膜：基于静电纺丝技术的复合离子交换膜的制备方法，一般是将电纺纤维膜作为支撑材料，起到机械增强或结构诱导模板的作用。还有一种是与溶剂蒸汽处理、热压技术结合使得电纺纤维束在保持其纤维内部结构的同时，发生纤维间的融合制备离子交换膜。电纺纤维复合离子交换膜最经典的是以 Nafion 作为其中一个组分制备应用于燃料电池中的质子交换膜，主要因为 Nafion 不仅具有很好的质子传导能力，同时还具有卓越的机械和化学稳定性。这种复合膜材料一般首先制备聚合物电纺纤维膜作为无纺布支撑体，如聚乙烯醇（PVA)、磺化聚砜（SPES)、磺化聚苯乙烯（SPS)、聚苯矾（PPSU)，以及无机电纺纤维膜材料如磺化二氧化锆（S-ZrO_2)，然后将 Nafion 溶液渗透到纤维丝内部制备质子传导膜材料。

相比常规方法制备的离子交换膜，静电纺丝技术为离子交换膜内部微观结构和形态的构建提供了绝佳的手段，为膜材料的设计提供了更多的选择性，也为离子在膜内部的传输现象提供了更好的依据和解释。譬如，在质子膜燃料电池隔膜应用中，电纺离子交换膜可以实现将质子传导位点合理地安排在纤维的内部或表面，还可以实现超高 IEC 的离子交换膜的制备，同时也可以实现对荷电基团团簇的束缚性结构的制备，进而提高膜内部荷电基团在特定区域的荷电密度。

4. 重点产业技术现状及发展趋势

(1)聚氨酯

“十三五”期间，在国家“调结构、转方式、促发展”的政策指引下，中国经济将进入稳定增长新周期，聚氨酯随行业也将面临行业增速放缓、结构调整加速的新形势，未来行业发展将越来越依赖技术创新、提升技术开发能力、从发展整个行业的角度出发，建议我国聚氨酯行业大力发展以下三个方向：一是研发功能性、高性能、高附加值产品；二是发展环保型（水性和无溶剂）聚氨酯产品；三是加快在建筑节能等产业领域的推广应用。

首先，突破关键技术，开发更多高性能、高附加值新技术和新应用。中国聚氨酯产业经过 20 多年的快速发展，许多原料和制品产量都达到全球第一，但仍有部分核心技术和高端产品掌握在国外公司手中，只有突破这些技术壁垒，积极开发新应用领域，才能真正实现中国聚氨酯产业从大到强的转变。

ADI 是高档聚氨酯涂料、胶黏剂、水性聚氨酯材料的关键原料，目前国际上只有极少数公司拥有 ADI 及衍生物生产技术。万华在“十二五”期间率先打破了跨国公司对该类产品的市场垄断，实现了该产品的商业化，“十三五”期间，公司将通过扩大规模，进一步满足下游制品行业的需求增长和应用拓展，并在推动国防军工、高端装备制造业的升级方面发挥重要作用。

TPU 由于具有硬度范围宽、耐磨、耐油、透明、弹性好、无毒、可回收重复利用、环保等特性，已广泛用于各类弹性体、胶黏剂以及密封件中。我国已发展成为全球 TPU 最大生产和消费大国，但国内生产多是中低端产品，高端产品仍主要由外企供应，因此“十三五”期间，中国 TPU 产业发展的主要目标是立足开发医疗、汽车、建筑、可接触食品材料等高端 TPU 产品，提升中国 TPU 产品的竞争力。

我国目前聚醚生产企业较多，但生产技术壁垒不高，产品同质化、低端化现象突出，随着国家对环保问题的重视和消费者对健康的关注，加强对低挥发、低气味、低 VOC、高阻燃性等功能性聚醚产品的开发应用是未来的发展方向。

其次，开发环保型聚氨酯产品，推动行业向制造安全，应用环保的方向发展。随着国家新环保法的市实施和人们节能环保意识的提高，安全、节能、低碳、环保成为各行业发展的共识，也是未来聚氨行业的主要发展方向之一。

最后，加快在建筑节能等产业领域的推广应用。玻纤增强的复合材料具有轻量化、优异的力学性能等特点不仅在卡车，客车仪表板、轿车天窗等汽车零部件制造领域的应用越来越广泛，而且已开发出铁路枕木、建筑物窗框、浴缸、电线杆等新应用。

(2)氟材料

进入 21 世纪以来，我国含氟聚合物行业通过自身技术开发和产业化，通用产品的工业化生产装置和技术水平有了很大提升，但中高端聚合物生产技术与国外差距仍然很大，主要原因是国外对我国含氟聚合物技术封锁严重。在装备上，我国依靠自主开发的成套技术建设了万吨级四氟乙烯生产装置，反应釜工程放大成效明显，如悬浮PTFE和分散PVDF聚合釜都已达到了 8 立方米。8 立方米捣碎洗涤装置等设备已成功应用于工业化生产装置，生产装备技术已接近国际先进水平。

在产品品种上，一批含氟材料的研究和应用取得了较好成效，研究出了高性能聚偏氟乙烯中空纤维膜并在污水资源化中获得应用，开发出国产氯碱用离子膜，过氧化物硫化氟橡胶双向拉伸膜用 PTFE、改性 PTFE、太阳能背板膜用 PVDF、PFA、ETFE 等产品开发取得突破，正在推广应用。

但我国几乎所有的高端含氟聚合物产品都严重依赖进口。今后重点需要加强改性含氟聚合物的特种氟单体研究，PFOA 替代品研究；重点开发 PVDF、ETEE 树脂及膜材料、PCTFE、e-PTFE、全氟羧酸膜材料、全氟磺酸离子膜材料；重点发展高性能的共聚改性氟树脂，具体包括改性 PTFE、PVDF、ETFE、高速挤出 FEP 等含氟功能树脂，满足不同应用领域对高端含氟材料的需求；重点开发环保型氟橡胶、四丙氟橡胶、耐低温氟橡胶、全氟橡胶、氟硅橡胶、高含氟耐含醇燃料氟橡胶、过氧化物硫化氟橡胶，大力开发预混胶、混炼胶新品种，逐步改善国内以生胶为主的氟橡胶供应模式，满足不同应用领域对氟橡胶的需求，加速替代进口产品。进一步提高装置的自动化水平，提高产品质量的稳定性。

(3)离子膜

国家高性能膜材料科技发展“十二五”专项规划指出，到 2015 年具备大型海水淡化成套装备和膜材料的设计、制造和运行调试能力，膜法海水淡化成本降到 4～5 元/立方米，针对氯碱行业的重大需求，重点突破全氯离子交换膜工程化技术，膜电阻和跨膜电压等性能达到世界先进水平，国内市场占有率实现 30％～50％；面向燃料电池、储能电池和动力电池的应用需求，重点开发高性能、低成本离子交换膜材料和固体氧化物燃料电池膜材料，并形成产业化，大力推广应用；针对酸碱回收的需求，开发低成本高性能的双极膜和扩散港析膜的规模化制备技术及成套装备，实现批量生产。我国膜工业“十三五”发展目标之一是，实现由膜应用大国向膜技术强国的转变，全氟离子膜实现50%的国内市场占有率。

(4)高性能碳纤维

目前，我国碳纤维产业虽然产能较大，但开工率不高，产量较少。鉴于高性能碳纤维核心制造技术掌握在外企手中，未来我国碳纤维产业想要实现质的飞跃，就必须在自主创新方面狠下功夫。若能够突破有关技术瓶，则国产碳纤维的产量将快速增长，预计2020年有望达到8 000吨。鉴于当前碳纤维产业产能重复建设、过剩现象严重，预计未来几年的产能增长速度将会有所放缓。在需求方面，碳纤维主要下游领域预测如下：

航空航天：未来10年内，大型民用飞机的国产化需要大量碳纤维增强复合材料的支撑，这给我国碳纤维产业的发展提供了重大机遇。据波音公司报道，到2020年中国需要1 764架商用飞机，是美国本土以外最大的市场。为了满足国内航线需求，中国航空公司要增加1 459架新飞机。另外，军机数量也会上升。可以预见，未来几年中国飞机制造业对碳纤维的需求将迅速增长。同时，我国太空探索领域对高性能碳纤维复合材料的需求量也会持续增长。结合我国碳纤维产业技术水平以及在航空航天领域的应用情况，预计今后5年，国内航空航天领域对碳纤维需求量将保持15%左右的增速，到2020年航天航空领域的碳纤维需求量有望达到900吨。

体育用品：目前，全球经济不稳定，造成体育休闲用品的出口值下降，但是整体来看，在国家鼓励文化体育事业发展、民众对健康重视程度提高、运动需求增加的大背景下，国内体育用品产业面临难得发展机遇，体育用品对碳纤维需求也将增加。

风机叶片：风电叶片是碳纤维产业的重要下游市场，考虑到国家政策鼓励风力发电产业快速发展该领域的消费将会成倍增长。从全球范围来看，预计2020年全球将生产2.8万台风机以及8.5万片叶片，其中碳纤维增强塑料(CFRP)叶片将占全部叶片材料的6%左右，即需求量接近5万吨/年。国内市场，预计到2020年风机叶片领域对碳纤维的需求量将增至8 000吨。

建筑补强领域：碳纤维在建筑补强领域的应用较为成熟，市场也在稳步扩大，影响因素主要是我国建筑物规模，尤其是文物古建筑、桥梁、防震房屋的规模，碳纤维的价格也是影响因素之一。受近几年气象、地质灾害频发的影响，古建筑翻修加固工程、建筑物防震加固工程需要补强材料，该领域的需求量也在大幅增加。前瞻产业研究院预测，2020年建筑补强领域对碳纤维的需求量将达到2 500吨。

汽车配件：由于目前碳纤维的价格偏高，汽车领域只能算是未来潜在的市场，今后随着大丝束碳纤维价格的进一步下降及回收技术的确立，预期将应用于汽车的许多部件和结构材料。目前，碳纤维复合材料传动轴、刹车片、尾翼和引擎盖已经在汽车产业得到应用。在汽车零配件领域的快速发展及汽车轻量化趋势下，预计到2020年，碳纤维在汽车配件领域的消费量将达到 1 000 吨。

另外，电力输送、压力容器、采油设备等领域对于碳纤维材料的需求也将保持稳定增长，预计这些领域 2020 年的碳纤维需求量将达到 3 000 吨左右。

综上所述，预计到 2020 年，国内市场对于碳纤维的需求量将达到 28 000 吨，对于碳纤维产业而言，国内市场前景非常广阔，关键是能不能依靠技术进步提升产品质量和稳定性，从而在与跨国公司的竞争中占得先机，否则就只能在低端产品市场依靠价格战去竞争非常有限的市场空间。

(5)聚碳酸酯

“十三五”期间，中国聚碳酸酯(PC)需求增长预计约 5%，2020 年消费量将接近 215 万吨。从下游应用来看，新的增长点主要有：①汽车行业整体市场增速放缓，但轻量化概念，新能源汽车及充电设施推进仍带来PC材料应用的增长点。②电子电气行业消费升级换代，新型智能电子产品推出，如虚拟仿真(VR)、车载、可穿戴设备等。③新技术应用如机器人、无人机等。④建筑行业商业建筑及基础设施建设推进PC板材应用增长。⑤医疗行业 PC 医疗应用成长空间明显，目前美国在医疗/眼科透镜领域的消费占比为 10%，中国仅 2%左右。⑥LED 照明 PC 正日益成为透镜、透光罩、灯管、导光柱、扩散罩和反射器的首选材料。

PC 的用途结构性也将发生一些变化，例如：①由于初始投资成本、技术许可以及市场等原因，PC 树脂商业化门槛很高，来自其他树脂诸如 PP、PS、ABS 和聚酯，以及不含PC的共混物的竞争将会增长。②PC 最显著的特性如透明、冲击强度和耐热性中的部分特性可能被其他材料取替，但很难全部超越。③PC 的三大应用领域包括玻璃装配业、汽车工业和电子电气工业，每种用途消耗的 PC 基本相当，但是地区间存在差别。美国、西欧、日本和中国大概占到世界消耗量的 2/3，全球对 PC 的需求仍将以均 8%的速度增长，亚洲需求增长超过 10%，中国需求增长高达 10%～15%，PC 将在国民经济生活中占有重要地位。④PC 业务将向高增值领域发展，比如：汽车行业、电子 IT、建筑和 LED 等，根据发达国家数据，PC 在电子电气、汽车制造业中使用比例为 40%～50%，中国在该领域的使用比例只占 10%左右，电子电气和汽车制造业是中国迅速发展的支柱产业，未来这些领域对 PC 的需求量将是巨大的，另外，来自 PC 基的高端产品，在医疗眼科方面的应用，如光学透镜市场，将会持续增长。

5. 产业技术创新存在的主要问题和差距

(1)氟材料存在问题和差距

国内含氟聚合物产业与国际先进水平相比，差距主要体现在产品低端、缺少高性能品种、产品单一、缺乏满足各种用途加工需求的专业化和系列化产品、产品稳定性不够等方面，给下游加工带来不便，因此结构性短缺现象较为突出。

低端品种重复建设，产能过剩严重。高端品种依赖进口，市场竞争加剧，产品价格严重下降，企业效益大幅滑坡随着国内含氟聚合物市场的迅速扩大，国内企业纷纷扩大生产能力，一些行业外企业罔顾市场趋势及自身能力的局限，纷纷介入含氟聚合物的生产，由此带来国内含氟聚合物产品大量的重复投资和重复建设，导致相关产品产能严重过剩。以可熔融含氟聚合物为例，“十二五”还曾作为高端产品而鼓励发展，“十二五”末，大部分可熔融含氟聚合物呈现严重的产能过剩。2015 年，我国主要含氟聚合物产品的产能利用率都呈下降趋势，不能达到规模生产需要的水平。伴随产能过剩的是市场环境的急剧恶化。产品价格在 2011 年达到历史高位后出现“塌方式”下滑，进而导致企业经济效益快速下滑，部分企业甚至出现亏损，经营举步维艰，生存和发展受到威胁。

研发基础差，创新能力不足。我国含氟聚合物产品仍以通用品种为主，高端产品主要依靠进口。虽然较“十一五”有所提高，但与国外相比仍明显不足，研发投入相对较少，基础研究仍显薄弱，新技术、新产品产业化进程较慢，缺少具有自主知识产权的核心技术。

产品应用研究不足。含氟聚合物产品品种繁多，同一品种应用领域也有不同，下游客户加工水平参差不齐各厂加工条件各有不同，做成的产品也不同，对聚合物性能要求各异，有的客户对产品了解也不多，生产厂家对产品的性能和使用研究不够，严重制约了产品的市场推广。

行业影响力不足，缺乏国际话语权。我国虽然已成为含氟聚合物的生产、消费和出口大国，但在有关含氟聚合物及其应用国际法规讨论和制定过程中，鲜有行业的身影和声音，表达中国的关切和利益诉求。另外，参与国际标准制定等方面的工作也不多。

(2)高性能碳纤维存在问题和差距

产业发展模式落后。国外碳纤维企业大多与汽车、航空、航天、体育等主要应用领域的生产商建立了广泛的合作开发和稳定的供求关系，形成了完整的碳纤维生产、应用链。国外碳纤维企业完全是跟技术研发、装备制造、产品应用紧密结合在一起的。例如日本东丽公司，其航空复合材料研发中心就设在美国波音公司附近。而我国碳纤维产业的科研、生产、应用还缺少沟通交流，产、学、研、用联系不紧密，导致各个环节脱节，影响了产业整体的发展。

生产成本过高。以 GQ3522 高强型碳纤维(相当于日本东丽公司的 T300 级产品)为例，国内碳纤维产品的规格大多在 12 K 以下，24 K 及以上的产品质量不稳定、生产效率低、运行工位少、装备保障能力差，导致实际产量低，产品均匀性和稳定性差，市场竞争力不强。而以日本为代表的碳纤维企业 T300 级碳纤维产品已包含 1 K、3 K、6 K、12 K、24 K及以上丝束的各种规格，产品批次内和批次间质量稳定性高，生产成本比国内要低约 30%。

国际竞争愈发激烈。近年来，由于国产碳纤维质量与产量的提升，国际市场对华销售产品的价格呈逐年下降趋势。2010 年，12 K 的 T300 产品可以卖到 24 万元/吨，2012 年价格大幅降到 12 万元/吨。虽然没有国内企业的投资建设，国外产品的价格不会下降这么多，但是受国外低价产品倾销的影响，国内碳纤维企业基本处于全线亏损的状态。市场行情不景气时，国内企业每生产 1 吨碳纤维就要亏损几千元，部分企业只能降低负荷甚至停产。

三、产业技术创新平台发展情况

（一）硅材料重点创新研发机构状况

1. 山东省科学院新材料研究所（山东省黏接材料重点实验室）

该实验室先后获中国国家发明奖 2 项、山东省科技进步奖 9 项，拥有国家发明专利 40 余项，取得了显著的经济社会效益。近年来，该实验室自主研发的加成型液体苯基硅橡胶、硅树脂和弹塑性单组分缩合型硅树脂已成功应用于 LED 封装产业和 PCB 披覆；研制的耐高温苯基硅树脂可用于军工领域热防护层的聚合物主体材料。

2. 山东大学化学与化工学院（特种功能聚集体材料教育部重点实验室）

山东大学特种功能聚集体材料教育部重点实验室是依托山东大学化学与化工学院组建，形成了有机硅弹性体材料、有机硅胶黏和涂层材料、耐高温树脂基复合材料、特种纳米结构材料等优势研究方向。实验室的发展目标是建设具有鲜明研究特色、世界一流研究水准的特种功能聚集体材料重点实验室。

（二）氟材料重点创新研发机构状况

山东省氟化学化工材料重点实验室依托于济南大学化学化工学院建设，是国内高校中鲜见的以氟化学化工材料为特色的科研创新平台，致力于氟化学、氟化工、氟材料及与其相关或交叉领域的应用基础研究和高新技术创新，济南市氟材料工程技术研究中心和山东省氟材料工程技术研究中心均挂靠在该实验室。该实验室主要研究方向为“有机氟聚合物化学与工艺”“氟材料的加工”“氟化合物合成工艺”“特种化工材料”“纳米功能材料及其应用”。有机氟聚合物化学与工艺方向研究开发的“基于四氟乙烯开发氟涂料树脂系列高端氟材料的关键技术及产业化”项目，获得 2010 年度中国石油和化学工业联合会科技进步奖一等奖；氟化合物合成工艺研究方向获得 2011 年度国家科技进步二等奖。

（三）离子膜重点创新研发机构状况

中国科学技术大学开发的四大系列包括：溴化聚苯醚系列、氯乙酰化聚合物系列、共混系列和多硅共聚物系列，有 20 余种离子膜产品和一种新型卷式扩散渗析膜组件，建成了年产 1×10^5 平方米的均相离子膜生产线，填补了国内均相离子膜产业化的空白。膜产品在化工、冶金、特种金属加工等领域得到了广泛应用，2003 年至今推广使用膜面积达 7.35×10^5 平方米，打破了以日本和美国为首的国家对我国的技术封锁和价格垄断。

四、化工产业人才大数据分析

基于清华大学开发的 AMiner 平台进行产业人才大数据分析，该平台数据库基于全球主流学术数据库(Scopus，PubMed、DBLP 等)、搜索引擎以及学术期刊会议数据。其中 Scopus 是目前全球规模最大的文摘和引文数据库，涵盖了由 5 000 多家出版商出版发行的科技、医学和社会科学方面的 20 000 多种期刊，其中同行评审期刊 19 000 多种，另外还有丛书、会议录、专利及网页。PubMed 为提供生物医学方面的论文搜寻以及摘要的数据库。DBLP 数据库是计算机领域内对研究的成果以作者为核心的一个计算机类英文文献的集成数据库，包括国际期刊和会议等公开发表的论文。

根据 AMiner 科研大数据，对全国化工产业人才进行了统计，检索范围包含 MDI、TDI、聚碳酸酯、有机硅材料、无机硅材料、有机氟材料、无机氟材料、碳纤维材料、电子化学品、微通道反应器、全氟离子膜、纳米探针研究进展及在医学上的应用等 12 个子领域，对全球学者数据中属于该领域的中国学者进行了抽取，进行了人才地理分布、学术水平等方面的统计；并着重分析了山东省在该领域的人才地理分布、学术能力水平、人才流动等情况。

(一)人才地理分布

人才地理分布是根据全国范围内该领域 h-index(h-index 是目前最受认可的评价学术成就的方法。h 代表“高引用次数”，一名科研人员的 h 指数是指他至多有 h 篇论文分别被引用了至少 h 次)排名 TOP 1 000 学者(以下简称 TOP 学者)的当前单位地理位置进行统计整理得到的，从表 6.4.1 可以看出，化工新材料领域 TOP 1 000 人才地理分布主要集中在北京市，占全国的 19.5%；其次是上海市，占比 11.0%；山东省以 2.7%的占比名列第 12 位。具体数据如表 6.4.1 所示。

表 6.4.1　全国化工产业 TOP 学者省份分布

排名	省/直辖市	TOP 学者数量	TOP 学者占比
1	北京	195	19.5%
2	上海	110	11.0%
3	江苏	92	9.2%

续表

排名	省/直辖市	TOP 学者数量	TOP 学者占比
4	安徽	55	5.5%
5	甘肃	49	4.9%
6	浙江	48	4.8%
10	广东	36	3.6%
12	山东	27	2.7%

（数据来源：大数据分析子课题组根据 AMiner 平台数据分析整理获得）

（二）人才机构分布

全国 TOP 1 000 人才中的山东人，机构主要分布于山东大学、山东农业大学、济南大学等（见表 6.4.2），其他机构分布比例低于 5%，不再逐一罗列。

表 6.4.2　　全国化工产业 TOP 1 000 人才中山东人才机构分布

机构	人数	占比
山东大学	11	40.7%
山东农业大学	2	7.4%
济南大学	2	7.3%

（数据来源：大数据分析子课题组根据 AMiner 平台数据分析整理获得）

（三）学术水平分析

根据全国化工新材料领域内，各省学者 h-index 平均值的高低进行排序。全国化工新材料领域平均值为 38.5，该领域整体学术水平较高。全国来看，h-index 平均值最高的是福建省，为 45.9；湖南省第二，h-index 平均值 44.7；山东省以 h-index 平均值 42.6 名列第三。具体数据如表 6.4.3 所示。

表 6.4.3　　全国化工产业 TOP 1 000 人才各省 h-index 水平

排名	省份	h-index 平均值
1	福建	45.9
2	湖南	44.7
3	山东	42.6
4	北京	42.3

续表

排名	省份	h-index 平均值
5	上海	39.1
9	广东	37.6
13	浙江	36.7
15	江苏	34.9

（数据来源：大数据分析子课题组根据 AMiner 平台数据分析整理获得）

（四）人才迁徙分析

我们选用山东省内该领域 h-index 排名 TOP 1 000 学者所属单位地理位置的变化进行统计，每位学者一次迁徙记录一条，如图 6.4.1 所示。山东省化工新材料的人才流动比较大的包括济南、青岛、泰安、烟台、聊城、淄博等城市。其中青岛、泰安的人才流动趋势较为明显。

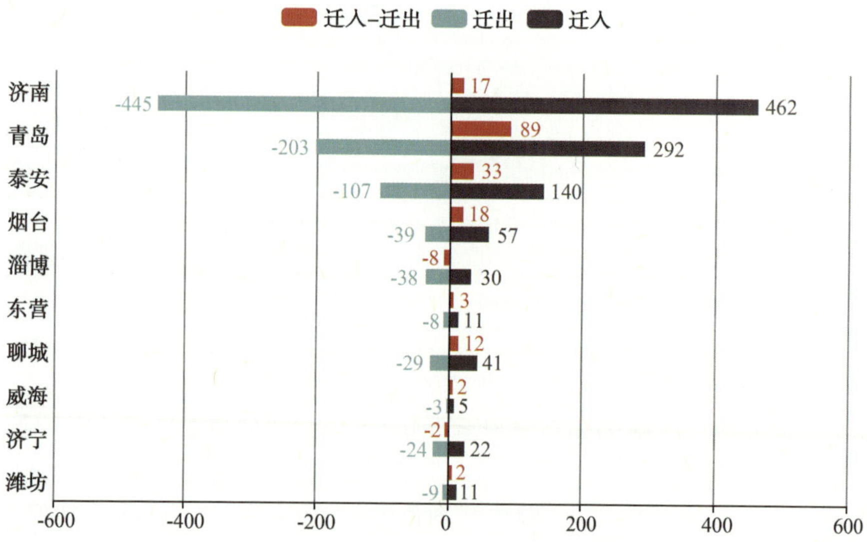

图 6.4.1　化工产业全国 TOP 1000 学者中山东人才迁徙状况

化工产业全国 TOP 学者中山东学者迁徙具体数据如表 6.4.4 所示：

表 6.4.4　　化工产业全国 TOP 学者中山东学者迁徙数据

城市	迁出/人次	迁入/人次	迁入—迁出
济南	445	462	17
青岛	203	292	89

续表

城市	迁出/人次	迁入/人次	迁入—迁出
泰安	107	140	33
烟台	39	57	18
淄博	38	30	−8
东营	8	11	3
聊城	29	41	12
威海	3	5	2
济宁	24	22	−2
潍坊	9	11	2

（数据来源：大数据分析子课题组根据 AMiner 平台数据分析整理获得）

（五）学者关系网络

绘制学者关系网络主要是为了解山东省专家人才的关系网络及科研聚群状况。通过学者关系网可以快速找到科研专家人才之间的关系，为科研工作的组织等发掘新的方法和手段。图 6.4.2 是根据山东省化工新材料 TOP 学者及他们的合作者、师生关系等绘制的学者关系网络图。图中标注姓名的学者是关系网络中关系链比较丰富、处于较为核心位置的专家学者，有钱逸泰（Yitai Qian）、张学尧（Xue Yao Zhang）、黄柏标（Baibiao Huang）、戴瑛（Ying Dai）、王继扬（Jiyang Wang）等。

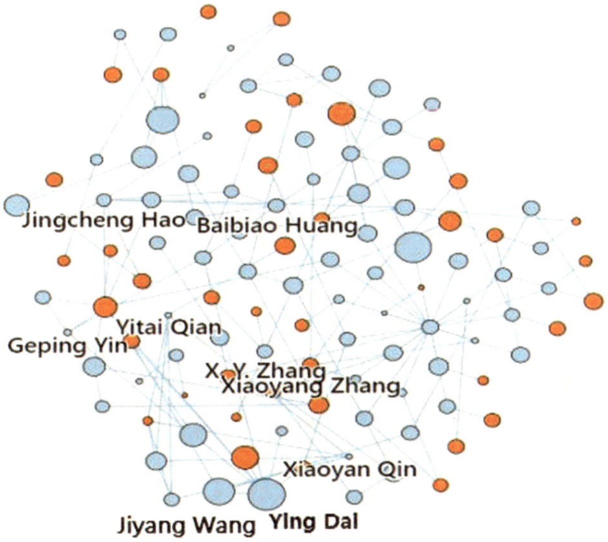

图 6.4.2　山东省化工产业 TOP 学者关系网络

（六）技术发展趋势

技术发展趋势是技术发展的源起和未来趋势的重要呈现工具。技术发展趋势是根据“全球”学术研究数据，基于该领域最具代表性的学科关键词检索得出。趋势以河流图形式展示，每个彩色分支表示一个关键词领域，其宽度表示该关键词的研究热度，各关键词在每一年份（纵轴）的位置是按照这一时间点上所有关键词的热度高低进行排序的。图 6.4.3 是以“聚氨酯”（polyurethane）为关键词绘制的技术发展趋势图，水性聚氨酯（waterborne polyurethane）、机械性能（mechanical properties）、嵌段共聚物（block copolymer）都是近期的研究热点。

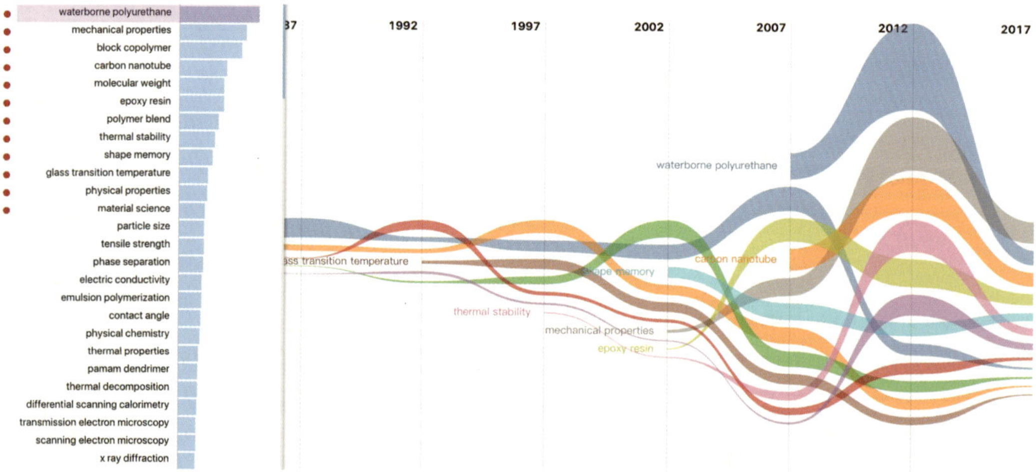

Waterborne polyurethane	水性聚氨酯	Mechanical properties	机械性能
Block copolymer	嵌段共聚物	Carbon nanotube	碳纳米管
Molecular weight	分子量	Epoxy resin	环氧树脂
Polymer blend	聚合物混合物	Thermal stability	耐热性
Shape memory	形状记忆	Glass transition temperature	玻璃化温度
Physical properties	物理特性	Material science	材料科学
Particle science	粒子科学	Tensile strength	抗张强度
Phase separation	相位差	Electric conductivity	电导率
Emulsion polymerization	乳液聚合	Contact angle	交会角
Physical chemistry	物理化学	Thermal properties	热性质
Pamam dentrimer	树状大分子	Thermal decomposition	热解
Differential scanning calorimetry	差示扫描量热法	Transmission electron microscopy	投射电镜
Scanning electron microscopy	扫描电子显微镜检查法	X ray diffraction	X 射线衍射

图 6.4.3　化工产业技术发展趋势及近期研究热点图

（七）研究兴趣分布

研究兴趣的集中分布有助于我们了解学者的研究现状，AMiner 根据学者的论文、专利等研究成果，绘制学者学术画像，其中每位学者的研究兴趣不唯一。图 6.4.4 是根据山东省化工新材料领域学者研究兴趣出现的高频关键词绘制的，研究兴趣的分布由大数据计算得出。

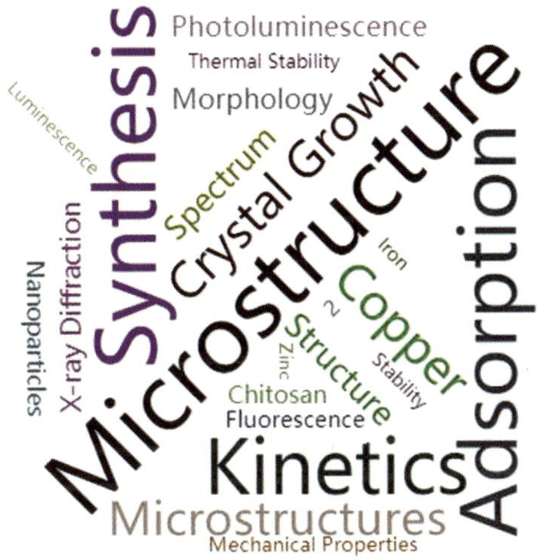

Photoluminescence	光致发光	Iron	铁
Thermal stability	热稳定性	Copper	铜
Spectrum	光谱	Zinc	锌
Crystal growth	晶体生长	Adsorption	吸附
Morphology	形态学	Synthesis	合成
Microstructure	显微结构	X-ray diffraction	X 射线衍射
Chitosan	壳聚糖	Luminescence	发光
Fluorescence	荧光	Nanoparticles	纳米粒子
Kinetics	动力学	Mechanical properties	机械性能

图 6.4.4 山东化工产业 TOP 学者兴趣领域

五、山东省化工产业人才创新发展的问题及原因

加强企业人才队伍建设是企业兴盛之基、发展之本。在当前形势下，如何进一步加强企业人才队伍建设，支撑企业创新发展，还有许多工作值得去探索和研究。通过多年的政策导向、资金投入等措施，山东省企业人才资源开发工作取得了显著成绩，但与企业创新发展的自身要求、先进企业的人才管理及发达地区的人才政策相比，依然有许多差距和问题。主要表现为：

（一）企业人才意识不够

“重业务、轻技术”“重营销、轻研发”仍然是一些小微企业较为普遍的弊病，往往在重奖业务突出的营销人员的时候，忽视了产品研发人员的积极贡献，一定程度上抑制了技术人员的研发热情，对高层次技术人员不够重视。

（二）人才数量不足，结构不合理

企业高层次技术人才数量不足，整体创新研发能力较弱。人才结构不合理，没有充分考虑人才的最佳配备，没有根据人才的特点，把不同学识、不同专业、不同年龄的人组成合理的最佳群体结构。另外，在一些民营企业，既缺乏科技研发人才，又缺乏技能型人才，导致人才地理分布不均衡，人才结构混乱，员工整体素质不高，企业发展水平较低。

（三）人才资源与产业结构匹配性不强

目前化工产业对人才数量需求较大，高层次人才数量十分缺乏，在循环经济产业链条上的各环节常出现人才断链的现象，复合型人才短缺问题更加突出。

（四）人才队伍整体创新能力不强

高层次创新型科技人才较少，众多企业由于缺乏科研人才，赖以生存的技术、产品只能依靠引进或者是模仿，对外依存度持续保持在较高位置。另一方面，人力资源管理不善，企业对人才自主培养能力不足，特别是现有高层次高技能人才本土化率偏低，一些企业没有很好的人才使用计划、培育机制、激励机制。

六、加快山东省化工产业人才创新发展的实施路径

为加快山东省化工产业人才发展，要着重围绕打造功能园区、培育产业集群、创新体制机制、优化服务环境、集聚领军人才，加快高层次创新创业人才的聚集，以实现科技资源优势向现实生产力优势的转化。

（一）加快领军人才集聚，不断壮大人才队伍

大力实施领军人才和高层次创新创业人才聚集工程，加快高层次人才集聚，形成一支有竞争力的领军型企业家和科技创新创业人才队伍，重点吸引在产业核心领域有突出创新创业能力的领军人才。

（二）创新人才引进方式，拓宽人才引进渠道

立足重大科技成果的转化和产业化，不断创新人才引进和培育机制，把招商引资与招才引智紧密结合，综合运用招商引才、园区引才、企业引才、以才引才等多种方法，定期组织高层次人才创新创业推介会，积极组团参与境内外各类引才活动。充分发挥高新技术产业园区、大学科技园、科技企业孵化器等创业平台的重要引才作用，以重点项目带动人才引进。鼓励领军人才通过师承关系、同窗关系、同事关系、合作关系等引进人才，组建团队，做大做强企业。引导企业加大技术创新和人才开发投入，鼓励企业建设院士和博士后工作站，打造国家级、省级工程技术研究中心和重点实验室。鼓励科技领军人才参与企业自主创新活动和实施重大科技成果转化和产业化，带动科研人才向创新主体流动。

（三）加大扶持引导力度，增加专项资金投入

适当资助企业人才引进项目，鼓励企业引进领军人才，并通过创业投资、风险投资、资金担保、贡献奖励等方式直接资助符合条件的创新创业人才。

（四）有效整合资源要素，全面提升创新能力

建立高层次研发中心，创建高层次人才创新创业基地，鼓励企业自主创新，培养科技

领军人才。建立高层次创新创业人才信息库，完善人才市场、高层人才服务中心建设，加强与科研院所的合作，吸纳科研人员创业。帮助创新创业人才掌握现代管理理论，全面提升创新意识、创新能力和创新效率。

（五）推进政府职能转变，优化创新创业环境

推进政府职能转变，提高服务效率和服务质量，形成透明高效的一流政务环境。完善和发展与国际接轨的人才服务，建立专门的高层次创新创业人才服务机构，注重对高层次人才的创新创业辅导。完善和落实高层次人才项目资助、创新创业、子女入学等各项扶持政策，打通“绿色通道”，实行“一站式”服务。分类建立高层次人才协会，定期举办高层次人才沙龙和论坛。

七、山东省化工产业发展建议

（一）不断向新材料顶端迈进

材料的“新”与“旧”其实是相对的，特别在材料科学飞速发展、生产技术日新月异的现代社会，其产品种类也在以空前的速度更新换代。一些较为熟知的“新材料”已经实现了大量生产和普遍使用，同时又不断有更加新颖的高端材料产品涌现。因此，必须紧跟国内外新材料研发与应用的前沿动向，不断向材料产业顶端迈进，避免在低水平上重复建设。

（二）制定化工新材料产业上下游“发展路线图”

要保证我国化工新材料产业全面持续发展，仅有针对新材料产业自身的发展规划是不够的，必须综合考虑上游原料供应、中间材料制造和下游应用等产业链各个环节的创新，制定完整的化工新材料产业发展路线。特别要瞄准代表现代工业经济发展方向的战略性新兴产业的需求，面向高附加值产品和热点市场，有重点地开展创新与投资活动。加大与下游联合开发和技术服务力度，积极培育和引导市场。

对于大型化工企业，国家应对其提出高端化工新材料开发的具体任务要求。特别要保障中小型科技创新企业的利益，继续激发其创新动力。

（三）加强重大关键核心技术的科技攻关力度

产业关键核心技术是能够在特定行业或领域广泛应用，并对整个产业或多个产业产生影响和瓶颈制约的技术。产业关键核心技术研发是一项长期的基础性工作。由于关键核心技术的研究难度大、周期长，特别是在基础材料、关键工艺、核心部件、系统集成等方面的技术，已经成为制约山东省化工新材料产业持续健康发展的核心问题。山东省科技实力较强的化工企业可以开展相关关键核心技术研发工作，以期取得重大科技创新突破。

积极强化企业在新材料创新体系中的作用，企业既要寻求科研院所的创新成果，又要面对消费者的特定需求，因此是高端化工新材料产业发展的核心力量。化工新材料企业应特别注重与汽车、电子、医疗、环保、国防等应用产业领域的合作，超越作为原材料制造者的地位，成为满足社会实际需求的解决方案提供者。

加大专项政策与资金支持，增强高端新材料研发机构、产业化企业的抗风险能力和创新信心，保障企业在产品推广初期阶段的正常运营。制定加强知识产权保护的细则，规范市场行为，使最新的科技成果合理、有效流动，既要发挥其有益的外部性，又要防止研究成果被仿制和盗用。应制定相关政策（如税收、用电、技术开发投入和援外贷款使用等），鼓励下游用户使用国内新材料产品。

要加强山东省化工行业标准制定工作，从源头上保障行业标准的协调性和公益性，推动新型标准体系建设。加强工程塑料、特种化学品等化工新材料标准化工作，强化新一代环保型化学品标准制定，加快绿色产品、企业、园区评价标准研究。结合“一带一路”建设，加强在材料，特别是新材料、电子化学品等领域的国际标准研制工作。

（四）培育山东省化工行业“两化融合”新模式

信息化与工业化融合是新的历史时期党和国家对工业信息化发展的新要求，是国家工业行业信息化发展的新战略。从十六大“以信息化带动工业化，以工业化促进信息化”战略思想，到十七大“发展现代产业体系，大力推进信息化与工业化融合，促进工业由大变强”明确要求，到十八大“推动信息化和工业化深度融合”的“四化同步”首要位置，“两化融合”政策的发展历程充分显示了信息化在国民经济和社会发展中的重要地位和积极作用，再到“十九大”推动互联网、大数据、人工智能和实体经济深度融合。

化工行业是山东省支柱产业，企业数量众多，如何更好地推进“两化融合”，对化工行业企业持续、健康、快速发展至关重要。在两化融合过程中，山东省化工企业要积极实现工业互联网、电子商务和智慧物流的实际应用，实现企业研发设计、物流采购、生产控制、经营管理、市场营销等全链条的智能化，大力推动企业向服务型和智能型转变。

附　录

附表 1　　化工产业国内 TOP 200 人才名单

姓名	省(市、区)	城市	所属机构
赵东元	上海	上海	复旦大学先进材料实验室
董绍俊	吉林	长春	中国科学院长春应用化学研究所
朱道本	北京	北京	中国科学院化学研究所
汪尔康	吉林	长春	电分析化学国家重点实验室应用化学研究所
余家国	湖北	武汉	武汉理工大学材料复合新技术国家重点实验室
江雷	北京	北京	中国科学院化学研究所
赵进才	北京	北京	中国科学院感光化学研究所
成会明	辽宁	沈阳	中国科学院金属研究所
刘云圻	北京	北京	中国科学院化学研究所
赵宇亮	北京	北京	中国科学院高能物理研究所
钱逸泰	山东	济南	山东大学化学与化工学院
李富友	上海	上海	复旦大学能源材料化学协同创新中心
石高全	北京	北京	清华大学化学系
田禾	上海	上海	教育部科学技术委员会化学化工学部
刘维民	甘肃	兰州	中国科学院兰州化学物理研究所
俞书宏	安徽	合肥	中国科学技术大学化学系
何赛灵	浙江	杭州	浙江大学光电信息工程学系
魏飞	北京	北京	清华大学化工系
陈学思	吉林	长春	中国科学院长春应用化学研究所
胡文平	北京	北京	中国科学院化学研究所
景遐斌	吉林	长春	中国科学院长春应用化学研究所
韩布兴	北京	北京	中国科学院化学研究所
刘忠范	北京	北京	北京大学化学与分子工程学院，物理化学研究所
樊春海	上海	上海	中国科学院上海应用物理研究所
王祥科	安徽	合肥	中国科学院等离子体物理所

续表

姓名	省(市、区)	城市	所属机构
康飞宇	广东	深圳	清华大学深圳研究生院
李春忠	上海	上海	华东理工大学
张立德	安徽	合肥	中国科学院固体物理研究所
鞠熀先	江苏	南京	南京大学化学化工学院
俞汝勤	湖南	长沙	湖南大学
李景虹	北京	北京	清华大学化学系
杨秀荣	吉林	长春	中国科学院长春应用化学研究所
薛冬峰	吉林	长春	中国科学院长春应用化学研究所
付贤智	福建	福州	福州大学
南策文	北京	北京	清华大学材料科学与工程研究院
邹志刚	江苏	南京	南京大学环境材料与再生能源研究中心
李灿	安徽	合肥	中国科学技术大学化学与材料科学学院
朱世平	广东	深圳	香港中文大学(深圳)
黄学杰	北京	北京	中国科学院物理研究所
胡长文	北京	北京	北京理工大学化学学院
颜德岳	上海	上海	上海交通大学
李峰	辽宁	沈阳	中国科学院金属研究所沈阳材料科学国家联合实验室
陈永胜	天津	天津	南开大学高分子化学研究所
袁大强	福建	福州	中国科学院物质结构研究所
严纯华	甘肃	兰州	兰州大学化学化工学院
高松	广东	广州	华南理工大学
曹安源	北京	北京	北京大学工学院材料科学与工程系
许国旺	辽宁	大连	中国科学院大连化学物理研究所
刘世勇	湖北	武汉	华中科技大学化学与材料科学学院
洪茂椿	福建	福州	中国科学院福建物质结构研究所
包信和	湖北	武汉	华中科技大学化学与材料科学学院
陈洪渊	江苏	南京	南京大学
姚守拙	湖南	长沙	湖南大学
朱宏伟	北京	北京	清华大学材料学院
夏永姚	上海	上海	复旦大学

续表

姓名	省(市、区)	城市	所属机构
邓春晖	上海	上海	复旦大学化学系
杨柏	吉林	长春	吉林大学化学学院超分子结构与材料国家重点实验室
姚建年	北京	北京	中国科学院化学研究所
邵宗平	江苏	南京	南京工业大学
杨芃原	上海	上海	复旦大学化学系
万立骏	北京	北京	中国科学院化学研究所
薛群基	甘肃	兰州	中科院兰州物理化学研究所
曲久辉	北京	北京	中国科学院生态环境研究中心
朱广山	吉林	长春	吉林大学化学学院
戴瑛	山东	济南	山东大学晶体材料国家重点实验室
段雪	北京	北京	北京化工大学理学院
曲晓刚	吉林	长春	中国科学院长春应用化学研究所
王柯敏	湖南	长沙	湖南大学化学化工学院
林元华	北京	北京	清华大学材料学院
杨维慎	辽宁	大连	中国科学院大连化学物理研究所
邹广田	吉林	长春	吉林大学
唐智勇	黑龙江	哈尔滨	哈尔滨工业大学材料科学与工程学院
马东阁	吉林	长春	中国科学院长春应用化学研究所
苏忠民	吉林	长春	东北师范大学功能材料化学研究所
张德清	北京	北京	中国科学院化学研究所
裘式纶	吉林	长春	吉林大学
叶志镇	浙江	杭州	浙江大学材料科学与工程系
马万红	北京	北京	中国科学院化学研究所
邱介山	北京	北京	北京化工大学
孙聆东	北京	北京	北京大学化学与分子工程学院
蔡伟平	安徽	合肥	中科院固体物理研究所
王太宏	湖南	长沙	湖南大学
陈春英	北京	北京	国家纳米中心
张校刚	江苏	南京	南京航空航天大学材料科学与技术学院
李振花	天津	天津	天津大学化工学院

续表

姓名	省（市、区）	城市	所属机构
辛勤	辽宁	大连	中国科学院大连化学物理研究所
朱英杰	上海	上海	中国科学院上海硅酸盐研究所
彭旭明	台湾	新北	台湾大学
陈航榕	上海	上海	中国科学院上海硅酸盐研究所
刘志敏	北京	北京	中国科学院化学研究所
郭万林	江苏	南京	南京航空航天大学纳米科学研究所
钱雪峰	上海	上海	上海交通大学化学化工学院
刘雯君	广东	深圳	深圳大学材料科学与工程学院
徐如人	吉林	长春	吉林大学
徐南平	北京	北京	中华人民共和国科学技术部
李忠明	四川	成都	四川大学
胡先罗	湖北	武汉	华中科技大学材料科学与工程学院
张强	北京	北京	清华大学化学工程系
孙公权	辽宁	大连	中国科学院大连化学物理研究所
廖世军	广东	广州	华南理工大学
孙世刚	福建	厦门	厦门大学化学系
张锁江	北京	北京	中国科学院大学化工学院
章明秋	广东	广州	中山大学化学与化学工程学院
杨黄浩	福建	福州	福州大学化学化工学院
李阳光	吉林	长春	东北师范大学化学学院多酸化学教育部重点实验室
廖代止	天津	天津	南开大学化学系
陈小明	广东	广州	生物无机与合成化学教育部重点实验室
冯守华	吉林	长春	吉林大学
李永丹	天津	天津	天津大学
郝京诚	山东	济南	山东大学
李广社	福建	福州	中国科学院福建物质结构研究所
曲良体	北京	北京	北京理工大学化学学院
吴季怀	福建	泉州	华侨大学
顾镇南	北京	北京	北京大学化学与分子工程学院
郑文君	天津	天津	南开大学

续表

姓名	省(市、区)	城市	所属机构
王昆林	北京	北京	清华大学机械工程系
智林杰	北京	北京	中科院国家纳米中心
徐静娟	江苏	南京	南京大学
孙长青	吉林	长春	吉林大学化学学院
王久林	上海	上海	上海交通大学化学化工学院
唐成春	天津	天津	河北工业大学材料科学与工程学院
施祖进	北京	北京	北京大学化学与分子工程学院
蒋民华	山东	济南	山东大学晶体材料研究所
俞建勇	上海	上海	东华大学
杨德仁	浙江	杭州	浙江大学硅材料国家重点实验室
黄富强	上海	上海	中国科学院上海硅酸盐研究所研究员
白雪冬	北京	北京	中国科学院物理研究所
都有为	江苏	南京	南京大学物理系
张玉奎	辽宁	大连	中国科学院大连化学物理研究所
陈懿	江苏	南京	南京大学
李龙土	北京	北京	清华大学材料学院
王国栋	辽宁	沈阳	东北大学
周峰	甘肃	兰州	中国科学院兰州化学物理研究所
赵修建	湖北	武汉	武汉理工大学
梁永民	甘肃	兰州	兰州大学化学化工学院
王东升	北京	北京	中国科学院生态环境研究中心
容敏智	广东	广州	中山大学材料科学研究所
吴丹	山东	济南	济南大学化学化工学院
孙润仓	北京	北京	北京林业大学材料科学与技术学院
高宝玉	山东	济南	山东大学环境科学与工程学院
涂江平	浙江	杭州	浙江大学材料科学与工程学系
孟广耀	安徽	合肥	中国科技大学材料科学与工程系
陈春城	北京	北京	中国科学院化学研究所
牟中原	台湾	新北	台湾大学化学系
何锡文	天津	天津	南开大学化学系

续表

姓名	省(市、区)	城市	所属机构
于吉红	吉林	长春	吉林大学化学院
夏兴华	江苏	南京	南京大学化学化工学院
赵兴中	湖北	武汉	武汉大学
曹荣	福建	福州	福建物质结构研究所
夏春谷	甘肃	兰州	中国科学院兰州化学物理研究所
孙晓明	北京	北京	北京化工大学理学院
方晓生	上海	上海	复旦大学材料科学系
宋怀河	北京	北京	北京化工大学
苏文辉	吉林	长春	吉林大学物理系
郑利强	山东	济南	山东大学化学与化工学院
罗国安	北京	北京	清华大学化学系
宋怀河	北京	北京	北京化工大学
胡俊青	上海	上海	东华大学材料科学与工程学院
胡之德	甘肃	兰州	兰州大学生命分析化学与原子分子工程研究所
彭俊彪	广东	广州	华南理工大学高分子光电材料与器件研究所
范康年	上海	上海	复旦大学化学系
麻生明	上海	上海	中国科学院上海有机化学研究所
刘宏	山东	济南	山东大学晶体材料研究所
崔福斋	北京	北京	清华大学材料院
赵瑾	安徽	合肥	中国科学技术大学
唐凯斌	安徽	合肥	中国科学技术大学化学系
骞伟中	北京	北京	清华大学化学工程系
钱国栋	浙江	杭州	浙江大学材料科学与工程系硅材料国家重点实验室
贺跃辉	湖南	长沙	中南大学粉末冶金国家重点实验室
陆天虹	江苏	南京	南京师范大学化学与材料科学学院
杜玉扣	江苏	苏州	苏州大学化学化工学院
陈仙辉	安徽	合肥	中国科学技术大学
刘元方	北京	北京	北京大学化学与分子工程学院
林金明	北京	北京	清华大学化学系
李振	湖北	武汉	武汉大学化学与分子科学学院

续表

姓名	省(市、区)	城市	所属机构
卫敏	北京	北京	北京化工大学理学院
杨启华	辽宁	大连	大连化学物理研究所
张广照	安徽	合肥	华中科技大学化学与材料科学学院
左景林	江苏	南京	南京大学化学化工学院
黄柏标	山东	济南	山东大学晶体材料国家重点实验室
张寒琦	吉林	长春	吉林大学化学学院
高濂	上海	上海	中国科学院上海硅酸盐研究所,高性能陶瓷和超微结构国家重点实验室
陈万芝	浙江	杭州	浙江大学化学系
万梅香	北京	北京	中国科学院化学研究所
周维亚	北京	北京	中国科学院物理研究所
王绪绪	福建	福州	福州大学化学化工学院
王福会	辽宁	沈阳	中国科学院金属研究所
唐芳琼	北京	北京	中国科学院理化技术研究所
秦晓燕	山东	济南	山东大学晶体材料国家重点实验室
李一志	江苏	南京	南京大学配位化学国家重点实验室;配位化学研究所
陈令新	北京	北京	清华大学化学系
罗敬东	湖北	武汉	武汉大学化学与分子科学学院
王树涛	北京	北京	中国科学院理化技术研究所
刘宣勇	上海	上海	中国科学院上海硅酸盐研究所
力虎林	甘肃	兰州	兰州大学化学化工学院
郭云龙	北京	北京	北京分子科学国家实验室
屠波	上海	上海	复旦大学化学系
金利通	上海	上海	华东师范大学生物电化学研究所
刘云圻	北京	北京	中国科学院化学研究所
钟新华	上海	上海	华东理工大学

(数据来源:大数据分析子课题组根据 AMiner 平台数据分析整理获得)

附表 2　**山东省化学化工重点研发平台及人才情况**

名称	挂靠单位	授予机构名称	所属地区	是否是国家级重点实验室和国家技术中心	学术带头人	在职人员数量	研发方向	研究(技术)成果
海洋化学理论与工程技术教育部重点实验室	中国海洋大学	教育部	青岛市	否	8人	74	1. 活性气体的生物地球化学过程及气候效应 2. 海洋生源要素地球化学、海洋有机地球化学 3. 痕量金属及海洋生物地球化学过程示踪 4. 海水综合利用技术 5. 环境友好型海洋功能材料与防护技术	实验室成员共承担科研项目100余项,总经费13000余万元,包括国家重点研发计划/课题,国家自然科学基金创新研究群体,教育部创新引智基地,国家自然科学基金重点/重大项目,国家自然科学基金国际合作项目,国家科技支撑计划项目等项目,年平均发表SCI/EI论文130余篇。
中国石化胜利油田分公司石油工程技术研究院			东营市	是	中石化及胜利油田级20人	690	1. 石油机械 2. 油田化学及油田开采相关技术与工艺	十二五以来国家科技进步奖1项,省部级科技进步奖45项(其中一等奖12项,二等奖20项,三等奖13项),市局级156授权专利1108项,发明581项,美国专利2项。中国专利优秀奖5项,山东省优秀专利奖4项。
山东省鲁南煤化工工程技术研究院	枣庄学院	山东省科技厅	枣庄市	否	刘雪静	5	煤化工下游产品绿色合成	获得国家发明专利授权8项。
山东省纺织化学品与染整示范工程技术研究中心	山东理工大学	山东省科技厅	淄博市	否	傅忠君	17	1. 染料合成、制备工艺 2. 纺织材料染色与整理 3. 化工新型分离技术 4. 精细化工	2-二氯甲基苯并咪唑联产阳离子嫩黄7GL新工艺,1989年获国家发明四等奖;纯棉面料加工关键技术及其产业化,2008年荣获国家科技进步奖二等奖。

续表

名称	挂靠单位	授予机构名称	所属地区	是否是国家级重点实验室和国家技术中心	学术带头人	在职人员数量	研发方向	研究(技术)成果
山东省高校界面反应及传感分析重点实验室	济南大学	山东省教育厅	济南市	否	魏琴	53	1. 界面反应 2. 化学传感分析	近五年来,本实验室已完成和正在承担的国家自然科学基金项目、863子课题、省部级项目共82项。在国际知名学术期刊发表论文650余篇,其中IF大于5的文章150余篇。获得国家科技进步二等奖1项,省自然科学一等奖、二等奖各1项,省部级科技进步奖21项;获得授权发明专利173件,科技成果转让12项。
山东省氟化学化工材料重点实验室	济南大学	省教育厅	济南市	否	张书香	49	化工	坎地沙坦酯原料与制剂关键技术体系构建及产业化;基于室温固化低表面能功能涂料树脂和具有超高拒水拒油性能的低表面能功能涂料产业化;四氟乙烯系高性能防腐氟涂料及水性氟涂料;1-氟化萘生产新工艺技术;水处理用含氟膜材料制备技术等。
青岛市生态化工重点实验室	青岛科技大学	青岛市科技局	青岛市	是	李再峰、汪传生、王丹、冯维春、郭庆杰、李建隆、罗细亮、丁彩凤	73	1. 绿色橡胶合成与加工 2. 绿色化工与新材料 3. 化工过程强化与模拟	《水基纳米蒙脱土复合聚氨酯阴极电泳树脂的制备技术》《系列改性丙烯酸乳液的合成及其在水性环保涂料中的应用》《双射流流化床系列专利技术及其应用》《有机硅单体合成技术与装备》《(甲基)丙烯酸型阳离子聚合单体制备关键技术》《流化床高效协同装备环流式旋风除尘》等。

续表

名称	挂靠单位	授予机构名称	所属地区	是否是国家级重点实验室和国家技术中心	学术带头人	在职人员数量	研发方向	研究(技术)成果
生化分析山东省重点实验室	青岛科技大学	山东省科技厅	青岛市	否	罗细亮、丁彩凤、刘树峰、张晓茹、混旭	36	1. 生物分子检测 2. 生物功能材料 3. 细胞及活体成像分析 4. 检测装置及探针	实验室围绕生化分析相关领域开展研究工作,承担国家和山东省重要科研项目及企业合作项目160余项,其中国家杰出青年基金1项,973计划子课题1项,国家优秀青年基金2项,国家自然科学基金50余项,山东省杰出青年基金3项。在国际期刊上发表SCI收录论文300篇,其中半数以上为中科院一区和二区高水平论文。申请国家发明专利近100件,获得授权60余件。研究成果多次获得省部级奖励,其中,山东省自然科学二等奖3项;山东省科技进步二等奖1项,青岛市自然科学一等奖1项。
生态化工国家重点实验室培育基地	青岛科技大学	科技部	青岛市	否	李再峰	46	绿色化工	实验室承担国家重大科研任务和工程项目及工业合作项目共200余项,其中国家863重大项目1项、国家科技支撑计划课题2项,国家国际合作项目2项、国家973计划课题7项,国家863计划主课题3项,国家自然科学基金项目150余项(其中重点项目2项),教育部新世纪优秀人才支持计划3项。实验室的研究成果获得山东省科技奖等12项,其中一等奖1项,省二等奖7项;石化协会科技奖等15项,其中一等奖3项,二等奖5项;授权发明专利160项;出版学术专著20部。五年发表SCI收录论文中最具学术影响力期刊论文350篇。

续表

名称	挂靠单位	授予机构名称	所属地区	是否是国家级重点实验室和国家技术中心	学术带头人	在职人员数量	研发方向	研究(技术)成果
肿瘤标志物传感分析教育部重点实验室	青岛科技大学	教育部	青岛市	否	丁彩凤	38	生化分析	实验室新增国家、省、市级科研项目111项(其中国家自然科学基金重点基金1项、国家863计划子课题2项、国家自然科学基金重大项目子课题1项、国家优秀青年科学基金2项、国家自然科学基金37项、山东省泰山学者特聘专家人才项目2项、山东省自然科学基金重大基础研究项目2项),横向课题17项,科研经费近7000万元。获教育部高等学校科学研究优秀成果奖自然科学类二等奖1项、山东省科学技术自然科学类二等奖3项、其他市厅级奖励13项,授权发明专利51项,发表高水平SCI论文783篇。2016～2018年,重点实验室批准开放课题25项,合计50万元。
山东省化学工程与过程重点实验室	烟台大学	山东省科技厅	烟台市	否	徐世艾、任万忠、高原、祁彩霞、崔洪涛、孙利芹	47	1. 多相传递与分离工程 2. 催化反应工程 3. 高分子化学工程 4. 精细化学品制造工程 5. 生化反应工程	碳四分离技术转让国内43家企业;阻燃性汽车内饰革的研发及产业化获山东省科技进步一等奖。
化工新材料制造工程山东省高校重点实验室	烟台大学	山东省教育厅	烟台市	否	任万忠、高原、祁彩霞、吕宏缨	42	1. 轻烃分离与过程强化 2. 涂层与复合材料 3. 黄金工业应用 4. 工业催化	开发了具有自主知识产权的C 4分离技术,发表高水平论文150余篇。

续表

名称	挂靠单位	授予机构名称	所属地区	是否是国家级重点实验室和国家技术中心	学术带头人	在职人员数量	研发方向	研究(技术)成果
橡塑材料教育部重点实验室	青岛科技大学	山东省教育厅	青岛市	否	赵树高、李志波、张建明、辛振祥、贺爱华、宗成中	99	橡塑材料与工程	我国唯一一个以橡塑材料与工程为研究方向的教育部重点实验室。实验室承担国家“973”“863”以及国家自然科学基金和省部级项目近100余项，在国内高分子和橡胶新材料研发领域有较强的影响力。多项科研成果获国家级和省部级奖励。
轮胎设计与制造工艺国家工程实验室	三角集团有限公司合作共建	国家发改委	威海市	是	丁木	210	1. 轮胎新结构设计及有限元分析 2. 轮胎硫化工艺及装备 3. 高性能轮胎气密层制备	该国家工程实验室集中轮胎领域产、学、研各界的优势资源协同创新，围绕国家重大需求项目开展大规模联合攻关，是我国轮胎行业重要的研发平台。
山东省十二五高校重点实验室——煤化工实验室	枣庄学院	山东省教育厅	枣庄市	否	刘春丽	30	1. 煤焦油的分离提纯 2. 煤化工下游产品绿色 3. 高效合成	授权国家发明专利10项。
山东省肿瘤标志物检测技术重点实验室	临沂大学化学化工学院	山东省科技厅	临沂市	否	张书圣	37	肿瘤标志物检测技术	实验室围绕恶性肿瘤的早期准确诊断，针对不同的检测目标和研究目的，生化分析实验室形成了4个特色鲜明而又密切联系的研究方向，包括基因检测；蛋白质检测；肿瘤细胞及细胞内活性物质检测；生化分析新仪器及诊断试剂盒的研制。

续表

名称	挂靠单位	授予机构名称	所属地区	是否是国家级重点实验室和国家技术中心	学术带头人	在职人员数量	研发方向	研究(技术)成果
精细化学绿色新技术研究中心	济南大学	济南大学	济南市	否	郑庚修	4	医药化工和绿色催化新技术	获国家科技进步奖二等奖(2项),获山东省科技进步奖一等奖(2项),获中国石化化工联合会科技进步奖一等奖(2项)。
山东省氟材料省级示范工程技术研究中心	济南大学	省教育厅	济南市	否	张书香	35	新材料技术	高效环保水性抑尘剂的研制与产业化;风力发电专用风电叶片涂料的研制与产业化;重防腐氟碳涂料的研制与开发;热固型氟碳粉末涂料树脂的研究与开发;乙烯四氟乙烯共聚物的研制与开发等。
山东省胶体材料工程技术研究中心	山东大学	省科技厅	济南市	是	侯万国	45	胶体材料	研究中心在油田胶体材料、军用胶体材料、胶体材料加工技术等方向上已形成了更加鲜明的特色,部分研究成果已达到国际先进或领先水平。三年建设期内,中心共承担各级基础研究项目42项,其中国家自然科学基金项目17项,共承担51项工程技术科研项目,其中21项的资助强度在200万元以上,与企业合作联合研发项目59项,其中实现规模化技术生产的产业化项目15项,获得国家授权发明专利30余项,到账科研经费总和约1亿元,共发表SCI/EI论文200余篇。

续表

名称	挂靠单位	授予机构名称	所属地区	是否是国家级重点实验室和国家技术中心	学术带头人	在职人员数量	研发方向	研究(技术)成果
山东省石化轻烃综合利用工程技术研究中心	烟台大学	山东省科技厅	烟台市	否	任万忠、王文华、许文友、房德仁	36	轻烃综合利用	成功开发了多套轻烃资源化综合利用技术。
高性能与功能高分子材料	鲁东大学	山东省教育厅	烟台市	否	陈厚	28	1. 功能高分子 2. 高聚物合成与改性 3. 高分子复合材料与催化转化 4. 高分子生物传感与器件	获国家发明专利(已授权)37 项,发表论文 268 篇(其中 SCI 收录 231 篇,SCI 一区 34 篇,SCI 二区 82 篇,EI 收录 5 篇)。4 项科技成果已在企业转化应用。获山东省自然科学二等奖 1 项;山东省科技进步二等奖 1 项;中国轻工业联合会科学技术发明二等奖 1 项;山东省科技进步三等奖 2 项;山东高等学校优秀成果奖 12 项;烟台市技术发明一等奖 1 项。
国家轮胎工艺与控制工程技术研究中心	青岛科技大学		青岛市	是	袁仲雪	4 000	1. 高性能子午线轮胎研发与制造 2. 数字化轮胎成套装备与系统 3. 橡胶新材料开发及生产等共性 4. 关键技术	国家橡胶与轮胎工程技术研究中心(经国家科技部批准)由青岛科技大学和软控股份有限公司联合承建,主要围绕高性能子午线轮胎研发与制造、数字化轮胎成套装备与系统、橡胶新材料开发及生产等共性、关键技术,开展技术研发与产业化研究。

续表

名称	挂靠单位	授予机构名称	所属地区	是否是国家级重点实验室和国家技术中心	学术带头人	在职人员数量	研发方向	研究(技术)成果
山东省吸附与分离高分子材料工程技术研究中心	鲁东大学	山东省科技厅	烟台市	否	曲荣君	38	金属离子吸附与分离高分子材料	承担国家级项目17项,省部级项目10项,授权发明专利21项,发表SCI、EI收录论文147篇。获山东省自然科学二等奖1项、山东高等学校优秀科研成果一等奖1项,二等奖3项,三等奖4项。
山东省头孢类医药中间体工程技术研究中心	山东金城医药基团股份有限公司、济南大学	山东省人民政府	山东省	否	郑庚修		医药化工和绿色催化新技术	获国家科技进步奖二等奖(2项),山东省科技进步奖一等奖(2项),中国石化化工联合会科技进步奖一等奖(2项)。

(数据来源:化工产业子课题组调查整理获得)

报告七

山东省现代农业产业人才发展

负责人　张希军

成　员　孙彩虹　廉　军　张　颖

姚慧敏　陈业兵　刘　晓

赵文祥　张　宇　刘　振

一、现代农业产业基本情况

山东是农业大省，素有“全国农业看山东”之说。改革开放以来，山东创造了不少农村改革发展经验，贸工农一体化、农业产业化经营就出自诸城、潍坊，形成了“诸城模式”“潍坊模式”“寿光模式”，为全国农业农村发展做出了突出贡献。党的十八大以来，省委、省政府以习近平新时代中国特色社会主义思想为指导，持续推进“三农”改革发展，以占全国6%的耕地和1%的淡水资源，贡献了8%的粮食产量、9%的肉类产量、12%的水果产量、13%的蔬菜产量、14%的水产品产量和19%的花生产量，农产品出口总额占全国的24%，农业农村现代化建设取得了显著成就，在全国农业发展中占有重要地位。

（一）农业综合产能位居全国前列

山东是农业大省，其中农业总产值、农业增加值，蔬菜、果品、肉蛋奶、水产品产量，农机总动力、农业出口总额等多达八项指标位居全国第一位，农林牧渔业总产值接近万亿元。近五年以来，山东主要农产品产量稳定增长，粮食总产量连续六年稳定在900亿斤以上，蔬菜、水果、肉类、水产品等主要农产品产量均居全国前列，农产品出口连续19年居全国第一。优质绿色农产品比重持续增加，在全国率先推出“齐鲁灵秀地、品牌农产品”省级农产品整体品牌形象，启动农产品“双证制”管理，“三品一标”企业、产品分别达到3 561家、7 508个。农村居民人均可支配收入稳定增加，2013年首次突破万元大关，达到10 620元，去年达到了13 954元，连续五年均高于国内生产总值(GDP)增速和城镇居民人均可支配收入增速。农产品质量安全形势稳定，未发生大的农产品质量安全事件和区域性重大动物疫情。

（二）农业科技创新能力持续增强

农业科技创新打开了新局面，物质技术装备条件极大改善。目前，山东现代农业产业技术体系创新团队总数达到26个，基本实现了对主要农产品的全覆盖；省市县乡四级农技推广机构达到4 771个，农技人员2.9万人，农业社会化服务组织20多万个；累计培训新型职业农民7万多人、认定1万多人；全省主要农作物耕种收综合机械化水平达到83%；农业科技进步贡献率达到63.27%，比2011年增加超过5个百分点，高于57.5%的国家平均水平(2017年)。山东省农业科技发展过程中充分应用现代信息技术，推进农业生产线上线下的结合。同时，统筹信息化示范省、云农业科技园等建设，结合网络、语音、短信彩信、视频、手机APP、微信、IPTV、微博等服务手段，开展农业科技信息服务。

以技术创新带动产业升级，以创新平台建设促进资源聚集，以合作加速成果转化，积极实施“渤海粮仓”、中科院科技服务网络“STS”等农业科技创新示范工程，加强园区国际科技合作，着力解决山东农业发展关键共性技术、产业链关联技术等瓶颈制约，助推产业转型升级。强化园区知识产权工作，为培育农业高新技术企业、壮大优势农业高新技术产业奠定基础，为提升农业产业核心竞争力、促进转型升级提供科技支撑，努力形成山东省农业科技的话语权和农业高新技术产业的领导地位。

（三）农业科技园区体系新格局完善

山东省农业科技园区体系建设走在全国前列，有力地促进了农业提质增效转型升级。目前，全省有国家级农业高新技术产业示范区 1 个、国家农业科技园区 19 个、省级农业高新技术产业开发区 14 个、省级农业科技园 111 个，全省 120 个涉农县（市、区）已实现省级以上农业科技园区全覆盖（见表 7.1.1）。目前，山东省正在申报寿光建设全省第二个国家农高区，申报成功后，山东省将成为全国唯一一个拥有两个国家农高区的省份。全省初步形成了省级农业科技园—省级农高区—国家农业科技园—国家农高区四级联动梯次发展农业科技园区体系新格局，农业科技园区建设的层次、数量、重视程度、发展成效等均走在全国前列。

为了加快推进农业科技园区体系建设，省财政在 2015～2017 三年投入数亿元的基础上，继续对园区产业发展进行普惠支持。以农业科技园区为载体，加强科技特派员队伍建设。2017 年，新增设 1 000 万元的科技特派员专项经费，用于科技特派员表彰和工作补助，推进农业农村领域创新创业，加快科技成果转化，培育农业科技发展新动能。同时，山东在省级以上农高区推行科技型企业研发投入普惠制奖励补贴政策，补助经费最高 1 000 万元，引导企业建立研发准备金制度，强化科技投入，引导企业加大高新技术产品国际市场开拓力度，对自主研发具有核心知识产权高新技术产品且年度市场销售额实现同比增长 50%以上的园区企业，鼓励各地按照不超过该产品研究开发费用 20%的比例给予支持；对园区内首次通过高新技术企业认定的科技型小微企业，省财政科技资金给予每个企业 10 万元补助。

山东省以农业科技园区建设为抓手，形成了层级分明、功能清晰、要素齐备、上下联动、线上线下互动的四级园区体系及功能优势，有力地推动了农业科技创新服务纵向“顶天立地”、横向全省覆盖、虚实无缝衔接，走在了全国的前列。

表 7.1.1　　山东省涉农类科技产业园区

级别	类型	名称	所在地	数量
国家级	高新技术产业示范区	黄河三角洲农业高新技术产业示范区	东营市	1
	农业科技园区	济南国家农业科技园区	济南市	19
		潍坊国家农业科技园区	潍坊市	
		寿光国家农业科技园区	潍坊市	
		即墨国家农业科技园区	青岛市	
		滨州国家农业科技园区	滨州市	
		滨城国家农业科技园区	滨州市	
		东营国家农业科技园区	东营市	
		烟台国家农业科技园区	烟台市	
		栖霞国家农业科技园区	烟台市	
		蓬莱国家农业科技园区	烟台市	
		济宁国家农业科技园区	济宁市	
		兖州国家农业科技园区	济宁市	
		邹城国家农业科技园区	济宁市	
		泰安国家农业科技园区	泰安市	
		河东国家农业科技园区	临沂市	
		莒南国家农业科技园区	临沂市	
		乐陵国家农业科技园区	德州市	
		聊城国家农业科技园区	聊城市	
		枣庄国家农业科技园区	枣庄市	
省级	高新技术产业开发区	具体名单略	—	14
	农业科技园	具体名单略	—	111

（数据来源：现代农业产业子课题组调研整理）

二、现代农业创新平台总体情况

为服务新旧动能转换“十强”产业发展，促进经济转型升级提质增效，加快山东省农业由大到强战略性转变，山东省委、省政府高度重视科技创新引领作用，不断加强科技投入，在相关领域培育建设了一批重点实验室、工程技术研究中心等，为农业科技创新提供了平台支撑。

（一）省级重点实验室创新平台情况

省级重点实验室是根据国家和省创新体系建设的统一要求，由省科技厅牵头建设的重要创新研究平台。加强以省级重点实验室为代表的基础研究平台建设，是提升区域原始创新能力、增强自主创新成果源头供给的重要途径。近年来，依托高等学校、科研单位和企业建设的省级重点实验室，在加强应用基础研究、产出高水平科研成果等方面取得了可喜成绩，成为基础研究、原始创新的生力军，产出的科研成果解决了经济社会发展的部分关键问题。作为科研平台，凝聚了一大批科技人才，培育形成了一支具有较强创新能力的科研队伍。通过开展跨领域、地域的科研活动，承担国家和省重大科技计划等，全面提升了山东省应用基础研究整体水平，进一步增强了创新核心竞争力，部分省级重点实验室已经进入国家重点实验室和省部共建国家重点实验室培育基地行列。但是，与先进省份相比，山东省省级重点实验室还存在着依托高校、科研院所建设的数量偏多，以企业为主体的数量省级重点实验室数量少，凝聚高层次人才作用尚不能完全满足创新需要，科研方向与社会需求融合度相对偏低，科研成果转化不畅，核心技术领域指向不清，争创国家重点实验室后备力量储备不足等问题，亟须通过深化科技体制改革，妥善加以解决。表 7.2.1 所列为山东省现代农业类省级重点实验室。

表 7.2.1　　省级重点实验室（现代农业类）

序号	实验室名称	依托单位
1	家禽疫病诊断与免疫	山东省农业科学院家禽研究所
2	畜禽疫病防治与繁育	山东省农业科学院畜牧兽医研究所
3	农产品贮运保鲜技术	山东商业职业技术学院
4	动物生物工程与疾病防治	山东农业大学
5	动物细胞与发育生物学	山东大学
6	作物遗传改良与生态生理	山东省农业科学院
7	棉花栽培生理	山东棉花研究中心
8	设施蔬菜生物学	山东省农业科学院蔬菜花卉研究所
9	植物病毒学	山东省农业科学院植物保护研究所
10	果树生物技术育种	山东省果树研究所
11	逆境植物	山东师范大学
12	花生	山东省花生研究所
13	林木遗传改良	山东省林业科学研究院

续表

序号	实验室名称	依托单位
14	旱作农业技术	青岛农业大学
15	化学农药	山东省农业科学院
16	农产品精深加工技术	山东省农业科学院
17	聚合物高性能化及循环利用技术	青岛科技大学

（数据来源：现代农业产业子课题组调研整理）

（二）工程技术研究中心创新平台情况

工程技术研究中心是行业和区域关键共性技术研究开发的重要基地，是重大科技成果工程化与产业化、科技创新人才聚集和培养、技术交流与合作的重要平台，是科技基础能力建设的重要组成部分。我国从 20 世纪 90 年代初开始实施工程技术研究中心计划。通过多年的建设，工程技术研究中心作为国家创新体系的重要组成部分，已具备一批科技成果工程化所需的基础设施，拥有一支具有工程化开发研究和系统集成经验的高素质队伍，解决了一批国家重大工程技术问题，显著提高了我国科技成果工程化能力。据统计，10 年来，工程技术研究中心共转让重大科技成果近 1 200 项，实施技术转让合同近 2 500个，创办股份制或其他类型的高技术企业 190 余家，取得近 500 项国家级科技成果和近 200 亿元的直接经济效益，对于科学技术的创新、科研成果转化和产业化水平的提高都起到了积极的作用。表 7.2.2 所列为依托高校、科研院所承建的示范类省级工程技术研究中心。

表 7.2.2　依托高校、科研院所承建的示范类省级工程技术研究中心（农业类）

序号	中心名称	依托单位	主管部门
1	山东省现代农业机械工程技术研究中心	山东省农业机械科学研究院	省农业科学院
2	山东省农业装备工程技术研究中心	雷沃重工股份有限公司	潍坊市科技局
3	山东省玉米生物加工循环经济工程技术研究中心	西王集团有限公司	滨州市科技局
4	山东省茶业工程技术研究中心	日照市茶叶科学研究所	日照市科技局
5	山东省纯粮固态发酵工程技术研究中心	山东扳倒井股份有限公司	淄博市科技局
6	山东省海藻多糖提取与应用工程技术研究中心	青岛明月海藻集团有限公司	青岛市科技局
7	山东省色母料工程技术研究中心	山东春潮集团有限公司	泰安市科技局
8	山东省食用植物油工程技术研究中心	山东鲁花集团有限公司	烟台市科技局

续表

序号	中心名称	依托单位	主管部门
9	山东省水污染控制工程技术研究中心	山东大学	山东大学
10	山东省畜禽基因工程疫苗工程技术研究中心	青岛易邦生物工程有限公司	青岛市科技局
11	山东省信得畜禽转移因子工程技术研究中心	山东信得科技股份有限公司	潍坊市科技局
12	山东省耐盐作物种质创新与利用工程技术研究中心	青岛农业大学	省教育厅
13	山东省设施果树工程技术研究中心	山东省果树研究所	省农业科学院
14	山东省城乡风景园林工程技术研究中心	山东农业大学	省教育厅
15	山东省浒苔处理与综合利用工程技术研究中心	青岛海大生物集团有限公司	青岛市科技局
16	山东省植被生态工程技术研究中心	山东大学	山东大学
17	山东省豆源食品酿造工程技术研究中心	烟台欣和企业食品有限公司	烟台市科技局
18	山东省动物微生态制剂工程技术研究中心	山东宝来利来生物工程股份有限公司	泰安市科技局
19	山东省秸秆本色制浆造纸清洁生产工程技术研究中心	山东泉林纸业有限责任公司	聊城市科技局
20	山东省海洋功能食品加工工程技术研究中心	好当家集团有限公司	威海市科技局
21	山东省氮杂环类农药工程技术研究中心	山东科信生物化学有限公司	德州市科技局
22	山东省变性淀粉工程技术研究中心	诸城兴贸玉米开发有限公司	潍坊市科技局
23	山东省海藻功能性产品工程技术研究中心	山东海之宝海洋科技有限公司	威海市科技局
24	山东省禽用饲料工程技术研究中心	山东众成饲料科技有限公司	泰安市科技局
25	山东省大豆开发与蛋白应用工程技术研究中心	谷神生物科技集团有限公司	德州市科技局
26	山东省花粉功能因子提纯与应用工程技术研究中心	烟台新时代健康产业有限公司	烟台市科技局
27	山东省生猪产品工程技术研究中心	龙大食品集团有限公司	烟台市科技局
28	山东省固体废弃物资源化工程技术研究中心	山东恒远利废技术股份有限公司	潍坊市科技局

续表

序号	中心名称	依托单位	主管部门
29	山东省节能型污泥处理装备工程技术研究中心	山东福航新能源环保股份有限公司	德州市科技局
30	山东省功能性塑料薄膜工程技术研究中心	山东清田塑工有限公司	淄博市科技局
31	山东省循环水养殖工程技术研究中心	莱州明波水产有限公司	烟台市科技局
32	山东省中粮酿酒葡萄苗木工程技术研究中心	君顶酒庄有限公司	烟台市科技局
33	山东省渔药工程技术研究中心	青岛中仁动物药品有限公司	青岛市科技局
34	山东省肉种鸡孵化工程技术研究中心	烟台大地牧业股份有限公司	烟台市科技局
35	山东省开放式植物组培工程技术研究中心	山东鑫秋农业科技股份有限公司	德州市科技局
36	山东省耐盐碱绿化树种工程技术研究中心	东营菁华现代林业发展有限公司	东营市科技局

（数据来源：现代农业产业子课题组调研整理）

（三）重点领域产业技术创新平台情况

山东省委、省政府高度重视农业科技事业发展，一直把各类农业科研创新平台建设作为科技工作的一项重要内容，先后出台了各类农业科研创新平台管理办法及发展规划，明确了任务及管理机构的职责，规范了申报、审批与运行管理，出台了优惠措施，优化了发展环境，加快了产业化和技术创新。

1. 现代种业

该领域的代表为山东省作物遗传改良与生态生理重点实验室。该重点实验室筹建于1998年，2008年成为山东省集中建设十大省级重点实验室之一。实验室定位是：以"优质、高产、高效、安全、生态"为目标，立足山东农业发展的重大科技需求，围绕小麦、玉米、花生、水稻等作物遗传改良和作物生态生理关键科技问题，开展基础与应用技术研究，通过生物技术与常规技术紧密结合，挖掘关键功能基因，培育作物新品种，突破农业生产关键核心技术，为山东乃至黄淮海区域农业可持续发展和农民增产增收提供强有力的科技支撑。实验室坚持产学研结合，课题立项与农业生产紧密结合，科研成果能够解决生产中的实际问题，促进了产业发展和技术提升。三年来，通过示范和辐射带动作用，许多新品种、新技术在农业生产中得到了广泛的推广应用，极大地提高了农产品的产量、质量，促进了农业增产增效，产生了巨大的社会效益和经济效益。

2. 农机装备

该领域的代表为山东省智能农机装备技术创新中心。山东省智能农机装备技术创新中心（以下简称"创新中心"）成立于2017年初，是山东省科技厅主导，依托行业龙头企业雷沃重工股份有限公司（以下简称"雷沃重工"），整合中国农业大学、上海交通大学、山东大学、农业部南京农业机械化研究所、天津易田网络科技有限公司等30多家国内优势高校、科研机构、企业、网络科技公司、农机合作社组成的“政产学研金服用”协同科技创新联合体，是山东省科技创新体系的重要组成部分。创新中心以深化科技体制改革为核心，强化体制机制创新，实行开放运行科研模式，吸引社会力量参与建设管理，打造成为山东省智能农机装备创新资源富集地。2017年创新中心投入1.2亿元，在动力换挡拖拉机、大型谷物收获机械、精量播种机等产品方面实现了大量的关键技术突破。动力换挡拖拉机技术、精量播种技术和拖拉机自动作业导航技术等项目得到较好的应用和推广，取得了良好的经济效益。P5000动力换挡拖拉机已经全球发布，实现了批量销售，截至目前，累计销售数量3 440台，实现销售收入5.79亿元，利润1.04亿元。精量播种产品技术的开发填补了国内高速精量播种技术空白，产品累计销售330多台，实现销售收入2 900余万元。与韩国国立忠南大学、华南农业大学联合创新的“拖拉机自动作业导航系统产业化技术的研发”项目已经在全国各地推广应用。目前已销售1 000余套，实现销售收入8 000多万元，创造了良好的社会经济效益。

3. 高效肥料

该领域的代表为国家微生物肥料技术研究推广中心。该中心于1998年成立，由国家科技部批准(国科成字〔1998〕008号文件)、由河北巨微生物工程有限公司组建，农业部、财政部大力支持的微生物行业交流平台，主要进行微生物肥料技术研究开发和应用推广。2010年10月科技部批准，成立国家缓控释肥工程技术研究中心(山东金正大)；2011年11月国家发改委批准，成立国家复合肥料工程研究中心(山东金正大)；2013年科技部批准，成立了国家有机类肥料工程技术研究中心(江苏新天地生物肥料工程中心有限公司、南京农业大学)。各省都分别成立了不同的肥料工程技术研究中心，比如山东省农科院成立了山东省肥料工程技术研究中心，山东谷丰源生物科技集团有限公司成立了山东省螯合肥料工程技术研究中心等。

在新型肥料的研发方面，国家重点研发专项“化学肥料和农药减施增效综合技术研发”目前正开展新型缓/控释肥料与稳定肥料、生物碳基肥料及微生物肥料、新型复混肥料及水溶肥料研制工作。

4. 农产品加工

该领域的代表为山东省农产品精深加工技术重点实验室。该实验室以山东省丰富的农产品资源为研究对象，依托山东省农业科学院多学科技术和人才优势，重点开展加工副产物综合利用、生物活性物质与功能食品、食品质量安全控制三个方向的基础理论和应用技术研究。2016年以来，实验室共承担各级各类项目131项，总立项经费8 271.83万元。国家级项目17项。其中，国家自然基金面上项目1项，青年基金4项，863课题(含子课题)2项，国家重点研发计划子课题3项，国家科技支撑计划课题(含子课题)3项，国家科技合作专项课题(含子课题)2项，国家高端外国专家项目1项，农业部基地建设项目1项，农业部公益性行业专项子课题6项。1人被聘为国家农业产业技术体系岗位科学家。总立项经费4 264.93万元。

积极服务产业发展。实验室始终将“坚持以市场为取向的创新理念，着力提升服务三农能力”作为科研创新的出发点和落脚点。鼓励科研人员走出去，以技术和成果为依托，积极与企业对接。2016年以来，先后与菏泽尧舜牡丹生物科技有限公司、山东百龙创园生物科技有限公司、山东种业集团等30余家企业签订科技合作协议，设立横向课题19项，获得横向课题经费536万元，实现了学科发展从单纯依靠政府层面科研经费支持，逐步向依靠政府层面经费和横向课题经费并重的转变。对接市场需求，推动科技成果落地。实验室围绕问题申报科研项目，开展科技攻关，形成20余项关键技术，研发了系列产品。技术成果先后转让鲁研公司、金胜粮油、一葵生物、甘肃亚盛等10余家企业，带动了企业产品的更新换代和转型升级，同时获得转让经费550万元。

三、现代农业重点领域发展分析

（一）现代种业

种业是农业战略性、基础性核心产业，是实现农业现代化的战略制高点。山东省是种业大省，全省常年农作物种植面积1.6亿亩左右，粮、棉、油、菜等用种量约18亿公斤。多年来，省委、省政府高度重视种业发展，出台了一系列发展现代种业的政策措施，为山东省现代种业水平位居全国前列提供了坚强保障。以登海种业公司为例，登海种业公司成立于1985年，是我国第一家民营玉米产业化种子企业，国家高新技术企业、国家玉米工程技术研究中心、省泰山学者岗位、山东省玉米育种与栽培技术企业重点实验室、玉米产业技术创新战略联盟。公司注册资本8.8亿元，总资产43亿元，拥有26个全资和控股子公司、6个分公司和32处研发中心、试验站。研究中心拥有6个高产玉米育种室、2个特用玉米研究室、1个种质资源研究室、1个高产栽培研究室、1个省级企业重点实验室。2017年，登海种业公司实现营业收入46 988.47万元，实现净利润19 706.23万元。公司的主要产品包括玉米杂交种、蔬菜杂交种、花卉种苗、小麦种、水稻种。先后获得国家星火一等奖、国家科技进步一等奖、山东省科技进步一等奖等近30项，知识产权125项，培育玉米新品种110多个，为山东省现代种业的发展做出了突出的贡献。总的来说，山东省现代种业有以下突出特点：

1. 新品种水平显著提升

种业科技创新是支撑现代农业发展的重要因素。山东省率先实施农业良种工程并已成为全国种业科技品牌。省农业良种工程、国家种子工程等一系列种业项目的实施，不断提升山东省新品种水平。自1982年实行品种审（认）定制度以来，全省共审（认）定农作物品种1 581个，主要农作物良种覆盖率达到97%以上，良种对粮食增产的贡献率达到45%。山东省培育的小麦品种“济麦22”连续多年为全国第一大品种，小麦品种“烟农999”创造了亩产817千米的冬小麦高产纪录。玉米品种“登海661”创造了亩产1 402.9千克的世界夏玉米高产纪录。优良品种的成功选育和大面积推广，为确保粮食等主要农产品有效供给提供了保障。

2. 种业企业优势初步显现

通过不断加强科企合作，相继建成一批企业国家重点实验室、院士工作站、博士后科研工作站等创新平台，培育了一批具有较强影响力的优秀品牌，企业综合竞争力显著增强。截至2015年年底，全省持证企业321家，省级以上发证企业173家，企业主营业务收入113亿元。注册资本1亿元以上的“育繁推一体化”企业、“中国种业信用骨干企业”“中国蔬菜种业信用骨干企业”数量均位居全国前列。

3. 服务体系不断完善

先后建成国家级农作物品种区域试验站9个、省级农作物品种区域试验站40个，区域试验体系不断完善。建成部级、省级种子质量检测中心11个，检测手段不断增强。海南种子繁育规模不断扩大，水平不断提升，育种单位达到50多家，面积超过2 000亩。

4. 制约发展因素突出

尽管山东省种业产业优势明显，但其制约发展的因素也非常突出。整体表现为山东省种业企业自主创新能力较薄弱，竞争力强的龙头企业，从业人员素质低、企业生产规模小，深加工落后，销售服务不完善。一是种质资源和基因资源挖掘广度和深度不够，种质资源鉴定和新基因资源挖掘效率低，原创性作物种质资源缺乏，育种同质化问题突出，影响作物育种目标的实现；二是育种方法、技术和设施设备比较落后，育种效率低。育种方法还局限于常规育种技术，对分子标记、基因编辑等高新技术利用较少；全省开展育种科研的种业企业不足30%，年均研发投入占销售收入的比重不足3%，远低于大型跨国种业企业的研发投入比例。三是科研与生产脱节，育种研发与实际应用有较大差距，育成品种同质性多、突破性少。缺乏针对不同土壤、不同地区的高产、高效、可持续的生产技术标准。四是农业生产中病虫害检测及异常气候应对技术体系不完备，现有技术成果转化率低，缺少研究成果转化应用的机制和平台，高效的现代商业化育种体系尚未形成。

5. 研发重点与方向

针对现代种业发展过程中存在的关键技术问题，我们认为，一是要在建好种质资源库的基础上，建立作物种质资源数据库，开发重要形状分子标记、基因定位，进行新种质创新与优质基因资源挖掘、重要基因的分离、克隆和利用，多种技术结合搭建现代种业育种平台，实现育种目标；二是重点研发作物轻简化绿色栽培、高产优质安全适宜机械作业栽培、精准化自动化栽培、功能性食品专用栽培，便于技术推广利用；三是完善种业运营体系，研制种子生产配套技术、规范种子销售运营体系、提高从业人员的业务水平、建设高素质的农技推广服务队伍。

（二）农机装备

农业机械装备是发展现代农业的重要物质基础。推进农业机械装备发展是提高农业劳动生产率、土地产出率、资源利用率的客观要求，是支撑农业机械化发展、农业发展方式转变、农业质量效益和国际竞争力提升的现实需要。山东省雷沃重工公司成立于1998年，现有员工1.5万人，资产总额161亿元，业务范围涵盖农业装备、工程机械、车辆、金融＋互联网四大业务板块，主营业务农业装备业务可提供土地整理、耕整、播种、田间管理、收获、秸秆处理和粮食烘干各作业环节的全套机械设备，累计产销各类机械600余万台，是目前国内最大的农业装备制造企业，也是国内唯一可提供智能化农业全程机械化解决方案的自主品牌。主导产品雷沃谷物收获机械市场占有率达到70%，连续15年全国排名第一，拖拉机市场占有率达到30%，连续12年全国领先。2017年雷沃品牌价值达506.68亿元，位列“中国500最具价值品牌”第74位。公司先后开展了“智能化动力换挡拖拉机、高性能大型联合收割机和大型高端智能化农机具”等一批国内空白、国际先进农机装备的研发，并实现了动力换挡等大量关键、瓶颈技术的突破，正在逐步改变我国高端农业装备领域核心技术长期被国外垄断的局面。公司积极整合国际高端人才、技术资源。2011年，雷沃重工在意大利建立了国内农机行业的首个海外研发中心，2013年又建立日本研发中心。从2014年起接连并购了意大利国宝级品牌阿波斯（ARBOS）、全球高端农具品牌马特马克（MaterMacc）和欧洲果园专用型高端拖拉机品牌高登尼（Goldoni），在欧洲区域完成了海外全价值链运营平台搭建，构筑起了“中国＋欧洲＋日本”全球研发体系，形成了同步世界的雷沃全球研发体系和行业领先的科技创新能力，为山东省农机装备产业的发展提供了样板。

总的来说，山东省农机装备的发展已进入全国前列，具体表现在以下几个方面：

1. 农机装备结构明显优化

畜牧、渔业、林果、农产品加工、设施农业机械不断增加，装备水平稳步提高。2017年，全省农机总动力达到9 786.49万千瓦，大中型拖拉机达到59.5万台。

2. 机械化水平明显提升

农机服务由耕种收产中环节拓展到产前、产中、产后全过程，由种植业延伸到养殖业、林果业、农产品初加工等领域。农机合作社发展到7 699家。全省农作物耕种收综合机械化率达到83%。小麦、玉米两大粮食作物耕种收综合机械化率分别达到98.9%、93.7%，花生、棉花综合机械化水平分别达到62%和58%。

3. 产学研推整体推进，体制机制创新明显加快

山东省首次启动了农机装备研发创新计划，对59项农业机械化关键技术和机具进行联合攻关，搭建了农业机械化科技创新平台；组织实施了现代农业机械化水平提升计划，在全省建立了203个省级主要农作物生产机械化技术创新示范基地，验证示范了14项农业机械化新技术，探索形成了机艺融合机械化生产技术新模式；实施了基层推广服

务体系建设项目，技术推广体制机制创新取得新突破。

4. 存在的问题表现突出

山东省农机装备主要存在不平衡、不协调的问题。表现在农机产品同质化的低端产品产能过剩和高端装备技术缺乏；农机与农艺、机械化与信息化融合度不高；关键机具创新研发滞后；丘陵山区机械化滞后于平原地区、经济作物机械化滞后于粮食作物、畜牧水产养殖林果业机械化滞后于种植业；新型农机服务主体不足，农机作业、维修、存放等基础设施薄弱，特别是高性能的大马力拖拉机、大型谷物收获机、高端农机具、大型采棉机、大型青储饲料收获机及精准作业装备等高端产品技术还没有完全解决，高端产品及关键零部件技术与制造还依赖进口，农机公共服务能力有待提高。

5. 研发重点与方向

山东省是农业大省，机耕、播种、植保、收获、储存和加工是农业生产的关键环节，首先要加强农机装备自主创新、优化资源配置、提升机械化生产能力，针对市场需求进一步优化现有产品、提高产品质量、突破关键技术，形成多元化重点产品，提升产品智能化水平；同时按照党的十九大提出的战略目标，树立大农业观，大力促进种植业、养殖业、农产品加工业等所需农机装备的协调发展，不断推进农机与农艺、机械化与信息化深度融合，加快智能化农机装备研发步伐，推进向数量质量效益并重转型升级，为山东省现代农业的发展提供技术先进、品质优良和服务一流的农机装备，提升山东省农业生产全过程和全面机械化的支撑和保障能力。

（三）高效肥料

山东省作为化肥生产大省，正在以绿色环保创新为突破口，寻找产业转型升级之路。欧美国家肥料结构中，有机肥的地位举足轻重。在美国，有机肥料占比46%，英国占57%，德国占60%，法国占37%，澳大利亚占55%，加拿大占60%，韩国占48%，日本更是达到76%。而山东省农田肥料使用中有机肥的比重仅占20%，直接影响农产品品质提升。金正大公司是国家技术创新示范企业、国家创新型企业、国家重点高新技术企业、全国缓控释肥产业技术创新战略联盟理事长单位、中国化工行业技术创新示范企业及山东省产学研合作创新突出贡献企业，在行业中有着良好的知名度和美誉度。建有全球最大的缓控释肥生产基地，复合肥、缓控释肥产销量连续10年均居行业首位；公司拥有国家级企业技术中心、养分资源高效开发与综合利用国家重点实验室、国家缓控释肥工程技术研究中心、复合肥料国家地方联合工程研究中心、土壤肥料资源高效利用国家工程实验室、农业部植物营养与新型肥料创制重点实验室、博士后科研工作站等7个国家级研发平台。公司依托多个高水平研发平台，加大产学研合作力度，先后与中国农业大学、山东农业大学、山东省农业科学院、浙江大学、以色列希伯来大学、挪威生命科技大学等12家国内外高校，以及中国科学院土壤研究所、中国农业科学院、美国农业部、以色列阿拉瓦研究中心等40余所科研机构建立合作伙伴关系，为山东省高效肥料的发展和农业生产的提质增效做出了巨大贡献。

近两年，在化肥零增长行动和土壤保护的大背景下，山东省组织实施果菜有机肥替代化肥试点项目，通过试点促进化肥减量增效，示范区内化肥用量减少15%以上，有机肥用量提高20%以上。

1. 化肥企业转型升级成效显著

2017年，全省合成氨年产能870万吨、尿素年产能1 035万吨（实物量）；磷肥年产能84.3万吨（折纯 P_2O_5）、复混肥年产能1 156万吨（实物量）。合成氨产量比上一年减少106.6万吨、尿素减少183.4万吨。与此同时，氮肥企业实现利润53.87亿元，同比增长185.6%，盈利主要来自非化肥产品。

2. 化肥骨干企业取得跨越式发展

金正大集团在农化行业率先向种植业综合解决方案提供商转型，并提出践行亲土种植新理念。史丹利集团为种植大户提供种子、化肥、农技、金融等一体化全产业链综合服务。鲁西集团实现由单一化肥向多元化结构调整，2017年运行质量和经济效益创历史最好。华鲁恒升陆续实施了传统产业升级及清洁生产综合利用等重大项目，2017年主要经营指标再创历史新高。

3. 存在的问题

当前山东省化肥施用还存在亩均施用量偏高、有机肥资源利用率低、施肥结构不平衡等问题，肥料行业转型升级任重道远。肥料、土壤与环境，肥料、土壤质量与农业生产力，肥料、土壤生态与人体健康之间的关系仍是我们研究的永恒课题。同时缓释、控释肥料、功能性肥料，一是还存在着成本问题，由于技术含量高，新型肥料生产成本普遍偏高，不利于行业的产业化。如果这种肥料只能作为“贵族肥料”的话，那么它们身上所蕴含的“环保、节约资源”等优势将不能最大限度地发挥，效果将大打折扣，其产业化之路必定受到限制。二是新型肥料中控释肥的包膜材料二次污染问题，目前国内一些缓释/控释肥的包膜材料大多不能完全降解，这些很可能会对土壤造成二次污染。缓释/控释肥是一种智能肥料，尤其是控释肥，要求释放曲线将基本与作物的需肥曲线相吻合，而这种相吻合则是在一定条件下、一定温度下、一定土壤环境下才能实现的。三是我国还没有制定较为完善的商品有机肥技术规范和建设指南，在原料利用、工业化生产、示范区的建设等方面还没有具体的规范和标准等。我国有机肥料加工技术国内研究相对滞后，有机肥料生产企业生产工艺相对落后。自主创新的设备较少，多为仿制或改进的国外产品。对于有机无机肥的生产，难度要比单纯的有机肥或无机肥难度大，两者的物性结合是难点。

4. 研发的重点与方向

围绕“减肥增效、土壤修复、水肥一体化”三位一体来开展科研创新和推广应用工作，助力我国农业现代化发展。山东省缓释/控释肥研究所形成的技术类型几乎包括了国际上的所有缓释/控释肥种类，产业化生产的时间不过十几年，但发展速度十分惊人。目前，在企业层面，缓释/控释的理念已深入人心，不少复合肥企业甚至以此作为企业的转型契机，取得了较好的效果；而在消费者层面，随着媒体的大力宣传和企业的宣讲，一些大的种植户也开始接受肥料缓控、控释理念，并拥有了一定的市场。多功能肥料重点研发改善水分利用率的肥料、高利用率的肥料、改善土壤结构的肥料、适应优良品种特性的肥料、改善作物抗倒伏的肥料、具有防治杂草的肥料，以及具有抗病虫害功能的肥料等。具体应采取的措施：(1)缓释/控释肥料中，添加抑制剂的稳定性肥料由于投资少、制剂相对便宜，成本较低，建议此类生产企业可以在某作物专用肥上添加，然后向大田作物推广；而包衣类、化学合成的缓释/控释肥因成本较高，建议此类企业应选择以大种植户、农场合作，提供"测土、配方、生产"一条龙服务，做好个性化、专用化肥料。(2)主要要实现缓释/控释肥包膜材料的突破，探索出成本更低、效果更好的新型包膜材料，从而实现新型缓释/控释肥的产业化发展。(3)商品有机肥料中，重点发展有机无机复混肥料、生物有机肥料。有机无机结合是我国施肥技术的基本原则，而有机无机复合(混)肥料是实现有机无机结合施肥技术的物化载体，是传统有机肥料的升级产品，也是提高我国有机废弃物资源化利用、缓解肥料资源压力、减轻污染的重要途径，将是未来肥料产业发展的重要方向。

(四)农产品加工

山东省是农业大省，同时也是农产品加工大省。农产品加工业已成为行业覆盖面宽、产业关联度高的重要民生产业。截至 2016 年底，全省规模以上农产品加工企业 1.3 万家，主营业务收入 3.7 万亿元，占全国的 1/6 左右。农产品加工业与农业总产值的比值达到 3.75∶1，农产品加工增值效益显著，提高了农业综合效益和竞争力。全省农业产业化省级以上重点龙头企业发展订单基地 3 200 多万亩，带动农户 650 余万户，户均增收近 3 200 元，成为推动农业增效、农民增收、农村繁荣的重要力量。山东省鲁花集团是一家大型的民营企业，是国家农业产业化重点龙头企业。集团现拥有员工 2 万余人，下设 30 多个生产基地，横跨食用油、调味品、蔬菜加工等多个行业。食用油年生产能力 110 万吨，调味品年生产能力 30 万吨。241 个销售分公司，形成了覆盖全国的市场营销网络。销售收入实现了连续 30 年经济效益持续增长。2015 年实现销售收入 182 亿元，2016 年达到 230 亿元，2017 年突破 265 亿元，创利税 38.5 亿元。经过多年的发展，公司形成了两大支柱产业：一是利用 5S 物理压榨技术，生产以花生油为主，压榨葵花仁油、菜籽油、玉米油、大豆油等多品类为辅的食用油产业链；二是利用独特的生物发酵技术，生产高端"自然鲜"酱香酱油，"自然鲜"炒菜香酱油、酿造黑糯米香醋、料酒、蚝油、调味酱等多品类的调味品产业链。荣获省部级科技奖励 13 项，其中国家科技进步二等奖 2 项、中国商业联合会特等奖 2 项，山东省科技进步一等奖 1 项，其他省部级二等奖 5 项以上。申请专利 88 件，授权发明专利 24 件，授权实用新型专利 23 件。2015 年，企业通过《GB/T 29490-2013 企业知识产权管理规范》体系认证，并先后荣获中国专利山东明星企业、山东省知识产权示范企业、国家知识产权优势企业等荣誉称号；被授予全国唯一的"花生油、葵花籽油系列国家标准制修订基地"两项荣誉；2016 年，鲁花集团荣获"山东省省长质量奖"；并获得"全国实施卓越绩效模式先进企业"称号。鲁花先后入选央视"国家品牌计划"和新华社“民族品牌工程”。目前，鲁花已成为深受消费者喜爱的中国食用油著名品牌，中国花生油第一品牌，为山东省现代农业及农业新六产的发展探出了新的路子，闯出来了农产品加工增值的新样板。

1. 实施创新驱动战略，提高农产品加工业核心竞争力

山东连续两年举办农产品加工科企对接、成果交易活动，搭建“互联网＋农产品加工技术创新服务平台”，为农产品加工业健康发展提供科技支撑与智力支持。2016 年，全省省级以上重点龙头企业科技研发投入达到 69 亿元，其中 140 家企业科技研发投入占销售收入比重超过 1%；680 家企业建有专门研发机构，124 家企业获得省级以上科技进步奖励。

2. 农产品加工园区成为促进农产品加工发展的重要突破口

引导优势产业向优势产区集中、优势产品向优势企业集中，实现企业集群、产业集聚的发展格局。目前，全省集聚 5 家省级以上龙头企业的县(市、区)达到 78 个，全国农业产业化示范基地达到 19 个。

表 7.3.1　山东省国家农业产业化示范基地

名称	所在地
诸城市农产品加工园区	潍坊市
博兴县农产品加工园区	滨州市
莱阳市农产品加工园区	烟台市
荣成市农产品加工园区	威海市
广饶县农产品加工园区	东营市
莱西市农产品加工园区	青岛市
微山湖蛋制品生产加工基地	济宁市
青州市王坟镇果品加工基地	潍坊市
夏津县发达农产品加工示范基地	滨州市
沾化区枣制品加工业基地	滨州市
乐陵市农业产业化示范基地	德州市
曹县农业产业化示范基地	菏泽市
济宁市食品工业经济技术开发区农业产业化示范基地	济宁市
沂水县农业产业化示范基地	临沂市
潍坊寒亭区中国食品谷农业产业化示范基地	潍坊市
胶州市农产品加工园区农业产业化示范基地	青岛市
肥城市现代农业高新技术产业示范区农业产业化示范基地	泰安市
平邑县农产品加工业示范基地	临沂市
临沂市八湖农产品产业化加工示范基地	临沂市

(数据来源：现代农业产业子课题组调研整理)

3. 强化质量管理，建立健全企业质量安全管理体系

围绕原料生产、产品加工、商品销售全过程，着力打造生产安全、全程可追溯体系。已完成创建国家级和省级农产品质量安全整建制市 1 个，农产品质量安全县 15 个，农产品质量安全追溯平台与省级监管平台对接，实现产品监管信息互联互通。

4. 在全国率先推出了“齐鲁灵秀地、品牌农产品”省级农产品整体品牌形象

共认定 23 个知名农产品区域公用品牌、200 个知名农产品企业产品品牌，农产品加工品品牌的认知度、美誉度和忠诚度不断提高，产品市场竞争优势持续增强。

5. 存在的问题

山东省是全国作物生产大省，也是全国农产品加工出口大省，但是山东省农产品加工产品品种单一、科技附加值低、加工产业链短，还没有充分发挥农业加工大省应有的作用，缺少科技创新和金融资本双轮驱动的大型加工企业集团，与人民物质生活水平不断提高、对美好生活的向往和需求还有很大的差距。一是资源综合利用率偏低，产品加工不足和过度加工并存，发达国家农产品综合利用率高达 90%，我国农产品综合利用率不足 50%，造成资源严重浪费。二是装备研发投入不足，工艺与装备匹配度不高，缺乏创新平台和创新主体，导致加工装备行业产品低水平重复现象较严重，低水平、低档次产品泛滥。三是缺乏高素质专业人才，农产品加工企业不仅需专业技术和管理人才，还需专业财会和营销人员等。由于农产品加工企业以小型规模企业为主，多数农产品加工企业对专业人才的吸引力有限，面临高素质人才“引不来，留不住”问题。四是新兴的功能性食品研发能力弱、产品类型少、科技附加值低，存在着产品功能比较集中、新品研发不够、产品质量良莠不齐、功能评价体系尚不完善。

6. 发展的重点与方向

“十三五”期间山东省相继推出了新六产发展规划、推进新旧动能转换重大工程的规划和实施意见、提出了打造乡村振兴的齐鲁样板，这为农产品加工业的发展带来了新的机遇，今后农产品加工业的重点是加大科技创新力度，自主创新能力和产业支撑能力显著提高；产品品种注重营养、健康、安全、多样、方便、美味；同时从加工手段上提高绿色制造、智能制造；充分利用工业云、大数据、物联网、智能机器人等新一代的技术，进行农产品加工业的研发设计，应用于生产制造、流通消费等环节；催生一、二、三产业的深度融和发展的新业态、新产业、新模式和新格局。一是对传统农产品产业进行升级改造，依靠科技进步，增加产品附加值；二是大力发展具有中国体色和创新优势的中式食品、精准功能食品、和基于工业 4.0 的智能化装备制造；三是对中式食品工艺进行系统挖掘和工业化适应性改造，创新中式传统食品工业化和加工核心关键技术装备，实现智能化生产；四是基于基因组、转录组、代谢组、蛋白质组学技术，进行个性化定向设计。

四、产业人才发展现状分析

(一)山东省农业人才发展现状

农业部分涉及产业门类众多,生产链条长,过程参与人才多,以农业人才分工不同而言,在人才队伍组成上,既有农业科研人才、农技推广人才,又有农业技能人才、农村实用人才,还有越来越多的返乡下乡创业创新人才,从主要从事的领域这个角度看,山东省共有五支农业农村人才队伍。

一是农业科技创新人才队伍。主要是分布在各级农业科研院所、农业高校中的科技人员。据不完全统计,全省市级以上农业科教机构中拥有科研人才 8 000 多人。二是农技推广人才队伍。据不完全统计,2016 年全省共有省、市、县、乡四级农技推广机构 4 782 个,实有农技人员 2.9 万人。三是农村实用人才队伍。新型职业农民是农村实用人才的重要组成部分,新型农业经营主体带头人是新型职业农民的重要骨干。截至 2016 年,全省农村实用人才总量约为 225.6 万人。四是农业技能人才队伍。农业技能人才是农业农村人才队伍的重要组成部分,涵盖包括新型职业农民在内的各类乡土人才。五是农村创业创新人才队伍。农村创业创新人才以高学历、高技术为特征,主要包括高校毕业生、企业主、农业科技人员、留学归国人员、返乡农民工等各类回乡下乡创业创新人才。

目前,山东省着力加快人才强省建设,以人才优势打造创新优势、产业优势、发展优势。在农业科技创新人才队伍建设方面,据不完全统计,全省有中国科学院院士和中国工程院院士 7 人,高级职称以上 2 800 人,博士 1 700 人左右;通过实施高效生态农业领域"泰山产业领军人才"计划,已培养泰山学者攀登计划 4 人、泰山学者特聘专家 19 人、泰山学者种业人才 10 人,引进泰山学者海外特聘专家 19 人。

同时,省内农村科技人才队伍建设不断完善,切实发挥科技副县长对区域科技创新的指导作用,有效激发科技特派员服务农村基层、服务创新创业的热情,支持西部经济隆起带基层人才,推进农民工、大学生等回乡创业。加强各类农业科技创新和服务平台建设,推进资源集成、共享共用。加快"星创天地"特别是独具山东特色的"农科驿站"建设,打造扎根基层、服务农民的新型科技服务站点,营造专业化、社会化、便捷化的创业服务环境以及创新创业文化氛围。

截至目前,全省已经在所有涉农县(市、区)建设云农业科技园 121 个、村级服务站点 8 600多个,服务网络新增注册用户 12 万个,共举办培训班 21 000 场,累计培训农民 70 多万人次,近 5 万农民借助农业科技培训调整了种植结构,由大田种植调整为经济作物种植,形成了线下实体农业科技园区与线上云农业科技服务实时互动、有机衔接的良好格局。

基于数据可获得性，本报告以山东主要涉农科研机构和高校为统计数据来源，统计分析山东现代农业产业科技创新人才在现代种业、农机装备、高效肥料和农产品加工相关农业产业领域的大致分布状况和数量(见表 7.4.1)。

表 7.4.1 山东省现代农业产业人才情况

机构名称	不同现代农业产业部门人才数量(人)				合计(人)
	现代种业	农机装备	高效肥料	农产品加工	
山东农业大学	82	30	26	47	185
山东省农业科学院	139	190	14	55	398
中国海洋大学				8	8
青岛农业大学	42	57	12	65	176
齐鲁工业大学		10		19	29
山东农业工程学院		28		14	42
山东省畜牧兽医职业学院	8			2	10
合计	271	315	52	210	848

(数据来源:现代农业产业子课题组调研整理)

以上表格中的数据仅能大致反映山东现代农业在四个产业科技创新人才的分布状况和数量，还有很多涉农科研机构和企业拥有大量现代农业产业技术人才，但因客观情况制约，难以实现完全统计。

(二)现代农业产业高层次人才情况

为加快推进乡村振兴和农业新旧动能转换，山东省高度重视现代农业产业技术高层次人才建设，坚持省外引进与本省培养并重，突出“高精尖缺”导向，建立健全专项人才引进机制，引进培养了一批海内外高层次人才、科技领军人才、急需紧缺人才和优秀青年人才。以院士、国家百千万人才工程、万人计划、泰山学者、泰山产业领军人才、泰山青年学者等为代表的各层次人才的培养选拔工作，引导各地各部门实施各具特色的高层次创新创业人才引进、选拔、培养、使用计划。

完善“领军人才+创新团队”人才引进模式，吸引海内外高层次和高技能人才带团队来山东省创新创业，放宽并逐步取消海外科技创新人才来山东省工作许可的年龄限制。组织实施“外专双百计划”，引进 100 名国际知名非华裔外国专家和 100 个高层次外国专家团队。提升“中国山东海内外高端人才交流会”品牌效应，实施留学人员来山东省创业启动支持计划，加快建设留学人员创新创业平台，将符合条件的园区纳入省级创业示范园区评选范围。

完善提升泰山学者工程，面向海内外遴选在科研一线从事基础研究、原始创新和共性技术研究的高层次创新人才。大力实施泰山产业领军人才工程，深入实施泰山学者青年专家计划，力争到2020年，培养200名具有较强科学研究和创新潜能的青年学术带头人。积极推进博士后分级管理体制改革，实施博士后青年创新人才培养工程，探索建设博士后创新创业基地，吸引省内外优秀博士后来山东省创新创业。统筹教育、科技和其他各类人才工程项目资源，加大对青年人才培养支持力度。实施第三期高校青年教师成长计划，选派优秀中青年骨干教师赴海外研修，组织高校青年教师参加高水平国际学术专题活动。

随着高层次人才的引进，极大地激发了人才的积极性、主动性和创新力，在现代农业产业技术创新领域构建起了一支具有战略眼光、国际视野和核心领导力的现代农业产业技术高层次人才队伍，这部分高层次人才在推动和引领技术革新、培育发展现代农业产业新动能和带动农业产业转型升级中扮演着极为重要的角色。

表7.4.2　山东省现代农业产业高层次人才主要分布情况

高层次人才类型	数量(人)	备注
院士	7	单位来源：主要是山东农业大学、青岛农业大学、山东省农业科学院等涉农一流院校和科研院所(下同)
国家杰青	5	—
国家千百万人才工程	13	—
万人计划	5	—
泰山学者	37	包括泰山学者攀登计划、泰山学者特聘专家、泰山学者种业人才、泰山学者海外特聘专家等多个人才类型
泰山产业领军人才	2	—
泰山青年学者	4	—
合计	74	

(数据来源：现代农业产业子课题组调研整理。因客观原因，表格中数据只能参照主要涉农一流院校和科研院所网站进行不完全统计，以大致反映目前山东现代农业产业技术高层次人才状况)

(三)省内高校院所产业人才建设情况

山东省农业类高校主要有山东农业大学、青岛农业大学、中国农业大学烟台研究院和山东农业工程学院等专业农业院校，以及山东大学、山东师范大学、山东科技大学、烟台大学、中国科学院大学相关院所的涉农专业，总体而言，山东省农业类专业学科设置综合全面，农业高等教育优势明显，人才培养和科研水平处于全国领先地位。形成了以山东农业大学和青岛农业大学为核心的农业产业人才培养教育集聚区域。以山东农业大学为例,山东农业大学是农业部、国家林业局和山东省人民政府共建高校,首批卓越农林人才教育培养计划改革试点高校,入选国家"2011 计划""111 计划""特色重点学科项目"、山东特色名校工程,2017 年入选山东省"双一流"建设。学校是国务院批准的全国首批具有博士、硕士、学士学位授予权的单位。

截至 2016 年 11 月,学校拥有 20 个学院,12 个博士后科研流动站,10 个一级学科博士点、49 个二级学科博士点,24 个一级学科硕士点、99 个硕士点,89 个本科专业;拥有作物生物学国家重点实验室,土肥资源高效利用国家工程实验室,国家苹果工程技术研究中心等科研平台。在首批国家重点研发计划中,获拨经费位居全国第 34 位。培养了中国科学院院士李振声、印象初、朱兆良、房建成,中国工程院院士束怀瑞、山仑、于振文、李玉,国际欧亚科学院院士唐克丽等 9 位院士,其中李振声院士被誉为中国小麦远缘杂交之父,2006 年获得了国家最高科技奖。

高等农业专业院校的集聚和发展为产业人才的培养提供了最重要的资源和条件,山东省依托以上涉农院校,完成多个不同层次的农业重点学科建设,如 2 个国家重点一级学科、2 个农业部重点学科和多个省级重点学科(见表 7.4.3),这些重点学科的建设和发展为山东省现代农业产业人才的培养奠定了基础。

表 7.4.3 山东省高校农业专业建设重点学科

重点学科类型	相关专业	
国家重点学科	作物栽培学与耕作学;果树学	
农业部重点学科	作物栽培学与耕作学;果树学	
泰山学者优势特色学科	作物学	
ESI 全球排名前 1%学科	农业科学;植物与动物科学	
省级重点学科	作物栽培学与耕作学	果树学
	蔬菜学	农林经济管理
	作物遗传育种	植物生理学
	植物病理学	园艺学
	植物学	食品科学
	农业昆虫与害虫防治	园林植物与观赏园艺
	农业机械化工程	土地资源管理
	水土保持与荒漠化防治果树学	生物化学与分子生物学
	动物遗传育种与繁殖	农产品加工及贮藏工程
	植物营养学	农药学

(数据来源:现代农业产业子课题组调研整理)

山东省以山东省农业科学院为核心，形成了多梯度的市县农业科学院科研体系，是目前国内规模较大、力量较强、学科较为齐全、贡献和效益较为突出的农业科学院之一。同时，山东省内其他涉农科研单位还有山东省农业机械科学研究院、山东省科学院等研究院所，主要研究领域涵盖山东乃至黄淮海区域农业发展所需的粮经作物、果树、蔬菜、畜禽、蚕桑、资源环境、植物保护、农产品质量安全、农产品精深加工、农业微生物、农业生物技术、信息技术、农业机械等40多个学科。建有国家和省部级创新平台87个，其中国家及部级创新平台57个，省级创新平台30个，数量居全国省级农科院前列。以山东省农业科学院系统和其他相关涉农科研单位的专业科研平台为人才承接依托，集聚梯队层次完整的省内农业产业人才队伍，其中高级专业技术职务人员600余人、中级技术职务人员700余人。高层次人才方面，拥有中国工程院院士1人，百千万人才工程国家级人选3人、国家有突出贡献中青年专家5人、省有突出贡献的中青年专家19人次、享受政府特殊津贴110人。以上现代农业产业相关的专业科研院所在承担省和地区农业科研任务的同时，为省内农业产业人才的建设和培养提供了平台和渠道。

（四）现代农业产业具有代表性的典型人才

围绕山东重点发展的现代种业、农机装备、高效肥料和农产品加工四大现代农业产业领域，依据在科技创新、产业发展等方面的突出贡献，选择出7位具有代表性的山东现代农业产业人才，具体情况如下：

1. 赵振东

山东省农科院作物所一级研究员，中国工程院院士。长期从事优质高产小麦新品种选育和推广工作，育成济麦17、济麦19、济麦20、济麦21、济麦22等5个高产优质大面积主推小麦品种，累计推广超过2.6亿亩，增产小麦82.6亿千克。研究创建了以微量沉降值为核心技术的优质面包小麦育种方法，育成我国第一个年推广面积过千万亩的面包小麦品种济南17，有效替代进口；研究确立了优质面条小麦选育的4项关键指标，创新面条品质评价方法，育成优质高产面条小麦品种济麦19；创新采用微量沉降值和面粉膨胀体积指标改良面筋强度和淀粉特性，实现了蛋白和淀粉品质的同步提高，育成面包面条兼用型高产小麦品种济麦20；集成超高产、稳产、抗病、抗逆、广适优质品种选育技术，育成小麦新品种济麦21、济麦22，实现了高产育种的新突破。济麦22连续5年在不同生态类型区37个点次培创出700千克/亩以上的超高产典型，实打产量达789.9千克/亩，创我国冬小麦高产纪录，目前为全国年推广面积最大的小麦品种。2003年，赵振东被评为山东省先进工作者，2005年享受国务院政府特殊津贴，2006年获全国五一劳动奖章，2008年获何梁何利基金科学与技术进步奖，2009年获中华农业英才奖，2010年被评为全国先进工作者，2012年获山东省科学技术最高奖，2013年当选中国工程院院士，2015年被授予“齐鲁时代楷模”荣誉称号。

2. 万书波

山东省农业科学院院长、研究员。长期从事花生栽培生理及相关领域的研究工作，为花生产业科技创新与进步做出了积极贡献。先后获国家及省、部级科研成果 18 项，其中“花生高产高效栽培技术体系建立与应用”和“花生千斤高产栽培技术及其规律的研究”获国家科技进步二等奖，“花生产业标准化技术体系建立与应用”获山东省科技进步一等奖，“花生安全生产关键技术研究与应用”“花生连作障碍及其对策研究”获山东省科技进步二等奖，“花生抗逆高产关键技术创新与应用”2018 年获山东省科技进步一等奖及何梁何利基金科学与技术进步奖。主编、参编学术专著和科普著作 20 余部，在国内外刊物发表学术论文 190 余篇，其中 SCI 论文 20 余篇。

3. 李登海

山东登海种业股份有限公司名誉董事长，研究员。长期从事玉米育种、高产栽培理论与技术的研究。将紧凑型玉米育种与高产栽培相结合，开创了玉米高产道路，对我国玉米生产发展、国家粮食安全和农民增产增收做出了重要贡献，被誉为“中国紧凑型杂交玉米之父”。近五年来，李登海进行了新种质资源的创新，又育成了一批新型的紧凑型、抗倒、抗病、优质、高产玉米新品种，并有 34 个通过了国家和省级审定；构建了亩产1 000 千克以上的玉米高产栽培技术体系，在国内首创“平面与立体双紧凑”定向超高产栽培模式，采用大小行间隔方式播种，大幅度提高玉米种植密度、通风透光性，有效地解决了夏玉米高产田种植密度上不去的共性难题；坚持自主创新，育成的新品种申请品种权保护，良种良法配套栽培技术申请发明专利。近五年来，申请品种权 42 项，授权 22 项；申请并获得发明专利 2 个。先后获得国家级重大科技奖 4 项，省部级 7 项。被授予“时代楷模”“中国种业十大功勋人物”“全国先进工作者”等多项荣誉称号。

4. 刘兆辉

山东省农业科学院研究员。长期从事植物营养与施肥、有机肥和微生物肥料制造、土壤污染与改良等方面的研究工作。先后主持完成了 30 多项国家、省部级以及国际合作研究项目，其中包括国家 948 项目 2 项、科技部成果转化资金 3 项、山东省自然科学基金 2 项、国际合作课题 3 项等。曾获国家科技进步二等奖 2 项，山东省科技进步二等奖 4 项(其中 2 项首位)，山东省科技进步三等奖 1 项(首位)，山东省农牧渔业丰收一等奖 1 项(首位)，国家发明专利 13 项(其中 6 项首位)。已发表各类学术论文 96 篇，其中一级学报 20 余篇；编写了“*White Agriculture-Proceedings of the First International Workshop on White Agriculture*”《中国肥料实用手册》《蔬菜新型肥料》和《农业科技热点专家访谈录》《蔬菜养分资源综合管理理论与实践》和《自然科学向导丛书》等著作。

5. 张民

山东农业大学资源与环境学院教授，2000 年入选国家百千万人才工程第一、二层次。长期从事土壤化学、新型肥料研发、土壤环境与植物营养方面的教学与研究工作。在国内外重要核心期刊上发表科技论文 120 余篇，其中有 20 余篇论文被 SCI 收录。近年来主持完成了国家“948”科技引进项目两个、国家博士后基金项目、国家教委留学基金项目、国家科委科技示范工程项目、国家创新基金项目、农业部跨越计划项目、农业科技成果转化项目、"十一五"国家科技支撑计划项目、教育部高等学校骨干教师资助计划项目、省优秀中青年科学家奖励基金项目、省自然科学基金项目、省科技攻关等多项科研项目。主持的科研项目已四次获山东省科技进步一等奖、二等奖和三等奖。主持完成的教育部高等学校骨干教师资助计划项目和科技部高效农业技术与示范项目"农田地下水质监控及防污技术的研究",被评为"九五"国家重点科技攻关计划优秀科技成果,2001 年受到科技部、财政部、国家计委和国家经贸委的表彰。

6. 孙金月

山东省农业科学院农产品研究所研究员,泰山学者海外特聘专家。长期从事高产寡果聚糖小黑麦基因工程、生物活性油脂合成代谢及功效评价方面的研究,特别是在提高油菜籽饱和脂肪酸与 γ-亚麻油酸合成产量及其营养功能方面取得了重大突破,发表了几十篇高水平论文,产生了巨大的经济效益。2003 年获得生物化学与分子生物学专业理学博士学位,2004 年受聘中国农业科学院副研究员;2004～2007 连续三年获加拿大 NESERC 奖学金资助,在加拿大农业与食品部莱斯布里奇(Lethbridge)研究中心从事博士后工作;2007 年,受聘加拿大国家研究委员会植物生物技术研究所,任副研究员(Research Associate);2012 年晋升研究员(Research Scientist),并受聘于加拿大生物原性(Bioriginal)食品与科学公司;在加拿大工作期间主要从事生物分子育种与功能食品方面的研究。

7. 尚书旗

青岛农业大学教授,全国优秀科技工作者,山东省教学名师,享受国务院"政府特殊津贴"。国内根茎类作物生产机械化技术研发的提出者、实施者、推动者和发展者,并组建了"根茎类作物生产机械化技术"的国内高层次研发团队,取得了该领域诸多国际领先的综合技术;创新归纳出了以花生、马铃薯、胡萝卜、大蒜为代表的根茎类作物通过挖拔组合式进行收获的方法,提出、研发并应用了胡萝卜播种采取工厂化作业与种绳播种相结合的轻简化种植技术,突破了胡萝卜种植机械化技术的难题;建立起了国内花生收获机械化技术理论体系,研制的花生联合收获机是当前国内第一个进入国家农机推广目录的花生联合收获装备;同时,组建了国内第一个且国内唯一一个以"作物品种小区精确种植和收获机械化技术"为研究主体的团队。已正式出版教材和专著 8 部。

8. 钟波

山东省农业机械科学研究所研究员。主持研究开发的 ZF 850 型全液压生物制肥翻抛设备通过了省级鉴定,产品达到国内领先水平,获得山东省科学技术进步三等奖;主持研发设计了系列配套拖拉机前装、后挖类产品,达到国内先进水平,已批量生产,产品全部出口海外;参与组织了科技部生物有机制肥设备中试与示范转化资金项目,主持研发设计了 ZF 950 型全液压生物制肥翻抛设备,并顺利通过了项目验收;组织研究开发的生姜收获机通过了省级鉴定,投入小批量生产;承担多项"十一五"国家科技支撑计划项目。获得山东省科学技术进步三等奖、山东省机械工业科学技术进步一等奖、山东省机械工业科学技术进步三等奖等荣誉。

五、现代农业产业人才大数据分析

基于清华大学开发的 AMiner 平台进行产业人才大数据分析，该平台数据库基于全球主流学术数据库(Scopus，PubMed、DBLP 等)、搜索引擎以及学术期刊会议数据。其中 Scopus 是目前全球规模最大的文摘和引文数据库，涵盖了由 5 000 多家出版商出版发行的科技、医学和社会科学方面的 20 000 多种期刊，其中同行评审期刊 19 000 多种，另外还有丛书、会议录、专利及网页。PubMed 为提供生物医学方面的论文搜寻以及摘要的数据库。DBLP 数据库是计算机领域内对研究的成果以作者为核心的一个计算机类英文文献的集成数据库，包括国际期刊和会议等公开发表的论文。

根据 AMiner 科研大数据，对全国现代农业产业人才进行了统计，检索范围包括种业、肥料、农业机械、食用油加工等 4 个子领域，对全球学者数据中属于该领域的中国学者进行了抽取，进行了人才地理分布、学术水平等方面的统计；并着重分析了山东省在该领域的人才地理分布、学术能力水平、人才流动等情况。

(一)人才地理分布

人才地理分布是根据全国范围内该领域 h-index(h-index 是目前最受认可的评价学术成就的方法。h 代表“高引用次数”，一名科研人员的 h 指数是指他至多有 h 篇论文分别被引用了至少 h 次)排名 TOP 1 000 学者(以下简称“TOP 学者”)的当前单位地理位置进行统计整理，如表 7.5.1 所示。可以看出，现代农业领域 TOP 1 000 人才地理分布主要集中在北京市，约占全国的 25.5%；其次为江苏省，约占 10.0%；以济南为代表的山东省名列第三，约占 9.2%。山东省现代农业 TOP 1 000 人才主要分布在济南、青岛、烟台等城市。

表 7.5.1　　全国现代农业产业 TOP 学者省份分布

排名	省/直辖市	TOP 学者数量	TOP 学者占比
1	北京	255	25.5%
2	江苏	100	10.0%
3	山东	92	9.2%
4	广东	60	6.0%
5	浙江	50	5.0%

(数据来源：大数据分析子课题组根据 AMiner 平台数据分析整理)

(二)人才机构分布

表 7.5.2 呈现了根据全国现代农业领域内，TOP 学者中山东学者的所属机构分布情况。可以看出：山东农业大学占比最高，占比 28.3%；山东大学其次，占比 14.1%；其余机构占比均小于 5%。

表 7.5.2　　全国现代农业产业 TOP 1 000 人才中山东人才机构分布

机构	人数	占比
山东农业大学	26	28.3%
山东大学	13	14.1%
中国海洋大学	4	4.3%

(数据来源：大数据分析子课题组根据 AMiner 平台数据分析整理)

(三)学术水平分析

根据全国现代农业领域内，各省学者 h-index 平均值的高低进行排序。全国现代农业领域 h-index 平均值为 18.6。可以看出：现代农业领域内，h-index 平均值最高的是陕西省，为 25.5；其次是青海省，h-index 均值 22.0；山东省位列第 14，h-index 均值 17.5。

表 7.5.3　　全国现代农业产业 TOP 1 000 人才各省 h-index 水平

排名	省份	h-index 平均值
1	陕西	25.5
2	青海	22.0
3	北京	20.6
5	浙江	20.1
10	江苏	18.7
13	广东	17.7
14	山东	17.5

(数据来源：大数据分析子课题组根据 AMiner 平台数据分析整理)

(四)人才迁徙分析

我们选用山东省内该领域 h-index 排名 TOP 学者所属单位地理位置的变化进行的统计，每位学者一次迁徙记录一条。从图 7.5.1 可以看出，山东省现代农业人才流动较大的区域包括青岛、济南、泰安、烟台等城市。这些城市都呈现比较明显的人才流入现象。

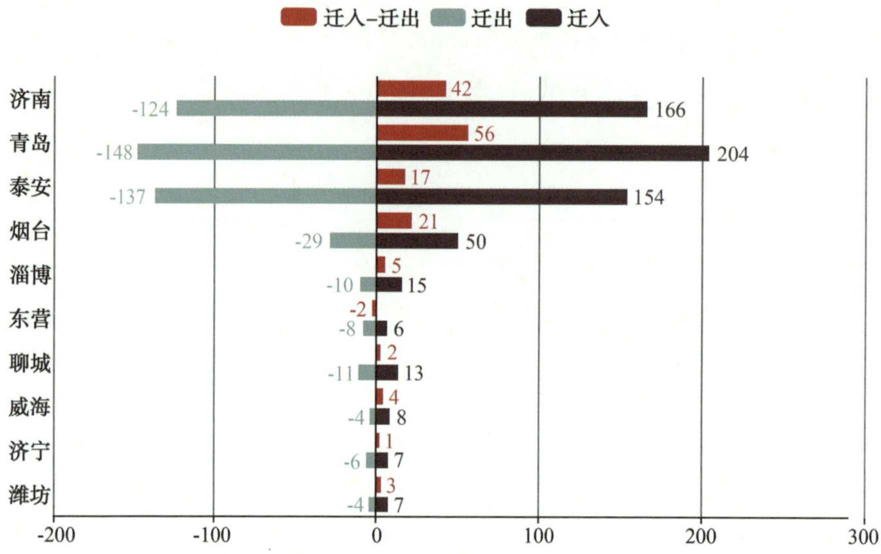

图 7.5.1　现代农业产业全国 TOP 学者中山东人才迁徙状况

具体数据如表 7.5.4 所示：

表 7.5.4　　现代农业产业全国 TOP 学者中山东学者迁徙数据

城市	迁出(单位:人次)	迁入(单位:人次)	迁入—迁出
济南	124	166	42
青岛	148	204	56
泰安	137	154	17
烟台	29	50	21
淄博	10	15	5
东营	8	6	−2
聊城	11	13	2
威海	4	8	4
济宁	6	7	1
潍坊	4	7	3

(数据来源:大数据分析子课题组根据 AMiner 平台数据分析整理)

（五）学者关系网络

学者关系网络的绘制主要是为了解山东省专家人才的关系网络及科研聚群状况。通过学者关系网可以快速找到科研专家人才之间的关系，为科研工作的组织等发掘新的方法和手段。图 7.5.2 根据山东省现代农业 TOP 学者及他们的合作者、师生关系等绘制的学者关系网络图。图中标注姓名的学者是关系网络中关系链比较丰富、处于较为核心位置的专家学者，有马翠卿（Cuiqing Ma）、李锋民（Fengmin Li）、陈秀兰（Xiulan Chen）、张吉旺（Jiwang Zhang）、于振文（Zhen-wen Yu）等。

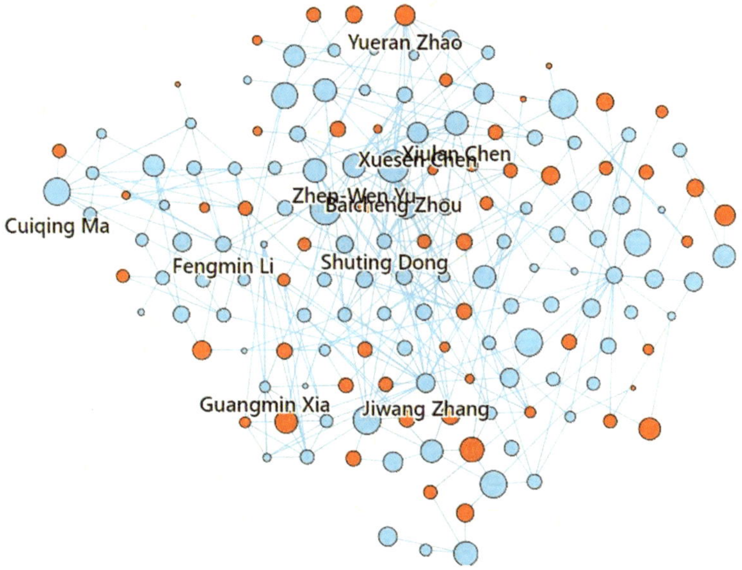

图 7.5.2　山东省现代农业产业 TOP 学者关系网络

（六）技术发展趋势

技术发展趋势是技术发展的源起和未来趋势的重要呈现工具。技术发展趋势是根据“全球”学术研究数据，基于该领域最具代表性的学科关键词检索得出的。趋势以河流图形式展示，每个彩色分支表示一个关键词领域，其宽度表示该关键词的研究热度，各关键词在每一年份（纵轴）的位置是按照这一时间点上所有关键词的热度高低进行排序的。图 7.5.3 是以“化肥”（Fertilizer）为关键词绘制的技术发展趋势图，烤烟烟草（flue-cured tobacco）、长期施肥（long-term fertilization）、黑土（black soil）都是近期的研究热点。

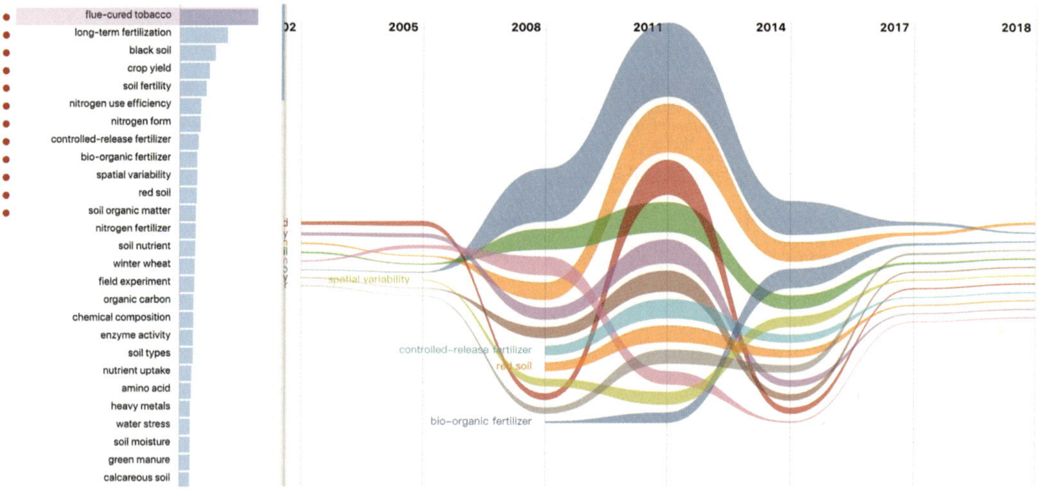

Flue-cured tabacco	烤烟烟草	Long-term fertilization	长期施肥
Black soil	黑土	Crop yield	作物产量
Soil fertility	土壤肥力	Nitrogen use efficiency	氮利用率
Nitrogen form	氮素形态	Controlled-release fertilizer	控释肥料
Bio-organic fertilizer	生物有机肥	Spatial variability	空间多样性
Red soil	红土	Soil organic matter	土壤有机物
Nitrogen fertilizer	氮肥	Soil nutrient	土壤养分
Winter wheat	冬麦	Field experiment	野外试验
Organic carbon	有机碳	Chemical composition	化学成分
Enzyme activity	酶活性	Soil types	土壤类型
Nutrient uptake	养分摄取	Amino acid	氨基酸
Heavy metals	重金属	Water stress	水压
Soil moisture	土壤湿度	Green manure	绿肥
Calcareous soil	石灰性土		

图 7.5.3　化肥技术发展趋势及近期研究热点图

（七）学者研究兴趣分布

研究兴趣的集中分布有助于我们了解学者的研究现状，AMiner 根据学者的论文、专利等研究成果，绘制学者学术画像，其中每位学者的研究兴趣不唯一。图 7.5.4 根据山东省现代农业学者研究兴趣出现的高频关键词绘制，研究兴趣的分布由大数据计算得出。

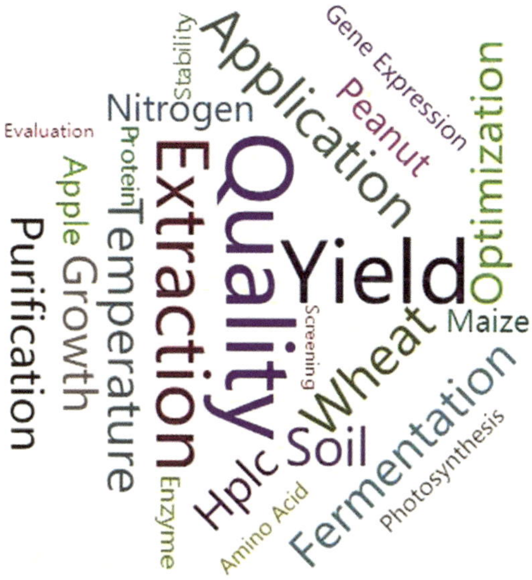

Gene expression	基因表达	Fermentation	发酵
Peanut	花生	Photosynthesis	光合作用
Application	应用	Maize	玉米
Nitrogen	氮	Optimization	优化
Yield	产量	Quality	质量
Wheat	小麦	Extraction	提取
Hplc	色谱法	Temperature	温度
Amina acid	氨基酸	Growth	生长
Soil	土壤	Purification	提纯
Apple	苹果	Protein	蛋白质
Evaluation	评估	Stability	稳定性
Screening	筛选	Enzyme	酶

图 7.5.4　山东省现代农业产业 TOP 学者兴趣领域

六、现代农业产业人才存在的问题与对策建议

为深入贯彻习近平总书记新时代中国特色社会主义思想和党的十九大精神，落实省委、省政府关于新旧动能转换的部署要求，进一步强化创新驱动，加快人才强省建设，以人才发展引领支撑现代农业产业振兴，实现现代农业产业的新旧动能转换，打造乡村振

兴的齐鲁样板，需要认真研究强有力的引才聚才和培养人才的有效措施，加强农业科学研究、农业科技教育、农业技术推广和农业科技成果转化、新型农业组织特别是农业重点产业人才队伍建设，既要重视厚植高端人才，更要重视培养本地人才，打通人才流向现代农业产业各环节的流动渠道，进一步优化人才发展环境，让人才真正成为支撑和助推现代农业产业发展的强大的创新力量。

在本章节中，我们系统梳理了山东省农业产业人才发展存在的问题，同时针对问题分析造成山东省现代农业产业人才发展困境的原因，在此基础上，结合我们对现代种业、农机装备、高效肥料、农产品加工等重点农业产业的调研，对进一步推动现代农业产业人才发展提出对策和建议。制约现代种业发展的人才关键是引进种质资源鉴定、评价、创新利用的领军人才，引进高端育种团队和领军人才，利用现代高科技手段，加快突破性新品种的育种过程和品种选育；农机装备重点引进智能控制与集成优化技术、智能操控平台和精准作业集成接口技术等智能化技术高端人才，向大型化、专业化、通用性、高适应性、智能化和人性化方向发展；高效肥料重点引进植物营养学研究，作物—土壤—微生物相互作用的根土界面研究，协同开展高产、高效、优质、环保的新理论、新方法等基础研究，绿色新型肥料产品研发、田间作物养分实时监测及调控技术研究等方面的专家、学者和专家团队，实现农田养分的精准管控；农产品加工方面重点引进食品生物工程、食品安全、绿色制造、中式主食工业化、精准营养、智能装备等领域的海外高层次人才，加快农产品加工产业进入营养健康升级转型，向营养、健康、安全、多样、方便、美味方向发展。

（一）农业人才发展存在的问题

尽管山东省农业人才工作取得了一定成效，但与省委、省政府的要求相比，与实施乡村振兴战略、加快农业农村现代化进程的要求相比，还存在不小差距。主要表现在以下几个方面：

1. 农业科研人才总量很大，但领军人才相对缺乏

以本报告第四部分山东省农业产业人才发展现状调研得到的数据可知，山东省农业产业科研人才超过 8 000 人，而农业产业高层次人才仅不足 80 人（不完全统计为 74 人），占比不到总体的 1%，与“三农”和农业科研院所的发展要求有较大差距，并且现有的领军人才大多没有在欧美的留学经历，其国际视野、对外交流能力、国际影响力需进一步提升。

2. 专业技术人员学历高、职称高、岗位分工单一，专业结构比较单一，影响团队创新能力

农业领域吸引专业技术人才的能力没有得到根本性加强，很多年轻人不愿学习农业专业技术。农业科研院所大多数专业技术人员的专业集中在农学、植保、蔬菜、林果等传统农业专业，从事农产品深加工与冷链物流、农业资源与环境及三农发展战略规划等专业的人才严重不足，高水平的科研管理人才、产业化经营人才及熟练操作大型仪器设备

的高级实验人才也处于短缺状态。近年来，农业科研院所加大了人才引进力度，但不免有时会过于盲目，通过引进一大批硕士、博士，提高了整个人才队伍的学历层次，但同时也带来一些负面情况，如某些学科、课题组人才搭配不合理，人才结构呈倒金字塔，高学历人才扎堆，高职称多，岗位分工单一，同一年龄阶段的青年学者多、博士多，相互间竞争性强，不利于形成团结稳定的研究团队，同时在职称、职务晋升等诸多方面存在齐步走的局面，对形成团队合力极为不利。

3. 基层农技推广人才队伍建设滞后于行业发展需要

由于历史、现有机制、农村现有条件等原因，大多专业技术人员从事科研任务，熟练掌握良种良法配套农机农艺结合等一线农业生产技术、从事成果转化和推广应用的专业技术人才比较少，一定程度上存在着年龄老化、知识技能更新慢等问题。

4. 少数科技人员作风浮躁，青年人才基层实践经历缺乏

近年来，随着社会大环境的影响，少数专业技术人员的科研作风变得比较浮躁，急功近利，不能静下心来踏踏实实搞科研和科技推广；有些科技人员的价值取向、精神追求出现偏差，为了论文而论文，为了专利而专利，为了职称而职称，使科研偏离了生产需要；极个别科技人员甚至弄虚作假，这些现象的出现，影响了整体科研水平的提升和科研价值的实现。同时，现有科研人员，虽然学历普遍较高，视野开阔，接受新鲜事物能力强，但缺点也比较明显，缺少基层经历，缺少历练和韧劲，合作观念也不强，这些客观上制约了他们才智的发挥。

5. 人才引进遇到瓶颈，难点问题突出

农业产业特别是小微企业急需人才"引不进"和"留不"住并存。大学毕业生不愿来，来了留不住。其主要原因一是大学毕业生不愿从事一线科研工作，缺乏吃苦精神；二是农业企业薪酬相对比较低，在生活、交通、婚姻、子女入学等方面多有不便，限制影响了人才的引进。三是政策方面，公司科技人员职称评定和科研单位、技术推广单位科技人员同等标准，注重学历、成果、论文等，而公司科技人员这些方面是短板，难以晋升职称，影响了人才的发展。

（二）造成现代农业产业人才发展困境的原因

1. 农业产业发展相对落后，农业投入严重不足

目前，我国尚未建立起一个有效的稳定的农业投入机制，各级部门对农业的投入还有很大的随意性，影响了农业产业经济稳定持续健康发展。

2. 市场条件约束，农产品市场竞争力弱

市场决定生产，农产品也离不开市场，农业生产经营活动只有通过市场机制来调配，才能得以持续健康地发展。农民种什么、养什么，不是政府所能确定的，也不是农民随心所欲的，而是由国内外市场供求状况决定的。但是，长期以来我国农村信息化工程建设落后，导致农村市场信息严重闭塞，不能适应瞬息万变的市场形势，加之一些地方在结构

调整中，不研究市场规律，而是搞“政绩工程”“面子工程”，造成各种农产品供大于求的“大战”，导致农业生产能力大起大落，给农民经济带来了巨大的损失。同时由于山东省农业产业科技水平仍不高，集约化和规模化有待提高，导致农产品成本居高不下，导致其市场竞争力较差，从而影响农业产业的整体发展。

3. 现代农业产业技术创新能力存在结构性不足

现代农业产业发展从根本上取决于农业技术创新能力。山东农业产业发展实践表明，正是因为技术上的不断突破，才使山东农业产业发展不断跃入新的台阶。但由于现有项目申报机制、职称评定及考核机制、农业弱势产业特性等原因，导致某些农业产业方向出现结构性不合理、甚至断层的现象。

4. 农业产业技术人才载体不完善

山东省涉农专业技术人才主要集中在济南、青岛、泰安等大城市的科研院所，县以下行政单位农业产业技术人才载体缺乏，同时，农业产业技术人才中许多高级技术人员主要担任党务、政务方面的工作，繁重的工作使他们减少了下基层、带头搞科研、推广技术的时间和精力。大部分基层农技人员的专业都以基础性学科为主，加之一定时期以来农业产业结构稳固带来的技术固化，使之对新品种、新技术了解掌握不够，专业素质跟不上产业发展步伐。而在基层的专业人才中，还有许多人员被抽调到其他行政性、事务性岗位，难以静下心来抓业务、搞研究。

5. 人才发展环境不完善

人才发展环境由众多要素构成，如城市规模和环境、人才载体及其层次、人才政策（主要涉及子女入学、家属工作安排、生活住房财力支持等）、交通通信条件、人文环境等。良好的人才发展环境，是吸引、留住和用好人才的基本条件。长期以来，山东实行城市间均衡发展政策，因此进入全国百强的城市数最多，但也造成资源分散，中心城市不突出，主要城市功能不健全。在人才发展环境方面，青岛、济南作为山东最大城市，与国内四大一线城市相比的差距较大，即使与杭州、南京、武汉、成都、重庆等区域性中心城市相比也有一定差距，对人才的吸引力相对较弱，优秀人才引进难、留不住、用不起等问题突出。

6. 人才竞争日益加剧

随着我国供给侧改革和现代农业产业化升级，各地对农业产业人才的需求和吸引力度越来越大，农业科技人才的就业和发展选择更为多样，这在很大程度导致山东省现代农业产业人才，尤其是农业产业领军人才增量减少，甚至出现人才流失的现象。

（三）推动现代农业产业与人才发展的对策建议

1. 加强顶层设计

当前，全国新一轮的人才争夺战已经开始，山东省各级政府、重点产业部门纷纷出台引才聚才政策，建议根据现代农业产业发展需求，坚持“科技领先、人才先行”的人才战略，构建全方位的人才培养体系，培养高素质人才，加强对农业人才的培训，采取学校与企业、社会相结合的方法，健全市场培训体系，通过各种社会职业培训让更多的农业从业者掌握现代农业生产技术、推广技术和农业创新技术。实施多层次人才招募机制，全面储备人才；建立完善的人才激励机制，激发创新动力；设立行业内有竞争力的薪酬福利体系，建立人才保障机制，免除科研人才后顾之忧等方面，完善人才引进、培养、激励和保障机制，确保人才有效支撑新旧动能转换。

2. 切实提高人才观意识，增强农业专业技术人才队伍建设的紧迫感和使命感

2009 年，习近平同志在第四届全国杰出专业技术人才表彰大会上强调指出：人才是兴国之本、富民之基、发展之源。2013 年 1 月，中共中央组织部、人力资源和社会保障部下达了关于印发《专业技术人才队伍建设中长期规划（2010～2020）》的通知，规划指出：人才是我国经济社会发展的第一资源，专业技术人才是我国人才队伍的骨干力量，在建设创新型国家和全面建设小康社会伟大事业中发挥着重要作用，全面加强专业技术人才队伍建设，是我们应对激烈的国际竞争，提高自主创新能力，实现经济社会又好又快发展的必然要求。当今农业科技的竞争，主要是人才的竞争。在实际工作中，一是各级领导一定要牢固树立和落实科学发展观和人才观，坚持以人为本、人才强国的理念，把人才观切实落在实际行动上，让各方面的人才能够脱颖而出。二是要进一步扩大农业专业技术人才队伍建设的领域、对象和范围，按照国际竞争的标准培养人才，加强农业专业技术人才整体素质、科技创新能力和社会创新能力的提高，以改革创新精神推进农业专业技术人才队伍建设，以人才发展促进农业科研院所建设，促进农业现代化建设。

3. 完善人才机制，建全培养与提拔机制，扩大专业技术人才发展空间

一方面，重点引进创新创业团队和高端人才，尽快形成创新团队，联合攻关，解决现代农业产业发展中核心关键技术难题；另一方面，制定相应政策，营造有利于充分释放人才潜能的最佳环境，加大培养力度，促进本地青年人才、紧缺人才、高技能人才脱颖而出，带动科技人才队伍素质整体提升。突出激发活力，在科研管理、科研评价、激励导向上改革体制机制，从重过程管理向重效果转变，简化项目申报和过程管理，建立宽容失败的相关机制，赋予科研人员更多自主权。要关心爱护科技人员，解决好后顾之忧，让科研人才潜心专业研究。优化人才成长环境，尽快制定鼓励优秀人才到科研一线，特别是到农业企业工作的政策措施。地方高校应以岗位需求为导向，有针对性地调整人才培养方案，发挥其在农业人才培养中的主渠道作用。尝试在户口、关系等方面运用柔性机制，采取积极措施实现待遇上、事业上、生活上、感情上的稳定，以留住人才。以下具体措施可供参考。

(1)建立高层次人才的选拔标准和考核评价机制。通过深入调查研究，充分考虑山东省农业产业现状、本地区农业及本单位发展需要，制定科学、严谨、公开、公平、可操作的高层次人才选拔标准，并根据实际发展需要不断动态调整选拔标准，使出类拔萃人才能够脱颖而出。

建立以能力和业绩为导向，由德、能、勤、绩、廉等要素构成的考核评价体系，坚持专业评价与社会评价相结合的考核办法。专业评价突出能力、研究成果、科研精神、梯队建

设等内容，社会评价突出学术地位、学术声望、社会认可度等，并进行分类、定期考核。

(2)建立和完善专业技术人才激励机制。建立规范有效的激励机制，坚持精神激励与物质激励相结合，根据个性需求，在专业技术职务晋升、评选先进、专业进修等多方面进行激励。改革分配机制，探索知识产权、技术成果等生产要素参与的分配机制。研究制定体现高技能人才价值体现机制，建立与管理人员相对应的地位对等机制。

(3)充分发挥高层次人才的引领带动作用。通过科学家办公室、大师工作室等多种形式，支持高层次人才领衔组建学术团队，在选题立项、人员调配、经费使用等方面赋予更大自主权，在岗位设置、人才招聘、手续办理等方面提供更多便利。对业绩突出的团队、工作室给予长期稳定支持。结合行业、岗位特点逐步推行“首席专家”“首席技师”等特聘岗位制度。

(4)注重可持续发展，全面加强后备人才队伍建设。要注重于可持续发展需要，研究实施符合本省特色，具有品牌效应的后备青年人才培养工程。努力建设一支规模适度、数量充足、素质优良、结构合理的人才后备队伍。整合各类青年人才培养计划，形成与高层次人才培养工程相互衔接，梯次分明的配套体系。不断加强后备人才的继续教育工作。

(5)不断优化人才队伍结构，加强急需人才的引进培养。针对山东省现代农业产业人才队伍结构方面存在的问题，特别是领军人才少、重要岗位专家断档，以及年龄、学历、专业与队伍建设要求不匹配问题，要有针对性地通过引进、招聘、培养等措施加以解决。充分利用院士、国家百千万人才工程、万人计划、泰山学者、泰山产业领军人才、泰山青年学者等加强对高端人才的引进和培养。

(四)建立人才评价体系

建立健全农业人才评价体系，构建科学有效的人才评价标准，设立分类分级的管理体系，细化评价标准，制定非国有企事业单位科技人员技术资格认定标准，委托具有资格的第三方科技社团组织专业技术资格评审；企业自主制定有利于人才引进和使用的措施，从薪酬、生活等多方面予以倾斜和关心，并创造有利于科技人员创新发展的有利条件。对在非公有制企业工作的博士、硕士及其他高层次人才，加大工作补贴、购房补贴等方面的力度，解决子女就学问题，为人才干事创业，发挥价值创造良好的政策环境；建议增设青年科技创新奖、农业科技成果奖，尤其鼓励基层青年科技人才多出成果，出好成果；对非公有制企业职称评审给予一定的政策倾斜。建议对非公有制企业的人才，放宽对科技论文、获得奖励等方面的标准，尤其对涉农企业的科研人员，鼓励其将论文既写在纸上，更要写在大地上，成为能够解决实际生产问题的真正的专家。

附　录

附表　　现代农业产业国内 TOP 200 人才名单

姓名	省(市、区)	城市	所属机构
朱永官	福建	厦门	中国科学院城市环境研究所
张福锁	北京	北京	中国农业大学资源与环境学院
张启发	湖北	武汉	华中农业大学生命科学技术学院
郑循华	北京	北京	中国科学院大气物理研究所
周启星	辽宁	沈阳	中国科学院沈阳应用生态研究所陆地生态过程重点实验室
杨肖娥	浙江	杭州	浙江大学农业化学研究所
沈其荣	江苏	南京	南京农业大学
朱立煌	北京	北京	中国科学院遗传与发育生物学研究所
周其兴	天津	天津	南开大学环境科学与工程学院
蒋跃明	广东	广州	中国科学院华南植物研究所
蔡祖聪	江苏	南京	中国科学院南京土壤研究所
张大兵	上海	上海	上海交通大学植物发育生物学研究室(张大兵实验室)
卢宝荣	上海	上海	复旦大学生态与进化生物学系
陈昆松	浙江	杭州	浙江大学
黄贤金	江苏	南京	南京大学
夏先春	北京	北京	中国农业科学院作物科学研究所,国家小麦改良中心
陈坚	江苏	无锡	江南大学生物工程学院
崔振岭	北京	北京	中国农业大学资源与环境学院
黄三文	广东	深圳	中国农业科学院深圳农业基因组研究所
陈新平	北京	北京	中国农业大学资源与环境学院
王源超	江苏	南京	南京农业大学
杨林章	江苏	南京	中国科学院南京土壤研究所
汪立君	北京	北京	中国农业大学食品科学与营养工程学院
贾继增	北京	北京	中国农业科学院作物科学研究所,农业部作物种质资源与生物技术重点开放实验室

续表

姓名	省(地、区)	城市	所属机构
周光宏	江苏	南京	南京农业大学
邹建文	江苏	南京	南京农业大学
赵春江	北京	北京	农业部农业信息技术重点实验室
盖钧镒	江苏	南京	南京农业大学作物遗传育种学
吴金水	湖南	长沙	中国科学院长沙农业现代化研究所
张世煌	北京	北京	中国农业科学院作物科学研究所
周雪平	浙江	杭州	浙江大学生物技术研究所
孙其信	北京	北京	中国农业大学
屠康	江苏	南京	南京农业大学食品科技学院
徐岩	江苏	无锡	江南大学
张吉旺	山东	泰安	山东农业大学农学院,作物生物学国家重点实验室
梁鹏	北京	北京	清华大学环境科学与工程系环境模拟与污染控制国家重点实验室
于振文	山东	泰安	山东农业大学
李晓林	北京	北京	中国农业大学资源与环境学院
马义兵	北京	北京	中国农业科学院农业资源与区域规划研究所植物营养与养分循环农业部重点实验室
孔海南	上海	上海	上海交通大学环境科学与工程学院
徐幸莲	江苏	南京	南京农业大学食品科技学院
黄文江	江苏	南京	南京农业大学园艺学院
晏月明	北京	北京	首都师范大学生命科学学院
邱礼平	广东	广州	广东省食品药品职业技术学院食品科学系
巨晓棠	北京	北京	农业部植物营养与养分循环重点开放实验室
米国华	北京	北京	中国农业大学资源与环境学院农业部植物营养学重点实验室,教育部植物—土壤相互作用重点实验室
董树亭	山东	泰安	山东农业大学农学院,作物生物学国家重点实验室
李正名	天津	天津	农药国家工程研究中心(天津)
谢传晓	北京	北京	中国农业科学院作物科学研究所
梁婉琪	上海	上海	上海交通大学生命技术学院
侯喜林	江苏	南京	南京农业大学作物遗传与种质创新国家重点实验室
黄耀	北京	北京	中国科学院大气物理研究所

续表

姓名	省(地、区)	城市	所属机构
陈学森	山东	泰安	山东农业大学作物生物学国家重点实验室
周治国	江苏	南京	南京农业大学,农业部作物生长调控重点开放实验室
韩方普	北京	北京	中国科学院遗传与发育生物学研究所植物细胞与染色体工程国家重点实验室
张世煌	北京	北京	中国农业科学院作物科学研究所作物遗传资源与改良国家重点设施
夏光敏	山东	济南	山东大学生命科学学院
杨晓泉	广东	广州	华南理工大学食品科学与技术系
张文菊	北京	北京	中国农业科学院农业资源与农业区划研究所;农业部作物营养与施肥重点开放实验室
仇广乐	贵州	贵阳	中国科学院地球化学研究所环境地球化学国家重点实验室
林敏	北京	北京	中国农业科学院生物技术研究所
黄高宝	甘肃	兰州	甘肃农业大学农学院
徐幸莲	江苏	南京	南京农业大学食品科学技术学院教育部肉类加工与质量控制重点实验室
姜微波	北京	北京	中国农业大学食品科学与营养工程学院
韩晓日	辽宁	沈阳	沈阳农业大学土地与环境学院
喻德跃	江苏	南京	南京农业大学大豆研究所
金梅林	湖北	武汉	华中农业大学
刘勇	北京	北京	北京林业大学
王慧	北京	北京	清华大学环境学院
徐明岗	北京	北京	中国农业科学院
徐仁扣	江苏	南京	中国科学院南京土壤研究所;土壤与可持续农业国家重点实验室
卞新民	江苏	南京	南京农业大学
刘霞	山东	泰安	山东农业大学动物科技学院
朱蓓薇	辽宁	大连	大连工业大学生物与食品工程学院
黎胜红	云南	昆明	中国科学院昆明植物研究所
王润元	甘肃	兰州	中国气象局兰州干旱气象研究所甘肃省干旱气候变化与减灾重点实验室
储晓刚	北京	北京	中国检验检疫科学研究院
苗宇新	北京	北京	中国农业大学资源与环境学院

续表

姓名	省(地、区)	城市	所属机构
朱水芳	北京	北京	中国检验检疫科学研究院动植物检疫研究所
冯固	北京	北京	中国农业大学资源与环境学院
闫云君	湖北	武汉	华中科技大学生命科学与技术学院
杨贵军	北京	北京	国家农业信息化工程技术研究中心
李景明	北京	北京	中国农业大学食品科学与营养工程学院
张晶	黑龙江	哈尔滨	东北农业大学
张慧	山东	济南	山东师范大学山东省逆境植物重点实验室
杨树明	云南	昆明	云南省农业科学院生物技术与种质资源研究所
朱兆良	江苏	南京	中国科学院南京土壤研究所
胡文忠	辽宁	大连	大连民族大学生命科学学院
王国祥	江苏	南京	南京师范大学地理科学学院
李道亮	北京	北京	中国农业大学信息与电气工程学院
李春俭	北京	北京	中国农业大学资源与环境学院
周光宏	江苏	南京	南京农业大学肉制品加工与质量控制重点实验室
黄启为	江苏	南京	南京农业大学资源与环境学院
李连祯	江苏	南京	中国科学院南京土壤研究所
田纪春	山东	泰安	山东农业大学农学院
郑有良	四川	成都	四川农业大学小麦研究所
彭少麟	广东	广州	中山大学生态与进化研究所
王宝山	山东	济南	山东师范大学生命科学学院
李成华	辽宁	沈阳	沈阳理工大学机械工程学院
郑正	上海	上海	复旦大学环境科学与工程系
成升魁	北京	北京	中国科学院地理科学与资源研究所
李振高	江苏	南京	中国科学院土壤研究所土壤环境与污染修复重点实验室
肖凯	河北	保定	河北农业大学农学院
张兴昌	陕西	杨凌	西北农林科技大学资源环境学院
陈佩度	江苏	南京	南京农业大学细胞遗传学研究所作物遗传与种质改良国家重点实验室
刘巧泉	江苏	扬州	扬州大学教育部植物功能基因组学重点实验室
申建波	北京	北京	中国农业大学
左小安	甘肃	兰州	中国科学院西北生态环境资源研究院

续表

姓名	省(地、区)	城市	所属机构
李少昆	北京	北京	中国农业科学院作物科学研究所
卜登攀	北京	北京	中国农业科学院北京畜牧兽医研究所动物营养学国家重点实验室
许信刚	陕西	杨凌	西北农林科技大学兽医学院
周培	上海	上海	上海交通大学农业与生物学院
翟文学	北京	北京	中国科学院遗传学研究所
黄明志	上海	上海	华东理工大学生物反应器工程国家重点实验室
张金池	江苏	南京	南京林业大学森林资源与环境学院
王平	江苏	南京	南京林业大学化学工程学院
高强	山东	青岛	中国海洋大学管理学院
张金池	江苏	南京	南京林业大学
赵彦修	山东	济南	山东师范大学生命科学学院(植物发育遗传学)
张艳	北京	北京	国家小麦改良中心作物科学研究所/中国农业科学院作物基因资源与遗传改良国家重点基金
李增嘉	山东	泰安	山东农业大学农学院
柏耀辉	北京	北京	北京大学环境科学与工程学院
邹应斌	湖南	长沙	湖南农业大学
吴永红	江苏	南京	中国科学院南京土壤研究所
李忠	上海	上海	华东理工大学药学院
李鲜	浙江	杭州	中国农业部园艺植物生长,发育与品质调控重点开放实验室
胡正义	江苏	南京	土壤与农业可持续发展国家重点实验室,中国科学院南京土壤研究所
郑成超	山东	泰安	山东农业大学生命科学学院作物生物学国家重点实验室
孙崇德	浙江	杭州	浙江大学农业与生物技术学院
屠乃美	湖南	长沙	湖南农业大学农学院
宁堂原	山东	泰安	山东农业大学农学院作物生物学国家重点实验室
谢小立	湖南	长沙	中国科学院亚热带农业生态研究所
苏海佳	北京	北京	北京化工大学生命科学与技术学院
魏宏阳	北京	北京	中国农业科学院
段学武	广东	广州	中国科学院华南植物园
黄昆仑	北京	北京	中国农业大学
欧晓明	广东	广州	华南农业大学

续表

姓名	省(地、区)	城市	所属机构
舒庆尧	北京	北京	中国农业大学核农业科学研究所
牛雪梅	云南	昆明	中国科学院昆明植物研究所植物化学实验室
刘伟	江西	南昌	南昌大学食品科学与技术国家重点实验室
王贵禧	北京	北京	中国林业科学研究院林业研究所
张彬	湖南	长沙	湖南农业大学经济动物研究所
李云	北京	北京	北京林业大学生物科学与技术学院
赵庚星	山东	泰安	山东农业大学资源与环境学院
王空军	山东	泰安	山东农业大学农学院
李德全	山东	泰安	山东农业大学生命科学学院
黄高宝	甘肃	兰州	甘肃农业大学农学院
常志州	江苏	南京	江苏省农业科学院农业资源与环境研究所
武志杰	辽宁	沈阳	中国科学院沈阳应用生态研究所
苗果园	山西	晋中	山西农业大学农学院
陈凡	北京	北京	中国科学院遗传与发育生物学研究所
刘宝元	北京	北京	北京师范大学资环系
宇万太	辽宁	沈阳	中国科学院沈阳应用生态研究所
戴全厚	贵州	贵阳	贵州大学林学院
陈学好	江苏	扬州	扬州大学园艺与植物保护学院
王俊	宁夏	银川	宁夏大学生命科学学院
陈清	北京	北京	中国农业大学资源与环境学院
黄青春	上海	上海	华东理工大学药学院药物化工研究所
程登发	北京	北京	中国农业科学院植物保护研究所植物病虫害生物学国家重点实验室
赵军	甘肃	兰州	西北师范大学地理与环境科学学院
钟海雁	湖南	长沙	中南林业科技大学
纪淑娟	辽宁	沈阳	沈阳农业大学食品学院
支月娥	上海	上海	上海交通大学农业与生物学院
王凯荣	山东	青岛	青岛农业大学农业生态与环境健康研究所
彭福田	山东	泰安	山东农业大学园艺科学与工程学院
时唯伟	上海	上海	上海交通大学农业与生物学院
林河通	福建	福州	福建农林大学食品科学学院

续表

姓名	省(地、区)	城市	所属机构
唐书泽	广东	广州	暨南大学理工学院
韦存虚	江苏	扬州	扬州大学生物科学与技术学院
范志金	天津	天津	南开大学元素有机化学国家重点实验室
肖冬光	天津	天津	天津科技大学生物工程学院
黄昌勇	浙江	杭州	浙江大学环境与资源学院
仲跻峰	江苏	南京	江苏省农业科学院畜牧所
刘建军	山东	济南	山东省农业科学院作物研究所
王凯荣	湖南	长沙	中国科学院亚热带农业生态研究所
秦国政	北京	北京	中国科学院植物研究所
石德成	吉林	长春	东北师范大学生命科学学院
陆贻通	上海	上海	上海交通大学农业与生物学院
李国胜	北京	北京	中国科学院地理科学与资源研究所
许文平	上海	上海	上海交通大学农业与生物学院
任树梅	北京	北京	中国农业大学水利与土木工程学院
方志祥	湖北	武汉	武汉大学
张桂权	广东	广州	华南农业大学植物分子育种中心
李健强	北京	北京	中国农业大学农学与生物技术学院
李里特	北京	北京	中国农业大学
刘国振	河北	保定	河北农业大学生命科学学院
王琳	山东	青岛	中国海洋大学环境科学与工程学院
王玮	新疆	乌鲁木齐	新疆农业科学院微生物应用研究所
冯凤琴	浙江	杭州	浙江大学生物系统工程与食品科学学院
梁世中	广东	广州	华南理工大学生物科学与工程学院
任树梅	北京	北京	中国农业大学水利与土木工程学院
翟衡	山东	泰安	山东农业大学园艺科学与工程学院
董海洲	山东	泰安	山东农业大学食品科学与工程学院
刘宝元	北京	北京	北京师范大学地理学与遥感科学学院
苏永中	甘肃	兰州	中国科学院寒区旱区环境与工程研究所
樊廷录	甘肃	兰州	甘肃省农业科学院
王秀娥	江苏	南京	南京农业大学,细胞遗传重点开放实验室

续表

姓名	省(地、区)	城市	所属机构
林俊芳	广东	广州	华南农业大学食品科学学院
彭晓春	广东	广州	环境保护部华南环境科学研究所
梁月荣	浙江	杭州	浙江大学茶叶研究所

(数据来源:大数据分析子课题组根据 AMiner 平台数据分析整理)